AΓ559868

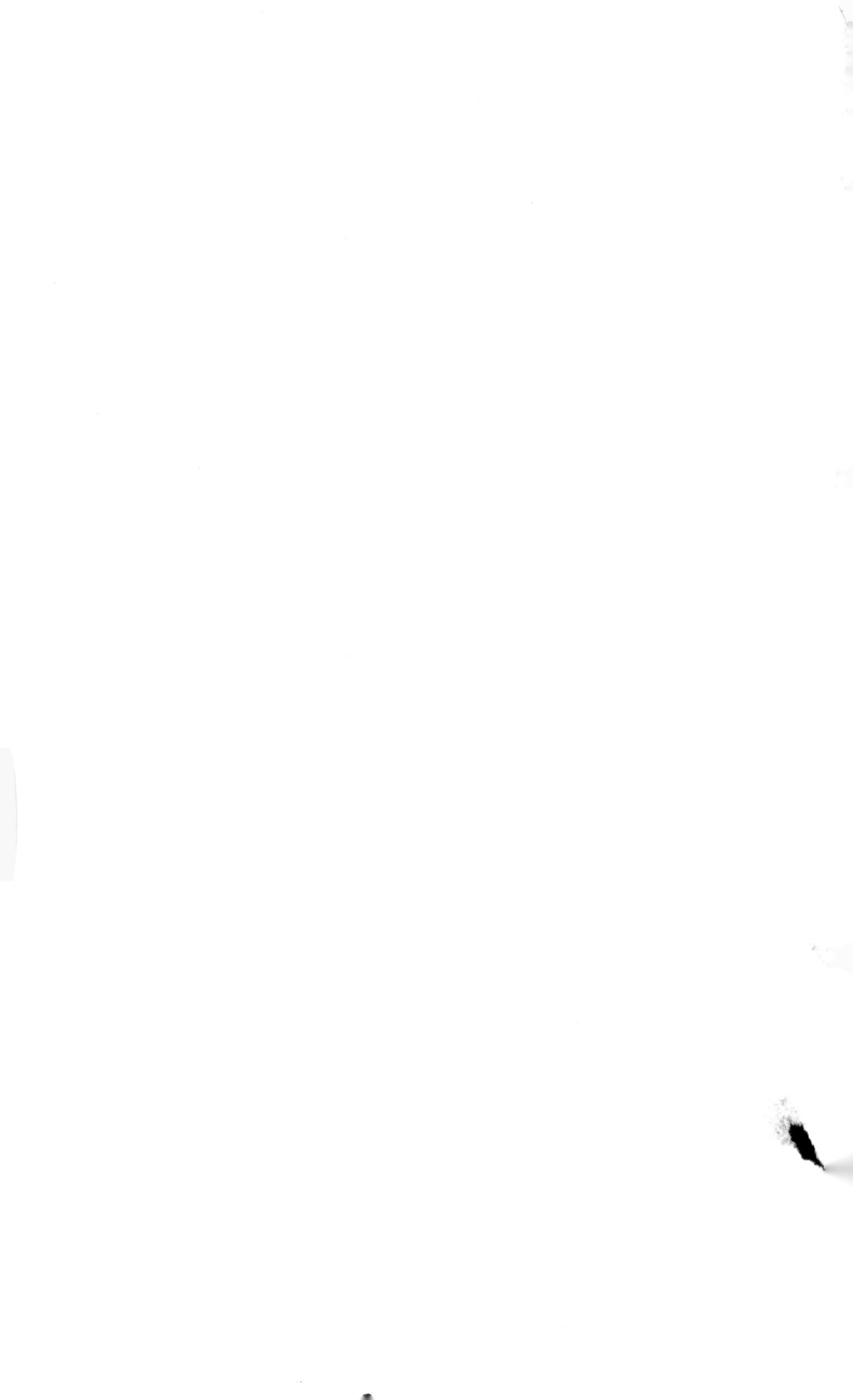

तबला पुराण

तबला पुराण

पंडित विजयशंकर मिश्र

कनिष्क पब्लिशर्स, डिस्ट्रीब्यूटर्स
नई दिल्ली-110 002

कनिष्क पब्लिशर्स, डिस्ट्रीब्यूटर्स
4697/5–21 ए, अंसारी रोड, दरियागंज
नई दिल्ली–110 002
फोनः 2327 0497, 2328 8285
फैक्सः 011–2328 8285
E-mail : kanishka_publishing@yahoo.co.in
kanishkabooks@gmail.com

तबला पुराण

प्रथम संस्करणः 2005
संस्करणः 2025

ISBN: 978-81-7391-721-3

भारत में मुद्रित

कनिष्क पब्लिशर्स, डिस्ट्रीब्यूटर्स, 4697/5–21 ए, अंसारी रोड, दरियागंज, नई दिल्ली–110 002 से मदन सचदेवा द्वारा प्रकाशित; क्वालिटी प्रिंटर्स, दिल्ली द्वारा शब्द–संयोजन तथा नाइस प्रिंटिंग प्रेस, दिल्ली द्वारा मुद्रित।

परम पूज्य गुरु एवं पिता तबला शिरोमणि, संगति सम्राट
स्व. गामा महाराजजी

की पावन स्मृति को, जिनकी दी हुई शिक्षा ही इस पुस्तक का रूप ले सकी है।

अज्ञान तिमिरान्धरस्य ज्ञाना अन शलाकाय
चक्षु निम्लतम् येन तस्मै श्री गुरुवे नमः।

—विजयशंकर

आमुख

तबला पुराण का द्वितीय संस्करण आप सुविज्ञ पाठकों को सौंपते हुए मैं अपार आनन्द का अनुभव कर रहा हूं। इसे मैंने स्नातक स्तर तक के तबलार्थियों की जरूरतों और समस्याओं को ध्यान में रखकर लिखा था। लेकिन, मुझे सुखद आश्चर्य हुआ जब मैंने शोधार्थियों को भी न केवल इसे पढ़ते हुए बल्कि इससे लाभान्वित होते हुए भी पाया। किसी पुस्तक की सफलता का भला इससे बड़ा प्रमाण और क्या हो सकता है। संगीत परीक्षक, व्याख्याता और विशेषज्ञ के रूप में मैं लगातार पूरे देश में भ्रमण करता रहता हूं...और...लगभग हर तीसरे तबलार्थी के हाथ में तबला पुराण देखता हूं। तब मेरा सिर श्रद्धा से झुक जाता है उन लोगों के प्रति-जिनका दिया हुआ ज्ञान-तबला पुराण के माध्यम से मैंने लोगों को सौंपा है। तबला पुराण का अगला चरण आपको अंग्रेजी में जल्द सौंपने की तैयारी कर रहा हूं मैं।

आज जब पुस्तकें पढ़ने का चलन लगभग बंद होता जा रहा है, तब तबला पुराण जैसे किसी पुस्तक के द्वितीय संस्करण का प्रकाशन निश्चय ही महत्वपूर्ण है। मुझे खुशी होती है जब विभिन्न पुस्तकों में इसके अंशों को प्रकाशित देखता हूं। लेकिन, कई लोगों ने इसके पूरे-पूरे पृष्ठ को हू-ब-हू उतार लिया है-अपने शोध ग्रंथों में और तबला पुराण का उल्लेख करना भी उचित नहीं समझा। आज शोध ग्रंथों में सिर्फ विभिन्न पुस्तकों के उद्धरण मिल रहें हैं। चार पुस्तकों के आधार पर पांचवी नयी पुस्तक लिखी जा रही है। शोधार्थियों के पास कुछ भी नया कहने को नहीं है। इन पुस्तकों से लेखकों का भला तो निश्चित रूप से हो रहा है, लेकिन पाठकों का नहीं। इन पुस्तकों की उपयोगिता और सार्थकता पर भी शोध किया जा सकता है।

लेकिन, इन तथाकथित शोध ग्रंथों के बीच तबला पुराण का दूसरा संस्करण प्रकाशित होना निश्चय ही मेरे लिये महत्व की बात है। तबला पुराण का मेरे लिये इसलिये भी विशेष महत्व है, क्योंकि इसके प्रकाशन के बाद ही विभिन्न संस्थाओं ने मुझे शोध परीक्षक के रूप में स्वीकारा है। एक लेखक को अपनी सभी कृतियां प्रिय होती हैं। मुझे भी तबला पुराण सहित अंतर्नादः सुर और साज़, भारतीय संगीत के नये आयाम और मनकेः भाव, सुर, लय के जैसी अपनी अन्य पुस्तकें भी खूब प्रिय हैं। अगर आपने अभी तक इन पुस्तकों को नहीं पढ़ा है, तो कृपया अवश्य पढ़िये। इन पुस्तकों में आपको मेरा एक अलग चेहरा, अलग रूप देखने को मिलेगा। लेकिन, तबलार्थियों को ध्यान में रखकर लिखे गये तबला पुराण का अपना अलग महत्व है...और... यह महत्व सिर्फ इसलिये है, क्योंकि मेरा काम आपको पसंद आया है। तमाम झंझावातों का मुकाबला करते हुए मैं आपके लिये नित नवीन कृतियां रचता रहूं... आपसे यही आशीर्वाद चाहता हूं।

शेष पुन.....   मंगल स्वरों सहित-आपका अपना ही

विजयशंकर मिश्र
8 मार्च, 2012
होलिकोत्सव

अनुक्रम

उठान

मेरे संगीत प्रिय,

अपनी पहली पुस्तक अंतर्नाद : सुर और साज़ के बाद अपनी दूसरी पुस्तक तबला पुराण आपको सौंपते हुए मैं अपार हर्ष का अनुभव कर रहा हूँ। हॉलाकि, मैं तबला पुराण इतनी जल्दी पूरा करने के मूड में नहीं था। अंतर्नादः सुर और साज़ के बाद मैं अपने कुछ रूके पड़े कामों को पूरा करने के पक्ष में था। लेकिन, हुआ यह कि अंतर्नाद के पार्श्व आवरण पर प्रकाशित मेरे परिचय और उसके पूर्व पुस्तक की प्रचार सामग्री में प्रकाशित मेरे परिचय में तबला पुराण के उल्लेख ने मेरे पाठकों में एक जिज्ञासा और उत्सुकता का भाव जगा दिया। शायद उन्होंने सोचा होगा कि संगीतकारों से साक्षात्कार करना अलग बात है और किसी विषय पर एक पूरी किताब लिख देना बिल्कुल अलग बात। प्रचार के सिलसिले में पूरे देश में वितरित किये गये पुस्तक के आवरण को देखकर ही पाठकों के पत्र प्रकाशक और मेरे पास आने आरंभ हो गए कि तबला पुराण कब तक प्रकाशित हो रहा है? किसके द्वारा प्रकाशित हो रहा है? आदि! तात्पर्य यह कि अंतर्नाद के लोकार्पण के पूर्व ही तबला पुराण को शीघ्र पूरा करने के लिए मुझ पर दबाव पड़ने लगा। यह मेरे लिये किसी सपने जैसा ही था। मैंने कभी भी नहीं सोचा था कि मैं इतना लोकप्रिय हूं या इस देश में मुझे जानने वालों की संख्या इतनी बड़ी है।

लेकिन, यह तो सिर्फ एक पक्ष है। इसका दूसरा पक्ष भी है। हमारा समाज-विशेषकर संगीत समाज अभी भी खरीदकर पुस्तकें पढ़ने का अभ्यस्त नहीं हुआ है। मनोरंजन के नाम पर हजारों रुपये फूंक देने वाले लोग हृदयरंजन या मस्तिष्क रंजन के नाम पर हजार रुपए भी नहीं खर्च करना चाहते हैं। इसी तरह पारिश्रमिक में लाखों रुपए लेने वाले कलाकार भी अपने ऊपर लेख लिखवाने के लिये तो खूब उत्सुक रहते हैं, किन्तु उन पत्र-पत्रिकाओं अथवा पुस्तकों को खरीदकर पढ़ने में वे अपना अपमान समझते है। वे चाहते हैं कि लेखकों द्वारा ही उन्हें पुस्तकें भी उपहार स्वरूप दी जाए। प्रकाशकों का भी लेखकों को इस दिशा में कोई सार्थक सहयोग नहीं प्राप्त होता है। हर प्रकाशक का यही रोना है कि पुस्तकें बिक नहीं रही है…हम तो अपनी निष्ठा

के कारण आर्थिक हानि उठाकर भी काम कर रहे हैं। अर्थात् लेखक उनसे कुछ भी पाने की अपेक्षा न करे। ऐसे में मुझ जैसे वे लेखक जिनके जीवन-यापन का साधन ही लेखन है—और वह भी सिर्फ संगीत लेखन। जो संपादकों/प्रकाशकों के कहने पर भी अन्य लोकप्रिय विधाओं पर लिखने को तैयार नहीं है—का—मालिक तो सिर्फ ऊपरवाला ही है। भले ही कोई यह कहे कि अगर मैं किसी विश्वविद्यालय का कुलपति होता तो सिर्फ इस एक आलेख पर आपको डी. लिट् दे देता। भले ही दूसरे लेखक यह कहें कि हम तो आपकी लेखनी का लोहा मानते हैं। लेकिन प्रकाशक तो हम जैसे लोगों को बंधुआ मजदूर ही मानते हैं। कई प्रकाशक तो पुस्तकें प्रकाशित करने के लिए लेखकों से ही पैसे माँगते हैं, और अपने प्रचार तथा पदोन्नति को ध्यान में रखकर संगीत से जुड़े लोग उन्हें पैसे देते भी हैं। मुझे तो यह संगीत जगत् का दुर्भाग्य ही लगता है।

लेकिन, इस सबके बीच में वे संगीतानुरागी भी हैं जिनकी वजह से इस कला का अस्तित्व है। इन लोगों ने जिस उत्साह और अपनेपन के साथ अंतर्नाद का स्वागत किया और तबला पुराण के प्रति अपनी रुचि और उत्सुकता का प्रदर्शन किया वह हमारे लिये किसी संजीवनी जैसा ही है। तबला पुराण के प्रति अपने प्रबुद्ध पाठकों का उत्साह देखकर मैं कुछ डरा हुआ भी हूँ। यह डर उनकी अपेक्षाओं की कसौटी पर खरा न उतर पाने का है। इस संदर्भ में मैं यह स्पष्ट करना चाहता हूँ कि इस पुस्तक को मैंने उन तबलार्थियों की सुविधा को दृष्टि में रखकर लिखा है जो बी. म्यूज. अथवा उसके समकक्ष (विशारद् प्रभाकर आदि की) परीक्षायें देना चाहते हैं। तबलार्थियों की सुविधा को ध्यान में रखकर ही मैंने कई तथ्यों का अधिक विस्तार नहीं किया है। उन्हें जितने की जरूरत है उतना ही देने का प्रयास किया है, जैसे यति के बोलों का उदाहरण नहीं दिया मैंने क्योंकि वे पाठ्यक्रम में भी नहीं हैं। साथ ही, कई स्थानों पर मैंने चीजों को स्वयं ही अपना आकार ग्रहण करने दिया है। अनावश्यक अंकुश भी नहीं लगाया है। यहीं मैं आपसे यह अनुरोध भी करना चाहता हूँ कि इस पुस्तक के माध्यम से कृपया मेरी विद्वता आंकने का कष्ट न करें। इससे आपको निराशा ही होगी। क्योंकि मैं अभी भी सीखने की प्रक्रिया से ही गुजर रहा हूँ। यह एक (उम्र में) बड़े छात्र की ओर से (उम्र में) छोटे छात्रों के लिये लिखी गयी एक बहुत ही छोटे स्तर की साधारण सी पुस्तक है। इसका सिर्फ नाम बड़ा है।

मैंने अपने पूज्य पिता तबला शिरोमणि, संगति सम्राट पं. गामा महाराज जी से जो भी थोड़ा बहुत संगीत प्रसाद पाया है, उसे इस पुस्तक के माध्यम से बाँटने का प्रयास कर रहा हूँ। मेरे पिताजी की शिक्षण पद्धति कुछ अलग ही थी। प्रायः अवकाश के दिनों में दोपहर का भोजन करने के उपरांत वह चारपाई पर लेट जाते थे, मैं पास ही जमीन पर तबला लेकर बैठ जाता था। तब वह मुझे कुछ विशेष

रचनायें सिखाते थे। बाबूजी ने मुझे कायदे, टुकड़े, परणे, गतें और फर्द जैसी रचनायें कम ही सिखाई। इस तरह की कुछ विशिष्ट रचनायें ही मैं उनसे सीख पाया। वरन् वह मुझे ऐसे बोलों को बनाने की विधि ही बताया करते थे। किस प्रकार की रचना कैसे तैयार होती है, उनमें किस प्रकार के वर्ण प्रयुक्त होते हैं, उनकी क्या विशेषतायें होती है, आदि—इसे बताने पर वह अधिक जोर देते थे। रात को हम दोनों अगल-बगल चारपाई पर सोते थे। उस समय वह मुझसे नये बोलों का पढ़न्त कराते थे। किस बोल पर कितना वजन देना है, किसे हल्के से स्पर्श करना है, किसे सहजोर बजाना है—इसे भी बताते थे वह। बोलना पहले सिखाते थे और बजाना बाद में। बोलों को कॉपी में लिखवाने की आदत नहीं थी उन्हें। उनका कहना था कि बोलों का जिस तरह पढ़न्त हो उसी तरह बजन्त भी होना चाहिए।

मुझे याद है जब मैं प्रभाकर की परीक्षा देने वाला था। मेरी मित्र मिन्नी अग्रवाल—जो कत्थक नृत्य विषय से प्रभाकर की परीक्षा दे रही थी—ने परीक्षा के एक दिन पूर्व मुझसे लक्ष्मी ताल के विषय में कुछ पूछा। जब मैंने लक्ष्मी ताल के विषय में अपनी अनभिज्ञता प्रकट की तो उसने बताया कि यह ताल तो पाठ्यक्रम में है। मिन्नी से यह जानकर मुझे बाबूजी पर गुस्सा भी आया कि बाहर वालों को तो उन्होंने सिखा दिया किंतु मुझे नहीं सिखाया। खैर! ठेका आदि तो मैंने मिन्नी से उसी समय सीख लिया। लेकिन, उसके शेष बोलों को तो सीखने का कोई अर्थ नहीं था क्योंकि वे नृत्य के बोल थे। रात में मैंने जब बाबूजी से कहा कि आपने मुझे लक्ष्मी ताल नहीं सिखाया तो उनका प्रति प्रश्न था—'तुमने पूछा था?' मैं क्या कहता? क्योंकि मेरे पास तो सिलेबस ही नहीं था। उस रात उन्होंने मुझे डेढ़-दो घंटे तक लक्ष्मी ताल के विषय में समझाया। और, अगले दिन परीक्षक का पहला ही प्रश्न लक्ष्मी ताल से सम्बन्धित था।

सन् 1974 में बाबूजी के देहावसान के बाद तीन वर्षों तक विभिन्न संस्थाओं में संगतिकार पद पर कार्य करने के बाद 1977 में जब मैंने असम के कला केंद्र दीफु म्यूजिक कॉलेज (दीफु, जिला-कर्बि आंग्लांग) में तबला अध्यापक का कार्यभार संभाला, तब एक ओर मुझे तबला सम्बन्धी एक ऐसी अच्छी पुस्तक की कमी महसूस हुई जो मूलतः तबलार्थियों को केंद्र में रखकर लिखी गयी हो, और दूसरी ओर यह अनुभव हुआ कि जिन बोलों को मैं बजाता हूँ उन्हें बज़ाने में मेरे शिष्यों को बहुत कठिनाई होती है। क्योंकि वे उतना अभ्यास नहीं कर सकते। इन दोनों कमियों को दूर करने की दिशा में मैं तभी जुट गया था। एक ओर अपने छात्रों के लिये खुद नोट्स तैयार करके उन्हें याद करने के लिये देता था तो दूसरी ओर बाबूजी द्वारा सिखायी गयी तकनीक का सहारा लेकर अनेक प्रकार के बोलों की रचना भी करता था। यह सिलसिला

तब से अब तक लगातार चलता चला आ रहा है। यहाँ यह लिखना भी गलत नहीं होगा कि मैंने तबलार्थियों को सिखाकर बहुत कुछ सीखा है...सीख रहा हूँ—

तबला पुराण को मैं एक ऐसी पुस्तक के रूप में तबलार्थियों को सौंपना चाहता था, जिसके सहारे वे स्नातक स्तर तक की परीक्षायें आसानी से दे सकें। यद्यपि मेरे अग्रजों ने तबला के क्षेत्र में महत्त्वपूर्ण कार्य किया है। डॉ. अरुण कुमार सेन, श्री मधुकर गणेश गोडबोले, श्री भगवतशरण शर्मा, श्री गिरीशचंद्र श्रीवास्तव, डॉ. योगमाया शुक्ला, डॉ. आवान ई मिस्त्री, श्री सुधीर मईड़कर, डॉ. मोहनलाल जोशी, प्रो. छोटेलाल मिश्र, श्री मनोहर भालचंद्र राव मराठे, डॉ. एन. एल. कर्ण एवं श्री रामनरेश राय जैसे वरिष्ठ लेखकों ने तबला विषय पर काफी अच्छा काम किया है। इनमें से कुछ पुस्तकें तो ऐसी हैं जिन्हें पढ़-पढ़कर मैं बड़ा हुआ हूँ मैंने सांगीतिक परीक्षायें उत्तीर्ण की हैं। इसलिये ऐसा कोई भी दावा करना धृष्टता ही होगी कि यह पुस्तक शेष पुस्तकों से अच्छी और अलग है। जिन्हें मैंने बार-बार पढ़ा है, जिनका मैं प्रशंसक रहा हूँ—उनके प्रभाव से अछूता रहने का दावा भला मैं कैसे कर सकता हूँ? ये सभी मुझसे अधिक विद्वान हैं, और इनकी विद्वता से मैं लगातार लाभान्वित होता रहा हूँ। फिर भी मैंने यह प्रयास अवश्य किया है कि तबला पुराण भी तबला विषयक अन्य पुस्तकों के बीच अपना सम्मान जनक अपेक्षित स्थान बना सके। अपनी कोशिश में मैं कितना सफल हुआ हूँ—यह तो आप ही बतायेंगे।

इस पुस्तक के लेखन में मुझे अपने कई शुभेच्छुओं का सहयोग समय-समय पर मिलता रहा है। ये लोग इस पुस्तक को शीघ्र पूरा करने के लिये मेरे ऊपर तब से दबाव बनाये हुए थे जब मैं अपना 13 अंकों का रेडियो संगीत धारावाहिक-तबले का जन्म और उसकी विकास यात्रा के निर्माण में जुटा था। इस पुस्तक के लेखन में जहाँ मुझे पूरे देश के कलाकारों का सहयोग और समर्थन मिला, वहीं कुछ कलाकारों का अपेक्षित सहयोग न मिल पाने के कारण उनके अथवा उनके गुरु और पिता आदि के विषय में मैं यथेष्ट जानकारी देने में असमर्थ भी रहा। कुछ कलाकारों ने तो अपना छायाचित्र तक देना भी उचित नहीं समझा। कुछ छाया चित्रों की व्यवस्था तो मैं यहाँ-वहाँ से कर पाया किन्तु कुछ चित्रों की व्यवस्था करने में मैं असमर्थ ही रहा। संगीत नाटक अकादमी (दिल्ली), श्री शरीफ भारती, पं. नयन घोष और श्री ऋषितोष कुमार को मैं उनके सक्रिय सहयोग एवं छाया चित्रों के लिये धन्यवाद देता हूँ। श्री अजयशंकर मिश्र, श्री उदयशंकर मिश्र, श्री देवाशीष चक्रवर्ती एवं श्री पंकज चौधरी को भी मैं शुभकामनायें देता हूँ उनके अनथक परिश्रम के लिये।

मेरे सुधी और उत्साही पाठकों को जैसे-जैसे तबला पुराण के प्रकाशन की जानकारी मिलती गई, उनका एक अन्य सुझाव भी मेरे पास आता रहा कि मैं इसी तरह की कोई पुस्तक अंग्रेजी में भी लिखूँ। इस तरह के सुझाव मुझे विभिन्न संस्थाओं/विश्वविद्यालयों में कार्यरत अध्यापकों से भी मिले हैं। युवा कलाकर्मी एवं

ताबलिक श्री देवाशीष चक्रवर्ती इस कार्य में काफी जोर-शोर से जुटे हैं। फिर भी इसमें कुछ समय लगेगा। दूसरे देशों से भी तबला पुराण और अंतर्नादः सुर और साज़ के अंग्रेजी अनुवाद के विषय में अनुरोध आये है। मैं इस दिशा में भी प्रयत्नशील हूँ। लेकिन, यह बहुत जल्दबाजी का काम नहीं है।

अंतर्नाद : सुर और साज़ के प्रकाशन पर जहाँ कई लोगों को प्रसन्नता हुई है, वहीं कई लोगों को नाराजगी भी। कई ऐसे कलाकार जिनकी भेंट वार्त्तायें स्थानाभाव के कारण उसमें नहीं शामिल हो पायी हैं परोक्ष रूप से अपनी नाराजगी व्यक्त भी कर चुके हैं। मैं उन्हें आश्वस्त करता हूँ कि अगले वर्ष तक उनकी भेंट वार्त्ताओं के आधार पर एक अन्य पुस्तक के प्रकाशन के विषय में कुछ प्रकाशकों से बात-चीत चल रही है। इसी तरह कत्थक नृत्य पर भी एक पुस्तक मैं शीघ्र पूरा करने के प्रयास में हूँ। बाल कविताओं पर भी एक पुस्तक के विषय में बातें चल रही हैं। एक अन्य पुस्तक पर मैं विगत 4 वर्षो से काम कर रहा हूँ। बस, अपना प्यार, विश्वास और सहयोग बनाये रखें। लेकिन, मैं आपसे यह प्रार्थना भी करना चाहता हूँ कि आप खरीदकर पुस्तकें पढ़ने का साहस जुटायें। यह एक अच्छी आदत हैं। मुझे यह देखकर आश्चर्य हुआ कि अंतर्नाद में जिन कलाकारों पर लिखा गया है। उनके पुत्रों और शिष्यों तक को पुस्तक खरीदने में कठिनाई हो रही है। और वे रिश्तों की दुहाई देकर उसे निःशुल्क पाना चाहते हैं। यद्यपि मैं उन्हें कम कीमत पर पुस्तकें दिलवाने को तैयार था। मुझे लगता है कि संगीत में इसी स्वार्थी सोच के कारण सोचने और समझने की प्रवृति का पतन हुआ है।

मुझे मालूम है कि इस पुस्तक में बहुत सी कमियां हैं जिन्हें भविष्य में पूरा करने का मैं यथा संभव प्रयास करूँगा। आपके शोध परक विचारों का भी मैं सहर्ष स्वागत करूंगा। कृपया मेरा मार्ग दर्शन करते रहें। अगर तबलार्थियों की तबला सम्बन्धी समस्याओं का यह पुस्तक थोड़ा भी समाधान कर पायी तो मैं समझूँगा कि अपने गुरु-पिता का ऋण चुकाने की दिशा में उठा मेरा पहला कदम सफल रहा है।

मंगल स्वरों सहित।

विजयशंकर मिश्र
15 नवम्बर, 2004

705 D/21C. वार्ड नं. 3,
महरौली, नयी दिल्ली-110030
E. Mail-anhada@sify.com.
दूरभाष : (011) 26641963,
(मोबाइल) 9810517945.

प्रस्तावना

संगीत के शब्दकार...पंडित विजयशंकर मिश्र

—पं. सुधीर पाण्डेय

यह मेरा बहुत बड़ा सौभाग्य रहा कि मुझे बचपन से ही संगीत और साहित्यमय वातावरण में पलने और बढ़ने का अवसर मिला। मेरे पूज्य पिताश्री स्व. अर्जुन पाण्डेयजी तबले के चिंतक तो थे ही, संस्कृत, हिन्दी और अंग्रेजी भाषाओं पर भी उनकी अच्छी पकड़ थी। अतः मेरा समय या तो तबले का रियाज करते हुए बीतता और या तो नंदन, पराग और चंदामामा जैसी बाल पत्रिकाओं को पढ़ने में। जैसे-जैसे उम्र बढ़ती गयी, एक ओर वैचारिक परिपक्वता बढ़ती गयी तो दूसरी ओर पत्रिकायें बदलती गयीं।

कॉलेज में आने के बाद मुझे मनपसन्द विषय चुनने की स्वतन्त्रता मिली। उन दिनों मैं भारवि, दण्डी, वाणभट्ट और कालिदास आदि के साथ-साथ जयंशकर प्रसाद, सूर्यकांत त्रिपाठी निराला, महादेवी वर्मा, सुमित्रानंदन पंत और भगवती चरण वर्मा जैसे साहित्यकारों से काफी प्रभावित था और अन्तर्मुखी होने के बावजूद इन्हीं की भाषा-शैली में बोलने और लिखने का प्रयास करने लगा था। संस्कृत वैसे भी मेरा आरम्भ से ही पसन्दीदा विषय रहा है। अतः मेरा संस्कृतनिष्ठ हिन्दी की ओर मुड़ जाना स्वाभाविक ही था। उस समय मुझे यह भी लगता था कि बोलचाल की साधारण हिन्दी की अपेक्षा संस्कृतनिष्ठ हिन्दी अधिक श्रेष्ठ है। यद्यपि उस समय भी मैं मुंशी प्रेमचंद और फणीश्वरनाथ रेणु जैसे लेखकों से प्रभावित था, उन्हें पढ़ता भी था। लेकिन, मन के किसी कोने में यह भाव भी फण उठाये बैठा था कि बोलचाल की साधारण भाषा तो साधारण लोगों की होती है। उच्चवर्गीय लोगों की भाषा भी तो उच्चकोटि की होनी चाहिए। अपनी इसी मानसिकता के कारण मैं अपनी बोलचाल और लेखन में इसी तरह की भाषा का प्रयोग करने लगा था, जो मुझे दूसरों से अलग करती थी।

मुझे बचपन से ही लिखने का शौक था। विद्यार्थी जीवन में निबन्ध एवं वाद-विवाद प्रतियोगिताओं में भाग लेकर पुरस्कृत भी हुआ। बाद में लघु निबन्ध की तरफ मैं मुड़ा और महाविद्यालय तथा विश्वविद्यालय की पत्रिकाओं के साथ-साथ कादम्बिनी, सारिका और मुक्ता जैसी पत्रिकाओं में भी लिखने लगा। उन दिनों मुझे

अपने पाठकों एवं शुभचिन्तकों से यदा-कदा ये सुझाव भी मिलते थे कि यदि आपकी भाषा में थोड़ी सरलता और सहजता आ जाए तो वह पाठकों के अंतःकरण को सहज ही स्पर्श कर लेगी। लेकिन, इन सुझावों को मैंने कभी गम्भीरता से नहीं लिया।

इन्हीं दिनों मुझे संगीत विषयक कई रचनायें—कादम्बिनी, नवनीत, सरिता, मुक्ता, गृहशोभा, नवभारत टाइम्स, दैनिक हिन्दुस्तान और संगीत जैसी पत्र-पत्रिकाओं में पढ़ने को मिली। इन अनूठी रचनाओं ने मेरे दिलो-दिमाग के बन्द कपाटों को जैसे एकदम से खोल दिया और उसमें शीतल, मंद, सुगंधित हवाओं का प्रवेश होने लगा। विषय की दृष्टि से ये रचनायें अत्यन्त गम्भीर थीं तो वैचारिक दृष्टि से बिलकुल नयी भी। लेकिन मुझे जिस बात ने सर्वाधिक प्रभावित किया, वह थी लेखक की लेखन-शैली। गम्भीर-से-गम्भीर बात को भी जिस सरल एवं सहज भाषा में लेखक ने लिखा था, उसे पढ़कर मैं तो चकित रह गया। जिस तथ्य को स्पष्ट करने में मुझे 8-10 या 12 पंक्तियाँ लिखनी पड़ती थीं, उसे लेखक ने 1 या 2 पंक्ति में इतनी आसानी से लिख दिया था जैसे वह बहुत साधारण-सी बात है। सागर को गागर में समाहित कर देने वाले ये लेखक थे पंडित विजयशंकर मिश्र, जिन्होंने मेरी जड़ता को तोड़ते हुए मुझे अज्ञानांधकार से बाहर निकाला।

मेरे पिताजी भी दोषारोपण और छिद्रान्वेशी प्रवृत्ति के नहीं थे। उनकी दृष्टि सकारात्मक थी। लेकिन, एक बार पं. विजयशंकर मिश्र की ही किसी रचना पर चर्चा करते हुए उन्होंने जब कहा कि 'संगीत और साहित्य दोनों में ही सरलता का होना बहुत बड़ा गुण है' तो बात मेरी समझ में तुरन्त आ गयी। उन्होंने अपनी बात को और अधिक स्पष्ट करते हुए कहा कि—"यह तो तारीफ की बात है ही कि तुम कठिन बोलों का वादन करते हो, लेकिन इन कठिन बोलों का वादन तब और भी अधिक प्रशंसनीय हो जाएगा, जब इनकी कठिनता का अनुभव श्रोताओं को न हो। संगीत और साहित्य के रसास्वादन के समय भी अगर श्रोताओं और पाठकों को किसी कठिनाई का, किसी बोझ या मानसिक दबाव का अनुभव होता रहे तो वह इन कलाओं का भला क्या आनन्द ले पाएगा? कला आस्वादक ऐसे क्षणों में बुद्धि नहीं हृदय को इन कलाओं की रसधारा से सिंचित करना चाहता है।"

इन्हीं दिनों मेरे जीवन में एक महत्त्वपूर्ण मोड़ आया। अपने सांगीतिक उत्कर्ष को पाने की चाह में मैं पटना से दिल्ली आ गया। संयोग से उसी समय पंडितजी भी वनस्थली विद्यापीठ की नौकरी छोड़कर अपनी लेखनी को और अधिक आजादी देने के उद्देश्य से दिल्ली आ गये। संयोगवश हम दोनों ही तब आसपास रहते थे। वहीं मित्रों के माध्यम से इनसे परिचय हुआ। पड़ोस में ही रहने के कारण प्रायः लुंगी और कुर्ता पहने मिश्रजी से मेरी भेंट हो जाती थी। दिन में जिस कुर्ते में वह सब्जी लेते हुए मिलते थे, रात को उसी कुर्ता के साथ लुंगी के स्थान पर पायजामा पहने वह संगीत समारोहों में संगीत सितारों के साथ भी दिख जाते थे। उन्हीं दिनों

गांधर्व महाविद्यालय के एक कार्यक्रम में मुझे सोहनलाल शर्मा के साथ तबला वादन का अवसर मिला। कार्यक्रम वाले दिन सुबह अचानक पंडितजी से मुलाकात हो गयी तो मैंने औपचारिकतावश उन्हें भी आमन्त्रित कर दिया। बिना इसकी परवाह किये कि उन्हें आयोजकों ने नहीं आमन्त्रित किया है, निराभिमानी पंडितजी शाम को कार्यक्रम में पहुँच भी गये। गुरुकृपा से वह कार्यक्रम काफी सफल भी रहा। पंडितजी को छोड़ सभी लोगों ने मेरी खूब तारीफ की। मुझे लगा शायद इन्हें मेरा तबला वादन पसन्द नहीं आया। 3-4 दिन बाद जब मेरी मुलाकात फिर इनसे हुई तो इन्होंने कहा कि–'सुधीर, मौका मिले तो कल दैनिक जागरण देख लेना।'

अगले दिन दैनिक जागरण में अपनी प्रशंसा पढ़ते हुए मेरी मनरूपी आँखों पर छाया पर्दा धीरे-धीरे हटता चला गया। वही भाषा...वही शैली...और वही नाम भी। तो क्या ये मिश्र जी और वे पंडित विजयशंकर मिश्र एक ही हैं? अब तो संशय का कोई प्रश्न ही नहीं था। लेकिन, मन को एक झटका जरूर लगा। क्योंकि, पटना में उनकी रचनाओं को पढ़ते हुए मैंने उनके जिस रूप और व्यक्तित्व की कल्पना की थी, मिश्र जी उससे बिलकुल अलग निकले और, तब मैंने जाना कि इतना सामान्य और साधारण-सा दिखने वाला यह व्यक्ति अपने-आप में कितना असाधारण है। मुझे उस दिन अखबार में प्रकाशित अपनी प्रशंसा पढ़कर उतनी प्रसन्नता नहीं हुई, जितनी यह जानकर कि मेरा पं. विजयशंकर मिश्र से जुड़ाव हो गया है। वह पं. विजयशंकर मिश्र जिनकी संगीत विषयक रचनायें, जिनकी कहानियाँ और कवितायें पढ़ते हुए मैं बड़ा हुआ हूँ। जिनसे मिलने की लालसा मैंने वर्षों से मन में पाल रखी थी। वह मुझे अपनी गली में यूँ अनायास मिल जाएँगे, यह तो मैंने स्वप्न में भी नहीं सोचा था। उसी दिन से मैं उनसे गहरायी से जुडता चला गया। अब मेरा अधिकांश समय उन्हीं के साथ बीतता। यह मेरा सौभाग्य रहा कि इनका मार्गदर्शन, सान्निध्य मुझे हमेशा मिलता रहा या यूँ कहें कि मेरी चिर अभिलाषा बिना किसी प्रार्थना के ही फलीभूत हो गयी। एक ओर मुझे इनकी लगभग सभी रचनायें पढ़ने को मिलने लगीं तो दूसरी ओर संगीत के साहित्य, इतिहास, विज्ञान और दर्शन से भी परिचित होने का सुअवसर मुझे मिलने लगा। इन्हीं से मुझे अपने मानस में उमड़-घुमड़ रहे वर्षों से अनुत्तरित रहे कई जटिल प्रश्नों के उत्तर भी मिले।

यूँ तो संगीत पर नियमित कुछ-न-कुछ, बल्कि बहुत कुछ लिखा-पढ़ा जा रहा है। लकिन, पंडितजी की रचनाओं का अलग महत्त्व है। उनमें मौलिकता है, शोधपूर्ण नयी वैचारिक दृष्टि भी है। यथार्थ कहने और सहने की चाहत है तो उसके लिए कोई भी कीमत चुकाने की ताकत भी। बिना किसी लाग-लपेट के दो टूक सीधी बात करना, उनकी एक ऐसी विशेषता है जो बहुतों को पसन्द नहीं है। वह न तो शब्दों के मायाजाल में खुद फँसते हैं और न तो वाक्यों की सँकरी गलियों में अपने पाठकों को भटकाते हैं। उनके द्वारा प्रयुक्त हर पंक्ति, हर शब्द का अपना महत्त्व

होता है। लेकिन, ऐसा भी नहीं है कि वह शब्दों के अलंकार, अनुप्रास और अभिव्यंजना आदि से परिचित नहीं हैं। अपनी काव्य रचनाओं के लिए वह यदा-कदा इनका प्रयोग करते हैं।

मेरी दृष्टि में लेखन दो तरह का होता है। एक में लेखक का अपना व्यक्तित्व हावी रहता है। वह उसकी लेखन-शैली कहलाती है। जबकि, दूसरे में लेखक का व्यक्तित्व उसके लेखन में विलय हो जाता है। वह अपने पात्रों के साथ इतना घुल-मिल जाता है कि उन दोनों को एक-दूसरे से पृथक् कर पाना कठिन होता है। पं. मिश्र इसी श्रेणी के लेखक हैं। इनकी सर्वथा मौलिक और नवीन वैचारिक दृष्टि से सहमत हुआ जाए या असहमत इस पर तो मतभेद हो सकते हैं। लेकिन उस दृष्टि की सराहना करने में कभी किसी को संकोच नहीं हुआ। उनके, घोर वैचारिक विरोधियों को भी नहीं। चाहे वह पत्र-पत्रिकाओं के लिए लिखें, चाहे विचार गोष्ठियों में व्याख्यान दें और चाहे आकाशवाणी या दूरदर्शन पर वार्ता या चर्चा करें। वह पढ़ने-सुनने वालों को आन्दोलित अवश्य करता है।

एन.सी.ई.आर.टी. द्वारा निर्मित तबला विषयक एक संगीत कार्यक्रम के दो अंकों में मुझे उनके साथ काम करने का अवसर आज से लगभग 7 वर्ष पूर्व मिला था। उस कार्यक्रम के सम्बन्ध में जब पंडितजी ने वहाँ के अधिकारियों को तबले के विषय में समझाना शुरू किया तो मैं तो देखता रह गया। अन्ततः वहाँ के अधिकारियों को कहना पड़ा, कि 'ठीक है। इसके लिए आप अपनी इच्छानुसार काम करने को स्वतन्त्र हैं।' इस कार्यक्रम को दिल्ली दूरदर्शन ने दो अंकों में प्रसारित किया था, जिसकी राष्ट्रव्यापी व्यापक प्रतिक्रिया हुई। इसके बाद ही इन्होंने 'तबले का जन्म और उसकी विकास यात्रा' नामक 13 अंकों का एक रेडियो सीरियल भी बनाया। जो रेडियो के लम्बे इतिहास में तबला विषय पर पहला धारावाहिक है। इस कार्यक्रम की कई कड़ियों में मुझे भी बजाने का अवसर मिला। इस धारावाहिक ने अनेक भ्रान्तियों को तोड़ा। यद्यपि तबले के आविष्कार के विषय में अब तक काफी कुछ लिखा जा चुका है। तथापि मेरा मानना है कि इस विषय पर पंडितजी सच्चाई के सर्वाधिक निकट तक पहुँचने में सफल रहे हैं। औरंगजेब का संगीत प्रेम, कत्थक अधूरा नृत्य है, तबले का आविष्कार : एक पुनर्विचार, मान्य क्यों नहीं बनारस बाज-घराना, जैसी सैकड़ों रचनायें उनके शोधपूर्ण वैचारिक दृष्टि का परिचय देने में सक्षम हैं।

पूर्वाग्रह मुक्त और दुर्भावहीन, स्थितप्रज्ञ, अजातशत्रु, मिश्र जी की एक और जो विशेषता मुझे आकर्षित करती है, वह है उनका तथाकथित बड़े कलाकारों से आतंकित न होना और युवा तथा संघर्षरत कलाकारों की सहायता के लिए सदैव तत्पर रहना। ऐसा कई बार हुआ है कि किसी उभरते कलाकार की प्रस्तुति के बाद वह उसकी कमिय.. के विषय में उसे अकेले में समझाते हुए देखे गए, लेकिन समीक्षा करते हुए उसकी ओर हल्का-सा संकेत ही किया, तिल को ताड़ नहीं बनाया। दूसरी

ओर परिसंवादों, विचार गोष्ठियों में चाहे कितना ही बड़ा कलाकार क्यों न हो अगर उनका कथन सच्चाई के विपरीत है तो उसका खंडन करने में इन्हें थोड़ा भी संकोच नहीं हुआ। कई विश्वविख्यात कलाकारों की यथार्थपूर्ण समीक्षा के कारण इन्हें उनका कोपभाजन भी बनना पड़ा है। लेकिन ये टस-से-मस नहीं हुए। अपनी कलम को गिरवी नहीं रखा। पं. मिश्र सम्भवतः अकेले संगीत लेखक हैं, जिनकी रचनायें प्रकाशित होने से रुकवाने के लिए कलाकारों ने न केवल इन पर बल्कि सम्बन्धित सम्पादकों पर भी दबाव डाला है। लेकिन, इनके मन में कभी किसी के लिए द्वेष का भाव नहीं आया। वह यही कहते हैं, उनसे नहीं उनके विचारों से मेरा मतभेद है, मनभेद नहीं। कत्थक केन्द्र (दिल्ली) द्वारा आयोजित कार्यशाला में स्वामी पागलदास के विचारों का जोरदार खंडन करने वाले मिश्र जी दोपहर का भोजन भी उन्हीं के साथ करते थे, और शाम को उन्हें अपने साथ लेकर मन्दिर भी जाते थे। लेकिन दूसरे दिन इन दोनों विचारकों का वैचारिक टकराव फिर लोगों को चकित कर देता था। स्वामी पागलदास, पं. निखिल घोष और डॉ. केदारनाथ भौमिक जैसे वरिष्ठ कलाकारों से इनके मतभेदों की चर्चा 'संगीत' पत्रिका में खूब हुई है। युवा, वृद्ध, संघर्षरत और अभावहीन कलाकारों पर भी इन्होंने खूब लिखा है। संघर्षों के इंद्रधनुष, अंतहीन शोषण की अनकही कहानियाँ, संगीत और आज का युवा, सरगम की डगरः आग का दरिया जैसे ज्वलंत और मर्मस्पर्शी आलेखों के साथ-साथ आकाशवाणी के लिए निर्मित इनका कार्यक्रम अवरोही सुरों का आलाप ने लोगों को जैसे नींद से जगाया।

मुझे यह बताते हुए बड़ी प्रसन्नता हो रही है कि मैं पंडितजी के प्रिय तबला वादकों में से हूँ। जिन दिनों मैं दिल्ली में अपने पाँव जमाने के लिए संघर्ष कर रहा था, उन दिनों उन्होंने जनसत्ता के लिए तबला के अजराड़ा घराने पर केन्द्रित एक लेख में 4-5 पंक्तियों में ही मेरी ऐसी प्रशंसा की कि कई लोगों की निगाहों में मैं आ गया। लेकिन, कुछ वर्षों बाद मेरे एक अत्यन्त सफल कार्यक्रम की इन्होंने आलोचना भी कर दी। इनकी शिकायत थी कि संगतिकार के रूप में मैंने उससे ज्यादा समय ले लिया था, जितना मुझे लेना चाहिए था। अपने लिए मैं कह सकता हूँ कि उनकी हर बात को मैंने काफी गम्भीरता से लिया।

पंडित विजयशंकर मिश्र की विशेषता मात्र यह नहीं है कि वह एक अच्छे लेखक हैं। बल्कि वह संगीत के विद्वान, स्पष्टवक्ता, हर किसी के शुभेच्छु और दार्शनिक भी हैं। मुझे याद है कि जब मेरे पिताजी की निधन हुआ तो मैं लगभग विक्षिप्त सा हो गया था। चारों ओर सिर्फ अँधेरा-ही-अँधेरा नजर आता था। ऐसे में उन्होंने मुझे समझाते हुए जो कुछ भी कहा उसे मैं कभी नहीं भूल सकता। उनके शब्द थे— 'सुधीर, निकलो दुःखों के इस दलदल से। इस नश्वर संसार में अमर होकर भला कौन आता है? इस दुनिया रूपी रंगमंच पर लोग अपनी भूमिका निभाने आते हैं और भूमिका समाप्त होने पर चले जाते हैं। तुम्हारे पिताजी ने अपना कर्तव्य बखूबी

निभाया...साफ-सुथरा जीवन जिया। तुम्हें एक समर्थ कलाकार के रूप में संगीत जगत् को अर्पित किया और फिर चल दिये। फिर यह शोक क्यों? हमारे यहाँ तो मृत्यु का वरण किया जाता है एक उत्सव के रूप में।' मैं तो हिल गया उनके इन शब्दों को सुनकर। अब तक जीवन और मृत्यु की ऐसी व्याख्या इतने सरल शब्दों में मैंने कभी नहीं सुनी थी।

इसके बाद पिताजी की स्मृति में मैंने अपने शिष्यों के साथ मिलकर एक संगीत संध्या का आयोजन किया। कार्यक्रम का संचालन करने के लिए मैंने पंडितजी से ही प्रार्थना की जिसे उन्होंने सहर्ष स्वीकार कर लिया। उस दिन मंच से भी उन्होंने जो कुछ कहा मुझे ऐसा लगा, जैसे दुःखों के कुहासे को चीरकर सूर्य के किसी तेज किरण ने मन को आलोकित कर दिया हो। उन्होंने सीधे और स्पष्ट स्वर में कहा 'आप लोग उदासी के दलदल से बाहर निकलिए। आज हम और आप किसी शोक सभा में नहीं बल्कि दिवंगत संगीतकार पं. अर्जुन पाण्डेय जी को अपनी संगीतांजलि अर्पित करने के लिए एकत्र हुए हैं।'

इसी तरह एक घटना के फलस्वरूप मैं काफी उद्विग्न था। मानसिक अशान्ति के कारण काफी दिनों तक तबले का रियाज भी नहीं किया। एक दिन अचानक मिल गए पंडितजी और आदत के मुताबिक पूछ बैठे—'और भाई रियाज कैसा चल रहा है?' मैंने ससंकोच कहा, 'भैया, इधर कुछ मानसिक अस्वस्थता के कारण रियाज नहीं कर पाया।'

पंडितजी एकदम से बोले—'अरे भाई, मन ही तो अस्वस्थ है न। शरीर तो स्वस्थ है। खाना-पीना तो चल रहा है न।'

मैंने कहा—'हाँ, वह तो चल रहा है।'

इस पर वह बोले—'तब तो रियाज भी चलना चाहिए। फिर, इसमें मन की कहाँ जरूरत पड़ती है? शरीर स्वस्थ होना चाहिए और कुछ नहीं तो नाधिंधिंना ही बजाओ। उसमें दिमाग़ लगाने की भला क्या जरूरत है? जब स्टेज पर बजाना तब तन और मन दोनों का प्रयोग करना।' संगीत में हमेशा रियाज की अपेक्षा मिजाज पर बल देने वाले पंडितजी की उस दिन की बात सुनकर मैं तो जैसे नींद से जाग पड़ा और, उसी दिन से रियाज में जुट गया। इन शब्दों का भला किस पर प्रभाव नहीं पड़ेगा? मुझे तो लगता है, कि उनके ये शब्द मुर्दों पर भी असर कर देंगे।

लेखकः—

पं. सुधीर पाण्डेय स्वयं अन्तर्राष्ट्रीय स्तर के प्रतिष्ठित कलाकार हैं। अनेक देशों की संगीत यात्रा कर चुके पं. पाण्डेय के कई अलबम प्रसारित हो चुके हैं। आप आकाशवाणी एवं दूरदर्शन के प्रथम श्रेणी के मान्यता प्राप्त कलाकार हैं।

D-182 A, तृतीय मंजिल, फ्रीडम फाईटर इन्कलेव, इग्नू रोड, नेव सराय, दिल्ली-110068, दूरभाष-29535544, मोबाइल-33007834।

प्रथम अध्याय षड्ज

तबले का जन्म और उसकी विकास यात्रा

- तबले का आविष्कार एक पुनर्विचार
- दिल्ली घराना
- लखनऊ घराना
- फर्रूखाबाद घराना
- अजराड़ा घराना
- बनारस घराना
- पंजाब घराना

तबले का आविष्कार : एक पुनर्विचार

अवनद्ध वाद्य

मिट्टी, लकड़ी या धातु निर्मित किसी खोखले ढाँचे पर किसी पशु की खाल मँढ़कर जब हाथ या किसी छड़ी आदि के प्रहार द्वारा उसका वादन किया जाता है, तो उसे अवनद्ध वाद्य कहते हैं : इस श्रेणी के वाद्यों में तबला, पखावज, ढोलक, नाल, नक्कारा, मुरज आदि के नाम लिए जा सकते हैं, चर्माच्छादित होने के कारण इन्हें चर्मज भी कहा जाता है, एच.ए. पोपले ने अपनी पुस्तक द म्यूजिक ऑफ इंडिया में अवनद्ध वाद्यों की चर्चा करते हुए लिखा है कि भगवान शंकर ने त्रिपुरासुर विजय पर जो नृत्य किया था, उसकी संगति के लिए ब्रह्मा ने एक अवनद्ध वाद्य का निर्माण किया था, जिसका ढाँचा मिट्टी का होने के कारण उसे मृदंग कहा गया। इस वाद्य को सर्वप्रथम बजाने का श्रेय गणेश को है। जैन आचार्य सुधा कलश रचित ग्रन्थ संगीतोपनिषदसारोद्धार में शंखनिधि द्वारा मुरज नामक वाद्य के आविष्कार का वर्णन है—'मुरजास्तु मते जैने जातः शंखान्महानिधे'। इसी ग्रन्थ में वर्णित एक अन्य कथा में मुरज अवनद्ध वाद्य के आविष्कार का श्रेय शंकर को भी दिया गया है। कथा कुछ इस प्रकार है—

एक बार कैलाश पर्वत पर ध्यानस्थ शिव की तपस्या में मुरज नामक असुर ने विघ्न उत्पन्न किया तो शंकर ने उसका वध कर दिया। सिर तथा हाथ, पैर रहित उसके शव को बहुत से गिद्ध लेकर जब आकाश मार्ग से जा रहे थे तो वह मृत भारी शरीर उनके पंजों से छूटकर नीचे गिरा और वृक्षों पर अटक गया। कुछ समय पश्चात् उसके शरीर के माँस आदि सूख गए। एक दिन तीव्र वायु वेग से उस वृक्ष की टहनियाँ जब मुरज के मृत शरीर और शरीर के सूखे हुए चमड़े आदि से टकराने लगीं तो एक विचित्र लेकिन आकर्षक ध्वनि उत्पन्न होने लगी। उस समय भ्रमणरत शंकर ने जब इस आकर्षक ध्वनि को सुना तो इसके कारण को जानने हेतु उस दिशा में बढ़ चले। जब उन्होंने मुरज के मृत शरीर को देखा तो उन्हें पूरी घटना का स्मरण हो आया। भगवान शंकर ने जब उस पर बाएँ हाथ से प्रहार किया तो <u>तो</u> शब्द उत्पन्न हुआ। फिर, उन्होंने जब दाहिने हाथ से बजाया तब <u>धी</u> की आवाज आयी। उन्होंने एक बार फिर जब बाएँ और दाएँ हाथ से उस पर प्रहार किया तो क्रमशः थों और द्रे वर्णों के जन्म हुए। इसके बाद शंकर वापस चले गए। कुछ दिनों

बाद एक समय शंकर पार्वती के साथ पर्ण कुटी में बैठे थे कि वर्षा होने लगी। पर्ण कुटी में सूखे पत्तों पर गिरती जल की बूँदों ने जिस ध्वनि को जन्म दिया, वह उमा को अत्यन्त आह्लादकारी प्रतीत हुई। अतः उन्होंने शंकर से किसी ऐसे उपकरण के निर्माण का अनुरोध किया, जिससे इस प्रकार की ध्वनि उत्पन्न की जा सके। पार्वती के अनुरोध पर शंकर को पुनः मुरज की स्मृति हो आयी। तब उन्होंने सारा वृत्तान्त पार्वती को सुनाया एवं मुरज के शरीर के दोनों छोर से उत्पन्न होने वाले वर्णों तक्कड़, दरगड़ आदि का वर्णन किया।

भरत कोष के अनुसार मुर नामक राक्षस के मृत शरीर से श्रीकृष्ण ने मर्दल नामक अवनद्ध वाद्य का निर्माण किया था। मुर को मारने के कारण ही श्रीकृष्ण का एक नाम मुरारि भी पड़ा, जिसका अर्थ है मुर का शत्रु। इस प्रकार हम देखते हैं, कि अवनद्ध वाद्यों का प्रचार भारत और भारतीय संगीत में काफी पहले से है। भिन्न-भिन्न अवसरों पर भिन्न-भिन्न भावों के निरूपण के लिए भिन्न-भिन्न अवनद्ध वाद्यों का प्रयोग होता रहा है। भागवत् के दशम् स्कन्ध के अनुसार, देवकी के विवाह में ढोल, मृदंग, नगाड़े और गोमुख जैसे वाद्यों का वादन हुआ था। इसी प्रकार देवकी के गर्भ में श्रीकृष्ण के प्रवेश पर देवताओं ने स्वर्ग में दुंदुभि बजा हर्षोल्लास प्रकट किया था। वाल्मिक और तुलसी कृत रामायण में भी अवनद्ध वाद्यों की विस्तृत चर्चा हुई है। राम और रावण दोनों ही संगीत अनुरागी थे। राम के वनवास के समय जब भरत उन्हें वापस लाने के उद्देश्य से वन गए थे, तब भी अवनद्ध वाद्यों का वादन हुआ था। कालिदास कृत मालती माधव में मंगलाचरण में ढोल का वर्णन हुआ है। नन्दी जब अपने हाथ से खुशी के साथ ढोल बजाने लगा तो कार्तिकेय का वाहन मयूर उसे मेघ गर्जन समझकर आनन्द विभोर हो नृत्य करने लगा।

तबला भी एक अवनद्ध वाद्य है। आधुनिक युग का सर्वाधिक प्रतिष्ठित, प्रचलित और लोकप्रिय वाद्य। लेकिन, इसके आविष्कार और जन्म के विषय में अब भी निर्विवाद रूप से कुछ कह पाना सम्भव नहीं हो पाया है। अलग-अलग विचारकों के अलग-अलग विचार सर्वथा विरोधाभासी हैं। अतः सर्वप्रथम हम कुछ प्राचीन मान्यताओं पर संक्षिप्त रूप में विचार करेंगे, और उन्हें तर्कों की कसौटी पर कसकर किसी ठोस निष्कर्ष तक पहुँचने का प्रयास करेंगे।

सादिक अली सिताब खाँ रचित पुस्तक 'सरमाये-इशरत', मौलवी मोहम्मद इसहाक कृत 'रिसाल-ए-तबला नवाज़ी' और श्री चिरंजीत के अनुसार—'एक बार पखावजी भगवान दास उर्फ भवानी दास और सुधार खाँ ढाढ़ी के बीच हुई प्रतियोगिता में पराजित पखावजी सुधार खाँ ने पखावज को बीच से दो टुकड़ों में काट दिया और उसे उर्ध्वमुखी करके उस पर वादन किया। बीच से दो भागों में काट दिए जाने

के बावजूद जब वह पखावज बोला, तब लोगों की प्रतिक्रिया हुई 'तब भी बोला', इस नवनिर्मित वाद्य के लिए यही शब्द कालान्तर में तब बोला, तब्बोला और तबला नाम से प्रचलित हुआ।'

लेकिन, यहाँ यह विचारणीय है कि जब पखावज की दो-चार बद्धियाँ कट जाने से ही उससे सही ध्वनि नहीं निकलती है, तो पूरा पखावज ही काट देने से कैसी ध्वनि निकली होगी? हमें यह भी ध्यान रखना होगा कि मात्र ढब-ढब की आवाज को सांगीतिक भाषा में बोलना नहीं कहते हैं। साजों के बोलने का अभिप्राय संगीतोपयोगी ध्वनि से होता है। ताल प्रकाश पुस्तक की भूमिका में प्रसिद्ध ताबलिक पं. किशन महाराज ने भी इस तथ्य के प्रति अपनी असहमति व्यक्त की है।

दूसरी बात, अगर इस आधार पर तबले की उत्पत्ति मान भी लें तब भी आकार आदि का प्रश्न उठ खड़ा होता है। पखावज को काटकर जब खड़ा किया गया होगा तो उसका नीचे का पृथ्वी तल पर टिका हिस्सा निःसंदेह खुला रहा होगा, जैसा कि पाश्चात्य वाद्यों कांगो, बांगो में होता है। लेकिन, तबला में ऐसा नहीं है। साथ ही, आज तक किसी सांगीतिक ग्रन्थ में तब भी बोला, तब बोला या तब्बोला नामक किसी वाद्य का कहीं उल्लेख नहीं मिलता है। तीसरी समस्या काल की है। सादिक अली खाँ और श्री चिरंजीत के अनुसार, सुधार खाँ सोलहवीं शताब्दी में हुए, जबकि डॉ. लालमणि मिश्र और आचार्य वृहस्पति के अनुसार उन्नीसवीं शताब्दी। जबकि मेरे मतानुसार सुधार खाँ अठारहवीं शताब्दी के पूर्वार्द्ध में हुए थे।

एक बहुत बड़ा वर्ग हजरत निजामुद्दीन औलिया के शिष्य और अलाउद्दीन खिलजी के दरबारी कवि हजरत अमीर खुसरो को तबले का आविष्कारक मानता है। अमीर खुसरो का काल 1253 से 1325 तक था। लेकिन, स्वयं अमीर खुसरो ने अपनी पुस्तकों में कहीं भी यह नहीं लिखा है, कि उन्होंने तबला नामक किसी वाद्य का आविष्कार किया है। अपनी फारसी पुस्तक एजाजे-खुशरवी में उन्होंने तब्ल नामक एक ऐसे वाद्य का उल्लेख अवश्य किया है, जिसे बादशाह के सम्मुख बजाया जाता था। किन्तु उसे स्वनिर्मित नहीं बताया है। अमीर खुसरो को कुछ तालों की रचना का श्रेय भी दिया जाता है, जैसे—उसूल-ए-फाख्ता (सूलफाक्ता या सूलताल) और फरोदस्त आदि, जो मूलतः पखावज के हैं। इस सम्बन्ध में प्रसिद्ध संगीत शास्त्री ठाकुर जयदेव सिंह ने लिखा है—'यह दन्त कथा कि अमीर खुशरव ने तबले का आविष्कार किया—कोरा गप्प है। अमीर खुशरव के ग्रन्थों में जहाँ तब्ल शब्द आया है—वहाँ उसका अर्थ केवल अवनद्ध वाद्य है। फारसी में पखावज, डफ, दुंदुभि इत्यादि सभी वाद्यों को तब्लः कहते हैं।'

आचार्य वृहस्पति ने जनाब रशीद मलिक की उर्दू पुस्तक **'हजरत अमीर खुसरो का इल्मे मूसिकी और दूसरे मकालात'** का उल्लेख करते हुए अपनी पुस्तक संगीत चिंतामणि में लिखा है—'हमें इस बात की प्रामाणिक शहादत मिलती है कि 11 वीं

सदी के आरम्भ में यहाँ तबले का रिवाज़ हो चुका था। हजरत अमीर खुसरो के जन्म के सैकड़ों वर्ष पहले तबला भारत में था। इसके आविष्कार से हजरत अमीर खुसरो का कोई सम्बन्ध नहीं है। हम केवल इतना जानते हैं कि तब्ल फारसी शब्द है। और अन्तिम मुगल बादशाह आलम के युग अर्थात् 1719 तक हमें किसी तबला वादक का उल्लेख नहीं मिलता है। अतः हम जनाब रशीद मलिक से सहमत हैं कि हजरत अमीर खुसरो तबले के आविष्कारक नहीं हैं।'

मादुनूल मूसिकी के लेखक हकीम मोहम्मद करम इमाम ने तब्ल और तबला को दो भिन्न वाद्य मानते हुए दोनों का अलग-अलग वर्णन किया है। उनके अनुसार 'तब्ल का अर्थ ढोल होता है। पखावज ढोलक से बड़ी होती है। एक तरफ आटा लगता है और एक तरफ स्याही तबला की सी। चुनांचे तबला उसी से निकला है। विद्वानों के अनुसार इसके आविष्कारक गणेश जी हैं।' कुछ अन्य लोगों के अनुसार तबला के आविष्कारक सूफी कवि अमीर खुसरो नहीं, बल्कि खुसरो खाँ नामक एक अन्य व्यक्ति थे। आचार्य बृहस्पति ने अपनी पुस्तक **'खुसरो तानसेन तथा अन्य कलाकार'** में एक खुसरो खाँ का वर्णन किया है जो गुज़रात की परिवार नामक एक निम्न श्रेणी की संगीतजीवी जाति के थे। इन्हें सन् 1297 में गुजरात से कैद करके दिल्ली लाया गया था। बाद में इन्होंने मुस्लिम धर्म स्वीकार करके अपना नाम खुसरो खाँ रखा। आगे चलकर इन्होंने 'नसिरूद्दीन' उपाधि ग्रहण करके दिल्ली पर 4 महीने शासन भी किया। किंतु इसका कहीं कोई पुष्ट प्रमाण नहीं है, कि इन्होंने तबले का आविष्कार किया।

कुछ लोग हुसैन खाँ उर्फ खब्बे हुसैन ढोलकिया का नाम भी तबला आविष्कारक के रूप में लेते हैं। लेकिन, इसका कोई सुस्पष्ट प्रमाण नहीं मिलता। कुछ लेखकों ने तबला को विदेशी वाद्य के रूप में स्थापित करने का भी निरर्थक प्रयास किया है। उनके अनुसार यह अरेबियन, सुमेरियन, मेसोपोटेनियम अथवा फारसी संस्कृति से सम्बन्धित वाद्य है। **'बनारस स्कूल ऑफ तबला प्लेईंग'** के लेखक डॉ. स्व. केदारनाथ भौमिक के अनुसार—'अति प्राचीन काल में अरब के जुबल नामक संगीतकार के पुत्र तुबल ने तबले का आविष्कार किया था। कालान्तर में यह महिलाओं द्वारा बजाए जाने वाला वहाँ का लोकप्रिय वाद्य बन गया, और फिर मुसलमानों के साथ भारत आया'—'ताल प्रकाश' के लेखक स्व. भगवत शरण शर्मा ने पाश्चात्य लेखक स्ट्रेबो के हवाले से एशिया खण्ड के जंगली लोगों में प्राचीन काल में नबला नामक प्रचलित एक वाद्य का उल्लेख करते हुए सम्भावना प्रकट किया है कि 'तबला नबला का अपभ्रंश हो सकता है।'

'संगीत' मासिक पत्रिका के प्रधान सम्पादक डॉ. लक्ष्मी नारायण गर्ग ने तबला विशेषांक के सम्पादकीय में लिखा है—'तबला भी लगभग इसी शताब्दी अर्थात् सन् 1800 में अरब से हिन्दुस्तान आया, जिसका पाश्चात्यवर्त्ती नाम अतबल् है। फारसी

में इसे तब्लः, मिस्त्र में तब्ल और हिन्दुस्तान में तबला, तब्ले या तब्ली कहा गया। युद्ध के समय झण्डे के साथ चलने पर इसे तब्ले जंग और सूबेदारों तथा वजीरों की सवारी के साथ चलने पर तब्लो-अलम कहा जाता था।' डॉ. गर्ग के अनुसार—'अरबी ताल वाद्य-अतबल्-जो आपस में बँधे हुए बिना स्याही वाले वर्तमान डग्गे के समान दो वाद्य थे। इसका एक भाग लेकर उसके साथ भारत के हजारों वर्ष पूर्व के उर्ध्वक—जिसे वर्तमान दाएँ तबले का बड़ा रूप कहा जा सकता है, उसको मिलाया गया जिसका लोक में धीरे-धीरे प्रचार बढ़ता गया।' **द न्यू ऑक्सफोर्ड हिस्ट्री ऑफ म्यूजियम-एसियेंट एण्ड ओरियण्टल के अनुसार** 'ईसा से दो हजार वर्ष पूर्व की मेसोपोटामियन संस्कृति में तबालु नामक प्राचीन ताल वाद्य का उल्लेख मिलता है। बाद में यही तबालु सीरियन संगीत में स्पष्ट रूप से तबला कहलाया जो रोम में मशहूर हुआ।'

वैसे तो नगारा तथा महाराष्ट्र के लोक वाद्य संबल से भी तबले का जन्म मानने वालों की कमी नहीं है। लेकिन, नगारा, संबल या अतबल् से तबले की उत्पत्ति मानने वाले बार-बार यह भूल जाते हैं, कि तबला और बायाँ (डग्गा) का वादन कभी भी लकड़ी आदि के प्रहार से नहीं हुआ। यह आरम्भ से ही उँगलियों से बजता रहा है। यह एक महत्त्वपूर्ण पहलू है—जिसे अनदेखा नहीं किया जा सकता है।

कोलंबिया यूनिवर्सिटी में ओरियण्टल डिपार्टमेण्ट के अध्यक्ष डॉ. जेफ्रे के अनुसार—'तब्ल या तबुल शब्द वस्तुतः अरबी मूल का न होकर लैटिन के TABULA शब्द से लिया गया है, जिसका अर्थ है चिकना, चौरस और समतल।'

स्व. सुबोधकान्त नन्दी ने अपनी बांग्ला पुस्तक **तबलार कथा** में स्व. गोपेश्वर बंदोपाध्याय के हवाले से एक अन्य खुसरो खाँ के विषय में बताते हुए लिखा है—'बंगाल के विष्णुपुर के विख्यात गायक स्व. गदाधर चक्रवर्ती के छोटे भाई मुरलीधर चक्रवर्ती ने दिल्ली जाकर सदारंग और उनके शिष्य अचपल से खयाल गायन सीखा। लौटने पर उन्होंने गोपेश्वर बंदोपाध्याय के पिता अनंतलाल बंदोपाध्याय के पिता को बताया कि जब सदारंग कृत खयाल गायन का प्रचलन शुरू हुआ तो उसके साथ पखावज की ही संगति होती थी। किन्तु जब सदारंग ने इस प्रकार के गायन के साथ पखावज की संगति को अनुपयोगी पाया, तब उनके शिष्य अमीर खुसरो—जो रहमान खाँ पखावजी के पुत्र थे—ने—सन् 1738 में इस प्रकार की गान की उपयुक्त संगति करने हेतु तबला नामक वाद्य का निर्माण किया।'

उल्लेखनीय है कि सन् 1739 में नवाब दरगाह कुली खाँ ने अपनी पुस्तक **'मुरक्कये-देहली'** में मोहम्मदशाह रंगीले कालीन् न्यामत खाँ सदारंग के एक भाई को अनेक वाद्यों के वादन में और भतीजे को सेहतार अर्थात् सितार में निपुण बताया है। किन्तु तबले की चर्चा नहीं की है। आचार्य वृहस्पति ने अपनी पुस्तक **मुसलमान और भारतीय संगीत** में लिखा है, 'तबले के आविष्कर्त्ता मोहम्मदशाह रंगीले के दरबार के प्रतिभा सम्पन्न कलाकार खुसरो खाँ हैं।' खुसरो खाँ सदारंग के छोटे भाई थे तथा

अनेक वाद्यों के वादन में पारंगत थे। लेकिन, अपनी इसी पुस्तक में अन्यत्र उन्होंने यह भी लिखा है—'मोहम्मदशाह रंगीले की सन् 1748 में मृत्य के 49 वर्ष पश्चात् संग्रहित ग्रन्थ नादिरातिशाही मुगल सम्राट आलम द्वितीय की कृति है, जिसकी प्रथम पांडुलिपि सन् 1711 ई. में शाह आलम ने स्वयं तैयार करायी थी। तबले की चर्चा उसमें भी नहीं है।' दरगाह कुली खाँ सदारंग के न केवल समकालीन् अपितु घनिष्ट भी थे। उन्होंने मुरक्कये-देहली में एक अज्ञात नाम घटवादक का उल्लेख करते हुए उसे एक ऐसे वाद्य का आविष्कारक बताया है—जिसमें कई वाद्यों का समन्वय है। उससे ढोलक और पखावज की ध्वनि के साथ-साथ तंबूर की गूँज भी सुनाई देती है।

इन तथ्यों की रोशनी में कई लोग तबले का आविष्कार इसी काल में मानते हैं। किन्तु इसके पूर्व 17 वीं शताब्दी का शाहजहाँ कालीन एक चित्र इण्डियन म्यूजियम कोलकाता में है, जिसमें दाराशिकोह के अंतःपुर का चित्रण है। उसमें एक महफिल में एक स्त्री अपनी कमर में बँधा हुआ तबला बजा रही है। उल्लेखनीय है कि बीसवीं शताब्दी के पूर्वार्द्ध तक तबले को कमर में बाँधकर ही बजाया जाता था। यह चित्र इस बात का प्रमाण है कि तबला रंगीले युग के पूर्व भी अस्तित्व में था। भले ही इसे बहुत महत्त्वपूर्ण और सम्मानित स्थान न प्राप्त रहा हो। सम्भव है कि यह किसी अन्य नाम से जाना जाता रहा हो। सम्भवतः अमीर खुसरो खाँ ने इस वाद्य में सुधार करके इसे और अधिक लोकप्रिय बनाया हो। चूँकि, अमीर खुसरो खाँ के पिता रहमान खाँ एक कुशल पखावजी थे, अतः इस सम्भावना से इनकार नहीं किया जा सकता है।

तबला पर विचार करते समय भारतीय संगीत-नृत्य के आधार ग्रन्थ **भरत नाट्य-शास्त्र** में वर्णित एक घटना की ओर प्रायः ध्यान आकृष्ट हो जाता है—

एक दिन स्वाति ऋषि पुष्कर तट पर जल लेने गए। संयोग से उसी समय वर्षा होने लगी। पुष्कर सरोवर और उसमें फैले भिन्न-भिन्न आकार-प्रकार के कमल पत्रों और पुष्पों पर आकाश से गिरती जल की बूँदों ने जिन भिन्न-भिन्न ध्वनियों को जन्म दिया, उससे ऋषि को एक सर्वथा नवीन वाद्य के आविष्कार की प्रेरणा मिली। उन्हीं के निर्देश पर विश्वकर्मा ने एक ऐसे अवनद्ध वाद्य का निर्माण किया जो तीन भागों में विभक्त था। एक भाग उर्ध्वमुखी होने के कारण उर्ध्वक कहलाया। जबकि, दूसरा भाग उर्ध्वक से आलिंगित होने के कारण आलिंग्य, तीसरा भाग बेलनाकार था, जिसे गोद अर्थात् अंक में रखकर बजाए जाने के कारण आंकिक नाम मिला। पुष्कर तट पर मिली प्रेरणा से सर्जित तीन वाद्यों के इस समूह को पुष्करत्रयी या त्रिपुष्कर भी कहा गया। उस युग में चूँकि ऐसे अवनद्ध वाद्य मिट्टी के बनते थे, अतः इन्हें मृदंग कहने की भी प्रथा थी। क्योंकि मिट्टी को मृतिका कहा जाता है। आधुनिक मृदंग अथवा पखावज से तबले की उत्पत्ति का दावा करने वाले कृपया ध्यान दें कि उस काल में मृदंग न तो किसी एक वाद्य को कहा जाता था, और न तो यह पखावज

के अर्थ में रूढ़ हुआ था। तत्कालीन् संगीत समाज में मिट्टी के ढाँचे वाले सभी अवनद्ध वाद्यों को मृदंग कहने का प्रचलन था। भरत नाट्य शास्त्र में पणव, दुर्दुर, मुरज, मृदंग, और त्रिपुष्कर का पर्यायवाची रूप में प्रयोग हुआ है–'ध्यात्वसृष्टिं मृदंगानां पुष्करानसृजत ततः पणवं दुर्दुरं चैव सहितो विश्वकर्मणा।' कालिदास ने मृदंग और मर्दल को एक ही वाद्य माना है। **संगीत रत्नाकर** में शारंगदेव ने मुरज तथा मर्दल को मृदंग का पर्याय लिखा है–

'निगदन्ति मृदंगं तं मर्दलं मुरजं तथा। प्रोक्तं मृदंगशब्देन मुनिना पुष्करत्रयम्।'

शूद्रक ने मृच्छकटिकम् में पणव के लिए मृदंग शब्द का प्रयोग किया है। ठाकुर जयदेव सिंह के अनुसार मृदंग को पुष्कर भी कहते थे।

'अमरकोष' की क्षीर स्वामी कृत ग्यारहवीं शती की अमरकोषोद्‌धाटन टीका और नारद कृत संगीत मकरंद ग्रन्थ में त्रिपुष्कर के आंकिक, उर्ध्वक व आलिंग्य भावों की आकृतियाँ तथा वादक के सम्मुख रखने की विधि इस प्रकार बतायी गयी है–'आंकिक की आकृति हरीतकी, उर्ध्वक की आकृति यवमध्य और आलिंग्य की आकृति गोपुच्छ जैसी होती है। वादक के सामने आंकिक बीच में, उर्ध्वक दायीं और आलिंग्य बायीं ओर रहता है–'

'हरीतक्याकृतिस्त्वङ्क्यो यवमध्यस्तथोर्ध्वकः
आलिंङ्ग्यश्चैव गोपुच्छो मध्यदक्षिणवामगाः।'

इसीलिए उर्ध्वक और आलिंग्य के लिए कई स्थानों पर सव्यक् और वामक् शब्दों का भी प्रयोग हुआ है। क्योंकि ये क्रमशः दाहिने और बाएँ हाथ से बजते थे।

अवनद्ध वाद्य जगत में पुष्कर का आगमन एक क्रान्तिकारी घटना थी। उस समय तक के प्रचलित वाद्यों को अलग-अलग स्वरों में मिलाने की व्यवस्था नहीं थी। उनसे एक ही तरह की गूँज और ध्वनि निकलती थी। किसी पशु की पूँछ अथवा लकड़ी के प्रहार से उन्हें बजाने के कारण उनमें अलग-अलग वर्णों का वादन सम्भव नहीं था। जबकि, पुष्कर में सर्वप्रथम नदी किनारे की श्यामा मिट्टी का लेपन करके उसकी गूँज को कम और अधिक करने की व्यवस्था की गयी। द्विलेपन के सन्दर्भ में भरत मुनि ने नाट्य-शास्त्र में उर्ध्वक और उसके वाम भाग आलिंग्य में मृतिका लेपन का निर्देश इस प्रकार दिया है–

द्विलेंप नाम। वामोर्ध्वक प्रलेपात। वामके चोर्ध्वके कार्या आहार्या लेपतः स्वराः।

पुष्कर से आरम्भ हुए मृतिका लेपन के इस गुण को विभिन्न अवनद्ध वाद्यों ने कालान्तर में स्याही में रूप के रूप में अपनाया। स्वरों को आवश्यकतानुसार ऊँचा

और नीचा करने की व्यवस्था भी सर्वप्रथम पुष्कर के उर्ध्वक और आलिंग्य में ही हुई। भरत नाट्य शास्त्र के अनुसार–मार्जना तु कृता कार्या वामकोर्ध्वक्योः सदा ॥126॥

हाथ की उँगुलियों से वादन किया जाना पुष्कर की एक और बड़ी विशेषता थी, जिससे इसमें वादन की सम्भावनाओं और इसमें बजने वाले वर्णों की संख्या का विकास हुआ। भरत के अनुसार लगभग 100 अवनद्ध वाद्यों में से मात्र त्रिपुष्कर में ही स्वर, प्रहार, अक्षर व मार्जना संयोजन की व्यवस्था थी। इसीलिए भरत ने अवनद्ध वाद्यों में त्रिपुष्कर को ही अंग वाद्य अर्थात् मुख्य वाद्य और अन्य अवनद्ध वाद्यों को प्रत्यंग वाद्य अर्थात् गौण वाद्यों की श्रेणी में रखा। 4 मुखों और 3 भागों में विभक्त यह वाद्य अपने निर्माण काल और उसके काफी समय बाद तक लोकप्रियता की चरम सीमा पर था। नंदिकेश्वर के अनुसार–'न पुष्करविहीनं हि वाद्यवृत विराजते। तत्रैव हि श्रुते लोक उन्मुखत्वं प्रपद्यते।' किन्तु मिट्टी से निर्मित होने और अपने विशाल आकार के कारण आवागमन में कठिनाई से धीरे-धीरे इसकी लोकप्रियता कम होती गयी, और शारंगदेव के समय तक यह लगभग अनुपयोगी हो गया। 'अत्यन्ताव्यवहार्यत्वान्निः शंको न तनोति तत। भूतिमिश्रेण भक्तेज चिक्कणेनातिमर्दनात्।'

(संगीत रत्नाकर, वाद्य अध्याय)

प्रस्तर शिल्पों में उत्कीर्ण त्रिपुष्कर वादन की परम्परा ईशा की दो शताब्दी पूर्व से बाद की 9वीं शती तक मिलती है। 9वीं शताब्दी से ही उर्ध्वक और आलिंग्य अर्थात् सव्यक् और वामक का वादन एक वादक द्वारा तथा आंकिक का दूसरे वादक द्वारा किए जाने के प्रमाण मिलते हैं। यद्यपि कहीं-कहीं एक ही वादक द्वारा तीनों वाद्यों के वादन के दृश्य भी अंकित हैं। किन्तु 14वीं शताब्दी से पुष्कर के उर्ध्वक और आलिंग्य भाग का चित्रांकन नहीं मिलता। मात्र आंकिक के ही चित्र इस काल में मिलते हैं, जो आधुनिक युग में मृदंग और पखावज नाम से जाना जाता है।

डा. लालमणि मिश्र ने अपने प्रसिद्ध ग्रन्थ **भारतीय संगीत वाद्य** में लिखा है, कि–'7वीं शताब्दी के बाद शनैः-शनैः त्रिपुष्कर की इस आकृति में परिवर्तन होता गया। उससे उर्ध्वक और आलिंग्य हिस्से हट गए, और आंकिक जो कि अंक में रखकर बजाया जाता था–वही भाग बच गया। यह आगे चलकर मृदंग या मुरज के नाम से प्रचलित हुआ।' अतः आजकल हम जिस वाद्य को उत्तर भारत में मृदंग या पखावज नाम से और दक्षिण भारत में मृदंगम् नाम से सम्बोधित करते हैं, वह भरतकालीन मृदंग का केवल एक भाग ही है।

दूसरी ओर संगति वाद्य के रूप में **तब्ल** और **तबल** शब्द का उल्लेख 14वीं शताब्दी से ही मिलना आरम्भ होता है। जैन आचार्य सुधा कलश वाचनाचार्य ने 1350 में रचित अपने ग्रन्थ 'संगीतोपनिषत्सारोद्धार' में ढोल, तब्ल, डफ (डफा), टामकी और डौंडी नामक वा ं की चर्चा मुसलमानों द्वारा प्रयुक्त और पैदल चलने वाले वादकों द्वारा बजाए जाने वाले वाद्य के रूप में की है–

'तथैव मलेच्छवाद्यानि ढोलतब्लमुखानि तु। डफा च टामकी चैव डउंडी पाद चारिणाम।'
(श्लोक संख्या 93)

इसके बाद असम के प्रसिद्ध वैष्णव सन्त माधवदेव कांदली ने अपनी असमिया रामायण में ढोल, डौंडी आदि के साथ तबल का उल्लेख इस प्रकार किया है—

'वीर ढाक ढोल वाजिया तबल डगर डंडी (डौंडी) सबद सुनिया।'

15वीं शताब्दी में सिखों के प्रथम गुरु नानकदेव जी ने अपने एक शबद में तबल का उल्लेख किया है—

तबल बाज विचार सबद सुणाइयाँ

प्रसिद्ध सूफी कवि मलिक मोहम्मद जायसी ने 1521 में रचित अपने प्रसिद्ध महाकाव्य पद्मावत में 3 स्थानों पर तबल की चर्चा की है—

हौं सब कविन्ह केर पछिलगा। किछु कही चला तबल दई डगा।
बाजे तबल अकूत जुझाऊ। चढ़ा कोपि सब राजा राऊ। और
असुदल गजदल दूनौं साजे। औ घन तबल जूझ कहं बाजै।

यहाँ यह प्रश्न उठना स्वाभाविक है कि जिस समय से उर्ध्वक और आलिंग्य वादन का चित्र मिलना बंद होता है, लगभग उसी समय से तत्कालीन संगीत समाज में तब्ल और तबल नामक वाद्यों का उल्लेख मिलने लगता है। वस्तुतः पुष्कर का उर्ध्वक और आलिंग्य भाग तब तक शास्त्रीय संगीत की दुनिया से कटकर कुछ परिवर्तनों के साथ लोक और लोकप्रिय संगीत की दुनिया से जुड़ गया था। इसलिए शास्त्रीय संगीत के तत्कालीन अनेक महत्त्वपूर्ण ग्रन्थों में तबले की चर्चा नहीं मिलती। आईन-ए-अकबरी में भी नहीं—जिसमें 36 संगीतकारों का उल्लेख है। सम्भवतः इसी काल खण्ड में इसी से प्रेरित होकर संबल आदि वाद्यों का निर्माण हुआ हो। सुप्रसिद्ध संगीत शास्त्री ठाकुर जयदेव सिंह के अनुसार भी तबला प्राचीन भारतीय लोक वाद्य का परिष्कृत और आधुनिक रूप है। उनके अनुसार तबला अपने अपरिष्कृत रूप में प्राचीन काल से ही भारत में था। किन्तु 18वीं शताब्दी तक न तो उसे आज की तबला जोड़ी जैसा रूप प्राप्त हुआ था, और न ही वह अधिक प्रचार में था। यही कारण है, कि मोहम्मदशाह रंगीले के युग तक हम तबले की चर्चा कहीं नहीं पाते। और, इसीलिए संस्कृत के ग्रन्थों में भी इसका उल्लेख नहीं है।

यहाँ मैं पूरी विनम्रता और आदर भाव के साथ विद्वान ठाकुर जयदेव सिंह जी से अपनी असहमति व्यक्त करना चाहता हूँ। वस्तुतः तबले की चर्चा तो हुई ही है...कहीं त्रिपुष्कर के नाम से...कहीं उर्ध्वक और आलिंग्य नाम से...कहीं मृदंग

नाम से...तो कहीं तब्ल, तबल और तबला नाम से। मैं इस तथ्य से भी असहमत हूँ कि भारत में तब्ल या तबल शब्द का तात्पर्य सभी अवनद्ध वाद्यों से रहा है–मृदंग की ही तरह। ऐसा केवल मुस्लिम देशों में हुआ है भारत में नहीं। भारत में केवल तबला का नाम और उसकी संगति का क्षेत्र बदलता रहा। भरत काल में त्रिपुष्कर नाम से यह लोकप्रियता की शीर्ष पर था, तो शारंगदेव (13वीं शदी) के समय में अपने विशाल आकार और मिट्टी द्वारा निर्मित होने के कारण यह लोगों को अनुपयोगी प्रतीत होने लगा। 14 वीं शताब्दी में यह संगीत के निम्नवर्गीय व्यवसायियों से जा जुड़ा, और आज के युग का यह सर्वाधिक लोकप्रिय और प्रतिष्ठित वाद्य है, जिसकी माँग शास्त्रीय, उपशास्त्रीय, सुगम, फिल्मी एवं लोक संगीत हर क्षेत्र में है।

उल्लेखनीय है कि भिन्न-भिन्न प्रकार की ध्वनियाँ और उन्हें विभिन्न स्वरों में स्वरबद्ध करने की विशेषता मात्र उर्ध्वक और आलिंग्य में थी, जो सव्यक् और वामक नाम से भी जाने जाते थे। इसीलिए इसकी उपयोगिता शेष अवनद्ध वाद्यों से कहीं अधिक थी। कालान्तर में कलाकारों को इसमें जो सबसे बड़ी कठिनाई महसूस हुई–वह यह थी कि मिट्टी द्वारा निर्मित और तीन बड़े भागों में होने के कारण आवागमन की दृष्टि से यह अनुपयुक्त था। अतः संगीत जगत् में कुछ समय की अनुपस्थिति के पश्चात् कलाकारों को इसका अभाव अनुभव हुआ और त्रिपुष्कर जो एक वाद्य था–उसे सुविधा की दृष्टि से दो भागों में विभक्त कर उर्ध्वक और आलिंग्य–अर्थात् सव्यक् (दायाँ) और वामक (बायाँ) को एक वाद्य का रूप दे दिया गया और आंकिक को दूसरे का। आंकिक उस काल के प्रचलित और प्रतिष्ठित ध्रुवपद संगीत के साथ जुड़कर मृदंग और फिर पखावज के नाम से प्रतिष्ठा और लोकप्रियता के मार्ग पर अग्रसर हुआ तो सव्यक् और वामक दूसरे वर्ग के संगीत के साथ जुड़कर उपेक्षा और विस्मृति के पात्र बने। उल्लेखनीय है कि आचार्य सुधाकलश ने 1350 में लिखित अपने ग्रन्थ संगीतोपनिषत्सारोद्धार में तब्ल की चर्चा मुसलमानों द्वारा प्रयुक्त होने वाले वाद्य के रूप में की है। और बीसवीं शताब्दी के पूर्वार्द्ध तक इस वाद्य पर एक तरह से मुस्लिम कलाकारों का ही वर्चस्व रहा।

त्रिपुष्कर अपने निर्माण काल से ही जमीन पर रखकर और वादक द्वारा बैठकर बजाया जाता रहा है। कालान्तर में जब इसके आकार को छोटा किया गया और आंकिक को अलग कर सव्यक् और वामक को निम्नवर्गीय संगीत के साथ जोड़ा गया–तब इसे खड़े होकर और कमर में बाँधकर बजाने की प्रथा चल पड़ी–जो बीसवीं शताब्दी के पूर्वार्द्ध तक थी। यद्यपि इस समय तक उर्ध्वक और आलिंग्य अर्थात् सव्यक् और वामक तबल और तबला नाम धारण कर चुके थे। संबल आदि वाद्यों को भी कमर में बाँधकर ही बजाते थे। अतः यह स्पष्ट है कि तबले का जुड़ाव बीच में लोक संगीत से हो गया था। दादरा, कहरवा, पश्तो, खेमटा, दीपचंदी और धुमाली आदि जैसे अनेक ऐसे तालों का–जो मूलतः लोक संगीत के हैं–तबला पर

वादन भी यही साबित करता है। जिस प्रकार ठुमरी, टप्पा और मांड़ जैसी गायकी, कथकलि, कथक, ओडिशी, मणिपुरी और कुचिपुड़ी जैसी नृत्य शैलियाँ और बाँसुरी तथा शहनाई जैसे वाद्य लोक संगीत से शास्त्रीय संगीत के क्षेत्र में स्थापित हो गए। ठीक उसी तरह तबला भी जो उर्ध्वक और आलिंग्य नाम से कभी मार्ग संगीत की शोभा था—कालान्तर में तबला आदि नाम से देशी संगीत के साथ जुड़ा और फिर पुनः शास्त्रीय संगीत के क्षेत्र में प्रतिष्ठित हो गया। लेकिन, लोक संगीत से इसका जुड़ाव आज भी है।

तुर्की और फारसी आदि भाषाओं में व्यवहृत होने वाला तब्ल या तबुल शब्द ऊपरी सतह पर चौरस तथा समतल वस्तुओं के अर्थ में व्यवहृत होता है। अरबी भाषा में तब्ल फलों को रखने की उस पायेदान मेज या ट्रे को भी कहते हैं, जिसके मध्य भाग की ऊपरी सतह बराबर व चौरस होती है। मुस्लिम देशों में संदूकची और पिटारा आदि को भी तब्ल कहने का प्रचलन रहा है। दरअसल, तब्ल शब्द का आशय किसी भी ऐसे वाद्य या वस्तु से होता है, जिसकी ऊपरी सतह समतल हो। ठाकुर **जयदेव सिंह** के अनुसर 'तबला फारसी के तब्ल शब्द का विकृत रूप है। तब्ल का अर्थ है हमवार सतह या समतल। अंग्रेजी का टेबल TABLE शब्द भी तब्ल से निष्पन्न हुआ है। फारसी में सभी अवनद्ध वाद्यों को तब्लः कहते हैं।' उनके यहाँ तब्लो-जंगः और तब्लो-अलमः जैसे वाद्यों का भी उल्लेख मिलता है, जिन्हें ऊँट की पीठ पर बाँधकर युद्ध क्षेत्र में सैनिकों को प्रोत्साहित करने हेतु बजाया जाता था। अतः इस सम्भावना को स्वीकारा जा सकता है कि तबला जो शत-प्रतिशत भारतीय वाद्य है—के नामकरण के पीछे मुगलों के साथ भारत आए तबल शब्द की महत्त्वपूर्ण भूमिका है। उर्ध्वक और आलिंग्य जैसे नामों का उच्चारण मुसलमान कलाकारों को कठिन तो प्रतीत हुआ ही होगा साथ ही उनके पास तब्ल नाम का विकल्प भी था। अतः तब्ल का विस्तार तबला रूप में हुआ। सम्भवतः तबला नाम यह बोध कराने के लिए दिया गया कि यह तब्ल नहीं, उससे अलग वाद्य है। जैसे वीणा के कई प्रकार थे। यह भी सम्भव है कि कभी कहीं दूसरे उर्ध्वमुखी वाद्य को भी तब्ल कहा गया हो। इस सन्दर्भ में **प्रो. रंगनाथ मिश्र** का यह कथन भी विचारणीय है कि—'तबल शुद्ध संस्कृत भाषा का शब्द है। यजुर्वेद में भी यह शब्द वाद्य के लिए ही आया है। वेद सर्वाधिक प्राचीन ग्रन्थ है। फारसी, अरबी, अंग्रेजी, फ्रेंच व लैटिन आदि भाषाओं में भी यह शब्द संस्कृत से ही लिया गया है, और उनमें भी उनका अर्थ उर्ध्वमुखी ही है। अंग्रेजी के टेबल, अरबी के तब्ल और हिन्दी के तबला शब्द समानार्थी हैं।'

वस्तुतः 18 वीं शताब्दी के पूर्वार्द्ध में जब सदारंग रचित खयाल गायन एवं खुसरो खाँ द्वारा निर्मित तन्त्र वाद्य तीन तारों का सेहतार (सितार) दिनों-दिन अधिकाधिक लोकप्रिय होने लगा, और पखावज की संगति उसके लिए अनुपयुक्त प्रतीत होने लगी, तब उस्ताद सुधार खाँ ने उर्ध्वक और आलिंग्य को—जो-तब तक तब्लः नाम धारण

कर चुका था—की वादन शैली में सुधार और विकास करके, उसमें चाँटी अथवा किनार से बजने वाले नाना प्रकार के बोलों की रचना करके अपने शिष्यों को सिखाया। सर्वथा नवीन वादन शैली का आविष्कार करने के कारण उन्हें अतिरंजित प्रचार मिला, और कुछ समय बाद लोगों ने उन्हें तबले का ही आविष्कारक मान लिया। **डॉ. योगमाया शुक्ल** ने भी अपने शोध ग्रन्थ 'तबले का उद्गम विकास और वादन शैलियाँ' में लिखा है कि 'सुधार खाँ ढाढ़ी को तबला वाद्य के आविष्कार का श्रेय देना तर्क और तथ्यसंगत नहीं है।' **डॉ. बी. सी. देव** ने अपनी पुस्तक भारतीय वाद्य में लिखा है कि—'भारत में मुसलमानों के आगमन के 12-13 सौ वर्ष पूर्व तबले का प्राचीन रूप यहाँ था। अतः यह कहना कि तबला मुसलमानों के साथ पश्चिम एशिया से भारत आया अनुचित है।' 16वीं-17वीं शदी के पूर्व अनेक गुफाओं एवं मन्दिरों के प्रस्तर शिल्पों में तबले सदृश अनेक वाद्यों की आकृतियाँ उत्कीर्ण हैं। **प्रो. जी. एच. तारलेकर एवं नलिनी तारलेकर** ने अपनी पुस्तक म्यूज़िकल इंस्ट्रमेंट्स ऑफ इण्डियन स्कल्पचर में ईसा की छठी शदी के बादामी के एक शिल्प में तबला-डग्गा जैसे एक वाद्य को एक व्यक्ति द्वारा बजाए जाने का वर्णन किया है। उस शिल्प में दायां वाद्य ऊँचा है, जबकि बाएँ की ऊँचाई उससे आधी है। उनके अनुसार बजाने में असुविधा होने के कारण आगे चलकर दोनों वाद्यों की ऊँचाई एक-सी कर दी गयी होगी। पुणे के पास स्थित भाजा गुफा में ईसा से 200 वर्ष पूर्व के एक प्रस्तर शिल्प में तबला सदृश वाद्य बजाए जाने का चित्रांकन है।

कलाकार अपने युग का प्रतिनिधि होता है। वह अपनी कला के माध्यम से उस समाज और काल को प्रतिबिंबित करता है। प्राचीन काल में सामाजिक उत्सवों में तबले जैसे किसी वाद्य का वादन किसी-न-किसी रूप में होता रहा है, तभी तो उसका चित्रांकन, शिल्पांकन तत्कालीन कलाकारों ने किया। इससे यह स्पष्ट है कि तबला भारत का प्राचीन वाद्य है। भले ही इसका नाम मृदंग, उर्ध्वक, पुष्कर, तब्ल कुछ भी रहा हो।

तबला आविष्कार की बात करते समय हमें यह जान लेना चाहिए कि आज का तबला किसी व्यक्ति विशेष द्वारा किसी काल खण्ड में नहीं निर्मित हुआ है। जिस काल खण्ड में तबला के दिल्ली में आविष्कृत होने के दावे हो रहे हैं, उस काल खण्ड में तबला देश के भिन्न-भिन्न भागों में भिन्न-भिन्न रूपों में बज रहा था। ये सभी धाराएँ एक-दूसरे से पृथक थीं। सुधार खाँ जो दिल्ली घराने के जनक थे—के पौत्र मोदू खाँ की शादी पंजाब घराने के तबला वादक परिवार में हुई थी, और मोदू खाँ को अपनी ससुराल से तबले के अनेक कायदे और पंजाबी गतें उपहार स्वरूप मिली थीं। मोदू खाँ की पत्नी द्वारा बनारस घराने के तबला प्रवर्त्तक राम सहाय को भी 500 पंजाबी गतें सिखाए जाने का उल्लेख मिलता है। अर्थात् तब तक पंजाब घराना भी स्थापित हो चुका था। पंजाबी गतों को आज भी तबला वादक काफी

महत्त्व देते हैं। दिल्ली और पंजाब के कायदों की संरचना में भी काफी अन्तर है। पंजाब का तबला दिल्ली से बिलकुल अलग और पखावज से प्रभावित रहा है। इसीलिए वे लोग बाएँ डग्गे पर स्याही नहीं–गीले आटे का लेपन करते थे। बाएँ का यही रूप पूर्व में जम्मू-कश्मीर में था, महाराष्ट्र में तबला और बाएँ का आकार समान होता था, और बाएँ में स्याही बीच में लगती थी। जबकि, पंजाब के तबला जोड़ी में छोटे-बड़े का अन्तर होता था। पंजाब में बायाँ को धामा कहा जाता था। इस प्रकार यह पूरी तरह स्पष्ट हो जाता है कि आधुनिक तबला प्राचीन अवनद्ध वाद्य पुष्कर का ही नवीनतम और विकसित रूप है।

लेकिन, एक प्रश्न अभी भी शेष है। उस्ताद सुधार खाँ कौन थे? तबला के विकास में उ. सुधार खाँ और उनके वंशजों, शिष्यों की महत्त्वपूर्ण भूमिका रही है। तबला में इतने महत्त्वपूर्ण परिवर्तन से यह सुनिश्चित है, कि उनकी सांगीतिक पृष्ठभूमि अत्यन्त समृद्ध थी। किन्तु संगीत का इतिहास उनके अतीत के विषय में आश्चर्यजनक रूप से मौन है। उनके पिता और उस्ताद आदि के विषय में कहीं कोई जानकारी नहीं उपलब्ध है। वस्तुतः सुधार खाँ का पूर्व और वास्तविक नाम अमीर खुसरो खाँ था। सांगीतिक ग्रन्थों में इन दोनों नामों की चर्चा पंजाब की ढाढ़ी जाति के पखावज वादक के रूप में हुई है, और दोनों ही नाम तबला आविष्कारक के रूप में लिए जाते हैं। **डॉ. आबान मिस्त्री** ने अपने शोध ग्रन्थ 'पखावज और तबला के घरानें एवं परम्पराएँ' में अबुल फज़ल लिखित आईन-ए-अकबरी के हवाले से लिखा है कि 'ढाढ़ी लोगों का मूल स्थान पंजाब था और वे सैनिकों को उत्तेजित करने के लिए युद्ध गान करते थे। वे ढोल आदि बजाते थे तथा पंजाबी भाषा में शौर्य गीत गाया करते थे। तत्पश्चात् वे संगीत कला में भी पारंगत होने लगे। वे विभिन्न शैलियों के गायन तथा वादन में कुशल साबित हुए तथा शास्त्रीय संगीत का उच्चस्तरीय ज्ञान भी रखने लगे। इस जाति के संगीत कलाकारों को अकबर के दरबार में भी स्थान मिला और वही क्रम आगे चलता गया।'

दरअसल, संगीत के कई इतिहासकार जब तबला आविष्कारक के रूप में अमीर खुसरो का नाम लेते हैं, तो वे पूरी तरह गलत नहीं होते हैं। लेकिन, वे दोनों अमीर खुसरो में फर्क नहीं कर पाते हैं। वस्तुतः दिल्ली बाज के जनक 18वीं शताब्दी के पखावजी अमीर खुसरो खाँ थे, 13वीं शताब्दी के सूफी कवि हजरत अमीर खुसरो नहीं। अमीर खुसरो खाँ पंजाब के प्रसिद्ध पखावजी रहमान खाँ ढाढ़ी के पुत्र थे, अतः उन्हें पखावज का अच्छा ज्ञान था। तब तक पखावज से प्रेरित और प्रभावित तबले का प्रचलन पंजाब में हो चुका था। इस शैली के तबले का भी ज्ञान उन्हें था। बाद में अमीर खुसरो खाँ ने अपने रिश्ते के भाई सदारंग से खयाल गायन भी सीखा, और इसी की समुचित तथा अनुकूल संगति हेतु तबला वादन की शैली में कुछ महत्त्वपूर्ण परिवर्तन भी किए, जिसे तत्कालीन संगीत समाज ने सुधारात्मक प्रयोग माना। सन्

1738 के लगभग तबले में दिल्ली में प्रचलित संगीतानुरूप सुधार करके जब अमीर खुसरो खाँ ने संगीत समाज के सामने रखा तो, तब वहाँ के संगीत समाज ने उन्हें उस्ताद सुधार खाँ का खिताब प्रदान किया। सन् 1739 में प्रकाशित नवाब दरगाह कुली खाँ की पुस्तक मुरक्कये-देहली में अमीर खुसरो खाँ और तबले की चर्चा न होने के कई दूसरे कारण हो सकते हैं। जैसे, 1739 में प्रकाशित इस पुस्तक के लेखन का कार्य दो-तीन वर्ष पूर्व ही पूर्ण हो चुका था। चूँकि अमीर खुसरो खाँ ने तबले का आविष्कार नहीं किया था, और उसमें सुधार का कार्य अभी आरम्भिक चरण में ही था, अतः दरगाह कुली खाँ ने उसे बहुत अधिक महत्त्व नहीं दिया। संगीत का इतिहास गवाह है कि अनेक कलाकार अपने वास्तविक नाम की अपेक्षा संगीत समाज द्वारा प्रदत्त उपाधि युक्त नामों से अधिक जाने गए। क्योंकि संगीत के क्षेत्र में ऐसी उपाधियाँ नयी और अप्रत्याशित नहीं हैं। नायक बैजनाथ बैजू बावरा के नाम से प्रसिद्ध हुए तो कृपा पखावजी मृदंग राय के नाम से। खुशहाल खाँ गुण समुद्र खाँ के नाम से जाने गए। खलीफा बिक्कू महाराज का वास्तविक नाम पं. विक्रमादित्य मिश्र था, तो तबला वादक सूरदास का नन्हू सहाय। पं. गुदई महाराज का वास्तविक नाम सामता प्रसाद था तो थिरकवा खाँ का उस्ताद अहमद जान। गायनाचार्य बाल गंधर्व, सवाई गंधर्व, कुमार गंधर्व और छोटा गंधर्व के भी ये नाम वास्तविक नहीं, उपाधि सूचक ही हैं। इसी तरह नृत्याचार्य अच्छन महाराज और लच्छू महाराज के भी वास्तविक नाम क्रमशः जगन्नाथ मिश्र और बैजनाथ मिश्र थे। तबला शिरोमणि पं. गामा महाराज का भी वास्तविक नाम रामायण प्रसाद मिश्र था। ऐसे ढेरों उदाहरण और भी हैं। अमीर खुसरो खाँ उर्फ उस्ताद सुधार खाँ भी अपवाद नहीं थे।

इस आधार पर यह कहा जा सकता है कि वर्तमान तबला प्राचीन पुष्कर का ही आधुनिक और परिष्कृत रूप है, जो बदलते समय और बदलते संगीत के कारण आज इस रूप में स्थापित है। उस्ताद सुधार खाँ की कर्मभूमि चूँकि दिल्ली थी, इसलिए उनके द्वारा आविष्कृत वादन शैली दिल्ली बाज कहलायी, और उनके वंशजों तथा शिष्यों की परम्परा–**दिल्ली घराना**।

दिल्ली घराना और बाज

तबला को लोक संगीत के दायरे से निकालकर शास्त्रीय संगीत में प्रतिष्ठित करने का प्रयास अलग-अलग स्तरों पर देश के भिन्न-भिन्न भागों-अविभाजित भारत का संयुक्त पंजाब, बनारस और दिल्ली आदि में एक साथ हुआ। इसमें सर्वाधिक लोकप्रियता दिल्ली बाज (वादन शैली) को मिली। इसके तीन प्रमुख कारण थे। प्रथम

तो यह कि इस शैली में तैयारी, कर्णप्रियता, चटक और टनक को जो विशेष महत्त्व मिला, उसने तबला को एक नए रंग, रूप में ढाल दिया। खयाल, ठुमरी, तराना और टप्पा जैसी गायन विधाएँ तथा सितार एवं सरोद जैसे नव-आविष्कृत वाद्यों की आकाश छूती लोकप्रियता और तबले के दिल्ली बाज के साथ इनके ताल-मेल का सटीक बैठना भी एक कारण था, इस शैली की कामयाबी का। इसे अपार लोकप्रियता मिलने का एक बड़ा कारण यह भी था कि दिल्ली न केवल देश की राजधानी, बल्कि शुरू से ही कलाओं का बहुत बड़ा बाजार भी रहा है। यहाँ सफल होने का अर्थ है, उस सफलता की पूरे देश में चर्चा होना। और, यही तबला के दिल्ली बाज के साथ हुआ। इस सफलता का श्रेय अगर किसी एक व्यक्ति को दिया जा सकता है–तो–वह हैं अठारहवीं शताब्दी के उ.अमीर खुसरो खाँ। जो पंजाब के प्रसिद्ध पखावजी रहमान खाँ ढाढ़ी के पुत्र और शिष्य थे। तबले में युगानुरूप परिवर्तन करके इसे प्रचलित संगीत शैलियों के अनुरूप ढालने के कारण ही–पंजाब के अमीर खुसरो खाँ, जिनका कार्यक्षेत्र दिल्ली था–सुधार खाँ ढाढ़ी के नाम से संगीत जगत् में प्रसिद्ध हुए। मोहम्मदशाह रंगीले के दरबार में सदारंग और अदारंग के साथ ही सुधार खाँ ढाढ़ी भी कार्यरत थे। चूँकि उ. सुधार खाँ का कार्यक्षेत्र दिल्ली था–अतः उनकी परम्परा दिल्ली घराने के नाम से जानी गयी तो उनके द्वारा आविष्कृत वादन शैली दिल्ली बाज के नाम से।

उ. सुधार खाँ के तीन पुत्र हुए–घसीट खाँ, बुगरा खाँ और एक अन्य-अज्ञात नाम पुत्र, अज्ञात नाम पुत्र के वंशजों–उ. मोदू खाँ और उ. बख्शू खाँ द्वारा लखनऊ घराने की नींव पड़ी। घसीट खाँ की वंश एवं शिष्य परम्परा के विषय में इतिहास का मौन देखकर प्रतीत होता है कि उनकी परम्परा आगे नहीं चली होगी। दिल्ली बाज के विकास में उस्ताद बुगरा खाँ ने काफी महत्त्वपूर्ण योगदान दिया। इनके दोनों पुत्रों उ. सिताब खाँ और उ. गुलाब खाँ ने दिल्ली बाज का बहुत प्रचार किया। उ. सिताब खाँ के पुत्र उ. नजर अली, दौहित्र बड़े काले खाँ, वंशज शादी खाँ और शिष्य उ. कल्लू खाँ तथा उ. मीरू खाँ श्रेष्ठ ताबलिक हुए। इनमें से कल्लू तथा मीरू खाँ ने अजराड़ा घराने की नींव डाली। नजर अली के शिष्यों में हिदायत अली, कुतुब अली, इनायत अली और मदत्त अली भी अच्छे ताबलिक हुए।

उ. बड़े काले खाँ की शिष्य परम्परा में उनके पुत्र उ. बोली बख्श, पौत्र उ. नत्थू खाँ और शिष्य उ. मुनीर खाँ इस परम्परा के श्रेष्ठ प्रतिनिधि हुए। नत्थू खाँ ने तबले की शिक्षा अपने पिता और पितामह से प्राप्त की थी। दिल्ली बाज के इस उत्कृष्ट ताबलिक और खलीफा को आज भी उनके दो उँगुलियों के उत्कृष्ट वादन के लिए स्मरण किया जाता है। हिज मास्टर्स वॉयस ने इनके तबला वादन का एक ग्रामोफोन रेकार्ड भी बनाया था। इनके शिष्यों में उस्ताद शमशुद्दीन खाँ, उस्ताद हबीबुद्दीन खाँ, श्री हरेन्द्रकिशोर राय चौधरी और श्री केशवचन्द्र बनर्जी के नाम उल्लेखनीय हैं। 1875 में जन्में उ. नत्थू खाँ का निधन 65 वर्ष की उम्र में 1940 में हुआ। बड़े

काले खाँ की शिष्य परम्परा में उस्ताद मुनीर खाँ न केवल एक सिद्ध हस्त ताबलिक बल्कि श्रेष्ठ गुरु भी हुए। सन् 1863 में जन्में मुनीर खाँ ने उ. हुसैन अली और उ. बोली बख़्श सहित कई विद्वानों से तबले की शिक्षा प्राप्त की थी। जहाँ–जो भी उन्हें अच्छा मिला उन्होंने बेझिझक, सहर्ष अपनाया। जिस समय घरानों का महत्त्व चरमोत्कर्ष पर था, उस समय मुनीर खाँ द्वारा घरानों की चहारदीवारियाँ तोड़कर हर घराने के उस्तादों से सीखकर अपने वादन में उन विशेषताओं को समाहित करना एक प्रकार की सांगीतिक क्रान्ति थी। उत्तर प्रदेश के मेरठ जनपद के ललियाना नामक ग्राम में जन्मे मुनीर खाँ के गुरुओं में उ. नासिर खाँ (पखावजी) और उ. नजर अली खाँ के नाम भी महत्त्वपूर्ण हैं। अपने जीवन का सन्ध्या काल इन्होंने रायगढ़ (म. प्र.) नरेश चक्रधर सिंह के राज्याश्रय में व्यतीत किया। इनके एकमात्र पुत्र हिदायत अली खाँ का निधन उनकी युवावस्था में ही हो गया था।

दिल्ली और फर्रुखाबाद घराने की वादन शैली के सिद्ध हस्त ताबलिक मुनीर खाँ ने जितनी उदारतापूर्वक गुरुओं से शिक्षा प्राप्त की, उतनी ही उदारतापूर्वक वितरित भी की। इनके प्रमुख शिष्यों में इनके भांजे उ. अमीर हुसैन खाँ और भतीजे उ. गुलाम हुसैन खाँ सहित उ. अहमदजान थिरकवा, उ. हबीबुद्दीन खाँ, उ. नज़ीर खाँ (पानीपत वाले) प्रह्लाद मेहेर, सादिक हुसैन खाँ, मुश्ताक हुसैन खाँ, उ. शमसुद्दीन खाँ, बाबा लाल इस्लामपुरकर, उ. विलायत हुसैन खाँ, उ. निसार हुसैन खाँ, उ. हंसना खाँ, डॉ. फैजजंग बहादुर (हैदराबाद), अयूब मियाँ, औलाद हुसैन (खैरागढ़), अब्दुल रहीम मियाँ (बुरहानपुर) विष्णुजी शिऱोडकर, सुब्बाराव मामा (गोवा) आदि के नाम विशेष उल्लेखनीय हैं।

खाँ साहब ने अपनी विशेष वादन शैली के बलबूते 'बम्बई घराना' नामक एक अन्य घराने की भी स्थापना की थी। किन्तु इसे पर्याप्त लोकप्रियता नहीं मिल पाई। खाँ साहब अपने भांजे अमीर हुसैन खाँ को अपना उत्तराधिकारी मानते थे। 11 सितम्बर, 1938 को खाँ साहब के निधन के पश्चात् वे ही इस परम्परा के खलीफा भी घोषित किए गए।

उ. अमीर हुसैन खाँ का जन्म सन् 1899 में हैदराबाद में हुआ था। इनके पिता अहमद बख़्श मूलतः सारंगी वादक थे और तबले की भी पर्याप्त जानकारी रखते थे। अमीर हुसैन ने आरम्भिक शिक्षा उन्हीं से पाई। बाद में अपने मामा उ. मुनीर खाँ के पास चले आए और उन्हीं के चरणों में बैठकर तबला वादन की उच्चस्तरीय शिक्षा प्राप्त की। इनके तबला वादन के ग्रामोफोन रेकॉर्ड्स भी उपलब्ध हैं। उ. अमीर हुसैन खाँ की प्रशंसा में उस्ताद हबीबुद्दीन खाँ ने एक बार कहा था, 'मेरठ ने हिन्दुस्तान को बहुत आला दर्जे के तबलिए दिए। लेकिन, अमीर हुसैन जैसा बजायक, बनायक, बतायक और आदमी अभी तक पैदा नहीं किया। गौरतलब है कि खाँ साहब जितने अच्छे वादक थे, उतने ही श्रेष्ठ रचनाकार भी और उतने ही उदार गुरु भी। खाँ साहब मुस्लिम कलाकारों के कुरेशी जमात के चौधरी भी थे। 1961 में गांधर्व महाविद्यालय मंडल ने इन्हें सम्मानाति किया था। इन्होंने सैकड़ों अनुपम बंदिशों की रचना की

थी। इनके शिष्यों में पुत्र फकीर हुसैन खाँ सहित अरविंद मुलगाँवकर, पंढ़रीनाथ नागेशकर, गुलाम रसूल, पद्मभूषण पं. निखिल ज्योति घोष, शरीफ अहमद, धीना मुमताज, बाबा साहब मिरजकर, इकबाल हुसैन, श्रीपद नागेशकर, पांडुरंग सोलंकी और डॉ. आबान मिस्त्री का नाम प्रमुख है। वस्तुतः आज महाराष्ट्र में जो तबला बज रहा है, उसके पीछे खाँ साहब की अनथक मेहनत है। खाँ साहब का देहावसान 5 जनवरी, 1969 को मुम्बई में हुआ।

उ. मुनीर खाँ की शिष्य परम्परा में उस्ताद अहमद जान थिरकवा का नाम विशेष उल्लेखनीय है। 1891 में मुरादाबाद में जन्में अहमद जान ने तबले की प्रारम्भिक शिक्षा अपने मामा फैयाज खाँ और बस्वा खाँ से प्राप्त की थी। बाद में ये उ. मुनीर खाँ के पास पहुँचे। नट सम्राट बाल गंधर्व की नाटक कम्पनी में अपने चमत्कारी तबला वादन की छटा दिखा चुके उस्ताद को नवाब रामपुर का राज्याश्रय भी प्राप्त था। नवाब रामपुर ने ही तबले पर इनकी थिरकती उँगलियों से प्रभावित होकर इन्हें थिरकवा का खिताब दिया था। थिकरवा साहब ने अनेक वर्षों तक भातखंडे हिन्दुस्तानी संगीत महाविद्यालय (लखनऊ) में अध्यापन कार्य भी किया था। राष्ट्रपति पुरस्कार से पुरस्कृत थिरकवा साहब पद्मभूषण का अलंकरण प्राप्त करने वाले प्रथम ताबलिक थे। इनके तबला वादन के अनेक ग्रामोफोन रेकॉर्ड्स भी उपलब्ध हैं। 13 जनवरी, 1976 को जीवन की अन्तिम सांस लेने वाले थिरकवा साहब के शिष्यों में लाल जी गोखले, स्व. प्रेम वल्लभ, पद्मभूषण स्व. निखिल ज्योति घोष, सूर्यकान्त गोखले, एम. बी. भिंडे, नारायणराव जोशी, डॉ. मोहनलाल जोशी, स्व. रामकुमार शर्मा, प्रो. सुधीर कुमार वर्मा, अहमद मियां एवं सरबत हुसैन आदि प्रमुख हैं। इनके वंशजों में उ. राशिद मुस्तफा थिरकवा तरुण कलाकारों में अपना प्रमुख स्थान रखते हैं।

उ. बुगरा खाँ के दूसरे पुत्र उ. गुलाब खाँ के वंशजों एवं शिष्यों द्वारा भी तबला का काफी प्रचार-प्रसार हुआ। गुलाब खाँ के पुत्र मोहम्मद खाँ तथा पौत्र काले खाँ ने तबला जगत् में काफी ख्याति प्राप्त की। उ. काले खाँ के दोनों पुत्र उ. गामी खाँ एवं उ. मुन्नू खाँ प्रतिष्ठित कलाकार हुए। दिल्ली घराने के खलीफा उ. गामी खाँ अपनी चमत्कृत करती तैयारी एवं बोलों के सुस्पष्ट निकास के लिए आज भी याद किए जाते हैं। इनका मुख्य कार्यक्षेत्र मुंबई था। इनका निधन 1958 को हुआ था। इनके शिष्यों में इनके यशस्वी पुत्र उ. इनाम अली सहित उ. फकीर मोहम्मद उर्फ पीरू खाँ, उ. तुफैल खाँ, उ. अकबर हुसैन उर्फ बल्लू खाँ, पं. महादेव इंदोरकर, श्री रिजराम देसाई, मारुति राव कीर, इकबाल हुसैन, आयाभाई सेठ, मोहम्मद अहमद, स्व. हीरालाल, एवं उ. लतीफ अहमद के नाम विशेष उल्लेखनीय हैं। इस परम्परा के अन्य प्रमुख कलाकारों में वशीर अहमद एवं राम धुर्वे का नाम आता है। उ. मुन्नू खाँ के सुशिष्य श्री ग्लैडविन चार्ल्स आधुनिक युग के प्रतिष्ठित कलाकार हैं।

दिल्ली बाज के आधुनिक युग के प्रमुख तबला वादकों में स्व. लतीफ अहमद

का नाम काफी आदर से लिया जाता है। इनके दो युवा पुत्र बाबर लतीफ और अकबर लतीफ इस परम्परा को आगे बढ़ा रहे हैं। स्व. हीरालाल के प्रमुख शिष्यों में श्री प्रेम कुमार, स्व. सादीरामजी, चंद्रमोहन, फकीर चंद्र एवं चुन्नीलाल ने अच्छी ख्याति अर्जित की। हीरालाल जी के एक शिष्य शौकत हुसैन पाकिस्तान में हैं।

उ. सुधार खाँ के छोटे भाई उ. चाँद खाँ भी विद्वान ताबलिक और सुयोग्य गुरु थे। इनके सुपुत्र उ. लल्ली मसीत खाँ, पौत्र हुसैन बख्श खाँ एवं दोनों प्रपौत्र उ. घसीट खाँ एवं उ. नन्हें खाँ अपने-अपने युग के प्रसिद्ध ताबलिक हुए। 1872 में दिल्ली में जन्मे नन्हें खाँ का अधिकांश समय मुम्बई में बीता। दिल्ली घराने के खलीफा उ. नन्हें खाँ का निधन सन् 1940 में मुम्बई में हुआ। इनके शिष्यों में उस्ताद जुगना खाँ का नाम विशेष उल्लेखनीय है।

उ. चाँद खाँ के वंशजों, शिष्यों एवं प्रशिष्यों ने तबला वादन का काफी प्रचार-प्रसार किया। इस परम्परा के प्रमुख कलाकारों में फजली खाँ, गुलाम मोहम्मद, करम बख्श (जिलवाने वाले), परला खाँ, रहीम बख्श, अल्लादिया खाँ (अमरावती वाले), बाबा काले खाँ, उ. छम्मा खाँ, उ. मेहबूब खाँ मिरजकर, उस्ताद मकबूल हुसैन कुरेशी, अजीम खाँ (जावरे वाले), उ. निजामुद्दीन खाँ, पं. ज्ञान प्रकाश घोष, शेर खाँ, अहमद अली, हिदायत ख़ाँ एवं अब्दुल करीम खाँ आदि के नाम विशेष उल्लेखनीय हैं।

उ. जहाँगीर खाँ ने भी इस परम्परा का काफी विकास किया। इनका जन्म सन् 1969 में वाराणसी (उत्तर प्रदेश) में हुआ था। इन्होंने तबला वादन की प्रारम्भिक शिक्षा अपने पिता श्री अहमद खाँ से प्राप्त की। इसके बाद पटना के उ. मुबारक अली खाँ, बरेली के उ. छुन्नू खाँ, दिल्ली के उ. फिरोज शाह और लखनऊ के खलीफा आबिद हुसैन आदि से भी सीखा। अपने समय के अनेक श्रेष्ठ कलाकारों की संगति कर चुके उ. जहाँगीर खाँ की जोड़ी संगीत सम्राट उस्ताद रजब अली खाँ के साथ खूब जमती थी। इन दोनों कलाकारों ने एक साथ अनेक यादगार कार्यक्रम किए। इनके तबला वादन से प्रभावित होकर इंदौर के महाराज तुकोजीराव होलकर ने इन्हें 1911 में अपना राजकीय संगीतज्ञ नियुक्त करते हुए अपना राज्याश्रय प्रदान किया। फिर तो खाँ साहब वहीं के होकर रह गए।

जीवन भर आर्थिक समस्याओं से जूझते रहे खाँ साहब को 1959 में राष्ट्रपति पुरस्कार, केन्द्रीय संगीत नाटक अकादमी का फैलोशिप और इन्दिरा कला संगीत विश्वविद्यालय (खैरागढ़, छत्तीसगढ़) द्वारा प्रदत्त डॉक्टर ऑफ म्यूजिक की मानद उपाधि सहित अभिनव कला समाज (इंदौर) द्वारा प्रदान की गयी 'तबला नवाज़' की उपाधि और संगीत समाज (मुम्बई) द्वारा किया गया विशेष सम्मान प्राप्त हुआ था। 107 वर्षों की लंबी ज़िन्दगी जीने वाले खाँ साहब के शिष्यों की भी लम्बी सूची है। इनके प्रमुख शिष्यों में शेख दाउद, नारायणराव इंदौरकर, एम. बी. भिंड़े, महादेव राव इंदौरकर, स्व. चतुर लाल, उ. नियाजू खाँ, स्व. धूलजी खाँ, मेहबबू खाँ (पुणे), अब्दुल हफीज़

खाँ (उदयपुर), पं. गजानन ताड़े, शंभुराव खरगाँवकर, शरद एन. माधव खरगाँवकर, रवि दाते, दिनकर मजूमदार, इस्माइल दद्दू खाँ एवं दीपक गरुण तथा वी. एम. बोधनकर आदि का नाम काफी सम्मान से लिया जाता है। अपने जन्म शताब्दी समारोह में शिरकत कर चुके खाँ साहब 11 मई, 1976 को लय में विलय हो गए। पं. गजानन ताड़े और पं. यशवंत राव के यशस्वी शिष्य पं. मुकुंद भाले तबला जगत के सशक्त हस्ताक्षर हैं।

पं. पंढ़रीनाथ नागेशकर के यशस्वी शिष्यों पं. सुरेश तलवलकर एवं विभव नागेशकर जैसे कलाकारों ने दिल्ली घराने की जड़ों को सुदूर महाराष्ट्र तक मजबूती से फैला रखा है। उ. मकबूल हुसैन कुरेशी और उ. फैयाज खाँ दिल्ली बाज के वयोवृद्ध कलाकार हैं। दिल्ली घराने के युवा प्रतिनिधि पद्मश्री उस्ताद शफात अहमद खाँ आज के सर्वाधिक लोकप्रिय कलाकारों में से एक हैं। वह उ. छम्मा खाँ के पुत्र और शिष्य हैं। उ. रफीउद्दीन साबरी, पं. सुभाष निर्वाण, शकील अहमद, नौशाद अहमद, गुलाम हैदर, अमीर मोहम्मद एवं जफर मोहम्मद सहित अनेक ऐसे कलाकार हैं जो दिल्ली घराने एवं दिल्ली बाज का नाम रोशन कर रहे हैं।

दिल्ली बाज (वादन शैली)

अपनी मधुरता और कर्णप्रियता के कारण दिल्ली की वादन शैली शेष घरानों से बिलकुल भिन्न है। इसमें मुख्यतः तर्जनी, मध्यमा और अनामिका उँगलियों का प्रयोग होता है। तेटे और तिरकिट जैसे बोलों में मात्र दो और यदा-कदा (तिरकिट में) तीन उँगलियों का प्रयोग होने के कारण इसे दो उँगलियों का बाज भी कहा जाता है। मुख्यतः तबले के किनार पर बजने के कारण इसमें चाँटी के बोलों की प्रधानता होती है। इसलिए इस बाज को चाँटी अथवा किनार का बाज भी कहते हैं। खुले बोलों से परहेज और मुलायम, मधुर तथा कर्णप्रिय बोलों की बहुलता के कारण इसे बंद बाज की भी संज्ञा दी जाती है। पेशकार, कायदे, मुखड़े, मोहरे, छोटे-छोटे टुकड़े एवं विभिन्न प्रकार की गतें इस बाज की विशेषता है। धा, तिट, तिरकिट, धिनगिन, धगीन, धिनधिन और धातीगेन जैसे वर्ण समूहों की इस बाज में प्रधानता होती है।

दिल्ली बाज में स्वतंत्र तबला वादन का आरम्भ पेशकार से होता है। यह फारसी भाषा का शब्द है जिसका अर्थ है प्रस्तुत करना। अतः पेशकार के अन्तर्गत कलाकार संक्षिप्त रूप में अपने वादन की झलक पेश करते हैं। कुछ स्थानों पर पेशकार को फर्शबंदी भी कहते हैं। फर्शबंदी का अर्थ जमीन तैयार करना होता है। अर्थात् पेशकार के माध्यम से वह ठोस आधार तैयार किया जाता है। जिस पर बाद में वादन की भव्य अट्टालिका खड़ी होती है। यह दिल्ली घराने की एक ऐसी विशेषता है, जिसे दूसरे घरानों के कलाकारों ने भी किसी-न-किसी रूप में अपनाया है।

दिल्ली बाज के गुण-दोषों पर विचार करने से यह स्पष्ट होता है कि जिन उद्देश्यों की पूर्ति के लिए इसका निर्माण हुआ था उसमें तो यह पूरी तरह सफल रहा, किन्तु अपने निर्माण के आरम्भिक चरण में मधुर एवं बंद बोलों की प्रधानता

के कारण यह बाज नृत्य के खुले एवं जोरदार बोलों की संगति में पूरी तरह सक्षम नहीं था। अतः बीसवीं शताब्दी में इस घराने के कलाकरों ने अपने वादन में खुले बोलों को भी स्थान और पर्याप्त महत्त्व देना आरम्भ किया, जो न केवल व्यावसायिकता बल्कि बदलते समय का भी तकाज़ा था। यही कारण है कि आज इस घराने के कई कलाकार नृत्य की संगति में पूरी तरह सक्षम हैं।

दिल्ली घराने के कुछ बोल

पेशकार

धींक्रधिंधा ऽधाधिंधा धाति-धाति ऽधाधिंधा | तेधागधा धिंधाधात्ति धाक्रिधाती ऽधाधिंधा|
X 2

तिंक्रतिंता ऽतातिंता तात्तितात्ति ऽतातिंता | तेधागधा धिंधाधात्ति धाक्रिधाती ऽधाधिंधा|
0 3

कायदा (1)

धातेटे धातेटे धाधातेटे धागे तेनकिन | तातेटे तातेटे तातातेते धागे धेनगिन।

ताललिपि में

धाते टेधा तेटे धाधा | तेटे धागे तेन किन | ताते टेता तेटे ताता | तेटे धागे धेन गिन
X 2 0 3

कायदा (2)

धात्ति धगीन धातिरकिट धात्तीधागे तेनकिन | ताति तकिन तातिरकिट धात्तीधागे धेनगिन

ताललिपि में

धात्तिधगी नधा तिरकिट | धात्तीधागे तेनकिन | तात्तितकि नता तिरकिट | धात्तीधागे धेनगिन।
X 2 0 3

कायदा (3)

धातिर किटधा धीना, धाधा | धीना धात्ति धाधा धीना।
X 2

धात्ति ऽधा तिरकिट धाधा | तिरकिट धात्ति धाधा धीना।
0 3

तातिर किटता तीना ताता | तीना तात्ति ताता तीना।
X 2

धात्ति ऽधा तिरकित धाधा | तिरकिट धात्ति धाधा धीना।
2 3

लखनऊ घराना

दिल्ली घराना और बाज के प्रवर्त्तक उस्ताद सुधार खाँ के पौत्र उस्ताद मोदू खाँ ने जिस समय सांगीतिक जीवन में पदार्पण किया उस समय दिल्ली की सांगीतिक स्थिति बहुत अच्छी नहीं थी। 1739 के आसपास हिन्दुस्तान पर नादिरशाह का भयानक आक्रमण हो चुका था। इस आक्रमण के समय दिल्ली पर मोहम्मद शाह रंगीले का शासन था। स्वभाव से अत्यन्त भावुक और संवेदनशील मोहम्मद शाह रंगीले नादिरशाह के आक्रमण के कारण अपने राज्य और प्रजा पर हुए अत्याचार तथा दुर्दशा का कारण स्वयं को मान लेने के कारण काफी व्यथित थे। उनके मन में यह विचार बैठ गया था कि उनके हर समय संगीत-नृत्य में डूबे रहने के कारण ही उनके राज्य और प्रजा की यह दुर्दशा हुई है, अतः संगीत से उन्हें विरक्ति हो गयी थी। इसका परिणाम यह हुआ कि कई कलाकार अचानक आश्रयहीन हो गए। अतः मोदू खाँ ने जब व्यावसायिक रूप से संगीत के क्षेत्र में पदार्पण करने का निश्चय किया, तब दिल्ली की सांगीतिक दुनिया उन्हें इसके लिए अधिक उपयुक्त प्रतीत नहीं हुई।

उन दिनों दिल्ली के बाद लखनऊ ही संगीत-नृत्य का प्रधान केन्द्र था। रंगीन मिजाज नवाबों, बादशाहों के यहाँ अच्छे कलाकारों की हर वक्त माँग रहती थी। अतः सुधार खाँ के दो पौत्रों मोदू खाँ और बख्शू खाँ ने अपनी किस्मत लखनऊ में आजमाने का निश्चय किया। पहले मोदू खाँ लखनऊ पहुँचे। उस समय लखनऊ में नवाब आसिफुद्दौला का शासन (1775-1798) था। उन्हें जब मोदू खाँ के लखनऊ में रहने की सूचना मिली, तो उन्होंने उन्हें अपना दरबारी कलाकार बना लिया। बाद में बख्शू खाँ को भी मोदू खाँ ने लखनऊ बुला लिया, और कालान्तर में वह भी इस दरबार से जुड़ गए। आसिफुद्दौला के दरबार में उस समय एक से बढ़कर एक कलाकार थे, जिनमें कत्थक नर्त्तक प्रकाश महाराज भी थे।

यह वही समय था जब लखनऊ में कत्थक नृत्य की कला नयी चेतनाओं से झंकृत हो रही थी...उसमें नए आयाम जुड़ रहे थे। दूसरी ओर गुलाम रसूल जैसे खयाल गायक और गुलाम नबी शोरी जैसे टप्पा गायकों की सुरीली स्वर लहरियों से लखनऊ की सरजमीं गूँज रही थी। इतना सब कुछ होने के बावजूद कोई अच्छा तबला वादक वहाँ संगति हेतु उपलब्ध नहीं था। अतः पखावज बादकों पर ही इन कलाकारों को आश्रित रहना पड़ता था—जो कि इन ललित कलाओं की सटीक संगति में स्वयं को पूरी तरह सक्षम और समर्थ नहीं सिद्ध कर पा रहे थे।

स्वाभाविक तौर पर लखनऊ आगमन के बाद उस्ताद मोदू खाँ को इन सांगीतिक चुनौतियों का सामना करना पड़ा। संगति के लिए मोदू खाँ को आमन्त्रित किया जाता था, किन्तु नृत्य की संगति करके वह सन्तुष्ट नहीं हो पाते थे। गम्भीर किस्म के विद्वान और चिन्तनशील प्रकृति के होने के कारण वह हर समय सृजन कर्म में जुटे

रहते थे। अतः रियाज़ पर भी वह अधिक ध्यान नहीं दे पाते थे। छोटे भाई बख्शू खाँ तथा उनके साथी मोदू खाँ की इस स्थिति का मजाक उड़ाते हुए उन्हें 'परकटा कबूतर' कहकर सम्बोधित किया करते थे। लेकिन, इन संज्ञाओं, सर्वनामों और आरोपों से व्यथित होने के बावजूद मोदू खाँ अपनी पारम्परिक तबला वादन की कला को विकसित करके नयी दिशा देने हेतु सृजनरत रहते थे, ताकि उसे कत्थक नृत्य की पूर्ण संगति योग्य बनाया जा सके।

इसी क्रम में उन्होंने दिल्ली के किनार (चाँटी) के बाज में लव (जमीन या मैदान) और स्याही का प्रयोग भी जोड़ा। मुखड़े, मोहरों और छोटे-छोटे टुकड़ों के साथ चक्रदारों, परणों को भी बजाने का प्रचलन किया। कायदे और रेले के साथ लय बाँट का भी समावेश किया, और इस तरह दिल्ली का तबला लखनऊ आकर एक नए रंग, रूप में ढल गया। जिसे **लखनऊ बाज** का नाम मिला।

मोदू खाँ ने अपने पुत्र जाहिद खाँ को इस वादन शैली में पारंगत किया, किन्तु दुर्भाग्यवश जाहिद खाँ की कम आयु में ही मृत्यु हो जाने से उनके द्वारा परिकल्पित तबला वादन की कला परवान चढ़ने से रह गयी। इसके बाद मोदू खाँ ने बनारस के पं. रामसहाय मिश्र को अपने द्वारा आविष्कृत तबला वादन की कला में दीक्षित किया, किन्तु कुछ लोगों की धार्मिक हठवादिता के कारण विवश होकर मोदू खाँ को पं. रामसहाय से यह वचन लेना पड़ा कि वह न तो भविष्य में इस तबला शैली का वादन करेंगे, और न तो किसी अन्य को सिखाएँगे। अतः एक बार फिर मोदू खाँ की कला अपना आलोक फैलाने के पूर्व बुझ गयी, और पं. रामसहाय ने बनारस बाज का आविष्कार कर लिया।

इस समय तक मोदू खाँ अपने जीवन के सन्ध्या काल में पहुँच चुके थे। बख्शू खाँ और उनकी उम्र में लगभग 15-20 वर्षों का अन्तर था। बख्शू खाँ स्वभावतः कुछ इर्ष्यालु और द्वेषी प्रवृति के थे, किन्तु उनके पुत्र मम्मू खाँ उर्फ मम्मन खाँ गुणग्राही और पिता के विपरीत स्वभाव के थे। युवा होते मम्मू खाँ ने अपने बड़े चाचा मोदू खाँ की विद्वता को पहचान लिया, और पिता की सारी आपत्तियों के बावजूद अपने चाचा मोदू खाँ के पास तबले की तालीम लेने जा पहुँचे। मोदू खाँ ने बख्शू खाँ की सारी गलतियों को अनदेखा करके उनके पुत्र को अपना पुत्र समझते हुए गले लगा लिया, और कालान्तर में उन्हें श्रेष्ठ तबला वादक के रूप में प्रतिष्ठित किया। मम्मू उर्फ मम्मन खाँ ने अपने चाचा की समस्त विद्या को पूरी लगन के साथ आत्मसात् किया। इन्हें लखनऊ घराने का खलीफा माना गया।

बख्शू खाँ के दूसरे पुत्र सलारी खाँ ने अपने पिता बख्शू खाँ और अपने पिता के शिष्य तथा अपनी बहन के पति हाजी विलायत अली खाँ से तबला वादन की शिक्षा ली। सलारी मियाँ की जवाबी गतें तबला जगत की दुर्लभ रचना मानी जाती है। मम्मू खाँ के पुत्र और शिष्य मोहम्मद खाँ जो नवाब शुजातउद्दौला के दरबारी

कलाकार थे–भी अपने पिता की तरह ही यशस्वी कलाकार हुए। मोहम्मद करम इमाम ने मम्मू खाँ के बेटे को मम्मू खाँ से भी श्रेष्ठ कलाकार लिखा था। मम्मू खाँ के दूसरे पुत्र नज्जू खाँ (डेरेदार नहीं) भी योग्य कलाकार थे। मोहम्मद खाँ के 2 पुत्र हुए मुन्ने खाँ और आबिद हुसैन। दोनों ही विद्वान और सिद्ध हस्त कलाकार थे। इन दोनों को ही नृत्य की संगति में विशेष निपुणता हासिल थी। ये दोनों ही कलाकार अपने-अपने समय में लोकप्रियता के शिखर पर थे। मुन्ने खाँ को अवध के अन्तिम नवाब वाजिद अली शाह का राज्याश्रय और संरक्षण प्राप्त था। मोहम्मद करम इमाम के अनुसार वाजिद अली शाह के दरबारी नर्त्तकद्वय कालिका प्रसाद और विंदादीन महाराज की संगति लखनऊ दरबार में बख्शू खाँ के प्रपौत्र मुन्ने खाँ किया करते थे।

मोहम्मद खाँ की जिस समय मृत्यु हुई, उनके छोटे बेटे आबिद हुसैन (जन्म 1867-मृत्यु जून 1936) बहुत छोटे थे, अतः उनकी शिक्षा-दीक्षा बड़े भाई मुन्ने खाँ द्वारा सम्पन्न हुई। आबिद हुसैन ने न केवल अपनी परम्परागत कला को सफलता पूर्वक सीखा, बल्कि उसे और अधिक समृद्ध भी किया...और...आगे भी बढ़ाया। जिस समय लखनऊ में डॉ. राय राजेश्वर बली, चतुर पंडित भातखंडे जी, उमानाथ बली और उत्तर प्रदेश के तत्कालीन राज्यपाल सर विलियम मैरिस के सत्प्रयासों से मैरिस कॉलेज ऑफ हिन्दुस्तानी म्यूजिक (वर्तमान नाम-भातखंडे संगीत संस्थान) की स्थापना हुई, तब आबिद हुसैन वहाँ प्रथम तबला अध्यापक नियुक्त हुए। इनके शिष्यों में इनके भतीजे और दामाद वाजिद हुसैन, जहाँगीर खाँ और बीरू मिश्र का नाम विशेष उल्लेखनीय है। इलाहाबाद विश्वविद्यालय में आयोजित संगीत सभा में आबिद हुसैन की एक गत पर मुग्ध होकर बीरू मिश्र ने सिर्फ उस गत के लिए उनकी शागिर्दी कबूल कर ली थी। सन् 1936 में उस्ताद आबिद हुसैन के निधन के बाद उनके शिष्य तथा दामाद वाजिद हुसैन (जन्म 1906–मृत्यु 24 मई, 1978) ने इस परम्परा का सफल प्रतिनिधित्व किया। वाजिद हुसैन के पुत्र और शिष्य आफाक् हुसैन (जन्म 12 जुलाई, 1930, मृत्यु 14 फरवरी 1990) इस परम्परा के श्रेष्ठ प्रतिनिधि हुए। कत्थक केन्द्र लखनऊ और लखनऊ दूरदर्शन केन्द्र में कार्यरत रहे आफाक् हुसैन ने कई शिष्य तैयार किए। इनके पुत्र इल्मास हुसैन विख्यात कलाकार हैं।

उस्ताद मम्मू खाँ के दूसरे बेटे नज्जू खाँ (डेरेदार नहीं) के पुत्र छोट्टन खाँ उर्फ नादिर हुसैन लम्बे समय तक ढाका और मुर्शिदाबाद में रहे। मम्मू खाँ के शिष्यों में उनके दौहित्र बाबू खाँ सहित भतीजों अल्ला बख्श, बहादुर खाँ तथा घसीट खाँ के नाम विशेष उल्लेखनीय हैं। घसीट खाँ के पुत्र छोटे खाँ, पौत्र सादत अली और प्रपौत्र रजा हुसैन अच्छे कलाकार हुए। रज़ा हुसैन के दोनों पुत्र जाफर हुसैन खाँ और अकबर हुसैन खाँ (बल्लू खाँ) योग्य ताबलिक हुए।

3 मार्च, 1933 को लखनऊ में जन्में अकबर हुसैन उर्फ बल्लू खाँ ने छुट्टन

खाँ से शिक्षा प्राप्त की। ये आकाशवाणी के विभिन्न केन्द्रों में कार्य करते हुए 1994 में सेवानिवृत्त हुए। हिन्दी फिल्म साहब, बीवी और गुलाम तथा बांग्ला फिल्म ओ आमार देशेर माटी में भी इन्होंने वादन किया। पार्श्व गायक मोहम्मद रफी के साथ इन्होंने कई देशों की सांगीतिक यात्राएँ कीं। संगीत पीठ मुम्बई ने इन्हें 1992 में ताल विलास की उपाधि से सम्मानित किया।

आबिद हुसैन की प्रशिष्य परम्परा में उनके शिष्य जहांगीर खाँ इन्दौरवाले के कई शिष्यों स्व. मेहबूब खाँ मिरजकर, शेख दाउद (हैदराबाद) अब्दुल हाफिज़ खाँ, दीपक गरुड़ (मुम्बई) और महेश दलवी अच्छे कलाकार हैं। जहांगीर खाँ के शिष्य नारायण इन्दौरकर के पुत्र माधव इन्दौरकर और शिष्य शेषगिरि हंगल योग्य तबला वादक हैं। उदयपुर के अब्दुल हाफिज़ खाँ के दो शिष्यों स्व. चतुरलाल और अमीर मोहम्मद खाँ ने अच्छी ख्याति प्राप्त की। अमीर मोहम्मद खाँ के युवा पुत्र जफर मोहम्मद आकाशवाणी के जयपुर केन्द्र में कार्यरत हैं। स्व. चतुरलाल के युवा पुत्र चरणजीत लाल अपने पिता की परम्परा को आगे बढ़ाने हेतु दिल्ली में सक्रिय हैं।

उ. मुन्ने खाँ की वंश परम्परा में बहादुर हुसैन के पुत्र नायाब हुसैन पौत्र इनायत हुसैन और रज़ा हुसैन तथा दौहित्र सुलतान खाँ योग्य ताबलिक हुए। गुलाम हैदर के भतीजे अली रजा से उ. हबीबुद्दीन खाँ ने भी सीखा था। उ. हबीबुद्दीन खाँ के तबले में जो खुलापन था, वह उन्हें लखनऊ से ही मिला था।

लखनऊ बाज

लखनऊ बाज की बातें करते हुए इसका स्मरण सदैव रखना होगा कि दिल्ली बाज के प्रवर्त्तक उस्ताद सुधार खाँ के अज्ञात नाम पुत्र के पुत्र-अर्थात् सुधार खाँ के पौत्र उस्ताद मोदू खाँ तबला वादन की इस नवीन शैली के सर्जक थे। इस बाज के सृजन क्रम में मोदू खाँ ने चाँटी के साथ-साथ लव और स्याही के बोलों का भी प्रयोग आरम्भ किया, जिससे दिल्ली का बंद बाज लखनऊ आकर खुलने लगा। मुखड़े, मोहरों और छोटे-छोटे टुकड़ों तथा गतों के साथ परणों, चक्रदारों आदि का भी जुड़ाव तबले के इस नए बाज में हुआ। ठुमरी और टप्पा की अनुकूल संगति के लिए लग्गी-लड़ी के विषय में भी नए प्रयोग आरम्भ हुए। कायदों और रेलों के साथ लय-बाँट का भी समावेश यहाँ के तबले में किया गया और इस तरह लखनऊ का तबला बिलकुल नए अन्दाज में सामने आया।

लखनऊ बाज की बातें करते हुए यह विशेष रूप से याद रखना चाहिए कि लखनऊ बाज नचकरन बाज अर्थात् मात्र कथक नृत्य के साथ बजने वाला बाज नहीं है। यह सच है कि दिल्ली का तबला लखनऊ आने के बाद नृत्य के प्रभाववश और इसकी समुचित संगति के लिए ही बदला, लेकिन इससे भी बड़ा सच यह है कि लखनऊ बाज को सिर्फ नचकरन बाज समझना बहुत बड़ा सांस्कृतिक अन्याय

हैं। क्योंकि इसमें केवल नृत्य के बोल नहीं बजते। लखनऊ घराने और बाज की अत्यन्त समृद्ध परम्परा रही है। इसकी अपनी भाषा, अपना साहित्य और अपने बोल हैं। लखनऊ घराने के वयोवृद्ध कलाकार, खलीफा वाजिद हुसैन के वरिष्ठ शिष्य पं. अनिल भट्टाचार्या (कोलकता) भी इससे अपनी पूरी सहमति व्यक्त करते हैं।

लखनऊ के तबले पर पखावज से प्रेरित पंजाब घराने के तबले का भी अप्रत्यक्ष प्रभाव रहा है। उ. मोदू खाँ की पत्नी पंजाब के तबला वादकों के परिवार से थीं। उल्लेखनीय है कि मोदू खाँ के पितामह उ. सुधार खाँ भी मूलतः पंजाब के ही थे, यह अलग बात है कि उनकी कर्मभूमि दिल्ली थी। उ. मोदू खाँ की पत्नी भी तबले की उच्चकोटि की विद्वान थीं। उनके द्वारा बनारस घराने के तबला प्रर्वत्तक पं. रामसहाय मिश्र को 500 पंजाबी गतें सिखाए जाने का उल्लेख अनेक सांगीतिक ग्रन्थों में हुआ है। स्वयं उ. मोदू खाँ को भी दहेज में पंजाब घराने की अनेक उत्कृष्ट रचनाएँ मिली थीं, जिनमें गतें और कायदे प्रमुख थीं। लखनऊ घराने के वादक आज भी इन गतों को दहेजी गत कहकर गर्वपूर्वक बजाते हैं। अतः मोदू खाँ ने लखनऊ बाज का निर्माण करते हुए दिल्ली के तबले पर पंजाब के तबले का भी प्रभाव डाला था।

लखनऊ घराने के कुछ प्रमुख बोल तीनताल में

कायदा— धातिर किटितक ता धातिर किटितक ता धातिर किटितक

धातिर किटधा तिरकिट धातिट घिड़नग धिनतक धिरधिर किटितक।

तातिर किटितक ता तातिर किटितक ता तातिर किटितक

धातिर किटधा तिरकिट धातिट घिड़नग धिनतक धिरधिर किटितक।

गतें (1) (यह गत 12 मात्रे की है अतः इसे दो बार बजाना होगा—और लहरा द्रुत में रखना होगा) (इसके रचनाकार के रूप में उ. मोदू खाँ का नाम लिया जाता है।)

धीक धिन गिन धातिर किटधि नगि नध गेन धागे तिरकिट धगेन तक्।

तीक तिन किन तातिर किटति नकि नघ गेन धागे तिरकिट धगेन् तक।

दर्जेदार (गत) धा धिड़नग तक् धिड़नग त्ति धिड़नग तक् घोड़नग

धाधेड़ नगधिर धिरधिर धिड़नग धिरधिर धिड़नग तीना किड़नंग

ता केड़नक तक् केड़नक त्ति केड़नक तक् किड़नक

धाघेड़ नगधिर धिरधिर घेड़नग धिरधिर घिड़नग धीना घिड़नग

धाधा ऽघेड़नग तकतक ऽघेड़नग त्तित्ति ऽघेड़नग तकतक ऽघेड़नग

धाघेड़ नगधिर धिरधिर घेड़नग धाघेड़नगधिर धिरधिरघिड़नग धिरधिरघिड़नग तीनाकिड़नक।

ताता ऽकेड़नक तकतक डकेड़नक त्तित्ति ऽकेड़नक तकतक ऽकेड़नक

धाघेड़ नगधिर धिरधिर घेड़नग धाघेड़नगधिर धिरधिरघिड़नग धिरधिरघिड़नग धीनाघेड़नग।

धाधाधाधा धाऽघेड़नग तकतकतकतक ति्घेड़नग

त्तित्तित्तित्ति त्तिघेड़नग तकतकतकतक तक्घेड़नग

धाघेड़नगधिर धिरधिरघेड़नग धिरधिरघेड़नग धिरधिरघेड़नग।

धाघेड़्नगधिर धिरधिरघेड़नग धिरधिरघिड़नग तीनाकिड़नक्

तातातातां ताऽकेड़नक् तकतकतकतक् तक्केड़नक

त्तित्तित्तित्ति त्तिकेड़नक तकतकतकतक तक्केड़नक

धाघिड़नगधिर धिरधिरघेड़नग धिरधिरघिड़नग धिरधिरघिड़नग।

धाघिड़नगधिर धिरधिरघिड़नग धिरधिरघिड़नग धीनाघिड़नग।

फर्रुखाबाद घराना

'विविध साजों के बोलों से तबले का विस्तार तो होता है, किन्तु इससे उसकी शुद्धता भी खत्म हो जाती है। इस दृष्टि से फर्रुखाबाद घराने का तबला शुद्ध तबला है, क्योंकि इसमें ताशा, नक्कारा, ढोल और खंजरी आदि के बोल नहीं प्रयुक्त होते।' उस्ताद अहमदजान थिरकवा ने फर्रुखाबाद बाज की विशेषताओं पर प्रकाश डालते हुए एक बार कहा था।

तकनीक की दृष्टि से फर्रुखाबाद शैली दिल्ली और लखनऊ शैली का मणिकांचन संयोग है। दिल्ली बाज में जहाँ किनार की प्रधानता थी, वहीं लखनऊ बाज लव प्रधान था। जबकि, इस घराने के प्रणेता हाजी विलायत अली ने चाँटी और लव के मिश्रण से फर्रुखाबाद बाज की स्थापना की थी। फर्रुखाबाद घराने के प्रवर्त्तक हाजी विलायत अली लखनऊ के उस्ताद बख्शू खाँ के शिष्य और दामाद थे। लखनऊ के अन्तिम नवाब वाजिद अली शाह के शासन काल 1847 से 1856 तक लखनऊ दरबार में ही वह कार्यरत थे, लेकिन उनके राजनैतिक अवसान के बाद सन् 1857 में वह रामपुर चले गए जो तब संगीत-नृत्य का एक और प्रधान केन्द्र था। इस समय रामपुर में नवाब यूसुफ अली का शासन था। दरअसल उत्तर प्रदेश के छोटे से शहर फर्रुखाबाद के नाम पर स्थापित इस घराने का वास्तविक विकास लखनऊ, रामपुर और कोलकाता में ही हुआ। परन्तु हाजी विलायत अली चूँकि मूलतः फर्रुखाबाद के निवासी थे, अतः इस घराने और बाज का नामकरण फर्रुखाबाद के नाम पर ही हुआ।

हाजी विलायत अली अत्यन्त धार्मिक विचारों के थे। हकीम मोहम्मद करम इमाम ने मदन अल मूसीकी नामक अपने ग्रन्थ में लिखा है कि—'हाजी साहब ने हज करने के बाद महफिल में तबला बजाना छोड़ दिया था।' लेकिन, शिष्यों को शिक्षा देने और तबला विषयक रचनाएँ रचने का काम उन्होंने जारी रखा। यह घराना हाजी साहब की गतों के लिए विशेष रूप से प्रसिद्ध है। उस्ताद अमीर हुसैन खाँ के शब्दों में—'जिस महफिल में हाजी साहब की एक भी गत बज जाती है उसमें रौनक आ जाती है।'

हाजी विलायत अली के चारों पुत्रों और शिष्यों द्वारा इस परम्परा का काफी प्रचार-प्रसार हुआ। इनके ज्येष्ठ पुत्र उस्ताद निसार अली वर्षों तक रामपुर दरबार

में रहे। इनके शिष्यों में उ. मुनीर खाँ ने विशेष ख्याति अर्जित की। मुनीर खाँ का जन्म सन् 1863 में संगीतज्ञों के एक परिवार में हुआ था। फर्रुखाबाद घराने के ताबलिक पं. नयन ज्योति घोष के अनुसार खाँ साहब ने 24 गुरुओं से शिक्षा पायी थी। इनमें फर्रुखाबाद घराने के उ. हुसैन अली, और उ. निसार अली, दिल्ली घराने के उ. बोली बख्श, नासिर खाँ पखावजी और उ. नजर अली के नाम विशेष उल्लेखनीय हैं। उल्लेखनीय है कि जितनी निष्ठा से खाँ साहब ने विभिन्न घरानों के गुरुओं से शिक्षा अर्जित की थी उतनी ही उदारता से सैकड़ों लोगों में वितरित भी की। 11 सितम्बर, 1938 को इनका निधन हुआ।

हाजी साहब के दूसरे पुत्र उ. अमान अली भी योग्य ताबलिक थे। किन्तु दुर्भाग्य वश वह कुष्ठ रोग से पीड़ित हो गए, और ऐसे समय में उनके घर वालों ने उनके साथ अच्छा व्यवहार नहीं किया। ऐसे कठिन समय में जयपुर घराने के प्रसिद्ध कथक नर्त्तक पं. जयलाल ने उनकी काफी सेवा की और उनसे तबले का उच्चस्तरीय ज्ञान प्राप्त किया। पं. जयलाल की परम्परा में उनके पौत्र नर्त्तक पं. रामगोपाल के पुत्र–राजकुमार मिश्र तबला और पखावज के सुयोग्य कलाकार हैं।

स्व. जयलाल के शिष्य प्रो. लालजी श्रीवास्तव (इलाहाबाद) गुणि ताबलिक हुए। इन्होंने उ. यूसुफ खाँ और बनारस घराने के पं. श्यामलाल मिश्र (छम्मा महाराज) से भी तबले की शिक्षा प्राप्त की थी। फलतः उनके वादन में दोनों ही घरानों की विशिष्टताओं का समावेश था। स्व. प्रो. लालजी श्रीवास्तव (18 नवम्बर, 1924-16 नवम्बर, 2002) के शिष्यों में उनके अनुज चन्द्रभानु किशोर व पुत्र द्वय विपिन किशोर और अजय किशोर तबले को समर्पित हैं। इनके प्रमुख शिष्यों में प्रो. गिरीशचन्द्र श्रीवास्तव, स्व. प्रभुदत्त, अनुपम राय, पंकज श्रीवास्तव, अनूप कुमार बनर्जी, भुवन प्रकाश श्रीवास्तव, श्रीराम सिंह, बुलाकी लाल यादव, कैलाशनाथ पाठक, सुनीता श्रीवास्तव, ध्रुवनारायण वर्मा, डॉ. नीरज कुमार, केदारनाथ, आशीष चटर्जी व उमेश भारद्वाज प्रमुख हैं।

ताल मणि, प्रयागश्री, संगीताचार्य, संगीत ऋषि व स्वर साधना सम्मान से सम्मानित श्री गिरीशचन्द्र श्रीवास्तव (जन्म 28 फरवरी, 1933) अच्छे ताबलिक, सुयोग्य गुरु और कुशल लेखक हैं। इलाहाबाद विश्वविद्यालय के अवकाश प्राप्त रीडर (तबला) गिरीशज़ी ने ताल परिचय (3 भागों में), ताल प्रभाकर प्रश्नोत्तरी और तालकोश जैसी महत्त्वपूर्ण पुस्तकों की रचना की है। इनकी पुत्री रेशमा सुयोग्य सितार वादिका हैं।

हाजी साहब के तीसरे पुत्र हुसैन अली भी तबला के विद्वान थे। इन्होंने अपने पिता और बड़े भाई निसार अली से तबले की शिक्षा प्राप्त की थी। इनके शिष्य मुनीर खाँ के शिष्यों-प्रशिष्यों द्वारा तबला का काफी विकास हुआ। मुनीर खाँ के शिष्यों में उनके भान्जे अमीर हुसैन खाँ और भतीजे गुलाम हुसैन खाँ सहित अहमदजान थिरकवा, नासिर खाँ, शमसुद्दीन खाँ और निखिल ज्योति घोष जैसे प्रसिद्ध कलाकार

हुए। पद्मभूषण पं. निखिल ज्योति घोष बहुमुखी प्रतिभा के धनी कलाकार थे। इनके पुत्र श्री नयन ज्योति घोष आधुनिक युग के बहुचर्चित तबला एवं सितार वादक हैं।

हाजी साहब के प्रमुख शिष्य उ. नन्हें खाँ भी विद्वान ताबलिक हुए। इनके पुत्र उ. मसीतुल्लाह खाँ उर्फ मसीत खाँ (जन्म 1890) सुयोग्य ताबलिक थे। मसीत खाँ को नवाब रामपुर का राज्याश्रय और संरक्षण प्राप्त था। लेकिन, इनका अधिकांश समय पश्चिम बंगाल में व्यतीत हुआ। लगभग 80 वर्ष की आयु में कोलकता में इनका निधन हुआ। इनके सुयोग्य शिष्यों में इनके पुत्र उ. करामतुल्लाह खाँ सहित पद्म भूषण पं. ज्ञान प्रकाश घोष, रॉयचन्द्र बरॉल, आज़िम खाँ, केदारनाथ हलदार, मतीन्द्र मोहन बनर्जी (मंटू बाबू), हीरेन्द्र किशोर राय चौधरी और हेमेन्द्रनाथ सरकार आदि प्रमुख थे। उ. करामतुल्लाह खाँ तबले के विद्वान होने के साथ-साथ संगति की कला में विशेष रूप से दक्ष थे। इनके पुत्र उ. साबिर खाँ सुयोग्य ताबलिक होने के नाते इस समय संगीत के राष्ट्रीय-अन्तर्राष्ट्रीय मंचों पर सक्रिय हैं। करामत साहब के प्रमुख शिष्य श्री जमील अहमद दिल्ली विश्वविद्यालय के संगीत संकाय में कार्यरत थे। पं. ज्ञान प्रकाश घोष के प्रमुख शिष्यों में स्व. पं. निखिल ज्योति घोष, पं. शंकर घोष एवं पं. आनिंदो चटर्जी के नाम विशेष उल्लेखनीय हैं। पं. शंकर घोष के पुत्र पं. विक्रम घोष अन्तर्राष्ट्रीय स्तर के प्रसिद्ध ताबलिक हैं। उस्ताद हाजी विलायत अली के एक शिष्य–जो उनके दामाद भी थे–उस्ताद हुसैन बख़्श वह हैदराबाद के निवासी थे। अतः उनके द्वारा फर्रुखाबाद घराना सुदूर हैदराबाद तक जा पहुँचा। उ. हुसैन बख़्श के शिष्यों में उनके दामाद अल्लादिया उर्फ अलाउद्दीन खाँ, और अल्लादिया खाँ के दोनों पुत्रों छोटे खाँ तथा मोहम्मद खाँ ने काफी नाम कमाया। इनके शिष्यों में शेख दाऊद का नाम विशेष उल्लेखनीय है।

सन् 1916 में शोलापुर में जन्में शेख दाऊद के पिता का नाम हासिम साहब था। इन्होंने तबला वादन की आरम्भिक शिक्षा मोहम्मद कासिम से प्राप्त की। सन् 1939 में इन्होंने आकाशवाणी के हैदराबाद केन्द्र में नौकरी कर ली। जब हैदराबाद निज़ाम के अधीन था तो उस आकाशवाणी का नाम डेक्कन रेडियो था। शेख दाऊद ने एक ताबलिक के रूप में स्थापित होने के बावजूद सीखने का क्रम जारी रखा। इन्होंने उ. अल्लादिया खाँ, उनके दोनों पुत्रों मोहम्मद खाँ और छोटे खाँ पुणे के उ. मेहबूब खाँ मिरजकर, इन्दौर के उस्ताद जहाँगीर खाँ तथा पखावजी नाना पानसे जैसे कलाकारों से मार्गदर्शन प्राप्त किया। जितनी उदारता से इन्होंने ज्ञानार्जन किया, उतनी ही उदारता से उसका वितरण भी। इनके उल्लेखनीय शिष्यों में किरण देशपांडे, विजयकृष्ण, नंद कुमार, गौतम कोडाइकिल, लक्ष्मैया तथा हैदराबाद के नवाब ज़हीर यारजंग और हजरत शेख दाऊद के पुत्र शक्बीर निसार प्रमुख हैं। जीवन के सन्ध्या काल में 'हजरत' पक्षाघात से पीड़ित हो गए थे, और उसी से जूझते हुए 21 मार्च 1992 को लय में विलीन हो गए। इनके पुत्र एवं शिष्यों ने मिलकर हैदराबाद में

'उस्ताद शेख दाऊद एकेडमी ऑफ म्यूजिक' की स्थापना की है, ताकि उनके कार्य को सुनियोजित ढंग से आगे बढ़ाया जा सके।

उ. मुनीर खाँ के शिष्यों में पद्मभूषण उ. अहमद जान थिरकवा का नाम काफी आदर से लिया जाता है। थिरकवा खाँ साहब के शिष्यों में लालजी गोखले, पद्मभूषण स्व. निखिल घोष, स्व. पं. प्रेम बल्लभ, स्व. रामकुमार शर्मा, एम. बी. भिंडे, प्रो. सुधीर कुमार वर्मा, सूर्यकान्त गोखले, नारायण राव जोशी, डॉ. मोहनलाल जोशी, अहमद मियाँ और सरवत हुसैन आदि के नाम विशेष उल्लेखनीय हैं। डॉ. मोहनलाल जोशी ने 'ताल विज्ञान तबला' नामक 2 महत्त्वपूर्ण पुस्तकों की रचना की है। पं. स्व. प्रेम बल्लभ के शिष्य चंदन कुमार मजूमदार युवा ताबलिक हैं। स्व. अमीर हुसैन के पुत्र स्व. फकीर हुसैन खाँ भी सुयोग्य ताबलिक थे। इनके अन्य शिष्यों में अरविन्द मुलगाँवकर, पंढ़रीनाथ नागेशकर, गुलाम रसूल, निखिल घोष, शरीफ अहमद, धीना मुमताज, बाबा साहेब मिरजकर, इकबाल हुसैन, श्रीपद् नागेशकर, पांडुरंग सोलंकी, आनन्द बोड्स और डॉ. आबान ई. मिस्त्री के नाम महत्त्वपूर्ण हैं। पंढ़रीनाथ नागेशकर के शिष्य पं. सुरेश तलवलकर विश्वविख्यात ताबलिक हैं। पं. तलवलकर के कई शिष्य आज राष्ट्रीय-अन्तर्राष्ट्रीय मंचों पर सक्रिय हैं। इनमें से कुछ नाम इस प्रकार हैं—विजय घाटे, रामदास पड़सुले सुप्रीत देशपांडे, निजामुद्दीन जावेद और सत्यजित तलवलकर आदि। डॉ. आबान. ई. मिस्त्री ने तबला वादन की शिक्षा पं. केकी. एस. जिजिना और उ. अमीर हुसैन खाँ से प्राप्त की है। इनके शोध ग्रन्थ पखावज और तबला के घराने एवं परम्पराएँ पर अखिल भारतीय गांधर्व महाविद्यालय मंडल ने इन्हें संगीताचार्य की उपाधि से विभूषित किया है। कई देशों की संगीत यात्रा कर चुकीं आबानजी को साहित्य रत्न, तालमणि चर्मवाद्य तबला भूषण, संगीत सेतु और संगीत कला रत्न जैसी सम्मानित उपाधियों से विभूषित किया जा चुका है। महिला तबला वादिकाओं में डॉ. योगमाया शुक्ला का नाम भी काफी सम्मान से लिया जाता है, जिन्होंने फर्रुखाबाद घराने के उस्ताद मुन्ने खाँ से तबला वादन की शिक्षा प्राप्त की है। इनका शोध ग्रन्थ तबले का उद्गम विकास और वादन शैलियाँ तबले के विद्यार्थियों के लिए मील का पत्थर है।

फर्रुखाबाद घराने के विकास में उ. वख्शू खाँ के छोटे पुत्र और हाजी साहब की पत्नी के भाई उ. सलारी खाँ की महत्त्वपूर्ण भूमिका रही है। यही कारण है कि सलारी खाँ को लोग लखनऊ नहीं, फर्रुखाबाद घराने से जोड़ते हैं। हाजी साहब की ही तरह सलारी खाँ की गतों को भी फर्रुखाबाद घराने में काफी महत्त्व दिया जाता है। सलारी खाँ की जवाबी गतें काफी मशहूर हैं। इन्होंने हाजी साहब की कई गतों के जोड़े भी बनाए। इस घराने के कलाकारों के मतानुसार सलारी मियाँ ने एक नए प्रकार का पेशकार भी तैयार किया जो दिल्ली के पेशकार से भिन्न है।

सलारी मियाँ की शिष्य परम्परा में मुस्तफा हुसैन, गुलाब हुसैन तथा हबीबुल्ला

खाँ के नाम प्रमुख हैं, जबकि प्रशिष्य परम्परा में बाबू खाँ उर्फ हैदर हुसैन, गुलाम मोहम्मद, फैयाज खाँ (मुरादाबाद वाले), बसुवा खाँ, चुन्नीलाल बंदोपाध्याय, सरदार खाँ, मेंहदी हसन और अनवार हुसैन के नाम उल्लेखनीय हैं। मेंहदी हसन के पुत्र अख्तर हसन आकाशवाणी के दिल्ली केन्द्र में विभागीय तबला वादक के रूप में कार्यरत हैं। अख्तर के किशोरवयी पुत्र जाकिर भी अच्छा तबला बजा रहे हैं।

इस घराने से सम्बद्ध अन्य उल्लेखनीय नामों में चूड़ियाँ वाले इमाम बख्श, कादिर बख्श, मेहबूब खाँ मिरजकर, जहाँगीर खाँ, करमइत्तल खाँ, इलाही बख्श और छुन्नू खाँ जैसे विख्यात कलाकारों के नाम शुमार हैं। राशिद मुस्तफा-उस्ताद अहमदजान थिरकवा के वंशज हैं, और अच्छा तबला बजा रहे हैं। पं. शंकर घोष के शिष्य सरित दास और पं. ज्ञानप्रकाश घोष तथा अभिजीत बनर्जी के शिष्य अशोक चक्रवर्ती भी इसी परम्परा से जुड़े हैं।

फर्रुखाबाद घराने की यह बहुत बड़ी विशेषता है कि इसमें दिल्ली के किनार और लखनऊ के लव का सूझबूझ युक्त मणिकांचन प्रयोग होता है। इसलिए पूरब अर्थात् लखनऊ और पश्चिम अर्थात् दिल्ली के बीच जो एक बहुत बड़ी खाई थी, उसे पाटने के दिशा में पूरब अंग के ही इस फर्रुखाबाद घराने के प्रणेता हाजी साहब और उनके अनुयायियों ने यह महत्त्वपूर्ण कदम उठाया। इस बाज में दिल्ली की मिठास और लखनऊ की गम्भीरता दोनों पाई जाती है। इसलिए फर्रुखाबाद की वादन शैली को न तो दिल्ली की तरह बंद बाज कहा गया और न तो लखनऊ की तरह नचकरन बाज। अतः फर्रुखाबाद घराने के कलाकार दोनों ही मोर्चों पर सफल रहे। यह अलग बात है कि इस घराने के कलाकारों ने नृत्य के साथ बहुत अधिक नहीं बजाया। लेकिन, वर्तमान पीढ़ी के कलाकार इस दिशा में भी तेजी से सक्रिय हैं। फर्रुखाबाद बाज में रेलों का विस्तार रौ के रूप में हुआ है। धिरकिट, तिरकिट, दिगनग दिनतक, दींग, दींगड़, क्ड़ान, ध्ड़ान, त्रक जैसे वर्णों का प्रयोग इस परम्परा के कलाकार खुल कर करते हैं। और इन्हीं वर्णों का प्रयोग इस घराने का मौलिक आधार और मौलिक विशेषता है।

फर्रुखाबाद घराने की कुछ विशिष्ट रचनाएँ

हाजी साहब की गतें–(1) (तीनताल में)

(1)

धागेऽत किटधागे तिरकिट घिनातेटे

धागेऽतकिटधागे तिरकिटघिनातेटे धगीनधातिरकिटघेटे धागेतिरकिटतंनकिन

दींऽदींऽकिड़ नाऽनाऽकिड़ धिन्नाकिट गद्दीकिट

तिरकिटतकतकिट धगेतूतिरकिटतक तकिटधगेतू तिरकिटतकतकिट

इसी गत का जोड़ा (2)

(2)

धाऽऽधगेन धाऽधेऽनऽ ऽऽऽधगेन धाऽधेऽनऽ ऽऽऽधगेन धाऽधेऽनऽ धाऽऽधगिन धाऽधेऽनऽ
किटितकतीं नाऽकिटितक नानाऽनाकिटितक तिरकिटतकताकिटितक
तिरकिटतकतातिरकिट धगेनतिरकिटतकतातिरकिटधगेन तिरकिटतकतातिरकिट

(सौजन्य—पं. मुकुन्द भाले)

गत तोड़ा, उ. अमीर हुसैन खाँ की रचना, 48 मात्राएँ

(3)

धाऽ त्रक धिन गिन धादिं ऽदिं नाति ऽट तकिट धीकिट केत्रक धीकिट कतग
दिगन धाऽदीं ऽताऽ | नगनन गननग तिरकिट तागेतिर किटधीं तराऽन
कडतिटतिट केत्रकधीकिट कतगदिगन धाऽऽकेत्रक धीकिटकतग दीगनधाऽऽ
केत्रकधीकिट कतगदिगन धाऽऽ कऽतिटतिट | केत्रकधीकिट कतगदिगन
धाऽऽकेत्रक धीकिटकतग दीगनधाऽऽ केत्रकधीकिट कतगदिगन धाऽऽ
कऽतिटतिट केत्रकधीकिट कतगदिगन धाऽऽकेत्रक धीकिटकतग दिगनधाऽऽ
केत्रकधीकिट कतगदिगन | धा

(सौजन्य—श्री गिरीशचन्द्र श्रीवास्तव)

गत, उ. मुनीर खाँ साहब की रचना, तीनताल

(4)

धींधेड़नग तेक्ड़ान धात्रकधीकिट कतगदिगन धात्रक धीकिट कतग दिगन |
नगनगनग तकतकतक धात्रकधीकिट कतगगिदन घिंनड़ान त्तघेड़ान
धात्रकधीकिट कतगदिगन।

(सौजन्य—पं. नयन घोष)

कायदा, **तीनताल**

(5)

धागेतिर किटतक तकतक धिनगिन धागेतिर किटधिन नानागिन तिनधिन।
ताकेतिर किटतक तकतक धिनगिन धागेतिर किटधिन नानागिन धिनगिन

(सौजन्य—डॉ. मोहनलाल जोशी)

अजराड़ा घराना

संगीत-नृत्य की दुनिया में किसी भी घराने को पूर्ण मान्यता मिलने के लिए यह जरूरी होता है कि उस परम्परा में उस विधा का लगातार तीन पीढ़ियों तक विकास होता रहे। इस दृष्टि से तबले का दिल्ली घराना अपनी स्थापना के लगभग 70 वर्षों बाद पूरी तरह प्रतिष्ठित हुआ। इस घराने के प्रवर्त्तक सुधार खाँ के तीनों पुत्रों घसीट खाँ, बुगरा खाँ और एक अन्य (नाम अज्ञात) ने इस परम्परा को आगे बढ़ाया। बुगरा खाँ के दोनों पुत्रों सिताब खाँ और गुलाब खाँ ने अपने पुत्रों और शिष्यों द्वारा इस परम्परा को विकसित करने में महत्त्वपूर्ण भूमिका निभायी।

दिल्ली के पास ही उत्तर प्रदेश में एक स्थान है मेरठ। मेरठ जनपद के अजराड़ा नामक ग्राम से कल्लू खाँ और मीरू खाँ नामक दो भाइयों ने दिल्ली जाकर सुधार खाँ के पौत्र और बुगरा खाँ के पुत्र सिताब खाँ से तबला की उच्च स्तरीय शिक्षा प्राप्त की। चूँकि दिल्ली बाज ढोलक, ताशा और नक्कारा जैसे वाद्यों की प्रेरणा से बना था, अतः उसमें बाएँ (डग्गे) की कोई खास भूमिका नहीं थी। चटक, टनक और तैयारी ने शुरू में तो लोगों को खूब आकर्षित किया, पर 60-70 वर्ष बीत जाने के बाद लोगों ने एकरसता महसूस की। यहीं कल्लू और मीरू खाँ के मन-मस्तिष्क में यह प्रश्न कौंधा कि जब तबले के साथ बायाँ भी बजता है, तो फिर उसकी कोई स्वतन्त्र भूमिका क्यों नहीं है? यह कभी दाएँ तबले को सहारा देता है, तो कभी उसमें भराव पैदा करता है। लेकिन, क्या इतनी ही है इसकी सीमा? क्या बाएँ का अपना कोई अस्तित्व, कोई महत्त्व नहीं? और, इस सवाल में ही छिपा हुआ था उसका जवाब भी। बाएँ को विकसित करने में दोनों भाई प्राण-प्रण से जुट गए। इसी कारण पूरा तबला दिल्ली का होते हुए भी तबला के आकाश में अजराड़ा एक अलग बाज ...वादन शैली के रूप में चमका...घराने के रूप में प्रतिष्ठित हुआ।

उस्ताद कल्लू और मीरू खाँ ने बाँया को स्थापित करने के लिए दिल्ली बाज के विपरीत अनेक ऐसे बोलों की रचना की, जिसमें बाँया की प्रधान भूमिका हो, और तबला उसका सहयोगी हो। दिल्ली बाज के धातेटे या धेतेटे जैसे बोलों की जगह अजराड़ा के कलाकार घेतक शब्द का बड़ा ही आकर्षक प्रयोग करते हैं। बाँया को और अधिक उभारने के लिए मींड़ युक्त बाँया का प्रयोग भी यहाँ होता है। साथ ही शेष घरानों में जहाँ 'ग' का प्रयोग होता है, वहीं अजराड़ा ने 'घ' के प्रयोग पर बल दिया। यद्यपि दोनों का वादन सामान्यतः एक तरह से ही होता है। ग पर सामान्य से अधिक बल देकर घ का वादन किया जाता है। इन सबका नतीजा यह हुआ कि अजराड़ा के तबले में जहाँ शेष घरानों (बनारस और पंजाब छोड़कर) की अपेक्षा अधिक गम्भीरता आयी, वहीं अत्यधिक कठिन भी हो गया यह। फलतः इसके कलाकार जहाँ गायन और तन्त्र तथा सुषिर वाद्यों की संगति में विशेष निपुण सिद्ध हुए, वहीं

कत्थक नृत्य की संगति में प्रायः असफल भी साबित हुए। इसी कारण इस घराने के सर्वाधिक ख्याति प्राप्त कलाकार उ. हबीबुद्दीन खाँ को अपना वादन अधिक क्षमतावान बनाने हेतु फर्रुखाबाद घराने के मुनीर खाँ और लखनऊ घराने के अली रजा खाँ से तालीम लेनी पड़ी थी।

अजराड़ा घराने की नींव सन् 1780 के आसपास कल्लू और मीरू खाँ द्वारा पड़ी। इस परम्परा के श्रेष्ठ कलाकारों में क्रमशः मोहम्मदी बख्श, चाँद खाँ और काले खाँ के नाम मिलते हैं। काले खाँ के दो पुत्रों कुतुब बख्श और तुल्लन खाँ तथा शिष्य घीसा खाँ ने इस बाज का काफी प्रचार-प्रसार किया। हस्सू खाँ ने अपने दो पुत्रों बंबू खाँ और शम्मू खाँ तथा भान्जे नन्हें खाँ (कुड़ीवाले) को इस कला की उच्चस्तरीय शिक्षा दी। बंबू खाँ की परम्परा में अजीजुद्दीन खाँ और इनकी परम्परा में इनके पुत्र रमज़ान खाँ (जन्म 1941) तथा शिष्य आशिक हुसैन और शमशाद हुसैन अच्छे कलाकार हुए। कई देशों की सांगीतिक यात्रा कर चुके रमज़ान खाँ का निधन बीसवीं शताब्दी के नवें दशक के आरम्भ में हुआ। इनके शिष्यों में इनके दो पुत्रों गुलाम साबिर और मोहम्मद कामिल सहित शकील अहमद, नौशाद अहमद एवं एस.आर. चिश्ती प्रमुख हैं।

उस्ताद शम्मू खाँ (जन्म 1876-मृत्यु 1935) के यशस्वी पुत्र और शिष्य उस्ताद हबीबुद्दीन खाँ (जन्म-मार्च 1899) इस घराने के श्रेष्ठतम कलाकार हुए। इन्होंने अपने पिता के अलावा दिल्ली घराने के उस्ताद नत्थू खाँ, फर्रुखाबाद घराने के उस्ताद मुनीर खाँ एवं लखनऊ घराने क़े उस्ताद अली रजा से भी तबले की तालीम प्राप्त की थी। वस्तुतः हबीबुद्दीन खाँ ने शुरू में ही अजराड़ा की सीमाओं को पहचान लिया था, और यह अच्छी तरह समझ लिया था उन्होंने कि अजराड़ा की सीमाओं में कैद रहकर तबले में पूर्ण व्यावसायिक सफलता नहीं प्राप्त की जा सकती है। इसलिए अन्य घरानों की विशेषताओं का अपने वादन में समावेश कर हबीबुद्दीन खाँ ने अपने वादन का चतुर्मुखी विकास किया। यह अकारण नहीं है कि अजराड़ा की बात चलने पर पहला नाम हबीबुद्दीन खाँ का ही लिया जाता है। लखनऊ संगीत सम्मेलन में इन्हें संगति सम्राट की उपाधि से विभूषित किया गया, और सन् 1970-71 में केन्द्रीय संगीत नाटक अकादमी (दिल्ली) ने इन्हें अकादमी सम्मान से सम्मानित किया। राष्ट्रपति का स्वर्ण पदक भी इन्हें मिला था। किन्तु दुर्भाग्य से हबीबुद्दीन खाँ अधिक समय तक वादन नहीं कर पाए। ये व्यसनों के शिकार हो गए। लगभग दो दशक बाद इनकी उँगलियाँ शिथिल पड़ने लगीं, और अन्ततः ये लकवा ग्रस्त हो गए। इनके जीवन का अन्तिम समय अत्यन्त कष्टमय बीता। 20 जुलाई, 1972 को मेरठ में इनके निधन के साथ ही अजराड़ा घराने का एक प्रकार से पटाक्षेप हो गया, बावजूद इसके कि इनके पुत्र मंजू खाँ और शिष्य हजारीलाल कत्थक, सुधीर सक्सेना, अमीर मोहम्मद खाँ, मनमोहन सिंह, राम धुर्वे, रामप्रवेश सिंह और यशवंत केलकर आदि इसी घराने का वादन कर रहे हैं।

सुधीर कुमार सक्सेना (जन्म 1924) बड़ौदा विश्वविद्यालय (गुजरात) से सम्बद्ध

महाविद्यालय में तबला विभाग के प्राध्यापक, अध्यक्ष रहे। भारतीय सांस्कृतिक सम्बन्ध परिषद् की ओर से इन्होंने रूस की सांगीतिक यात्रा की थी। मंजू खाँ अच्छे वादक हैं, किन्तु दुर्भाग्य से उन्हें अच्छे अवसर नहीं मिल पा रहे हैं। इन दिनों वह दिल्ली में ही संघर्ष कर रहे हैं।

काले खाँ के शिष्य घीसा खाँ की परम्परा में जीम्मु खाँ और जीम्मु खाँ की परम्परा में शाफिया खाँ, निजामुद्दीन खाँ और जमीर अहमद अच्छे कलाकार हुए। निजामुद्दीन खाँ उस्ताद अजीम बख्श खाँ जायरेवाले के पुत्र एवं शिष्य हैं। इनके कई शिष्य और पुत्र कमालुद्दीन भी अच्छा तबला बजा रहे हैं। जमीर अहमद की परम्परा में हसमत खाँ और हमदी खाँ योग्य तबला वादक हैं। हसमत खाँ ने अपने पिता मोहम्मद शफी खाँ से तालीम हासिल की। इनके पुत्र मोहम्मद अकरम खाँ युवा तबला वादकों में अपना विशेष स्थान रखते हैं। अकरम ने अपने पिता और पितामह के साथ-साथ उस्ताद नियाजू खाँ से भी सीखा है। अकरम देश-विदेश के अनेक प्रतिष्ठित मंचों पर प्रतिष्ठित कलाकारों की संगति कर चुके हैं।

यह तो उन कलाकारों की बात हुई, जिन्होंने व्यावसायिक रूप से इस वाद्य और बाज को अपनाया, किन्तु किसी भी कला के विकास में उन लोगों की भूमिका भी कम महत्त्वपूर्ण नहीं होती, जो कला को स्वांतः सुखाय अपनाकर भी उसका पूरा प्रचार-प्रसार तो करते हैं, किन्तु व्यावसायिक स्तर पर उससे नहीं जुड़ते। बिहार के सेवानिवृत्त वरिष्ठ प्रशासनिक अधिकारी पं. अर्जुन पाण्डेय इसी तरह के कलाकार हैं। श्री पांडेय ने अजराड़ा के तबले का बिहार में खूब प्रचार-प्रसार किया है। उनके योग्य सुपुत्र सुधीर पाण्डेय की गणना इस समय विशेष कलाकारों में होती है। आकाशवाणी एवं दूरदर्शन के राष्ट्रीय प्रसारणों सहित अनेक कैसेट्स एवं कांपैक्ट डिस्क के लिए भी इन्होंने प्रतिष्ठित कलाकारों की संगति की है। अनेक देशों की सांगीतिक यात्रा कर चुके सुधीर को कई उपाधियाँ भी प्राप्त हो चुकी हैं।

इस घराने और बाज के युवा प्रतिनिधियों में मंजू खाँ सहित सुधीर पाण्डेय, शकील अहमद, नौशाद अहमद, अकरम खाँ और जफर मोहम्मद आदि ने इस बात का आश्वासन अनेक बार प्रतिष्ठित मंचों से दिया है कि अजराड़े की अस्मिता सिद्ध करके रहेंगे ये और अब अजराड़ा बाज को प्रतीक्षा है एक और हबीबुद्दीन खाँ का।

अजराड़ा बाज

जैसा कि सुस्पष्ट है कि अजराड़ा में तबला दिल्ली से ही आया, अतः दिल्ली घराने की मूल विशेषताएँ तो अजराड़ा के तबले में भी ज्यों-की-त्यों रहीं, लेकिन एक नयी वादन शैली को विकसित करने हेतु प्रयत्नशील इस घराने के प्रवर्त्तकों उस्ताद कल्लू खाँ और उ. मीरू खाँ ने अपनी सृजनात्मक शक्ति का परिचय देते हुए इस वादन शैली को एक नयी दिशा देने का अनथक प्रयास किया। दिल्ली के कायदों

में जहाँ बराबर लय के बोलों का प्रयोग होता है, वहीं अजराड़ा के कायदों में आड़ी लय को प्रधानता मिली। दांये तबंले के समान ही बाँये के बोलों की प्रधानता, बाँयें का गमक युक्त सुन्दर प्रयोग और दाहिने तथा बाँये के लड़गुथाव ने इस वादन शैली को एक नयी रंगत दी। अजराड़ा घराने के गुण-दोषों पर विचार करने पर यह स्पष्ट होता है कि बाँयें के बोलों की सघनता के कारण अजराड़ा ने तबले के आकाश में जहाँ नया रंग-रूप धारण किया, वहीं यह अत्यधिक कठिन हो गया। और यही कारण है कि आज अजराड़ा घराने के अनेक युवा और प्रतिभा सम्पन्न कलाकार गायन, वादन एवं नर्त्तन विधाओं की सफल संगति करते हुए एकल वादन के क्षेत्र में भी ख्याति अर्जित कर रहे हैं।

अजराड़ा घराने की कुछ रचनाएँ

कायदा तीनताल

(1)

घिनाऽधगिन धात्रकधगिन धात्रकधगिन घेनतीनाकिड़नक

तिरकिटतकतातिरकिट घिनाऽधगिन धात्रकधगिन घेनतेनकिन |

तिनाऽतकिन तात्रकतकिन तात्रकतकिन केनतिनाकिड़नक

तिरकिटतकतातिरकिट घिनाऽधगिन धात्रकधगिन घेनतेनकिन |

(2)

धिंघड़ान धागेतिरकिट धागेतिटधागे त्रकधिनकिन,

त्तेध्ड़ान धागेतिरकिट धागेतिटधागे त्रकतिनाकिन |

त्तिंक्ड़ान ताकेतिरकिट ताकेतिटताके त्रकतिनकिन,

त्तेध्ड़ान धागेतिरकिट धागेतिटधागे त्रकधिनागिन |

(3)

धाघिड़ नगधिन घिड़नग तिरकिट

धिनगिन धागेतिट धागेतिरकिट धिनगिन |

तकूधिन गिनधागे तिरकिटधिन गिनतक

धिनगिन धागेतिट धागेतिरकिट धिनगिन |

ताकिड़ नकतिन किड़नक तिरकिट,

तिनकिन ताकेतिट ताकेतिरकिट तिनकिन|
तकधिन गिनधागे तिरकिटधिन गिनतक
धिनगिन धागेतिट धागेतिरकिट धेनगिन|

(उस्ताद नियाजू खाँ की रचना) सौजन्य—श्री अकरम खाँ

(4)

तकधीं ऽधागे तिरकिट धागेतिट धिनगिन धागेतिट धागेतिरकिट धिनगिन|
ताकेतिर किट ताके तेनतेन किनधागे नधातिरकिट धागेतिट धागेतिरकिट धिनगिन|
तकतींऽ ऽताके तिरकिट ताकेतिट तिनकिन ताकेतिट ताकेतिरकिट तिनकिन|
ताकेतिर किटताके तेनतेन किनधागे नधातिरकिट धागेतिट धागेतिरकिट धिनगिन|

बनारस घराना और बाज

भारत की सांस्कृतिक राजधानी बनारस शुरू से ही संगीत और संस्कृति का प्रधान केन्द्र रहा है। इसीलिए संगीत की समस्त विधाएँ यहाँ पल्लवित और पुष्पित होती रही हैं। यद्यपि यहाँ के तबले का इतिहास सन् 1797 में जन्में पं. रामसहाय मिश्र के काल से ही आरम्भ होता है, किन्तु तबला वादन की परम्परा यहाँ काफी पहले से रही है। भले ही उस परम्परा को बहुत महत्त्व नहीं मिला। तबले का इतिहास इसका प्रमाण है कि पं. रामसहाय बचपन से ही अपने पिता पं. प्रकाश मिश्र और चाचा से तबला वादन की शिक्षा प्राप्त करते रहे, और उ. मोदू खाँ से सीखने के पूर्व बाल्यावस्था में ही वह अपने मधुर तबला वादन से लोगों को आकृष्ट करने लगे थे। सांगीतिक इतिहास में इसका भी स्पष्ट उल्लेख है कि किशोरवयी रामसहाय का आकर्षक तबला वादन सुनकर ही उ. मोदू खाँ ने उन्हें शिक्षा देने की इच्छा स्वयं प्रकट की थी, क्योंकि तब तक उनके युवा पुत्र का निधन हो चुका था, और वह स्वयं समस्त विद्वता के बावजूद तबले में तैयारी न होने के कारण अपने मुस्लिम संगीत समाज में 'परकटे कबूतर' के नाम से उपहास के पात्र बने हुए थे। अतः उन्होंने किसी मुसलमान को तबला वादन की शिक्षा न देने की प्रतिज्ञा की थी। यही कारण है कि उ. मोदू खाँ के शिष्यों में किसी अन्य कलाकार का नाम नहीं मिलता। इसलिए कुछ लोगों का यह आरोप सर्वथा गलत है कि चूँकि रामसहाय ने मोदू खाँ से सीखा था, अतः बनारस कोई पृथक घराना नहीं हुआ। क्योंकि यहाँ लखनऊ का ही तबला बजता है।

बालक रामसहाय ने सन् 1807 में 10 वर्ष की उम्र से मोदू खाँ से तबला

सीखना आरम्भ किया, और यह क्रम अनवरत 12 वर्षों तक चला, बीच में किसी आवश्यक कार्यवश जब उ. मोदू खाँ 6 महीने के लिए लखनऊ से बाहर चले गए थे, तब उनकी पत्नी—जो पंजाब घराने के तबले से जुड़ी थीं—ने उन्हें 500 पंजाबी गतें सिखायी थीं। सन् 1814 में लखनऊ के नवाब सआदत अली खाँ का निधन होने पर अवध की गद्दी पर नवाब गाजीउद्दीन हैदर आसीन हुए। 5 वर्षों बाद गाजीउद्दीन हैदर की ताजपोशी की खुशी में 1819 में एक विशाल संगीत समारोह का आयोजन किया गया, जिसका शुभारम्भ उ. मोदू खाँ के अनुरोध पर रामसहाय के स्वतन्त्र तबला वादन से हुआ। और रामसहाय का चमत्कारी तबला वादन इतना प्रभावी रहा कि 7 दिनों के इस भव्य समारोह में सिर्फ उनका ही तबला वादन हुआ। वादन के पश्चात् सभी घराने के कलाकारों ने स्वीकार किया कि प. रामसहाय सर्वश्रेष्ठ और अद्वितीय ताबलिक हैं। अतः कलाकारों ने उनकी भुजा पूजी और अपने-अपने घरानें की दुर्लभ बन्दिशें भेंट की।

पं. रामसहाय सम्भवतः लखनऊ घराने के ही अनुयायी बनकर रह जाते, किन्तु नियति को कुछ और ही मंजूर था, और परिस्थितियों के आगे नतमस्तक पं. रामसहाय मिश्र को बनारस आकर बनारस घराने की नींव डालने के लिए विवश होना पड़ा। दरअसल हुआ यह कि अपनी बिरादरी के दबाव में आकर उ. मोदू खाँ ने पं. रामसहाय से गुरु दक्षिणा में यह वचन माँग लिया कि आज के बाद वह न तो लखनऊ घराने का तबला कहीं बजाएँगे और न तो किसी को सिखाएँगे। वचनबद्ध रामसहाय जब लखनऊ से बनारस पहुँचे तो उनका तबला वादन सुनने और उनसे सीखने के लिए लोगों की भीड़ उमड़ पड़ी। लेकिन, पं. रामसहाय उन्हें टालते रहे। आखिर यह सूचना धीरे-धीरे लखनऊ से बनारस तक पहुँच ही गयी कि पं. रामसहाय अपने उस्ताद को गुरु दक्षिणा में दिए वचन से बँधे हुए हैं। और, तब रामसहाय को एक अलग घराने के निर्माण का निर्णय लेना पड़ा। आखिर, मोदू खाँ से सीखने के पूर्व भी तो वह तबला बजाते थे। फिर, दूसरे घरानों के प्रतिष्ठित उस्तादों द्वारा भेंट की गयी अनेक अनुपम बंदिशें भी तो उनके पास हैं! और, सबसे बड़ी बात उनकी सृजनात्मक प्रतिभा थी। अतः पं. रामसहाय ने एक नवीन वादन शैली का सृजन करते हुए बनारस घराने की नींव डाली।

पं. रामसहाय के अद्भुत तबला वादन से प्रभावित, सम्मोहित एवं चमत्कृत यूं तो लगभग पूरा बनारस ही उनसे सीखने को इच्छुक था। किन्तु उन्होंने काफी सोच-समझकर 5 लोगों को अपना शिष्य बनाया। पंज प्यारे और पाँच प्यादों के नाम से विख्यात इन 5 कालजयी शिष्यों के नाम इस प्रकार हैं—मस्तराम पं. रामशरण जी मिश्र, पं. प्रताप महाराज, पं. बैजूजी, पं. भगत जी और पं. यदुनन्दन जी। इन पाँच शिष्यों के अलावा उन्होंने अपने अनुज पं. जानकी सहाय का नृत्य छुड़ाकर उन्हें भी तबला वादन की उच्चस्तरीय शिक्षा दी। उन्होंने अपने अन्तिम दिनों में अपने

अनुज पं. गौरी सहाय के पुत्र पं. भैरव सहाय को अपना अन्तिम शिष्य बनाया। पं. रामसहाय का निधन 46 वर्ष की अल्पायु में 1843 में हुआ।

पं. परतप्पू मिश्र उर्फ प्रताप महाराज अत्यन्त प्रतापी कलाकार हुए। इन्होंने मिर्जापुर स्थित काली खोह के मन्दिर में संगीत साधना करके माँ काली को प्रसन्न किया और उनसे सिद्ध हस्त ताबलिक बनने का वरदान माँगा। प्रताप महाराज के विषय में जनश्रुति है कि संगीत समारोहों में इनका कार्यक्रम बिलकुल अन्त में रखा जाता था। क्योंकि, इनके बाद किसी का भी कार्यक्रम प्रभाव नहीं छोड़ पाता था। इन्हें नेपाल नरेश का राज्याश्रय प्राप्त था। परतप्पूजी के पुत्र पं. जगन्नाथ मिश्र भी सुयोग्य ताबलिक थे, जिनके दो पुत्र हुए शिवसुन्दर मिश्र और हरिसुन्दर मिश्र। हरिसुन्दर मिश्र अपने उपनाम बाचा मिश्र के नाम से विख्यात हुए। बाचा मिश्र के पुत्र पं. सामता प्रसाद उर्फ गुदई महाराज अपने प्रपितामह की तरह ही तेजस्वी ताबलिक हुए। पं. सामता प्रसाद (19 जुलाई, 1920-31 मई, 1994) जिस समय 6 वर्ष के थे, तभी 1926 में इनके पिता की मृत्यु हो गयी थी। अतः अपनी शेष शिक्षा इन्होंने अपने मौसेरे भाई, तबला के प्रकाण्ड विद्वान पं. विक्रमादित्य मिश्र उर्फ खलीफा बिक्कू महाराज जी से प्राप्त की। इनके दो पुत्र कुमार लाल मिश्र और कैलाशनाथ मिश्र सहित इनके कई शिष्य भी इनकी परम्परा का विकास कर रहे हैं, जिनमें कुछ प्रमुख नाम इस प्रकार हैं—जे. मेसी., स्व. सत्यनारायण वशिष्ठ, डॉ. ए. के. भट्टाचार्या, सुखमय बनर्जी, बाबूलाल आदि। महाराज जी के अन्य पुत्रगण शिवशंकर मिश्र, रविशंकर मिश्र एवं गौरीशंकर मिश्र भी संगीत से जुड़े हैं।

पं. बैजू जी की शिष्य परम्परा में उनके दोनों पुत्रों सूरज प्रसाद और शिव प्रसाद एवं पौत्र हरिदास, गणेशदास तथा पं. ननकू महाराज विख्यात ताबलिक हुए। सन् 1921 में जन्में पं. ननकू महाराज नचकर्म बाज अर्थात् नृत्य के साथ संगति के लिए विशेष रूप से प्रसिद्ध हुए। पुरुषोत्तम प्रियदर्शी, बंगाल टाइगर, नाच का बादशाह और उत्तर प्रदेश संगीत नाटक अकादमी सम्मान से सम्मानित ननकू महाराज एक सड़क दुर्घटना में घायल हो जाने के कारण संगीत की पूर्णरूपेण सेवा नहीं कर पाए। इनका निधन 14 अक्टूबर, 1995 को हुआ। ननकू महाराज के दोनों पुत्रों पं. प्रकाश महाराज एवं विकास महाराज ने संगीत जगत् में अच्छा नाम कमाया। पिछले दिनों प्रकाश महाराज का भी असामयिक निधन हो गया। पं. यदुनन्दन जी की परम्परा आगे नहीं चल पाई।

पं. भगत जी तबले के कोषाध्यक्ष माने जाते थे। इनके प्रमुख शिष्यों में पं. भैरो प्रसाद, दीनू मिश्र, बूंदी मिश्र, श्याम मिश्र, राजा मियां तथा ढाका के अता हुसैन के नाम विशेष उल्लेखनीय हैं। पं. भैरो प्रसाद के शिष्यों में पं. मौलवी राम मिश्र, नाधिंधिंना के जादूगर पं. अनोखे लाल मिश्र और पं. महादेव मिश्र ने अच्छी ख्याति अर्जित की। पं. महादेव मिश्र एक सफल गायक भी थे। पं. अनोखे लाल मिश्र के

शिष्यों में उनके पुत्रों पं. रामजी मिश्र और काशीनाथ मिश्र सहित स्व. महापुरुष मिश्र, पं. ईश्वर लाल मिश्र और प्रो. छोटेलाल मिश्र ने विश्वव्यापी ख्याति अर्जित की। काशी हिन्दू विश्वविद्यालय के प्राध्यापक प्रो. छोटेलाल मिश्र सिद्ध हस्त ताबलिक होने के साथ-साथ एक अच्छे गुरु और लेखक के रूप में भी विख्यात हैं। इनकी पुस्तक ताल प्रसून तबलार्थियों के लिए काफी उपयोगी सिद्ध हो रही है। इनके शिष्यों में पं. अनोखे लाल मिश्र के दौहित्र पं. रामकुमार मिश्र, श्री ऋषितोष कुमार और डॉ. प्रेमनारायण सिंह के नाम उल्लेखनीय हैं। डॉ. प्रेमनारायण सिंह ने स्व. पं. अनोखे लाल मिश्र के व्यक्तित्व एवं कृतित्व पर शोध-कार्य भी किया है जो पुस्तक रूप में प्रकाशित है। स्व. महादेव मिश्र के शिष्यों में पं. आनन्द गोपाल बन्दोपाध्याय, कुबेरनाथ मिश्र (पौत्र) एवं गणेश मिश्र (पुत्र) सुयोग्य ताबलिक हैं। भगत जी की परम्परा के अन्य कलाकारों में नागेश्वर मिश्र उर्फ पाँचू महाराज, रायबहादुर केशवचन्द्र बनर्जी, हिरेन्द्र किशोर राय चौधरी, रामकृष्ण चौधरी, विपिनराय, काशीनाथ मिश्र एवं शिवशंकर मिश्र आदि के नाम उल्लेखनीय हैं। बूंदी मिश्र के पुत्र दामोदर मिश्र एवं पौत्र श्याम मिश्र भी इसी परम्परा से सम्बद्ध हैं। वर्तमान समय में पं. मदन गोपाल मिश्र इस परम्परा का सफल प्रतिनिधित्व कर रहे हैं।

पं. जानकी सहाय के शिष्यों में पं. विश्वनाथ मिश्र और पं. गोकुल मिश्र ने विशेष ख्याति अर्जित की। विलक्षण प्रतिभा के धनी पं. गोकुल मिश्र ने अपने तबला वादन पर फिदा एक मुस्लिम गायिका के प्रेमवश मुस्लिम धर्म स्वीकार कर अपना नाम गोकुल मियां रख लिया। इनके दोनों पुत्र यूसुफ और सनीउल्लाह भी योग्य ताबलिक हुए। सन्नीउल्लाह मियां के शिष्यों में वासुदेव प्रसाद (1905-1956) ने काफी नाम कमाया। इन्होंने बाद में बीरू जी से भी सीखा। बीरू मिश्र के नाम से सुख्यात बीरू जी (1896-1934) वस्तुतः किन्नर परिवार में सम्बद्ध थे। इनके पिता का नाम भगवान प्रसाद था। बीरू जी ने विश्वनाथ जी से तबला वादन की शिक्षा प्राप्त की थी। गुणग्राही बीरू जी ने लखनऊ घराने के खलीफा उस्ताद आबिद हुसैन की एक गत से प्रभावित होकर उस गत को सीखने के लिए उनकी शिष्यता स्वीकार ली थी। संगति रत्न की उपाधि से सम्मानित बीरू जी का अधिकांश समय नेपाल में राजकीय संगीतज्ञ के रूप में व्यतीत हुआ। इनके शिष्य वासुदेव प्रसाद के दो शिष्यों—श्री लक्ष्मीनारायण सिंह उर्फ लच्छू महाराज तथा डॉ. (स्व.) केदारनाथ भौमिक ने भी अच्छी ख्याति अर्जित की।

पं. रामसहाय के अन्तिम शिष्य उनके भतीजे पं. भैरव सहाय धुरंधर ताबलिक हुए, तेजस्वी प्रकृति के पं. भैरव सहाय की संगति बेजोड़ होती थी। इनके पुत्र पं. बलदेव सहाय भी तब्ला जगत् के महान् आचार्य हुए। पं. बलदेव सहाय की शिष्य परम्परा में पं. विक्रमादित्य मिश्र उर्फ बिक्कू महाराज, पं. कंठे महाराज, पं. हरिसुन्दर मिश्र उर्फ बाचा मिश्र, बेनी माधव जी व रामजी गंधर्व काफी विख्यात हुए। पं. बलदेव

सहाय के 4 पुत्र हुए—दुर्गा सहाय, देवी सहाय, लक्ष्मी सहाय व भगवती सहाय। ये चारो ही अच्छे ताबलिक थे, किन्तु इस परम्परा को सफलतापूर्वक आगे बढ़ाया नन्हू जी के नाम से प्रसिद्ध पं. दुर्गा सहाय ने। दुर्गा सहाय बाद में चेचक के प्रकोप से नेत्र ज्योति खो बैठने के कारण सूरदास नन्हू जी के नाम से जाने गए। सूरदास नन्हू जी निःसन्तान थे। इनके दो शिष्यों स्व. श्यामलाल मिश्र उर्फ छम्मा महाराज एवं कृष्णकुमार गांगुली उर्फ नाटू बाबू प्रसिद्ध कलाकार हुए। छम्मा महाराज के शिष्यों में स्व. प्रो. लालजी श्रीवास्तव और पं. जगदीश मोहन गुणि ताबलिक हुए। इस परम्परा को पं. भगवती सहाय के 4 पुत्रों मंगला सहाय, विद्या सहाय, रामशंकर सहाय एवं पं. शारदा सहाय ने आगे बढ़ाया, जिसमें शारदा सहाय की भूमिका सर्वाधिक महत्त्वपूर्ण रही।

सन् 1935 में बनारस में जन्में पं. शारदा सहाय ने तबले की प्रारम्भिक शिक्षा अपने पिता पं. भगवती सहाय से प्राप्त की। सन् 1946 में पिता के निधन के बाद इन्होंने पं. कंठे महाराज की शिष्यता स्वीकारी। शारदा सहाय ने 1970 में अपनी पहली विदेश यात्रा की, और तब से अब तक उनका अधिकांश समय विदेश में ही व्यतीत होता है। इन्हें 1987 में उत्तर प्रदेश संगीत नाटक अकादमी सम्मान प्राप्त हुआ। इनके अनेक शिष्यों में इनके भतीजे (स्व. रामशंकर सहाय के पुत्र) संजय सहाय लंदन में एवं (विद्या सहाय के पुत्र) दीपक सहाय भारत में इस कला का प्रचार-प्रसार कर रहे हैं। शारदा सहाय के एक अन्य शिष्य श्याम कुमार भी अच्छा तबला बजा रहे हैं।

पं. बलदेव सहाय के शिष्य पं. कंठे महाराज महान ताबलिक हुए। इनकी शिष्य परम्परा में इनके छोटे भाई पं. हरि महाराज के पुत्र किशन महाराज, आशुतोष भट्टाचार्या, कृष्णकुमार गांगुली (नाटू बाबू), विश्वनाथ बोस, बद्री महाराज, कपिलदेव सिंह, स्व. अर्जुन पाण्डेय, शारदा सहाय और शीतल प्रसाद मिश्र जैसे कई विख्यात ताबलिक हुए। पद्मविभूषण पं. किशन महाराज के पुत्र पूरण महाराज और शिष्य नन्दन मेहता, कुमार बोस (स्व. पं. विश्वनाथ बोस के सुपुत्र), सुखविंदर सिंह नामधारी, कालीनाथ मिश्र, संदीप दास एवं अजय आजाद जैसे कई कलाकार इस परम्परा का विकास कर रहे हैं। पं. आशुतोष भट्टाचार्य के शिष्य श्री गोविन्द चक्रवर्ती, तबला पारंगत स्व. बद्री महाराज के सुपुत्र श्री रविनाथ मिश्र एवं पं. शीतल प्रसाद मिश्र के सुपुत्र श्री भरत मिश्र इस परम्परा को आगे बढ़ाने में जोर-शोर से लगे हैं। लेकिन, यह सूची यहीं नहीं समाप्त होती। श्री कामेश्वर नाथ मिश्र, श्री मन्नूलाल मिश्र, श्री अम्बिका प्रसाद मिश्र, श्री नंद किशोर मिश्र, श्री प्रेमकुमार मिश्र, श्री किशोर, श्री मनोज मिश्र और श्री ऋषिराज जैसे कई अन्य ताबलिक भी इस परम्परा का प्रचार-प्रसार कर रहे हैं।

'मस्तराम' पं. रामशरण जी मिश्र की वंश एवं शिष्य परम्परा में इनके यशस्वी

पुत्र संगीत नायक पं. दरगाही जी मिश्र (जन्म-1840, निधन-1926) तबला, गायन एवं सितार के प्रकाण्ड विद्वान हुए। इनके प्रमुख शिष्यों में पं. सिया जी मिश्र, पं. रामदास मिश्र (बड़े), विद्याधरी देवी, जद्दन बाई और सिद्धेश्वरी देवी जैसे कलाकारों के नाम प्रमुख हैं। दरगाही मिश्र के तीनों पुत्र अपने-अपने क्षेत्र के महान् कलाकार हुए। पं. बिक्कू महाराज तबला के, पं सरयू प्रसाद गायन के और पं. गोवर्धन मिश्र उर्फ गौरी प्रसाद मिश्र सारंगी के विलक्षण कलाकार थे। खलीफा पं. बिक्कू महाराज के नाम से विख्यात पं. विक्रमादित्य मिश्र एकमात्र हिन्दू कलाकार थे जिन्हें तत्कालीन संगीत समाज ने खलीफा की उपाधि से विभूषित किया था, और वह भी मात्र 23 वर्ष की उम्र में। इनके शिष्यों में इनके पुत्र तबला शिरोमणि, संगति सम्राट स्व. पं. गामा महाराज सहित पद्मभूषण पं. सामता प्रसाद उर्फ गुदई महाराज, मृदंगाचार्य पं. भोलानाथ पाठक, पं. मन्नूजी पखावजाचार्य एवं जमीरा के राजा लल्लन बाबू उर्फ शत्रुंजय प्रसाद सिंह प्रमुख थे। पं. गामा महाराज (1905-16 जनवरी 1974) का वास्तविक नाम पं. रामायण प्रसाद मिश्र था, किन्तु तबला वादन में अद्वितीय स्थान रखने के कारण उन्हें गामा महाराज की उपाधि मिली थी। दुर्भाग्यवश कम उम्र में ही लकवा से पीड़ित हो जाने के कारण महाराज जी संगीत की अधिक सेवा नहीं कर पाए। इनके सुपुत्र प्रो. रंगनाथ मिश्र वर्तमान समय में इस परम्परा का प्रतिनिधित्व कर रहें हैं। इन्हें उत्तर प्रदेश संगीत नाटक अकादमी सम्मान एवं तबला सम्राट जैसी कई उपाधियाँ मिल चुकी हैं। इनके दोनों पुत्र श्री राजेन्द्र नाथ मिश्र एवं श्री शिवेन्द्र नाथ मिश्र संगीत को समर्पित हैं। पं. गामा महाराज के अन्य पुत्रों ने भी संगीत क्षेत्र में अच्छी ख्याति अर्जित की। प्रो. सुरेन्द्र मोहन मिश्र प्रतिष्ठित सितार वादक हैं। अजय शंकर मिश्र सितार के चर्चित हस्ताक्षर होने के साथ-साथ संगीत निर्देशन में भी रुचि रखते हैं। उदय शंकर मिश्र लोकप्रिय ताबलिक हैं तो अभय शंकर मिश्र अन्तर्राष्ट्रीय ख्याति के कथक नर्त्तक। प्रो. सुरेन्द्र मोहन मिश्र के दोनों पुत्र डॉ. वीरेन्द्र नाथ मिश्र और डॉ. शैलेन्द्र नाथ मिश्र भी संगीत के क्षेत्र में सक्रिय हैं। इन पंक्तियों के लेखक विजय शंकर मिश्र को पं. गामा महाराज का पुत्र और शिष्य होने का गौरव युक्त सौभाग्य प्राप्त है।

बनारस बाज

बनारस बाज का सृजन करते हुए इसके सर्जक **पं. रामसहाय ने** घोषणा की थी कि 'इस शैली का वादन करने वाला कलाकार गायन, तन्त्र एवं सुषिर वाद्य तथा नृत्य की कुशल संगति करने के साथ-साथ स्वतन्त्र तबला वादन में भी निपुण होगा'। पं. रामसहाय ने बनारस घराने और बाज से सम्बन्धित एक ग्रन्थ की भी रचना की थी। किन्तु दुर्भाग्यवश घर में आग लग जाने के कारण यह ग्रन्थ नष्ट हो गया।

अब, यह निर्विवाद है कि पं. रामसहाय द्वारा उ. मोदू खाँ से तबला सीखे जाने के पूर्व भी बनारस में तबले का अस्तित्व था। यद्यपि वह घराना के रूप में

अपना कोई विशेष और पृथक महत्त्व नहीं रखता था। लेकिन बनारस में तबला बजता था और खूब बजता था। बनारस में गायन, वादन और नर्त्तन की अत्यन्त प्राचीन परम्परा रही है, अतः यह भला कैसे हो सकता था कि इन विधाओं का प्रमुख संगति वाद्य **तबला** वहाँ न रहा हो। उ. मोदू खाँ ने अपनी पूरी विद्या पं. रामसहाय को निष्कपट और उदार भाव से सौंपी थी। क्योंकि, अपनों द्वारा किए जाने वाले उपेक्षा और अपमान से वह अत्यन्त आहत थे। साथ ही उनके इकलौते पुत्र जाहिद खाँ का भी असामयिक निधन हो चुका था। अतः अपनी योग्यता सिद्ध करने का उनके पास सिर्फ एक ही रास्ता था–रामसहाय को अद्वितीय ताबलिक बनाना। और, उन्होंने वही किया।

(1) साथ ही–मोदू खाँ की पत्नी–जो तबला के पंजाब घराने की थीं–ने भी समय-समय पर रामसहाय को काफी कुछ सिखाया था। उनके द्वारा 500 पंजाबी गतें सिखाए जाने की बात अनेक कलाकारों और इतिहासकारों ने स्वीकारा है। इससे स्पष्ट है कि पं. रामसहाय द्वारा उ. मोदू खाँ से सीखे जाने के पूर्व भी बनारस में तबला बजता था। भले ही घराने के रूप में उसे मान्यता नहीं प्राप्त थी।

(2) उ. मोदू खाँ ने पं. रामसहाय को सतही शिक्षा नहीं दी थी। अपनी पूरी विद्या उन्होंने निष्कपट भाव से पं. रामसहाय को सौंप दी थी, जो उस जमाने में सिर्फ पुत्रों और दामादों को सौंपी जाती थी। और,

(3) गुरु माँ–अर्थात् उ. मोदू खाँ की पत्नी से पं. रामसहाय ने पंजाब घराने के तबले की विशेषताओं को भी इन्हीं 12 वर्षों में सीखा और समझा था।

अतः अवध के नवाब गाजीउद्दीन हैदर के दरबार में सन् 1819 में 7 दिनों तक अपना अद्भुत तबला वादन प्रस्तुत करने के उपरान्त पं. रामसहाय जब बनारस लौटे तो उनके पास ने केवल लखनऊ और पंजाब घराने का उच्चस्तरीय ज्ञान था, अपितु ये दोनों बाज सीखने के पूर्व जो तबला वह बनारस में बजाते थे–उनकी चेतना में वह भी रचा-बसा था। इसलिए, जब लोगों के अनुरोध पर उन्होंने बनारस बाज के निर्माण के विषय में सोचा तो इसे क्रियान्वित करने में उन्हें थोड़ा भी समय नहीं लगा। यहाँ यह बताना भी अप्रासंगिक नहीं होगा कि बनारस बाज के निर्माण के पीछे इन तीनों वादन शैलियों की महत्त्वपूर्ण भूमिका रही है। इतना ही नहीं, संगीत का इतिहास यह भी कहता है कि गाजीउद्दीन हैदर के दरबार में उनके अद्भुत तबला वादन से प्रभावित कलाकारों ने उन्हें युग का अद्वितीय ताबलिक स्वीकारते हुए उनकी भुजा भी पूजी थी, और अपने घराने की विशिष्ट दुर्लभ बंदिशें भी भेंट की थी। इस आधार पर यह लिखना अनुचित न होगा कि पं. रामसहाय के पास लगभग सभी घरानों की अनुपम बंदिशों का अनूठा संग्रह था।

लखनऊ आने पर दिल्ली का किनार प्रधान बाज लव और स्याही को स्पर्श करने लगा था। लखनऊ बाज का जन्म ही प्रकारान्तर से नचकरन बाज के रूप में हुआ था। यह वही समय था जब महाराज कालिका–बिंदादीन के पूर्वज प्रकाश

महाराज आदि इलाहाबाद के निकट हंड़िया तहसील से लखनऊ आकर बसे थे, और कथक नृत्य के लखनऊ घराने की नींव डाल रहे थे। इसलिए पं. रामसहाय ने उ. मोदू खाँ से लखनऊ में जो तबला सीखा था वह नृत्योपयोगी भी था। चूँकि पं. रामसहाय स्वयं भी कथक नर्त्तक परिवार से थे—अतः उन्हें अपना शिष्य बनाने के पूर्व उ. मोदू खाँ ने उनका जो तबला बनारस में सुना था, वह भी नृत्योपयोगी ही था। यही कारण था कि उ. मोदू खाँ को पं. रामसहाय में यह क्षमता दिखी कि वह उनकी परम्परा का विकास करेंगे। क्योंकि, दोनों वादन शैलियों में कुछ समानताएँ थीं। अतः उन्होंने स्वयं आगे बढ़कर उन्हें सिखाने की इच्छा व्यक्त की थी। वरन् पुराने समय के अधिकांश कलाकार तो यह कहकर ही शिष्यों को लौटा देते थे कि तुम्हारे हाथों का रख-रखाव दूसरी तरह का है। अतः तुम हमारी शैली का अनुकरण नहीं कर पाओगे।

पं. रामसहाय ने पंजाब शैली के तबले का प्रशिक्षण उ. मोदू खाँ की पत्नी से लिया था। उस समय भी पंजाब घराने की इतनी प्रतिष्ठा थी कि लखनऊ घराने के प्रवर्त्तक उ. मोदू खाँ की शादी जब पंजाब घराने में हुई थी तो दहेज में उन्हें 12 कायदे और दूसरी कई रचनाएँ उपहार स्वरूप मिली थीं। पंजाब घराने का तत्कालीन् तबला पखावज से प्रेरित था। क्योंकि वहाँ दिल्ली के माध्यम से तबला नहीं पहुँचा था। उसका स्वतन्त्र रूप से वहीं विकास हुआ था। पंजाब के ताबलिक आरम्भिक चरण में पखावज के बोलों को ही बंद करके तबले पर बजाते थे। इनका बाँया अपेक्षाकृत ऊँचा होता था, और तब उसमें स्याही नहीं, पखावज की ही तरह आटा लगता था। बाँये का यही रूप तब जम्मू-कश्मीर में भी लोकप्रिय था। बनारस के तबले पर भी पखावज का यथेष्ट प्रभाव है। और इसी प्रभाव के कारण वहाँ के लगभग सभी ताबलिक न केवल पखावज अंग से भी तबला वादन करने में सक्षम हैं, अपितु आवश्यकता पड़ने पर पखावज भी आसानी से बजा लेते हैं।

इसके अलावा बनारस का सांगीतिक वातावरण भी अपनी तरह का अलग ही रहा है। ध्रुवपद, धमार, खयाल, ठुमरी, टप्पा, होली, कजरी और चैती जैसी गायन शैलियाँ वहाँ खूब प्रचलित रही हैं। वीणा, सितार और सारंगी के भी अनेक विद्वान कलाकार थे वहाँ और कथक नर्त्तन की एक समृद्ध परम्परा भी। यद्यपि रामसहाय जी द्वारा लखनऊ के उ. मोदू खाँ से सीखने के पूर्व भी बनारस के ताबलिक इन गायन, वादन एवं नर्त्तन विधाओं की संगति तो करते ही थे। किन्तु जब पं. रामसहाय पर दूसरे लोगों का यह दबाव पड़ा कि अगर वह मोदू खाँ द्वारा प्रदत्त विद्या किसी और को न सिखाने के लिए वचन बद्ध हैं तो क्यों नहीं वह एक अलग घराने का निर्माण करते हैं? आखिर, पंजाब, दिल्ली, अजराड़ा, लखनऊ और फर्रुखाबाद घराने भी तो बने हैं? दबाव डालने वालों का एक तर्क यह भी था कि आखिर उ. मोदू खाँ सीखने के पूर्व भी तो वह तबला बजाते थे! और फिर गाजीउद्दीन हैदर के दरबार में उनके वादन से प्रभावित होकर अनेक कलाकारों ने उन्हें अपने-अपने घराने की

विशिष्ट बंदिशें भी तो भेंट की हैं। और फिर उनकी अपनी भी तो सृजनात्मक क्षमता है। उसका उपयोग करके वह एक अलग घराने की नींव क्यों नहीं डालते? अलग बाज का निर्माण क्यों नहीं करते? यह दबाव तो उन पर बाहर से पड़ रहा था। लेकिन उन पर एक दबाव उनके अंतर का भी था और वह यह था कि इस बार जिस वादन शैली का निर्माण हो—वह सम्पूर्ण उत्तर भारत में प्रचलित सभी संगीत और नृत्य शैलियों की संगति में तो पूर्ण रूप से सक्षम हो ही, स्वतन्त्र वादन में भी अपना विशिष्ट और अद्वितीय स्थान रखे। अतः उन्होंने बहुत सोच-समझकर बनारस बाज का सृजन किया।

लखनऊ बाज में चाँटी के साथ लव और स्याही का जो आंशिक प्रयोग ता, ना और धा जैसे वर्णों के निकास के लिए होता था, उसे यथावत रखते हुए पं. रामसहाय ने स्याही पर भी धा और ता जैसे वर्णों का वादन आरम्भ किया। अनामिका उँगली को मोड़कर तर्जनी और मध्यमा को एक सीध में रखते हुए हाथ को ऊपर उठाकर धा बजाना सिखाया जाता है तबलार्थियों को इस घराने में आरम्भिक चरण में। इसके लिए कुछ विशेष किस्म के कायदों का भी प्रशिक्षण दिया जाता है। जैसे—धा तेटे धाधा तेटे धागे दीं नाना तेटे, धाते टे, धा तेटे धाधा तूना किटितक तातिर किटितक | आदि।

शेष घरानों में तेटे और तिरकिट का वादन प्रायः दो उँगलियों से होता है—मध्यमा और तर्जनी से। तिरकिट में कहीं-कहीं, कभी-कभी अनामिका का भी प्रयोग तब हो जाता है जब दो, तीन तिरकिट का एक साथ प्रयोग हो। जबकि, बनारस में ते के लिए कनिष्ठा, अनामिका और मध्यमा से तथा टे के लिए तर्जनी से स्याही के बीचो-बीच प्रहार करते हैं। इसी प्रकार तिरकिट में भी ति और ट का वादन कनिष्ठा, अनामिका और मध्यमा से करते हैं। जबकि र का तर्जनी से।

शेष घरानों के कायदों में धेनगिन, तेनगिन का खूब प्रयोग होता है। जैसे दिल्ली घराने का लोकप्रिय कायदा है। धाते टे, धा तेटे धाधा तेटे धागे तेन किन। बनारस के कायदों में भी धेनगिन, तेनगिन का प्रयोग होता है। जैसे—झपताल का यह कायदा धातीधागे धेनगिन धगिनधा तिरकिटधागे' तेनकिन। लेकिन, इसके साथ ही बनारस के कायदों में तूनाकत्ता और तूना किटितक जैसे शब्दों का विशेष रूप से प्रयोग होता है। जैसे—धगिनधा तिरकिट, धगि नधातिरकिट धाधातिरकिट, धगिनधा तिरकिट तूना किटितकतिरकिट तकतातिरकिट। बनारस में तूं का वादन पाँचों उँगलियों को संयुक्त करके स्याही पर खुला प्रहार करके करते हैं।

बोलों के निकास, वादन शैली में इस तरह का परिवर्तन करके बनारस बाज के संस्थापक पं. रामसहाय ने दरअसल तबले पर लगने वाली स्याही के महत्त्व को रेखांकित किया है। तबले में स्याही इसलिए लगती है कि आवाज खुले-जो सब कुछ किनारे पर ही बजा लेने से सम्भव नहीं हो पाता है। इसलिए उन्होंने स्याही का पूरा-पूरा

प्रयोग करने का भी निश्चय किया। परिणामस्वरूप बनारस का तबला शेष घरानों की अपेक्षा अधिक खुला और जोरदार हो गया। लेकिन, यहीं इस तथ्य का भी उल्लेख कर देना उचित होगा कि बनारस बाज में मधुर और कर्णप्रिय बोलों का भी खूब प्रयोग होता है, इसके लिए इस घराने के वादक चाँटी और लव का भी निःसंकोच प्रयोग करते हैं। दरअसल, इनके लिए कुछ भी अस्पृश्य नहीं है—बशर्त्ते वह शुद्ध और सही हो। यहाँ यह लिखना भी गलत नहीं होगा कि बनारस बाज में तबला वादन की पूर्व प्रचलित सभी विशेषताओं—जो दूसरे घरानों के हैं—को उसी रूप में अपनाते हुए—उसका विस्तार और विकास किया गया। अपना नया रास्ता तलाशने और बनाने की धुन में पूर्व निर्मित रास्तों को भुला नहीं दिया गया।

यह सर्वविदित है, और अब तो पाठ्य पुस्तकों में भी पढ़ाया जाता है कि शेष घरानों का तबला जहाँ पेशकार से आरम्भ होता है, वहीं बनारस का तबला उठान से। उठान का अर्थ है उठना। पेशकार या फर्शबंदी के माध्यम से जहाँ तबला वादन का वातावरण तैयार किया जाता है, वहीं उठान के माध्यम से एक धमाका-सा किया जाता है—धमाकेदार शुरुआत। यह विभिन्न लयकारियों में गुंथी एक टुकड़े जैसी—लेकिन उससे लम्बी-चौड़ी रचना होती है। लेकिन, यहीं एक छोटे से तथ्य को प्रायः अनदेखा कर दिया जाता है। बनारस का तबला कभी भी सीधे उठान से नहीं आरम्भ होता है। बनारस के ताबलिक अपने वादन का आरम्भ त्ते त्तां आ की कीकी त्ते ताके तेटे जैसे बोल से करते हैं, और उठान इसका अगला चरण होता है। इसके साथ ही बनारस के कलाकार पेशकार की तरह का भी एक बोल बजाते हैं, जिसे ठेके का बाँट या विस्तार कहते हैं—धातिरकिट धींधा नातिं तिंता तातिरकिट धींधा नाधीं धींना। इसमें दाहिने-बाएँ का लड़गुथाव, बाएँ की मींड़ और खुशनुमा शब्दों का प्रयोग होता है। पेशकार की ही तरह यह भी प्रायः मध्यलय में ही बजाया जाता है, और इसकी भी चाल डगमगाती हुई होती है। इसी तरह की सीधी लय की द्रुत में बजने वाली एक रचना भी बनारस बाज में खूब लोकप्रिय है—धीग धीना तिरकिट धीना धागे नाधि गति नाड़ा।

स्याही के खुले बोलों की प्रधानता के कारण ही बनारस बाज और पखावज बाज के बीच की निकटता बढ़ी, जिसकी पृष्ठभूमि उ. मोदू खाँ की पत्नी और पं. रामसहाय पहले ही तैयार कर चुके थे। अतः दूसरे घरानों में जहाँ मुखड़ों, मोहरों और छोटे-छोटे टुकड़ों का प्रचलन था, वहीं बनारस में धीर-गम्भीर, चंचल-चपल, खुले और जोरदार बोलों से निर्मित लम्बे-चौड़े टुकड़ों के साथ-साथ परणों का भी तबले पर निःसंकोच वादन आरम्भ किया गया। साथ ही विभिन्न प्रकार के परणों की भी रचना की गयी जैसे लमछड़ परणें, एक हत्थी परणें, फरमाईशी परणें, कमाली परणें, चक्रदार परणें आदि। खुले बोलों की प्रधानता के कारण ही बनारस बाज में धातेटे, धगतेटे, तगतेटे, क्रिधातेटे, क्रिधा किटितक, गिदीन्न, दीं दीं, आदि बोलों के साथ-साथ

धुमकिट और तकधुमकिटितक जैसे बोलों का भी प्रयोग होता है। पखावज के थुं वर्ण के स्थान पर बनारस के ताबलिकों ने दीं शब्द को अपनाया, तो कथक नृत्य के त्राम और पखावज के धिलांग वर्ण के स्थान पर क्ड़ान और घेड़ान जैसे वर्णों को।

बनारस के ताबलिक आरम्भ से ही इस मत के समर्थक रहे हैं कि जिनका, जिस शैली का बोल बजाया जाए—उसे पूरा श्रेय भी दिया जाए, और उस बोल का वादन उस शैली के अनुरूप ही किया जाए। इसीलिए इन लोगों ने जब कभी पखावज के वर्णों का वादन किया—उस पद्धति के अनुरूप किया। जैसे बनारस के ताबलिक थुं वर्ण का वादन बाएँ पर करते हैं। दिल्ली बाज के बोलों के वादन में दिल्ली के किनार अंग और दो उँगलियों का प्रयोग किया। पंजाबी गतों के वादन में उनकी विशेषताओं का ध्यान रखा। इसके साथ ही अपनी पृथक विशेषताओं का भी निरन्तर विकास किया।

पखावज एवं कथक नृत्य से उत्प्रेरित होकर बनारस बाज के प्रतिनिधि हिन्दू कलाकारों ने स्तुति परणों के वादन की दिशा में तबले पर एक नया और महत्त्वपूर्ण प्रयास किया। इस कार्य में पं. नानक प्रसाद मिश्र का योगदान सर्वोच्च रहा। चूँकि बनारस तब हिन्दुओं का एकमात्र घराना था। अब तो हर घराने में हर जाति, धर्म के वादक हैं—अतः स्तुति परणों का वादन बनारस बाज की एक उल्लेखनीय और महत्त्वपूर्ण विशेषता मानी गयी। इसमें विभिन्न देवी, देवताओं के चारित्रिक गुणों, विशेषताओं का वर्णन तबला पखावज के बोलों के साथ गुंथा होता है।

तबले पर पाँचों उँगलियों की भूमिका और तबले के पूरे मुख का प्रयोग करने के उद्देश्य से बनारस बाज के कलाकारों ने अनेक प्रयोग किए। तेटे और तिरकिट जैसे बोलों का वादन इस घराने के कलाकार किनारे नहीं—स्याही के बीचो-बीच करते हैं, जो तबले का मध्य भाग होता है। साथ ही इस घराने के कलाकारों ने तिरकिट का विस्तार धिरकिट के रूप में किया। धेरधेर किटितक बनारस बाज का एक प्रमुख बोल है, जिसका प्रयोग रेले में तो होता ही है, टुकड़ों में भी खूब होता है। और, फ़र्द की तो यह विशेष पहचान है।

बनारस बाज के विकास में यहाँ की लोक संस्कृति ने भी विशेष योगदान दिया है। ठुमरी, दादरा, होली, कजरी, चैती जैसी गायन विधाओं का बनारस प्रमुख केन्द्र रहा है। अतः इन गायन विधाओं की संगति हेतु बनारस के ताबलिकों ने दादरा, कहरवा, जत, दीपचंदी और अद्धा पंजाबी जैसे लोक और सुगम संगीत के तालों को भी गम्भीरता से अपनाया। अतः बनारस बाज के कलाकारों द्वारा प्रस्तुत लग्गी-लड़ी का अपना विशेष स्थान, विशेष महत्त्व होता है। इसी तरह गत के जबाव में फ़र्द का आविष्कार भी यहाँ के कलाकारों ने किया।

यह प्रकृति का सर्वज्ञात नियम है कि जिसकी रचना जितनी देर में होती है, वह उतना ही अधिक आधुनिक, सुसंस्कृत और समृद्ध होता है। चूँकि घरानों की

शृंखला में बनारस का निर्माण सबसे अन्त में हुआ। इसलिए इसे अन्य घरानों की विशेषताओं का भी स्वाभाविक लाभ हुआ। चूँकि बनारस के कलाकार चांटी, लव और स्याही सहित पूरे तबले का प्रयोग करते हैं। इसलिए व्यावसायिक दृष्टि से उनकी उपयोगिता अधिक है। इसमें खुलापन, जोरदारी और गम्भीरता है तो माधुर्य भी। इसमें दाहिने-बाँये का प्यार और मान-मनुहार है तो घात-प्रतिघात भी। गौरतलब है कि संचार माध्यमों की आधुनिक क्रान्ति ने आज बनारस बाज की विशेषताओं को सिर्फ बनारस तक ही सीमित नहीं रहने दिया है। जो कि एक शुभ संकेत है। क्योंकि घराना किसी की जागीर नहीं है। कला के सूर्य को घरानों की चहारदीवारियों में कैद करने का समर्थन नहीं किया जा सकता है। लेकिन, एक प्रश्न अभी भी शेष, अनुत्तरित है। पहले जहाँ हर 35-40 वर्ष में एक नए घराने की नींव पड़ जाती थी, वहीं बनारस बाज की स्थापना के 185 वर्षों बाद भी किसी नए घराने की नींव क्यों नहीं पड़ी? कहीं इसलिए तो नहीं कि बनारस में आकर तबला पूर्ण हो गया? और, अब उसमें और अधिक विकास या विस्तार की गुंजाइश ही न रही हो!

बनारस घरानें की कुछ रचनाएँ

(1) अनागत का टुकड़ा– झपताल में

कतेटेतगनितक तेटेकतगदिनगन धाऽऽकत धाडक्रिधातेटे कतधाऽकत|

धाऽतेटेकत गदिगनधाऽ धिनधाऽता धाऽऽकत् धाऽधींऽ|

क्रिधातेटेधाक्रत् धाऽकत् धाऽ कतधाऽ धींऽक्रिधतेटे धाकत्धा|

कतधाऽकत् धाऽधींऽ क्रिधातेटेधाकत् धाऽकत्धाऽकत्धा| धीं
X

(लेखक द्वारा रचित)

(2) फ़र्द (पारंपरिक) तीनताल

धगतेटे तेटेधेड़ा ऽनधागे तेटेधागे

तिरकिटतकता गदिगन कतेटेधि नकधेन ताकेतेटे ताकेतिरकिट ऽतकिट ऽधिकिट

धाऽऽक ऽतधाऽ तिरकिटतकता कत्धेरधेरकिट| धा
X

(3) देव स्तुति परण–तीनताल–रचयिता स्व. पं. नानक प्रसाद मिश्र।

ओईमूधा निर्मलधा नामधा रामधा

श्यामधा नारायणधा माधोधागोवि ऽन्दधागिरवर

भैरवधाशिव धागणेशधा काली-लक्ष्मी सरस्वतीधा

दुर्गाहनुमा ऽनब्रह्माधा इंद्रधाइं द्रधाइंद्र| धा
X

(4) उठान–तीनताल में एवं एकताल में–कुल मात्रा-48।

धा तेटे तेटे धग तेटे धेड़ा ऽन कतक

त, कत कतग दिगन धाऽदीं ऽताऽ कऽतेटे तेटे, कत गदिगन

नगतेटे धगतेटेतेटे कतगदिगन दींऽऽनगिन कतऽड़ाऽन कतगदिगनतेटे कतगदिगनगनग तेटेकतगदिगन,

क्रिधातेटेगदिगन धाऽकतगदिगन धाऽक्रिधातेटे गदिगनधाऽकत

गदिगनधाऽ क्रिधातेटेगदिगन धाऽकतगदिगन धाऽ ऽक्रिधातेटे गदिगनधाऽकत्

गदिगनधाऽ क्रिधातेटेगदिगन धाऽकतगदिगन धाऽक्रिधातेटे गदिगनधाऽकत गदिगनधा

ऽ ऽ क्रिधातेटेगदिगन धाऽकतगदिगन धाऽक्रिधातेटे

गदिगनधाऽकत गदिगनधाऽ क्रिधातेटेगदिगन धाऽकतगदिगन| धा
x

(लेखक द्वारा रचित)

पंजाब घराना

पंजाब–जहाँ की धरती को पाँच नदियों की निर्मल धाराएँ स्नेह रस से सींचती हैं। इसीलिए, न केवल पंजाब की धरती-अपितु पंजाब के लोग और पंजाब का संगीत भी अलग ही दिखता है। अधिकांश संगीत मनीषियों की यह सामान्य धारणा है कि जहाँ तबले के सभी घरानें किसी-न-किसी रूप में एक-दूसरे से जुड़े हुए हैं, वहीं पंजाब का इन घरानों से कोई संबंध नहीं है। लेकिन वस्तुतः ऐसा है नहीं, क्योंकि तबले के दिल्ली बाज और घराने के संस्थापक उ. सुधार खाँ मूलतः पंजाब के ही थे। अतः पंजाब और दिल्ली का सम्बन्ध तो स्पष्ट ही है। फिर दिल्ली घरानें की शाखाएँ पंजाब से अपने सम्बन्ध को कैसे नकार सकती हैं? अतः तबले के सभी घरानें अप्रत्यक्ष और आन्तरिक रूप से एक-दूसरे से जुड़े हुए हैं। लेकिन, इस अप्रत्यक्ष और आन्तरिक जुड़ाव के बावजूद लगभग सभी घरानों के प्रतिनिधियों ने अपने-अपने घरानों की विशिष्टता को दूसरे घरानों से पृथक बनाए और बचाए रखने का हर सम्भव प्रयास किया।

तबला के पंजाब घराने के मूल पुरुष के रूप में पखावजी लाला भवानी दास का नाम लिया जाता है। इन्हें कहीं भवानी दीन लिखा गया है, तो कहीं भवानी सिंह। मदअन-अल-मूसिकी, राग दर्पण तथा कई अन्य ग्रन्थों में इन्हें श्रेष्ठ पखावजी और श्रेष्ठ गुरु लिखा गया है। ब्रज के श्री छेदालाल टीकाराम पखावजी द्वारा बल्लभ सम्प्रदाय

की गर्ग संहिता पुस्तक के आधार पर लिखे गए ब्रज के पखावाजियों के इतिहास के अनुसार लाला भवानीदास ब्रज के निवासी और मोहम्मद शाह रंगीले के दरबारी कलाकार थे। कई लोगों का मानना है कि पखावजी सुधार खाँ ढाढ़ी भी उस समय दिल्ली दरबार में थे, और उनके तथा भवानी दास के बीच कई बार जुगलबंदियाँ हुईं, जिनमें पराजित होकर सुधार खाँ ने पखावज छोड़ दिया, और तबले को एक नए रंग-रूप में ढालकर तैयार किया। अतः जिस तरह पंजाब के सुधार खाँ को दिल्ली घराने की स्थापना का श्रेय प्राप्त हुआ, लगभग उसी तरह बृज के पखावजी भवानी दास के माध्यम से पंजाब में पखावज लोकप्रिय हुआ—ऐसी धारणा है।

तबला के पंजाब घराने के प्रमुख केन्द्र लाहौर के प्रसिद्ध पखावज वादकों उस्ताद कादिर बख्श (प्रथम), हद्दू खाँ, ताज खाँ (डेरेदार) और उनके पुत्र नासिर खाँ तथा (खब्बे) हुसैन अली (ढोलकिया) के पुत्र अमीर अली के गुरु के रूप में लाला भवानीदास का ही उल्लेख मिलता है। मियां कादिर बख्श (प्रथम) से जो परम्परा चली उसमें उनके पुत्र मियाँ हुसैन बख्श, पौत्र मियाँ फकीर बख्श एवं शिष्य भाई बाग, फकीर बख्श के पुत्र कादिर बख्श (द्वितीय) तथा शिष्यों में उ. करम इलाही, मीरा बख्श घिलवालिए एवं बहादुर सिंह तथा कादिर बख्श द्वितीय के अनेक शिष्यों में उस्ताद अल्लारखा एवं उनके पुत्र उ. जाकिर हुसैन के नाम विशेष उल्लेखनीय हैं। लाला भवानीदास के एक प्रमुख शिष्य के विषय में इतिहास अन्धकार में है, जिनसे भवानी प्रसाद ने शिक्षा पाई थी। भवानी प्रसाद के प्रमुख शिष्यों में मथुरा के पखावजी मक्खन लाल का नाम विशेष उल्लेखनीय है।

मियाँ फकीर बख्श तबला और पखावज दोनों के विद्वान थे। इनके विषय में जनश्रुति है कि इन्होंने सवा लाख लोगों को शिक्षा दी थी। इनके दो प्रमुख शिष्यों उ. करम इलाही एवं बाबा मलंग ने उनकी परम्परा का काफी विस्तार किया। बाबा मलंग के कई शिष्य पाकिस्तान में सक्रिय हैं। बाबा मलंग तथा मीरा बख्श घिलवालिए के शिष्य बहादुर सिंह प्रसिद्ध ताबलिक हुए, जिनके शिष्य पं. रमाकान्त इस परम्परा के विकास में जुटे हैं। इनकी सुपुत्री अमृत प्रभा चर्चित तबला वादिका हैं।

यद्यपि दिल्ली और पंजाब में तबले का प्रचार-प्रसार लगभग एक ही साथ शुरू हुआ, फिर भी पंजाब बाज को लोकप्रियता हासिल करने में काफी समय लग गया। इसका कारण था दोनों के स्त्रोत और प्रेरणा का पृथक होना। दुक्कड़, ताशा और नक्कारा जैसे वाद्यों से प्रेरित चटक और टनक वाले बोलों को अपनाकर और चाँटी को प्रधानता देकर जहाँ दिल्ली के कलाकारों ने लोगों को एक नए स्वाद का रसास्वादन कराया, वहीं पंजाब के कलाकारों ने तबले का मूल रूप पखावज में देखा। अतः पखावज के बोलों को ही बंद करके वे तबले पर बजाते रहे। तबले का प्राचीन रूप आज भी वहाँ धामा के रूप में मौजूद है। जिसमें पहले पखावज की तरह गीले आटे का प्रयोग होता था।

चूँकि पंजाब का तबला आरम्भिक दौर में वादन की दृष्टि से बहुत कुछ पखावज जैसा ही था। अतः तत्कालीन संगीत की नव विकसित शैलियों की संगति में यह पूरी तरह सक्षम नहीं हो पा रहा था। यही कारण है कि इसे अपना अस्तित्व साबित करने में लम्बा समय लगा। पंजाब के तबले को लोकप्रियता की ओर मोड़ने वाले मियाँ कादिर बख्श द्वितीय का जन्म अविभाजित भारत के लाहौर नगर में सन् 1902 में हुआ था। पखावज के बोलों को तबले पर बजने योग्य बनाने में इनकी महत्त्वपूर्ण भूमिका रही है। भारत विभाजन के बाद इन्होंने पाकिस्तान की नागरिकता स्वीकार ली और वहीं रहे। भारत में इनके जिन शिष्यों ने विशेष ख्याति अर्जित की उनमें उस्ताद अल्लारखा, रायगढ़ नरेश चक्रधर सिंह जू देव, महाराज टीकमगढ़, और प्रो. लक्ष्मण सिंह सीन के नाम विशेष उल्लेखनीय हैं।

पंजाब के एक कृषक परिवार में सन् 1915 में जन्में उ. अल्लारखा ने तबले की आरम्भिक शिक्षा उ. कादिर बख्श के एक शिष्य भाई नासिरा से प्राप्त की, बाद में इन्हीं के गुरु भाई लाल मोहम्मद से भी इन्होंने सीखा और बाद में उ. कादिर बख्श से सीखने के लिए लाहौर जा पहुँचे और उ. कादिर बख्श के चरणों में बैठकर अपनी शिक्षा पूरी की। खाँ साहब ने उ. आशिक अली खाँ से कंठ संगीत की भी तालीम हासिल की। अप्रतिम तबला वादक उ. अल्लारखा ने कई हिन्दी और पंजाबी फिल्मों में संगीत निर्देशन भी किया। पद्मश्री से अलंकृत खाँ साहब का आकस्मिक निधन 3 फरवरी, 2000 को हृदय गति रुक जाने से हुआ। इनके सभी पुत्र पद्मभूषण उ. जाकिर हुसैन, फजल कुरेशी एवं तौफीक कुरेशी सहित शिष्या अनुराधा पाल भी बहुचर्चित ताबलिक हैं। जाकिर हुसैन ने तो अपने पिता के पद चिन्हों पर चलते हुए संगीत निर्देशन भी किया, और अभिनय भी।

भारत की आजादी के बाद तबले के पंजाब घराने की वादन शैली में क्रान्तिकारी परिवर्तन हुए। यह भारतीय संगीत का क्रान्ति काल था। राजाओं-नवाबों के दिन बीत चुके थे और संगीत रसिक तथा प्रोत्साहक के रूप में जनता जनार्दन सामने आयी। अतः कलाकारों का लक्ष्य भी अब अपने आश्रयदाता शासकों को प्रसन्न करना मात्र नहीं रह गया था। अब उन्हें सैकड़ों, हजारों श्रोताओं को एक साथ प्रसन्न करना पड़ता था। यह एक बड़ी चुनौती थी। इस काल में भारतीय सांगीतिक कलाएँ परिवर्तन के नए दौर से गुजर रही थीं। संगीतकारों और संगीत रसिकों में नयी चेतनाएँ जागृत हो रही थीं। वातानुकूलित प्रेक्षागृहों में अति आधुनिक ध्वनि विस्तारक यन्त्रों के कारण खुले और जोरदार बोलों की सम्भावनाएँ कम होती जा रही थीं, तो दूसरी ओर सितार, सरोद, वायलिन, संतूर और बाँसुरी जैसे वाद्यों, और खयाल तथा ठुमरी, दादरा जैसी गायन शैलियों की बढ़ती लोकप्रियता भी पखावज से प्रभावित और प्रेरित इस घराने की उपयोगिता पर प्रश्न-चिह्न लगाने के लिए खड़ी थी। अतः इस घराने के कलाकारों ने वक्त की नजाकत को समझते हुए अपनी सृजनात्मक प्रतिभा और परिकल्पनाओं

का सहारा लेकर पंजाब के तबले को समयानुसार नए रंग-रूप में ढालकर संगीत समाज के समक्ष रखा। फलस्वरूप पंजाब का तबला संगीत के आकाश में किसी जगमगाते सितारे की तरह अपनी छटा बिखेरने लगा।

पंजाब घराने के वर्तमान ताबलिकों में प्रो. लक्ष्मण सिंह सीन का नाम बहुत आदर से लिया जाता है। इन्होंने तबले की शिक्षा राजपुरोहित पं. जगदीश दत्त एवं उ. कादिर बख्श द्वितीय से प्राप्त की है। 1956 में अपने उस्ताद कादिर बख्श द्वारा 'उस्ताद' की उपाधि से सम्मानित पं. लक्ष्मण सिंह सीन को स्वर ताल मार्त्तंड एवं सवा लाख ओखली वाले मियाँ कादिर बख्श पुरस्कार सहित कई मान-सम्मान मिल चुके हैं। इनके शिष्यों में पवन कुमार वर्मा, किन्नर कुमार सीन, काले राम, तिलक राज, त्रिलोक सीन, तलवीर सीन, सुनीता कुमारी, करीम आलम मलिक, श्रुति पाल एवं हरिवंश शर्मा प्रमुख हैं। पंजाब के तबले को विकसित करने में 'ताल रत्न' एवं 'तबला उस्ताद' की उपाधियों से विभूषित पं. रमाकान्त का भी यथेष्ट योगदान रहा है। इनके शिष्यों में पुत्री अमृत प्रभा एवं भतीजे जयशंकर सहित देवेंदर सिंह सोहल, कुलवंत सिंह नामधारी, तरसेम सिंह एवं कुलदीपक शर्मा आदि प्रमुख हैं।

1 मार्च 1951 को मुम्बई में जन्में उ. जाकिर हुसैन आज लोकप्रियता के सर्वोच्च शिखर पर हैं। करोड़ों युवा दिलों की धड़कन बन चुके जाकिर हुसैन ने तबले को जो ग्लैमर और रूमानियत दी है। उसने घरानों की चहारदीवारियों को तोड़कर उन्हें राष्ट्रीय स्तर की लोकप्रियता दी है पद्मश्री और पद्मभूषण के अलंकरण सहित इन्हें कई मान-सम्मान मिल चुके हैं। और, इस तरह पंजाब घराने का तबला आज अन्तर्राष्ट्रीय स्तर पर गूँज रहा है।

पंजाब घराने की रचनाएँ

पंजाबी गतें–तीनताल में

(1)

कऽत धेतेटे कतगदिगन धातिरकिटधेतेटे कतगदिगन

धाऽतीऽधाऽ गिदींईनाड धातिरकिटधेतेटे कतगदिगन

तकतकतेन किड़नगतेन धातिरकिटधेतेटे कतगदिगन

धाऽतीऽधाऽ गिदींईनाऽड़ धातिरकिटधेतेटे कतगदिगन।

(2)

धगेऽतकिट धगनगधेन धागेतिरकिटधेन घेड़नगधेन

घ्ड़ांन धा धा धिड़नग धेनघेड़नग तिरकिटतूनाकत्ता।

तकतेनतक ताकिड़नक तककेड़नक तिरकिटतक तगेन
धागेतिरकिटधेन घेड़नगधेन घेड़नगधेन घेड़नगधेन

(3)
धेनधेनधेन धगिनधगिन धगिनतकिट तकिटतकिट
धेनगिनधेन गिन, धेनगिन नगधेन, नग धेन, नगधेन
तकतकतक तेनतेनतेन तकिटतकिट तकिट धातिरकिट
धगिनधातिरकिट धगिनधातिरकिट धगिनघिनक घिनक घिनक

द्वितीय अध्याय ऋषभ

सोदाहरण परिभाषायें

- नाद और उसके प्रकार-आहत, अनाहत (अनहद)
- संगीत, त्रिवट, कंपन या आन्दोलन, चतुरंग, तराना,
- ताल, सम, मात्रा, ताली, खाली, विभाग, ठेका,
- चक्रदार अथवा चक्करदार एवं उसके कुछ प्रकार–फरमाइशी चक्रदार, कमाली चक्रदार, गत और उसके कुछ प्रकार–दो पल्ली, तिपल्ली, चौपल्ली, चारबाग, गत कायदा, गत-परण, उठान, तिहाई और उसके विभिन्न प्रकार, चक्रदार, दमदार, बेदम एवं दम-बेदम।
- रेला, रौ, परण, फ़र्द, अंगुश्तान, टुकड़ा, ज़र्ब, मुखड़ा-मोहरा, पेशकार, लग्गी-लड़ी, चाला या चलन, कायदा, बाँट, लोम-विलोम, आवर्त्तन, पल्टा, नौहक्का।

नाद

'नकारं प्राणनामानं दकारमनलं विदुः। जातः प्राणाग्निसंयोगात्तेन नादोऽभिधीयते॥'

संगीत रत्नाकर में दिए गए नाद की इस जानकारी के अनुसार 'नकार' प्राणवाचक (वायुवाचक) तथा 'दकार' अग्निवाचक है। और, जो वायु तथा अग्नि के संयोग से उत्पन्न होता है, उसे नाद कहते हैं। दूसरे शब्दों में उस मधुर और कर्ण प्रिय ध्वनि को नाद कहा जाता है जो संगीतोपयोगी हो। कुछ लोग ध्वनि मात्र को नाद कहते हैं। वे ध्वनि की विशेषता या उपयोगिता नहीं देखते। लेकिन ऐसा, मानने से उस अव्यवस्थित और अनियन्त्रित ध्वनि को भी नाद के अन्तर्गत रखना पड़ेगा जिसे शोरगुल, कोलाहल या चीख-पुकार कहना ज्यादा उचित होगा, यह विशेष रूप से दृष्टव्य है कि जब भी नाद की चर्चा होती है, तो उसका तात्पर्य संगीतोपयोगी ध्वनि ही होता है।

नाद के 2 प्रकार माने गए हैं—आहत और अनाहत। अनाहत को ही संगीत से जुड़े लोग अनहद नाम से सम्बोधित करते हैं—

'आहतोऽनाहतश्चेति द्विधा नादो निगद्यते। सोऽयं प्रकाशते पिंडे तस्मात् पिंडोऽभिधीयते॥'

(क) आहत नाद—जब दो वस्तुओं के संघर्षण या टकराहट के फलस्वरूप कोई मधुर ध्वनि उत्पन्न होती है, तो उसे आहत नाद की संज्ञा दी जाती है। लगभग समस्त संगीत आहत नाद के अन्तर्गत ही सृजित होता है। गायन और वादन की भिन्न-भिन्न धाराएँ इसी आहत नाद की देन हैं। समस्त स्वर, श्रुति, वाद्य यन्त्रों की एवं कंठ ध्वनियाँ आहत नाद के ही अन्तर्गत आती हैं। संगीत दर्पण के लेखक दामोदर पण्डित ने आहत नाद को भव सागर से पार लगाने वाला बताया है—

'स नादस्त्वाहतो लोके रंजको भवभंजकः। श्रुत्यादि द्वारतस्तस्मात्तादुत्पत्तिर्निरूप्यते॥'

(ख) अनाहत नाद—अन+आहत = अनाहत। अर्थात् वह ध्वनि जो किसी घर्षणादि के बगैर उत्पन्न हो। इस नाद को मुक्ति दायक माना गया है, जिसे सुना नहीं—मात्र अनुभव किया जा सकता है। कुछ लोगों के मतानुसार अनाहत नाद संगीतोपयोगी नहीं है। स्थूल रूप से देखने पर तो यह बात सच लगती है। किन्तु श्रेष्ठ संगीतज्ञ

वही बन सकता है जिसे अनाहत नाद सुनाई दे, जिसे अनाहत नाद का ज्ञान हो। इस नाद को ऋषि-मुनियों, योगियों और श्रेष्ठ संगीतज्ञों ने अपनी आध्यात्मिक गहराइयों के कारण बार-बार अनुभव किया है...और...किया है इसका बखान...गुणगान। जब भी कोई साधक अपनी साधना की गहरायी में जाकर समाधि की अवस्था में पहुँचता है, तो वहाँ उसके शरीर में स्थित सात यौगिक चक्रों से सात स्वरों की गुंजार, हृदय की गहराइयों में स्पष्ट रूप से सुनाई देती है। अन्तरात्मा की इसी आवाज से प्रेरणा पाकर भिन्न-भिन्न वाद्य यन्त्रों और स्वर लहरियों का जन्म हुआ। इसलिए यह कहना उचित नहीं होगा कि अनाहत नाद की संगीत में कोई उपयोगिता नहीं है। क्योंकि स्थूल रूप से अश्रव्य होने के बावजूद उसी की धुरी पर टिके हैं, आहत नाद के समस्त आविष्कार।

सन्त संगीतज्ञा मीरा ने इस अनाहत अर्थात् अनहद नाद को सुना और अनुभव किया था। तभी तो उन्होंने लिखा—

होली खेल मना रे...फागुन के दिन चार।
बिन कर ताल पखावज बाजे, अनहद की झनकार।
बिन सुर राग छत्तीसो गावे, रोम-रोम रंगसार...फागुन के दिन चार।

संगीत

'संगीत' शब्द की रचना 'गीत' शब्द के पूर्व 'सम्' प्रत्यय जोड़कर की गयी है। सम् का अर्थ होता है सम्यक्—अर्थात् सम्पूर्ण रूप में। इसलिए, संगीत को सम्यक् रूपेण सुशोभित गीत भी कहा जाता है। सम्यक् रूप से सुशोभित गीत का अर्थ हुआ—वह गीत—जिसे वादन और नर्त्तन द्वारा सम्पूर्णता प्रदान की गयी हो। इस प्रकार, जब किसी गीत की उपयुक्त ताल वाद्य पर संगति की जाए, और साथ ही उस पर भाव भी प्रदर्शित किया जाए तो उसे संगीत कहा जाता है।

इसी को आचार्य भरत ने भरत नाट्य शास्त्र में 'गीतम् वाद्यम् तथा नृत्तम् त्रयम् संगीत मुच्यतेः' कहकर स्पष्ट किया है। बाद में शारंगदेव ने भी 'संगीत रत्नाकर' में संगीत की परिभाषा इस प्रकार दी—'गीतं, वाद्यं तथा नृत्यं त्रयम् संगीत मुच्यतेः' अर्थात् गायन, वादन और नृत्य के मेल को संगीत कहते हैं।

ऊपर वर्णित 'संगीत' की दोनों ही परिभाषाएँ—सम्यक् रूपेण सुशोभित गीत और गीतं, वाद्यं तथा नृत्यं संगीत त्रयम् मुच्यते—मूलतः समानार्थी हैं, और ये दोनों एक ही भावना को सुदृढ़ करते हैं कि संगीत में गायन, वादन और नर्त्तन—तीनों

ही धाराओं का समावेश होता है। इन दिनों—संगीत-नृत्य जैसा एक शब्द सांगीतिक केन्द्रों में तेजी से प्रचलित हो रहा है, जो इस ओर संकेत करता है कि संगीत के अन्तर्गत केवल गायन और वादन आता है, और नर्त्तन की कला इनसे पृथक है। लेकिन, यह उचित नहीं है। संगीत को पूर्णता तभी प्राप्त होती है, जब उसमें तीनों ही तत्वों का समावेश होता है।

'संगीत' शब्द में आया 'गीत' शब्द अत्यन्त महत्त्वपूर्ण है। यह इस ओर संकेत करता है कि गायन में शब्द (पद या रचना) की महत्ता को नजर अन्दाज करके मात्र स्वरों को महत्त्व देना उचित नहीं है। इस प्रकार संगीत में चल रहे उस विवाद को भी समाप्त हो जाना चाहिए, जिसके अन्तर्गत कुछ कलाकार, शब्दों की अवहेलना को अनुचित नहीं मानते। जबकि कुछ कलाकार शब्दों (गीत) की मर्यादा पालन पर जोर देते हैं।

त्रिवट या तिरवट

त्रिवट या तिरवट गायन की अपेक्षाकृत कम लोकप्रिय विधा है। विद्वानों के मतानुसार त्रिवट में तीन भाग होते हैं। ख्याल गायन की तरह इसमें एक पद होता है—जिसके स्थायी और अन्तरा दो भाग होते हैं। बीच-बीच में तराना में प्रयुक्त होने वाले शब्दों तदानि, तना, देरेना, देरे दानि आदि का भी इसमें प्रयोग होता है, और तबले पखावज में बजने वाले बोलों का भी। वस्तुतः इन तीन अलग-अलग विशेषताओं को एक सूत्र में पिरोकर एक साथ गाने को ही त्रिवट गायकी कहते हैं। इन दिनों यह विधा बहुत कम प्रचार में है।

कम्पन या आन्दोलन

वीणा, सितार या तानपूरा आदि तन्त्र वाद्यों के खिंचे हुए तारों को छेड़ने पर जब वह अति द्रुत गति से ऊपर-नीचे होता है, तब उसे ही आन्दोलन या कम्पन कहा जाता है। तारों को खींचने से जो कम्पन या आन्दोलन तारों में होता है, उससे ही ध्वनि उत्पन्न होती है। तारों को छेड़ने पर एक सेकेण्ड में तार जितनी बार आंदोलित होता है, उस स्वर की उतनी ही आन्दोलन संख्या होती है। आजकल वैज्ञानिकों ने स्वर मापक यन्त्र बना लिया है। यदि वीणा या तानपूरा पर 36" के खिंचे हुए निश्चित मोटाई के तार पर आघात करने से प्रति सेकेण्ड 240 कम्पन या आन्दोलन होता है। तारों की लम्बाई और मोटाई जैसे-जैसे कम होगी, वैसे-वैसे उस पर आघात करने से आन्दोलन संख्या में वृद्धि होगी, और स्वर भी ऊँचा होगा। इसके ठीक विपरीत—तार की मोटाई या लम्बाई बढ़ाने पर आन्दोलन संख्या कम होगी।

कम्पन या आन्दोलन के 2 मुख्य भाग होते हैं—

(अ) **नियमित और अनियमित**—जब किसी ध्वनि के आन्दोलन की संख्या प्रति

सेकेण्ड समान रहती है, तो उसे नियमित आन्दोलन कहते हैं। और, जब वह प्रति सेकेण्ड बदलती रहती है, तो उसे अनियमित आन्दोलन कहते हैं।

(2) **स्थिर और अस्थिर**–जब किसी ध्वनि का आन्दोलन कुछ समय तक टिका या स्थिर रहता है तो उसे स्थिर आन्दोलन कहते हैं। और जब आन्दोलन या कम्पन जल्द ही समाप्त हो जाता है तो उसे अस्थिर आन्दोलन कहा जाता है।

चतुरंग

चतुरंग गायकी की वह रचना होती है, जिसमें 4 भाग होते हैं, इसीलिए इसे चतुरंग कहते हैं। इसमें एक पद होता है, जिसमें स्थायी और अन्तरा 2 भाग होते हैं। जिस राग में चतुरंग निबद्ध हांता है, उसके सरगमों का इसमें विविध रूपों में आकर्षक प्रयोग होता है। तराने की तरह के निरर्थक किन्तु आकर्षक शब्दावलियों का भी इसमें रोचक प्रयोग होता है, और तबले तथा पखावज के बोलों का भी। अपने में 4 विभिन्न विशेषताओं और रंगों को समेटने के कारण ही इस गायन शैली को चतुरंग कहा जाता है।

तराना

तराना आधुनिक युग की अत्यन्त लोकप्रिय गेय विधा है। एक ओर आज के अधिकांश ख्याल गायक तराना से ही गायन का समापन करते हैं, तो दूसरी ओर कत्थक नृत्य में भी इन दिनों इसका खुलकर प्रयोग हो रहा है। नटराज गोपीकृष्ण ने एक विशेष भेंटवार्ता में इस लेखक को बताया था कि भरत नाट्यम् नृत्य शैली में प्रयुक्त तिल्लाना से प्रेरित होकर उन्होंने ही कत्थक नृत्य में तराना का प्रयोग आरम्भ किया।

कुछ आधुनिक शास्त्रकारों का मानना है कि तराना शैली के जनक अमीर खुसरो हैं, तो कुछ इसे तानसेन से जोड़ते हैं। लेकिन शारंगदेव जैसे संगीत मनीषियों का कथन है कि हमारे यहाँ प्राचीन काल में इस प्रकार की गेय विधा प्रचलित थी। सम्भवतः उस समय संस्कृत भाषा के शब्दों आदि का गायन अति द्रुत लय में होता होगा। सम्भव है, अमीर खुसरो ने उसी से प्रेरित होकर तराना की रचना की हो। इस सच से इनकार नहीं किया जा सकता कि भारत में तराना जैसी कोई गेय विधा प्रचलित रहने के बावजूद आज तराना जिस रूप में प्रचलित है, उसका श्रेय अमीर खुसरो को ही है।

तराना आज निरर्थक शब्दावलियों का प्रतीक बनकर रह गया है। गायकों, शास्त्रकारों की मान्यता है कि तराना में प्रयुक्त वर्णों का कोई अर्थ नहीं होता, और तराना मात्र स्वर, लय और गति का चमत्कारिक खेल है। यह कथ्य आज के सन्दर्भ में अवश्य सत्य है, किन्तु तराना का आरम्भ से ही यह स्वरूप नहीं रहा है। नोम, तोम तदारे दानी, तदानी, तनुं, तदीयन, अलियन, अललि, अललूम जैसे वर्ण तराना

में खूब प्रयुक्त होते हैं। जिनका स्पष्टतया आज कोई अर्थ नहीं दिखता। किन्तु तराना के विद्वानों का मत है कि ऐसा मात्र भाषा की जानकारी न होने के कारण हुआ है। क्योंकि प्राचीन तराने फारसी भाषा में हैं, जिनके गूढ़ अर्थ थे। किन्तु गायक साधारण उस भाषा और उसमें निहित गूढ़ अर्थों से अपनी अनभिज्ञता के कारण उसे तोड़-मरोड़कर पेश करने लगे। कई ऐसे गायक–जिन्हें फारसी भाषा का लेश मात्र भी ज्ञान नहीं है–जब तरानों की रचना करने लगे, तो तरानों की यह दुर्दशा तो निश्चित रूप से होनी ही थी। यह सच इसलिए भी प्रतीत होता है कि दक्षिण भारत में प्रयुक्त तिल्लाना में सार्थक शब्दावलियों का प्रयोग होता है।

इस लेखक के मित्र श्री राजकिशोर प्रसाद सिन्हा–जो अच्छे लेखक और कलाकार हैं–ने–कुछ ऐसे तरानों की रचना की है–जिनमें सार्थक शब्दों का प्रयोग किया गया है। प्रस्तुत है उनके द्वारा रचित एक तराना, राग कामोद में–

तराना

स्थायी– तननन देरे देरे, तोम देरे तोम देरे।
तन देरे नन देरे तननन तोम देरे॥

अंतरा– दिरदिर तन नीतादानी तदारेता दिरदिर दानी।
देरदेर नीतादारी तनादेरे तोम देरे॥

पद्य रचना

भज मन मेरे हरि ऊं हरि ऊं हरि।
तन हरि, मन हरि, तन मन ऊं हरि॥
बिसरो न एक घड़ी, लगालो सांसों की लड़ी।
हर पल हर घड़ी, जपो हरि, ऊं हरि॥

ताल

जिस प्रकार अनुशासन और सामाजिक नियमों, प्रतिबन्धों का हमारे दैनिक जीवन में बहुत महत्त्वपूर्ण स्थान होता है, उसी तरह ताल का संगीत में। ताल संगीत को अनियन्त्रित होने से रोककर उसे एक निश्चित समय सीमा में बाँधता है। संगीत रूपी मदमरत हाथी को नियन्त्रित करने के लिए ताल अंकुश की भूमिका निभाता है। इसके माध्यम से ही संगीत को एक निश्चित समय सीमा, परिधि में बाँध पाना सम्भव हो पाता है। यह संगीत में व्यतीत हो रहे समय को मापने का वह महत्त्वपूर्ण साधन है, जो भिन्न-भिन्न मात्राओं, विभागों, तालियों और खालियों के योग से बनता है।

ताल शब्द की उत्पत्ति तल् धातु से हुई है–जिसे आधार और भि‌ते भी कहा जाता है, इसीलिए ताल की गणना संगीत के आधार भूत तत्वों में होती है।

ताल शब्दस्य निष्पत्तिः प्रतिष्ठार्थेनधातुना।
गीतं, वाद्यं च नृत्यं च भाति ताले प्रतिष्ठितम्।
और, तालस्तल प्रतिष्ठायामिति धातोधञि स्मृतः
गीतं, वाद्यं तथा नृत्यं यतस्ताले प्रतिष्ठितम्।

संगीत का मुख्य उद्देश्य आनन्द है, और इस आनन्द की सृष्टि ताल के बिना असम्भव है, क्योंकि ताल प्रमाण में बँधकर ही संगीत श्रवण प्रिय हो पाता है। स्वर रूपी पुष्पों को जब ताल रूपी धागे में पिरोया जाता है तो उसकी शोभा द्विगुणित हो जाती है। उसमें चार चाँद लग जाते हैं। तबला और पखावज जैसे ताल वाद्यों का तो निर्माण ही ताल की रक्षा के लिए हुआ है। इसमें प्रयुक्त सभी बोल, रचनाएँ किसी-न-किसी ताल में निबद्ध होते हैं, चाहे वह कायदा, रेला, टुकड़ा, तिहाई, गत, फ़र्द कुछ भी क्यों न हो? और न केवल तबला, पखावज जैसे ताल वाद्य बल्कि गायन, तन्त्र एवं सुषिर वाद्य और नृत्य सभी ताल की बुनियाद पर टिके होते हैं। इनके अनेक महत्त्वपूर्ण अंश ताल प्रधान होते हैं। इसीलिए कहा गया है कि–

यस्तु ताल न जानाति, गायको न च वादकः
तस्मात् सर्वप्रयत्नेन कार्यम् तालावधारणम्

यहाँ यह भी उल्लेखनीय है कि न केवल भारतीय शास्त्रीय संगीत बल्कि सुगम, लोक और फिल्म संगीत में भी ताल की प्रधानता होती है। यह भी ध्यातव्य है कि भारतीय संगीत में शुरू से ही तालों की महत्त्वपूर्ण भूमिका रही है, जबकि पाश्चात्य संगीत में तालों की नहीं, लय प्रकारों की भूमिका होती है। भारतीय संगीत मनीषियों की दृष्टि से ताल विहीन अनिबद्ध संगीत आरण्यक संगीत है, तथा तालबद्ध संगीत सामाजिक संगीत। संगीत में व्यक्त किए जा रहे भिन्न-भिन्न भावों और रसों की निष्पत्ति में ताल एवं उसके गतियों की भूमिका काफी महत्त्वपूर्ण होती है। संगीत रत्नाकर, और नारदार्थ रागमाला के अनुसार, जिस प्रकार शरीर में मुख और मुख में नासिका की प्रधानता होती है, उसी प्रकार संगीत में ताल की–

'मुख-प्रधान-देहस्य नासिका मुख-मध्य के, तालहीनं तथा गीतं नासाहीनं मुख यथा'।

'भक्ति रत्नाकर' के रचनाकार श्री नरहरि चक्रवर्ती की दृष्टि में ताल विहीन संगीत अशुद्ध और बिना पतवार के नाव जैसी होती है–

गीते तालयुक्त ताल बिना शुद्धि नय।
जैसे कर्णधार बिना नौका तैछे हय।

किसी भी ताल का ्मर्माण अनेक मात्राओं, ताली, खाली एवं विभागों के संयोग से

होता है। लय रक्त की तरह है, मात्रा नाड़ी और ताली, खाली अंगों की तरह–

लय शोणित रूपेण, मात्रा नाड़ी स्वरूपतः
घाता अवयवाश्चैव तालों वै पुरुषाकृतिः

संगीत विषयक प्राचीन ग्रन्थों में उल्लेख है कि ब्रह्मादि देवताओं एवं ऋषि भरत और उनके 100 पुत्रों आदि ने भगवान शंकर के समक्ष जिस संगीत का प्रदर्शन किया, उसे 'मार्ग संगीत' कहा गया, एवं उसमें 'पंच मार्ग तालों' के प्रयोग हुए थे। मार्ग तालों से बाद में देशी तालों की रचना हुई। मार्ग और देशी तालों के अन्तर को इस प्रकार समझा जा सकता है–

स्वर्गे मार्गाश्रितं देश्याश्रितं भूतलरंजकम्

अर्थात् मार्ग तालों की रचना स्वर्ग एवं देशी तालों की भूतल के निवासियों के रंजन हेतु की गयी है। देश की भिन्न-भिन्न ऋतुओं और अलग-अलग प्रदेशों की स्थानीय संस्कृति के आधार पर जिस संगीत का प्रचार-प्रसार हुआ, उसे देशी संगीत कहा गया। मार्ग तालों के आधार पर रचित देशी तालों की 3 जातियाँ मानी गयी हैं–

शुद्ध ताल–जिसमें किसी भी अन्य ताल का प्रभाव न हो।

सालग ताल–वह ताल जिसकी रचना दो भिन्न तालों के आधार पर हुई हो।

संकीर्ण ताल–वे ताल जो कई तालों के संयोग से बने हों, और जिनमें कई तालों की छाया दिखलाई पड़ती हो।

उदाहरण के लिए हिन्दुस्तानी संगीत के सर्वाधिक प्रचलित तीनताल (त्रिताल) को नीचे लिखा जा रहा है–

X	2	0	3	X
धा धिं धिं धा	धा धिं धिं धा	धा तिं तिं ता	ता धिं धिं धा	धा

सम

'सम' किसी भी ताल का सर्वाधिक महत्त्वपूर्ण स्थल होता है। यही वह स्थान है, जहाँ गायक, वादक और नर्त्तक अपनी रचनाएँ प्रस्तुत करने के बाद प्रायः आपस में आकर मिलते हैं, और फिर अपनी अगली रचना प्रस्तुत करने के लिए अलग हो जाते हैं। यद्यपि यह अनिवार्य नहीं है। फिर भी सांगीतिक विधाओं की अधिकांश रचनाएँ सम से ही आरम्भ होती हैं, और सम पर ही समाप्त होती हैं। अपवाद स्वरूप कुछ रचनाएँ मुखड़े से भी आरम्भ और मुखड़े पर भी समाप्त होती हैं।

सम किसी भी ताल के प्रथम मात्रा को कहते हैं, और अपवाद स्वरूप रूपक ताल को छोड़ दें तो सम पर प्रायः ताली ही होती है। और, इसीलिए ताल की अन्य मात्राओं की अपेक्षा इस मात्रा पर अधिक बल दिया जाता है। इसे अधिक जोर से

बजाया जाता है। वैसे तो सम ताल की प्रथम मात्रा पर ही होता है, किन्तु संगीत में चमत्कार उत्पन्न करने की दृष्टि से मूल सम (पहली मात्रा) से कुछ पहले और कुछ बाद भी यदा-कदा सम का भ्रम उत्पन्न किया जाता है। इन दोनों को सम न कहकर विषम कहा जाता है। मूल सम के पूर्व जब सम का भ्रम उत्पन्न किया जाता है तो उसे अनागत (अनाघात) सम कहते हैं, और मूल सम के बाद जब सम का भ्रम उत्पन्न किया जाता है, तो उसे अतीत सम कहते हैं, ऐसे सम एक मात्रे से कम के अन्तराल पर होते हैं। सम के अतीत और अनागत प्रकारों की संगीत शास्त्रों में चर्चा करते हुए इन्हें शास्त्रीय मान्यता दी गयी है।

किन्तु चमत्कार के लोभ में पड़कर कुछ कलाकार सम की अवहेलना भी कर जाते हैं। ये कलाकार अपने साथी कलाकार के साथ नोंक-झोंक करते हुए उसे भ्रम में डालने हेतु मूल सम-अर्थात् प्रथम मात्रा को छुपाकर, दूसरी जगहों पर जोर देकर, वहाँ सम का भ्रम उत्पन्न करने का प्रयास उत्पन्न करते हैं। यद्यपि शास्त्रीय दृष्टि से यह उचित नहीं है, फिर भी मंचीय चमत्कार की दृष्टि से यदा-कदा इसे स्वीकार किया जा सकता है। किन्तु बार-बार सम की हत्या निश्चय ही उचित नहीं है। सम का अपना विशेष महत्त्व होता है, और उस महत्त्व को महत्त्व न देना, अनदेखा करना उचित नहीं होगा। गायक, वादक और नर्त्तक अपनी रचनाओं के प्रदर्शन के समय भी आने वाले सम के प्रति सचेत रहते हैं। क्योंकि उन्हें वहीं दूसरे साथी कलाकारों से मिलना होता है। ऐसे में अगर बार-बार सम छिपा लिया जाए तो कलाकार के लिए असमंजस की स्थिति उत्पन्न हो जाती है। फलस्वरूप उसका सारा ध्यान असली सम की खोज पर केन्द्रित हो जाता है, और वह अपनी रचनागत प्रतिभा का पूरा परिचय नहीं दे पाता है।

उल्लेखनीय है कि अतीत और अनागत का अपना महत्त्व होता है। ऐसी रचनाओं का निर्माण आसान नहीं है, जो 2 मात्राओं के बीच में भी अलग-अलग स्थानों पर समाप्त हों। अतः सम की हत्या अलग बात है, और अतीत तथा अनागत का प्रदर्शन अलग। तीन ताल में अनागत रचनाओं का निर्माण करने हेतु सोलह और एक मात्रे के बीच सवा सोलह, साढ़े सोलह और पौने सत्रह की रचनाएँ बनानी होंगी। विष्णु नारायण भातखंडे द्वारा रचित ताल पद्धति में सम के लिए + या × का प्रयोग किया जाता है, जबकि विष्णु दिगंबर पलुस्कर ताल पद्धति में सम स्थान के नीचे मात्रा संख्या लिखा जाता है, जो निश्चित रूप से 1 होती है।

उदाहरण के लिए झपताल को दोनों ताल पद्धतियों में लिखकर सम दिखलाया जा रहा है--

भातखंडे पद्धति

X		2			0		3			X
धि	ना	धि	धि	ना	ति	ना	धि	धि	ना	धि

पलुस्कर पद्धति

1		3			+		8			1
धि	ना	धि	धि	ना	ति	ना	धि	धि	ना	धि

मात्रा

संगीत में व्यतीत हो रहे समय को मापने का साधन ताल है, और मात्रा उसकी सबसे छोटी इकाई अथवा पैमाना। इस प्रकार कहा जा सकता है कि संगीत में व्यतीत हो रहे समय को मापने की सबसे छोटी इकाई अथवा पैमाने को मात्रा कहा जाता है। जिस प्रकार रुपए में पैसा, घण्टे में मिनट में और मीटर में सेण्टीमीटर होते हैं, उसी प्रकार ताल में मात्रा।

एक मात्रा काल की अवधि कितनी होती है–इस विषय में अलग-अलग विद्वानों के अलग-अलग मत हैं। प्राचीन संगीत मनीषियों के अनुसार एक-दूसरे के ऊपर रखे हुए सौ कमल पत्रों में एक सुई से छिद्र करने में जितना समय लगता है–वह एक मात्रा होता है। भरत नाट्य शास्त्र के अनुसार मनुष्य की पाँच बार पलक गिरने की अवधि (पंच निमेष) एक मात्रा काल कहलाती है। पक्षियों की आवाज से भी प्राचीन काल में मात्रा काल का अनुमान लगाया जाता था–

चाषस्तु वदते मात्राम् द्विमात्रां वायसोऽब्रतीत।
शिखी त्रिमात्री विज्ञेय एष मात्रा परिग्रहः।

अर्थात्–नीलकंठ पक्षी का शब्द एक मात्रा, कौवे का दो मात्रा तथा मयूर का तीन मात्रे के बराबर माना जाता है–

मात्राओं पर विचार करते समय लय को ध्यान में रखना जरूरी है। भिन्न-भिन्न लयों में मात्रा की अवधि अलग-अलग होती है। उत्तर भारतीय संगीत में मात्राओं की अवधि के विषय में कोई सर्वमान्य नियम नहीं। फिर भी मध्य लय की एक मात्रा सामान्यतः एक सेकेण्ड के बराबर होती है।

उत्तर भारत के भातखंडे ताल पद्धति में एक मात्रे का संकेत ‿ (अर्द्धचंद्र) होता है। एक मात्रे में जितने बोल या वर्ण होते हैं। उन्हें एक अर्द्धचंद्र में घेर देते हैं। जैसे धागे, नगीन तिरकिट आदि। लेकिन, विष्णुदिगंबर पलुस्कर ताल पद्धति में द्रुत (आधा मात्रा) और अणु द्रुत (चौथायी मात्रा) के भी संकेत चिन्ह उपलब्ध हैं। यद्यपि इसका प्रचार अपेक्षाकृत कम है। द्रुत के लिए 0 प्रयोग होता है। जैसे धा॰ गे॰। अर्थात् दोनों ही आधी-आधी मात्रा के बोल हैं। इसी प्रकार अणु द्रुत अर्थात् चौथाई मात्रा के लिए ‿ का प्रयोग होता है। जैसे ति र कि ट। विष्णु दिगंबर ताल पद्धति में मात्रा और उसके छोटे अंशों के चिन्ह इस प्रकार हैं–

2 मात्रे का चिह्न	◡◠◡	
1 मात्रे का चिह्न	–	जैसे धा
½ मात्रे का चिह्न	○	जैसे ते टे
¼ मात्रे का चिह्न	◡	जैसे ति र कि ट
1/8 मात्रे का चिह्न	◡◡	जैसे ते टे क त ग दि ग न
1/3 मात्रे का चिह्न	∽	जैसे धू गी नू
1/6 मात्रे का चिह्न	≈	जैसे त कि ट धी कि ट आदि।

ताली

जब किसी ताल को अलग-अलग विभागों में बाँट दिया जाता है, तो उन विभागों की पहचान के लिए दो अलग-अलग क्रियाओं का सहारा लिया जाता है, इसमें सशब्द क्रिया को साधारण बोलचाल की भाषा में **ताली** या **आघात** कहते हैं। बोलों का पढ़न्त करते समय ताली के स्थानों पर दोनों हथेलियों के संयोग से एक ध्वनि उत्पन्न की जाती है, इसीलिए इसका नामकरण सशब्द क्रिया, ताली या आघात हुआ। ताली वाले स्थानों पर प्रायः सबल बोलों (धा, धीं) आदि का ही प्रयोग होता है, किन्तु कुछ अपवाद भी निश्चित रूप से हैं–जैसे धमार और रूपक आदि।

भातखंडे ताल पद्धति में ताल की पहली मात्रा–जिसे सम कहते हैं, और जिस पर अनिवार्य रूप से ताली होती है (अपवाद-रूपक) के संकेत के लिए + या × चिह्न का प्रयोग होता है, शेष तालियों के लिए ताली संख्या 2, 3, 4, 5 आदि लिखा जाता है, जबकि विष्णु दिगंबर ताल पद्धति में जिस मात्रा पर ताली होती है, वहां मात्रा संख्या लिखी जाती है। उदाहरण के लिए तीनताल को दोनों ताल लिपियों में क्रमशः इस प्रकार लिखा जाएगा।

(क) भातखंडे काललिपि पद्धति में तीनताल–

धा धिं धिं धा	धा धिं धिं धा	धा तिं तिं ता	ता धिं धिं धा	धा
X	2	0	3	X

(ख) तीनताल–पलुस्कर ताल पद्धति में–

धा धिं धिं धा	धा धिं धिं धा	धा तिं तिं ता	ता धिं धिं धा	धा
1	5	+	13	1

भरत नाट्य शास्त्र में सशब्द क्रिया कि 4 प्रकारों का उल्लेख किया गया है। यद्यपि इन प्रकारों का प्रचलन आज नहीं है, फिर भी संगीत के विद्यार्थियों के लिए इन्हें जान लेना उचित होगा। इनके नाम इस प्रकार है–ध्रुव, शम्पा, ताल और सन्निपात। ये अलग-अलग ताल विभागों को स्पष्ट करते थे कि यह पहली, यह दूसरी, यह तीसरी और यह चौथी ताली है।

खाली

खाली-अर्थात् रिक्त। ताल के भिन्न-भिन्न मात्राओं की पहचान हेतु उन्हें अलग-अलग विभागों में बाँटकर उन पर ताली और खाली प्रदर्शित की जाती है। खाली का भाव प्रदर्शित करने हेतु दोनों हाथों को हिलाकर शून्य का भाव बोध कराया जाता है। यह प्रायः ताल के मध्य में होती है। जैसे तीनताल में 9वीं, झपताल में 6वीं और कहरवा में 5वीं मात्रा पर। लेकिन, कुछ तालों में ऐसा नहीं भी होता है।

किसी भी ताल के जिस मात्रा या विभाग में खाली होती है, वहाँ प्रायः बन्द और इकहरे बोल प्रयुक्त होते हैं। जैसे तीनताल में धा तिं तिं ता, दादरा में धा तू ना, कहरवा में न क धे न, झपताल में ती ना, धमार में ग ते टे और झूमरा में तिं ऽता तिरकिट आदि। फिर भी इस नियम का बहुत कठोरता से पालन नहीं होता आधुनिक तालों में।

खाली को निःशब्द क्रिया भी कहते हैं। दक्षिण भारतीय ताल पद्धति में इसके लिए विसर्जितम् शब्द का प्रयोग किया जाता है, किन्तु उत्तर भारतीय तालों की तरह वहाँ खाली का कोई पृथक विभाग नहीं होता, बल्कि जिन मात्राओं पर तालियाँ नहीं होती हैं, उन सबको खाली अर्थात् विसर्जितम् के अन्तर्गत रखते हैं।

भातखंडे ताल पद्धति में खाली का चिन्ह 0 है, जबकि पलुस्कर ताल पद्धति में + या X

झपताल—पलुस्कर ताल पद्धति में—

धि ना	धि धि ना	ति ना	धि धि ना	धि
1	3	+	8	1

तीनताल— भातखंडे ताल पद्धति में—

धा धिं धिं धा	धा धिं धिं धा	धा तिं तिं ता	ता धिं धिं धा	धा
X	2	0	3	X

खाली के सम्बन्ध में उल्लेखनीय है कि उत्तर भारतीय संगीत पद्धति में खाली के दो लगातार विभाग नहीं होते।

विभाग (खण्ड)

किसी भी ताल की मात्रा और स्थान विशेष को पहचानने की सुविधा के लिए उसे अलग-अलग खण्डों, विभागों में बाँट दिया जाता है। किसी भी ताल के कुल तालियों, खालियों के योग के बराबर उस ताल के विभागों की संख्या होती है। अर्थात् हर विभाग एक नए ताली, खाली का सूचक होता है। उदाहरण के लिए तीनताल में 3 तालियाँ और 1 खाली है, अतः उसमें 4 विभाग हुए। इसी प्रकार एकताल में 4 तालियाँ और 2 खालियाँ हैं, अतः इसके विभागों की संख्या 6 है।

विभागों के मुख्यतः 4 प्रकार माने गए हैं, जिन्हें 'अंग चतुष्टय' कहा जाता है। इसमें 2, 3, 4 और 5 मात्राओं के विभाग होते हैं। आजकल कई ऐसे ताल भी प्रचार में हैं जिसमें 1-1 मात्राओं के विभाग हैं। लेकिन, विद्वानों की मान्यता है कि कम-से-कम 2 मात्रा और अधिक-से-अधिक 5 मात्राओं के विभाग होने चाहिए। 5 मात्राओं के विभाग वाला सिर्फ धमार ताल प्रचार में है जिसका प्रथम विभाग 5 मात्राओं का है। 2 मात्राओं के विभाग के एकताल, चौताल, सूलताल, आड़ा चारताल जैसे अनेक ताल प्रचार में हैं। 3 मात्राओं के विभाग वाले तालों में दादरा की और 4 मात्राओं के विभागों वाले तालों में कहरवा और त्रिताल आदि की गणना की जा सकती है। झपताल, रूपक, धमार, गजझंपा, पंचम सवारी और शिखर आदि कई ऐसे ताल भी हैं, जिनके विभाग अलग-अलग मात्राओं के हैं। जैसे झपताल का विभाग 2/3/2/3 मात्राओं का है, रूपक 3/2/2 मात्राओं का, धमार का 5/2/3/4 मात्राओं का, गजझंपा का 4/4/3/4 मात्राओं का, पंचम सवारी का 3/4/4/4 मात्राओं का और शिखर का 4/4/3/2/4 मात्राओं का।

अंग चतुष्टय अर्थात् विभागों के इन चारों प्रकारों का संकेत निम्नवत हैं–

(1)	गुरु	=	◡◡	=	2 मात्रा,
(2)	तिस्त्र	=	△	=	3 मात्रा,
(3)	चतस्त्र		X	=	4 मात्रा, और
(4)	खण्ड		**'X'**		5 मात्रा।

ठेका

संगीत को एक निश्चित स्वरूप देने में ताल की महत्त्वपूर्ण भूमिका होती है, और इन तालों को उनके ठेका द्वारा पहचाना जाता है। ठेका उत्तर भारतीय संगीत की वह विशेषता है, जो अन्य संगीत शैलियों में लगभग नहीं के बराबर पायी जाती है। किसी भी ताल का वह मूल बोल जिसके द्वारा उस ताल को पहचाना जाता है, उस ताल का ठेका कहलाता है। उल्लेखनीय है कि पाश्चात्य या दक्षिण भारतीय संगीत शैलियों में भिन्न-भिन्न तालों को उनकी मात्रा संख्या और गति प्रकार के द्वारा पहचाना जाता है। किन्तु मात्रा और गति प्रकार के अलावा उत्तर भारतीय संगीत की एक प्रमुख विशेषता उस ताल का ठेका भी होता है। इस ठेके की रचना उस ताल की प्रकृति, गति प्रकार और ताली, खाली, विभाग आदि को ध्यान में रखकर की जाती है। जैसे झपताल की गति क्रमशः 2/3/2/3 की है, तो इसका ठेका–

धी	ना	|	धी	धी	ना	|	ती	ना	|	धी	धी	ना	|	धी
X		|	2			|	0		|	3			|	X

है। लेकिन, 10 मात्रे का ही एक अन्य ताल है–सूलताल–जिसका खंड क्रमशः 2/2/2/2/2 का है, इसलिए इसका ठेका इस प्रकार है–

धा धा	दीं ता	किट धा	तिट कत	गदि गन	ध
X	0	2	3	0	X

और, दादरा का ठेका–

धा धी ना	धा ती ना	धा
X	0	X

तात्पर्य यह कि ताल का ठेका इस प्रकार का हो कि वह ताल के विभाग और ताली, खाली को स्पष्ट रूप से निरूपित करे, जिस स्थान पर खाली हो, वहाँ बन्द या निर्बल बोल प्रयुक्त हों। खाली के मात्रे पर नहीं, तो उस विभाग में बन्द बोलों का प्रयोग आवश्यक रूप से होना चाहिए। जैसे झपताल में 6वीं मात्रा पर खाली है तो वहाँ ती वर्ण का प्रयोग हुआ है। धमार की 8वीं मात्रा पर खाली है, और वहाँ ग वर्ण प्रयुक्त हुआ है। यद्यपि एकताल की प्रथम खाली तीसरी मात्रा पर है, और वहाँ धा वर्ण का प्रयोग हुआ है जो सबल वर्ण है किन्तु उसके बाद ग और तिरकिट वर्ण प्रयुक्त हुआ है जो निर्बल वर्ण है। और अगली खाली पर क त्ता वर्ण प्रयुक्त हुआ है, जो स्पष्टतया निर्बल वर्ण है।

ठेकों के सम्बन्ध में एक महत्त्वपूर्ण तथ्य यह भी उल्लेखनीय है कि इसका प्रचलन सम्भवतः मध्य युग में आरम्भ हुआ। प्राचीन काल में मात्र गति प्रकारों (छन्द) के आधार पर संगति की जाती थी। अभी तक प्राप्त तथ्यों के आधार पर कहा जा सकता है कि पुष्कर वाद्य के निर्माण के साथ ही ठेके का प्रचलन शुरू हुआ होगा। क्योंकि यह पहला वाद्य था, जिसमें भिन्न-भिन्न वर्णों के निकास की स्पष्ट व्यवस्था थी, क्योंकि इसे हाथ से बजाया जाता था।

यद्यपि उत्तर भारतीय तालों के ठेकों में कुछ विरोधाभास स्पष्ट रूप से दिखते हैं। कुछ अति प्रमुख और प्रचलित तालों को छोड़ दिया जाए तो कई तालों के कई-कई ठेके प्रचार में हैं। और, इससे नव संगीतार्थियों को काफी कठिनाइयों का सामना करना पड़ता है। बेहतर होगा कि संगीतज्ञों की एक विशेषज्ञ समिति बैठकर इन तालों का एक निश्चित ठेका सुनिश्चित करे। प्रस्तुत है तीवरा ताल का ठेका–

धा दीं ता	तिट कत	गदि गन	धा
X	2	3	X

चक्रदार अथवा चक्करदार

चक्रदार अथवा चक्करदार वस्तुतः तिहाई का ही एक बड़ा और विकसित रूप है। जब कोई छोटा सा बोल तीन बार बजता है, तब उसे तिहाई कहा जाता है। किन्तु जब कोई बड़ा और सम्पूर्ण बोल जिसके अन्त में तिहाई भी हो–पूरा-पूरा तीन बार बजाया जाता है, तब उसे चक्रदार कहते हैं। लेकिन, अन्त में तिहाई का होना चक्रदार की अनिवार्यता नहीं है। चक्रदार के अन्तर्गत गत, टुकड़े, परण और तिहाई जैसी रचनाएँ

आती हैं। किसी टुकड़े को पूरा-पूरा अन्तिम धा सहित-तीन बार बजाने पर वह चक्रदार टुकड़ा कहलाता है, तो परण को तीन बार बजाने पर वह चक्रदार परण कहलाएगा।

प्रस्तुत है—तीनताल में एक चक्रदार टुकड़ा—

धाऽन धेतेटे नगीन तेतेटे कतेटे तकीन धाऽन धा
दीं दीं धातिरकिट धेतेटे तकिट धीकिट ताऽन धा
कऽत धेतेटे कतेटे तगीन धा कतेटे तगीन धा
कतेटे तगीन धा धाडन धेतेटे नगीन तेतेटे कतेटे
तगीन धाडन धा दीं दीं धातिरकिट धेतेटे तकिट
धीकिट ताऽन धा कऽत धेतेटे कतेटे तगीन धा
कतेटे तगीन धा कतेटे तगीन धा धाऽन धेतेटे
नगीन तेतेटे कतेटे तगीन धाऽन धा दीं दीं
धातिरकिट धेतेटे तकिट धीक्रिट ताऽन धा, कऽत धेतेटे
कतेटे तगीन धा कतेटे तगीन धा कतेटे तगीन
धा।

उपरोक्त X टुकड़े में चूँकि 80 मात्राएँ हैं, अतः यह झपताल में भी ठीक इसी तरह प्रयुक्त हो सकता है। झपताल में यह फरमाइशी चक्रदार बन जाएगा।

फरमाइशी चक्रदार

पुराने समय में जब गुणि संगीतज्ञों की महफिलें जमती थीं, तब संगीतज्ञ दूसरे संगीतज्ञों से कुछ विशेष और दुर्लभ बंदिशें सुनाने का आग्रह, फरमाइश करते थे। अतः ऐसी विशेषताएँ युक्त बोलों को फरमाइशी बोल कहा जाता था। किन्तु आजकल फरमाइशी चक्रदार रूढ़ और सीमित अर्थों में प्रयुक्त होने लगा है। इसके अन्तर्गत चक्रदार रचनाओं के उन विशेष टुकड़ों, परणों को रखा जाता है। जिन्हें पहली बार बजाने से तिहाई का पहला भाग सम पर समाप्त हो। दूसरी बार बजाने से तिहाई का दूसरा भाग सम पर समाप्त हो, और तीसरी बार बजाने से तिहाई का अन्तिम भाग सम पर समाप्त हो। इस तरह की रचनाएँ चूँकि अपेक्षाकृत कम मिलती हैं, अतः इन्हें फरमाइशी की श्रेणी में रखा जाता है। फरमाइशी चक्रदार का आशय इन दिनों ऐसी ही रचनाओं से होता है। इसके अन्तर्गत, टुकड़े और परण जैसी रचनाएँ आती हैं—

प्रस्तुत है झपताल में एक फरमाइशी चक्रदार टुकड़ा। चूँकि यह टुकड़ा 80 मात्राओं का है, अतः साधारण चक्रदार के रूप में तीनताल में भी इसे बजाया जा सकता है।

धगतेटे तगतेटे	क्रिधातेटे धगतेटे तगतेटे	गिदगिन धेतु	धेतेटेत गीनतक धेत्ता
X	2	0	3

नगतेटे दींदीं	तेटेतेटे धाता कतेटेत	गीनधेत् तगीन्न	धेता तिरकिटधेत् तगीन्न
X	2	0	3
धा तिरकिटधेत्	तगीन्न धा तिरकिटधेत्	तगीन्न धा	धगतेटे तगतेटे क्रिधातेटे
X	2	0	3
धगतेटे तगतेटे	गिदगिन धेत्त धेतेटधेत	गीनतक धेत्ता	नगतेटे दींदीं तटेतेटे
X	2	0	3
धाता कतेटेत	गीनधेत् तगीन्न धेत्ता	तिरकिटधेत्त तगीन्न	धा तिरकिटधेत् तगीन्न
X	2	0	3
धा तिरकिटधेत्	तगीन्न धा धगतेटे	तगतेटे क्रिधातेटे	धगतेटे तगतेटे गिदगिन
X	2	0	3
धेत्त धेतेटेत	गीनतक धेत्ता नगतेटे	दींदीं तेटेतेटे	धाता कतेटेत गीनधेत्
X	2	0	3
तगीन्न धेत्ता	तिरकिटधेत् तगीन्न धा	तिरकिटधेत् तगीन्न	धा तिरकिटधेत् तगीन्न
X	2	0	3
धा			
X			

(तबला शिरोमणि पं. गामा महाराज रचित)

कमाली चक्रदार

साधारण अर्थों में कमाली शब्द उन बोलों के सन्दर्भ में प्रयुक्त होता था—जिसमें कोई कमाल की बात या विशेषता हो। किन्तु, इन दिनों कमाली का प्रयोग रूढ़ अर्थों में हो रहा है। एक विशेष प्रकार के चक्रदार को आजकल कमाली की संज्ञा दी जाती है।

कमाली चक्रदार का कमाल इसकी तिहाइयों में होता है। इसकी तिहाई के हर पल्ले में तीन धा होते हैं। जैसे तेटेकत गदिगन धा धा धा। तेटेकत गदिगन धा धा धा तेटेकत गदिगन धा धा धा। जब इस प्रकार के टुकड़े, परणों की रचना की जाती है, तो इसका पूरा ध्यान रखा जाता है कि इसे पहली बार बजाने पर तिहाई के प्रथम भाग का पहला धा सम पर आए। दूसरी बार बजाने पर तिहाई के द्वितीय भाग का दूसरा धा सम पर आए, और तीसरी बार बजाने पर तिहाई के तृतीय भाग का तीसरा अर्थात् अन्तिम धा सम पर आएं। चूँकि इस प्रकार की विशेषताओं वाले बोल कम मिलते हैं। अतः इन्हें कमाली कहना उचित है।

प्रस्तुत है तीनताल में एक कमाली चक्रदार—

तिरकिट

धेऽतूध गीनघेन धाऽघेड़ा ऽनधाऽ | दींता किटितकदीं ताकत घेघेन,दी |
X | 2 |

गन,धेन तिरकिटतकधी किटितक त्तेघ्ड़ा | ऽनधाऽ ऽधा ऽधा तेटेकतगदिगन |
0 | 3 |

धा धा धा तेटेकतगदिगन | धा धा धा तेटकतगदिनगन |
X | 2 |

धा धा धा,तिरकिट धेऽत्तध | गीनधेन धाऽधेड़ा ऽनधाऽ दींता | किटितकदीं ताकत घेघेनदी गनधेन
0 | 3 | X

तिरकिटतकधी किटितक त्तेघ्ड़ा ऽनधाऽ | ऽधा ऽधा तेटेकतगदिनगन
2 | 0

धा | धा धा तेटेकतगदिगन धा | धा धा तेटेकतगदिनगन धा |
| 3 | x |

धा धातिरकिट धेत्तध गीनधेन | धाघेड़ा ऽनधाऽ दींता किटितकदीं |
2 | 0 |

ताकत घेघेनदी गिनधेन तिरकिटतकधी | किटितक तेध्ड़ा ऽनधाऽ ऽधा |
3 | X |

ऽधा तेटेकतगदिगन धा धा | धा तेटेकतगदिगन धा धा | धा तेटेकतगदिगन धा धा | धा
2 | 0 | 3 | X

तबला शिरोमणि पं. गामा महाराज रचित

गत और उसके कुछ प्रकार

तबले की प्रमुख रचनाओं में एक महत्त्वपूर्ण नाम है गत। तबले की रचना होने के कारण इसमें स्वाभाविक तौर पर तबले के मुलायम, खूबसूरत और कर्णप्रिय वर्णों का प्रयोग होता है। गत सामान्यतः टुकड़े की तरह का बोल होता है। किन्तु टुकड़े और गत में काफी भिन्नताएँ भी हैं। सबसे बड़ी भिन्नता यह है कि इसमें टुकड़े की तरह तिहाई नहीं होती। गत के 2 भाग होते हैं—खुले और बन्द। कायदे की तरह गत का वादन विभिन्न लयों, लकयारियों में किया जाता है—जैसे ठाह, दुगुन, तिगुन, चौगुन आदि। अनेक लयों, गतियों में वादन गत की प्रमुख विशेषता है। लेकिन, इन समानताओं के बावजूद गत कायदा से भिन्न होता है, क्योंकि इसका पल्टों के माध्यम से बोल विस्तार नहीं होता। वस्तुतः भिन्न-भिन्न लयों के प्रयोग, लयात्मक

विकास के कारण इस प्रकार के बोलों को गति के आधार पर गत कहा जाता है। तबला वादन में गत का विशिष्ट स्थान होता है।

नीचे फर्रुखाबाद घराने का एक प्रमुख और लोकप्रिय गत प्रस्तुत है– तीनताल में–

धा धिनक तकिट धिनक धातिरकिट धेतेटे कतग दिगन,

नगिन नगिन तकिट धिनक धातिरकिट धेतेटे कतग दिगन।

ता किनक तकिट किनक तातिरकिट तेतेटे कतक तिकन,

नगिन नगिन तकिट धिनक धातिरकिट धेतेटे कतग दिगन।

तबला वादन के क्षेत्र में गतों के कुछ अन्य प्रकार भी प्रचलित हैं। जैसे दोपल्ली, तिपल्ली और चौपल्ली आदि। गतों के वे विशिष्ट प्रकार जो क्रमशः भिन्न-भिन्न लयों के 2, 3 या 4 पल्लों (भागों) में निबद्ध हों–क्रमशः दोपल्ली, तिपल्ली और चौपल्ली कहलाते हैं। निम्न पँक्तियों में इनके उदाहरण प्रस्तुत हैं–

दोपल्ली–(तीनताल)

धाऽन धेतेटे धातिरकिट धेतेटे कऽत धेतेटे कतग दिगन

धाऽनधे तेटेधातिर किटधेतेटे कऽतधे तेटेकत गदिगन तेटेकत गदिगन।

ताऽन तेतेटे तातिरकिट तेतेटे कऽत तेतेटे कतक तिकन

धाऽनधे तेटेधातिर किटधेतेटे कऽतधे तेटेकत गदिगन तेटेकत गदिगन।

तिपल्ली–(तीनताल)

धाऽन धेतेटे धातिरकिट धेतेटे कऽत धेतेटे कतग दिगन, धाऽनधे तेटेधातिर किटधेतेटे

कऽतधे तेटेकत गदिगन धाऽनधेतेटेधातिरकिटधेतेटे कऽतधेतेटेकतगदिगन

ताऽन तेतेटे तातिरकिट तेतेटे कऽत तेतेटे कतक तीकन, ताऽनते तेटेतातिर किटतेतेटे

कऽतते तेटेकत कतीकन धाऽनधेतेटेधातिरकिटधेतेटे कऽतधेतेटेकतगदिगन

चौपल्ली–(तीनताल)

धिन कत किट धातिर किटधे तेटे नगी न,न गीन नगी नते तेटे, धिनक तकिट

धातिरकिट धेतेटे नगीन नगीन नगीन तेतेटे, धिनकत किटधातिर किटधेतेटे नगीनन

गीननगी नतेतेटे धिनकतकिट धातिरकिटधेतेटे नगीननगीन नगीनतेतेटे नगीनतेतेटे नगीनतेतेटे

किन कत किट.......

चारबाग–जैसा कि गत की परिभाषा में पहले ही लिखा जा चुका है कि गत में गति (लय प्रकारों) का महत्त्वपूर्ण स्थान होता है, और इसीलिए गतों का वादन विभिन्न लयकारियों में भी होता है। किन्तु यह तो सामान्य गतों की बात हुई। सृजनशील, प्रयोगधर्मी कलाकारों ने कुछ ऐसी विशिष्ट गतों की भी रचना की–जिनमें 4 अलग-अलग तरह के बोल समूहों और लयकारियों का प्रयोग एक साथ इस प्रकार किया गया कि चारों अपनी स्वतन्त्र छवि रखते हुए भी एक-दूसरे से सम्बद्ध होते थे। इन गतों के 4 भाग होते थे और चारों स्वयं में पूर्ण होते थे, किन्तु इन चारों को मिलाकर इन्हें एक नया रूप, नया रंग उन कला मनीषियों ने दी थी। ध्यातव्य है कि कुछ प्रमुख बोलों का प्रयोग चारों भागों में इस प्रकार किया जाता है कि ये एक-दूसरे से सम्बन्धित जान पड़ते हैं।

चार बाग की गतों की रचना की प्रेरणा के पीछे बुजुर्ग और विद्वान तबला वादक एक बाग के विषय में बताते हुए कहते हैं कि यह बाग 4 भागों में बँटा हुआ था, और चारों में अलग-अलग तरह के फूल थे...अलग किस्म के फव्वारे थे...और थी अलग ढंग की सजावट। इस बाग का नाम चारबाग था। चारबाग के चारों भाग स्वयं में पूर्ण थे। यहाँ तक कि निकास के छोटे द्वार भी उनमें बने हुए थे। फिर भी बीच से वे चारों भाग एक-दूसरे से जुड़े हुए थे। यह बाग सम्भवतः लखनऊ में था। लखनऊ के रेलवे स्टेशन का क्षेत्र आज भी चारबाग के नाम से ही जाना जाता है। यद्यपि आज वहाँ इस प्रकार के बाग का कोई अस्तित्व, कोई निशां नहीं है। फिर भी पुराने कलाकारों का मत है कि कभी ऐसा बाग अवश्य था, और चारबाग की गतों के पीछे उसी चारबाग की प्रेरणा रही है।

गत कायदा और गत परण–गत तबला का एक स्वतन्त्र बोल है। यद्यपि इसमें कायदे की कुछ विशेषताएँ पायी जाती हैं। जैसे कायदे की तरह खुले और बन्द दो भाग...भिन्न-भिन्न लयों में वादन, और दोनों ही रचनाओं का मात्र तबला से जुड़ाव होना। फिर भी गत-गत है, और कायदा-कायदा। यह शास्त्रोक्त मान्यता है। यह सच है। किन्तु एक सच यह भी है कि संगीत प्रायोगिक कला है। इसलिए इसमें नए प्रयोग...नए सृजन होते रहे हैं...और होते रहेंगे। गत कायदा या गत परण जैसी रचनाएँ इसी प्रयोगधर्मिता के प्रमाण हैं।

जिस गत में कायदे की झलक मिले, और जिसका कायदे की तरह ही विविध विस्तार सम्भव हो उस गत को गत कायदा कहते हैं। यह मत गत कायदा बजाने वाले कलाकारों का है। पं. भगवत शरण शर्मा लिखित पुस्तक ताल प्रकाश में गत

कायदा का उदाहरण इस प्रकार दिया हुआ है।

(1) धिन्ना धातृ कता धिन्ना धातृ धिना तूना।
तातृ कता किना तातृ कधी नक धिना तूना।

(2) धात्र कता धिना धात्र कधी नक धिना तूना।
तात्र कता किना तात्र कधी नक धिना तूना।

(3) धिना तूना धात्र कधा धिना धिना तधा तूना।
किन तूना तात्र कता धिना धिना तधा तूना।

(4) तूना धिना धात्र कधा त्रक धाधी नधा धिना।
तूना किना तात्र कता धिना धाधी नधा धिन।

इसी प्रकार जिस गत में सामान्य गतों की अपेक्षा खुले और जोरदार बोलों का प्रयोग हो। तथा अपने वर्णो और आकार प्रकार के कारण जो गत परण समान प्रतीत हों। अर्थात् जिन गतों में परण का प्रभाव दृष्टिगोचर हो–उन गतों को गत परण के नाम से सम्बोधित किया जाता है।

उठान

उठान शब्द का अर्थ है उठना, और उठने का अर्थ तभी चरितार्थ होता है, जब खचाखच भरी पूरी सभा की दृष्टि आपके उठते ही आपकी ओर आकृष्ट हो जाए। पूरब घराने के तबला वादक अपने वादन का आरम्भ उठान से ही करते हैं। और इस उठान वादन से ही इसका अनुमान लग जाता है कि कलाकार में कितनी योग्यता, कितनी क्षमता है? उठान की सबसे बड़ी विशेषता यह है कि यह निबद्ध अर्थात् बँधा हुआ नहीं होता, और स्थान, कलाकार, संगीत विधा तथा परिवेश को देखते हुए अपनी रचनात्मक कल्पनाशीलता का परिचय देते हुए कलाकार उपज के आधार पर इसे बनाता और बजाता जाता है। वैसे, इन दिनों निबद्ध अर्थात् पूर्व निर्धारित उठानों का प्रचलन भी जोरों पर है।

उठान मूलतः टुकड़ा और परण जैसी रचना होते हुए भी इस अर्थ में इनसे भिन्न होता है कि इसमें कई प्रकार के लयों और लयकारियों का समावेश होता है। प्रायः बिलम्बित लय से शुरू करके चौगुन, अठगुन तक में इसका वादन किया जाता है। बीच में विभिन्न लयकारियों का भी प्रयोग करते हैं योग्य कलाकार गण। इसके बोल खुले और जोरदार होते हैं, और इसके अन्त में एक अच्छी और बड़ी तिहाई भी होती है।

उठान का एक छोटा रूप प्रस्तुत है–यह 80 मात्राओं का है, अतः तीनताल

और झपताल में इसका प्रयोग किया जा सकता है–

ध ग तें टे तग तेटे क्रिधा तेंटे न ग तें टे धेंते टें,त गीन तक

ते टे क त गदि गन नग तेंटे कतेटे तगिन धेतेंटे तगिन धेऽत ड़ाऽन धाऽधा ऽधाऽ

धगतेटे धगतेटे तगतेटे तगतेटे क्रिधातेटे धगतेटे गदिगन नगतेटे

क्रिधातेटे क्रिधातेटे क्रिधातेटे धगतेटे कतधाऽ ऽऽकत धाऽऽऽ कतधाऽ

कतेटेतगीन धेतेटतगीन धेटधेटधेट धाऽनधेतेटे नगिनतेतेटे कतेटेतगिन धाऽनधाऽताऽन धाऽऽक्ड़ाऽनधाऽ

दींऽदींऽ क्रिधेऽतगिनतक तेटेकतगदिगन नगतेटेधेत्तूधेतु

क्रिधातेटेधाऽऽऽ कतेटेतगिनतक दींदींनगतेटे दींतड़ानधा

क्रिधातेटेधाऽ,कत धाऽ,कतधाऽ,कत धाऽ,कतधाऽ,कत धाऽ,कतधाऽ,क़त

धाऽ,कतधाऽ,कत धाऽऽऽक्रिधातेटे धाऽकतधाऽ,कत धाऽ,कतधाऽ,कत

धाऽ,कतधाऽ,कत धाऽ,कतधाऽ,कत धाऽ,कतधाऽऽऽ क्रिधातेटेधाऽकत

धाऽकतधाऽ,कत धाऽ,कतधाऽ,कत धाऽ,कतधाऽ,कत धाऽ,कतधाऽ,कत | धा

X

तिहाई और उसके भिन्न-भिन्न प्रकार

जब किसी छोटे से बोल समूह को पूरा-पूरा तीन बार गाया, बजाया या नाचा जाता है, तो उसे तिहाई या तीया कहते हैं। तिहाई का भारतीय संगीत की हर विधा में महत्त्वपूर्ण स्थान है। तबला वादन के क्षेत्र में अनेक बोल यथा पेशकार, कायदा, बाँट, रेला, टुकड़ा और परण आदि का समापन प्रायः तिहाई से ही होता है। वस्तुतः तिहाई किसी भी बोल का समापन अंश होता है। बोल के अन्त में उससे जुड़े कुछ वर्ण समूहों का तीन बार वादन करके उसके समापन की अपरोक्ष घोषणा की जाती है।

लेकिन, पिछले कुछ वर्षों में तिहाई की भूमिका का काफी विस्तार हुआ है। अब इनका किसी रचना विशेष से जुड़ा होना अनिवार्य नहीं रहा। एक ओर जहाँ तिहाइयों के अभाव में अनेक रचनाएँ अपूर्ण सी प्रतीत होती हैं, वहीं दूसरी ओर भिन्न-भिन्न प्रकार की स्वतन्त्र तिहाइयों का प्रचलन भी इधर तेजी से बढ़ा है। तिहाइयों की इस बदलती भूमिका पर संगीत मनीषियों में मतभेद अवश्य है, लेकिन इस विषय में कोई मतभेद नहीं कि स्वतन्त्र तिहाइयों का प्रयोग इन दिनों लगभग सभी कलाकार कर रहें है। तबला के साथ-साथ कत्थक नृत्य, गायन एवं तन्त्र सुषिर वाद्यों में भी तिहाइयों का खुलकर प्रयोग होता है, यह तिहाइयों की महत्ता का एक विशेष प्रमाण है–

तीनताल में एक स्वतन्त्र तिहाई प्रस्तुत है–

कतेटे,त	गीनतक	तंटकत	गदिगन	धाऽ	ता,कते	टे,तगीन	तकतेटे
X				2			

कत,गदि	गनधा	ऽताऽ	कतेटेत	गीनतक	तेटेकत	गदिगन	धा	ता
0				3				X

प्राचीनकाल में तिहाइयों का एकमात्र उद्देश्य होता था बंदिश के समापन की अपरोक्ष घोषणा। किन्तु बदलते समय के साथ तिहाइयों का उद्देश्य भी बदल गया। अब तिहाइयों का प्रयोग श्रोता, दर्शकों को चमत्कृत करने के लिए भी होता है, और इसीलिए नाना प्रकार की तिहाइयाँ सुनने को मिलती हैं। जैसे चक्रदार तिहाई, नौहक्का तिहाई, दमदार तिहाई, बेदम तिहाई आदि। निम्न पंक्तियों में तिहाई के इन प्रकारों को स्पष्ट किया जा रहा है–

चक्रदार तिहाई–जिस प्रकार किसी छोटे से बोल को पूरा-पूरा तीन बार प्रस्तुत करना तिहाई कहलाता है। ठीक उसी प्रकार जब किसी छोटी सी तिहाई को पूरा-पूरा तीन बार प्रस्तुत किया जाए, तो उसे चक्रदार तिहाई कहते हैं।

आड़ा चारताल में एक चक्रदार तिहाई प्रस्तुत है–

क्रिधातेटे	धा,क्रिधा	तेटेधाऽ	क्रिधातेटे	धा	क्रिधातेटे	धाऽक्रिधा	तेटेधाऽ
X		2		0		3	

क्रिधातेटे	धा	क्रिधातेटे	धाऽक्रिधा	तेटेधाऽ	क्रिधातेटे	धा
0		4		0		X

उपरोक्त बोल में क्रिधातेटे धाऽक्रिधा तेटेधाऽ क्रिधातेटे धा–5 मात्राओं का यह अंश स्वयं में एक पूर्ण तिहाई है। किन्तु इस तिहाई का जब तीन बार वादन होगा तो वह चक्रदार तिहाई हो जायेगा।

दमदार तिहाई–संगीत के क्षेत्र में 'दम' विश्राम लेने की प्रक्रिया को कहते हैं। सामान्य जीवन में भी दम लेना, सुस्ताना या विश्राम करना एक-दूसरे के पर्यायवाची माने जाते हैं। ऐसी तिहाइयों में जब तिहाई के एक पल्ले (अंश) के बाद कुछ समय, कुछ मात्राओं का विश्राम करके दूसरा पल्ला आरम्भ किया जाता है, तो उसे चक्रदार तिहाई कहते हैं। जैसे झपताल की यह तिहाई–

तेटेकत	गदिगन	धा	ऽ	तेटेकत	गदिगन	धा	ऽ	तेटेकत	गदिगनं	धा
X		2			0		3			X

इसमें तिहाई के प्रथम पल्ला तेटेकत गदिगन धा के बाद 1 मात्रे की विश्रान्ति है। यही विश्रान्ति दूसरे पल्ले के बाद भी है। तीसरे पल्ले का धा चूँकि सम पर आता है, अतः उसमें विश्रान्ति की जरूरत नहीं है। दमदार तिहाई में इसका ध्यान रखना अत्यन्त आवश्यक होता है कि शुरू के दोनों पल्लों में विश्रान्ति का समय समान होना चाहिए। जैसे तीनताल की यह दमदार तिहाई–

क्रिधातेटे	गदिगन	धा	धा	|	धा	ऽ	क्रिधातेटे	गदिगन	|
X					2				

धा	धा	धा	ऽ	|	क्रिधातेटे	गदिगन	धा	धा	|	धा
0					3					X

बेदम की तिहाई–बेदम की तिहाई का तात्पर्य उन तिहाइयों से होता है, जिनमें विश्रान्ति अर्थात् दम नहीं होता। उदाहरण स्वरूप धमार में एक तिहाई प्रस्तुत है–

धगतेटे	तगतेटे	क्रिधातेटे	गदिगन	धाधाधा,ध	|	गतेटेत	गतेटेक्रि	|
X						2		

धातेटेग	दिगनधा	धाधा,धग	|	तेटे,तग	तेटेक्रिधा	तेटेगदि	गनधाधा	|	धा
0				3					X

दम-बेदम की तिहाई–इन दिनों दम-बेदम के नाम से तिहाई के एक नए प्रकार की प्रस्तुति खूब हो रही है। दम-बेदम की तिहाई से आशय उन तिहाइयों से होता है, जिनमें दम तो होता है, किन्तु वहाँ नहीं जहाँ एक पल्ला दूसरे से जुड़ता है। अर्थात् तिहाई का पहला अंश समाप्त होने के बाद चूँकि विश्रान्ति नहीं होती, इसलिए ऐसी तिहाइयों को एक ओर तो बेदम कहा जाता है, किन्तु दूसरी ओर तिहाई में कहीं-न-कहीं विश्रान्ति होती है। इसलिए इसे दमदार भी कहा जाता है। इस आधार पर यह कहना उचित होगा कि दम-बेदम की तिहाई में दम और बेदम दोनों का रसास्वादन होता है। जैसे तीनताल की यह तिहाई

क्रिधा	तेटे	धाऽ	धाऽ	|	धाऽ	ता,क्रि	धाते	टेधा	|
X					2				

ऽधा	ऽधा	ऽता	क्रिधा	|	तेटे	धाऽ	धाऽ	धाऽ	|	ता
0					3					X

रेला

रेला भी मूलतः कायदा की तरह का ही एक बोल होता है। लेकिन, इसके वर्ण अपेक्षाकृत छोटे, अधिक कर्णप्रिय, मधुर और तेज लय में बजने वाले होते हैं। यही कारण है कि कोई कायदा जहाँ चौगुन लय में समाप्त हो जाता है, वहीं रेला की शुरूआत ही चौगुन लय से होती है, और यह अठगुन या उससे भी तेज लय में बजता है। तिरकिट, धेनगिन, धेन आदि शब्दों का इसमें मुख्य रूप से प्रयोग होता है। इसमें चाँटी और लव के बोलों का अधिक प्रयोग होता है। इसी कारण दिल्ली और अजराड़ा घराने के रेले सुनने में काफी खुशनुमा और मधुर प्रतीत होते हैं। बनारस आदि घराने में रेला को कायम करके उसमें गत, फ़र्द, टुकड़े, परणों का वादन करते हुए पुनः रेले पर लौटते हैं।

रेला यूँ तो तबला का एक प्रमुख बोल है ही, जिसका वादन कलाकार वादन की खूबसूरती और तैयारी दिखाने के लिए करते हैं। एकल वादन में इसका प्रयोग अनिवार्य रूप से होता है, साथ ही सितार, सरोद, वायलिन और बाँसुरी जैसे वाद्यों की संगति के समय भी इसका प्रयोग किया जाता है। अति द्रुतलय में रेला की छटा देखते ही बनती है जब यह धाराप्रवाह सा सुनाई देता है।

बनारस घराने का एक रेला तीनताल में—

धातेटे घिड़नग दिनतक, धातेटे घिड़नग दिनतक धातिर किटितक।

तातेटे किड़नक तेनतक, तातेटे घिड़नक दिनतक धातिर किटितक।

रौ

रौ रेला का ही एक छोटा अंश होता है। रेला के ही किसी एक प्रमुख अंश या किसी एक शब्द को जब अति द्रुत लय में कुछ देर तक बजाया जाता है, तो एक समा बन जाता है, और वह शब्द या बोल धारा प्रवाह सुनाई देता है। यहाँ तक कि जब वादन अचानक बन्द कर दिया जाता है, तब भी कुछ क्षणों तक वह ध्वनि वातावरण में तैरती और कानों में गूँजती रहती है। इसे ही रौ या रौ बाँधना कहते हैं। तिरकिट तक, धातिरकिट, धेनगिन जैसे वर्ण रौ वादन के लिए अधिक उपयुक्त होते हैं। **फर्रुखाबाद घराने के कलाकारों को इसके सर्जन का श्रेय दिया जाता है।**

परण

परण या **परन** मूलतः पखावज का बोल होते हुए भी आज न केवल तबला, बल्कि कत्थक नृत्य से भी अभिन्नता से जुड़ गया है। चूँकि यह पखावज का बोल है, अतः स्वाभाविक रूप से इसमें गम्भीर, खुले और जोरदार बोलों का प्रयोग होता है। यह टुकड़े की तरह की रचना होते हुए भी आकार-प्रकार में टुकड़े से बड़ा होता है। इसके बोल प्रायः दुहराते हुए चलते हैं, और इसके अन्त में एक तिहाई भी होती है।

धेटेधेटे, धागेतेटे, क्रिधातेटे, धुमकिट धेलांग जैसे वर्णों का इसमें मुख्य रूप से प्रयोग होता है। नौहक्का, चक्रदार, फरमाइशी और कमाली जैसे इसके कई प्रकार होते हैं–

चारताल में सादा परण–

धेटेधेटे	धगतेटे	क्रिधातेटे	धागेतेटे	तिरकिटधेत्	धगतेटे
X		0		2	
गदिगन	नगतेटे	धुमकिट	तागेतेटे	धेत्धेत्	धागेतेटे
0		3		4	
कत्तिरकिटतक	तागेतेटे	गदिगन	धागेतेटे	धेतेटे,त	गीनधेत्
X		0		2	
तगीन्न	धेत्ता	क्रिधेऽता	ऽनधेत्	तानक्रि	धेऽताऽ
0		3		4	
दींऽऽन	गींनधेड़ा	ऽनऽऽ	धीतिरकिटतक	कतिऽधा	ऽनधाऽ
X		0		2	
धाऽऽता	ऽनधाऽ	क्रिधातेटे	धाऽकत	धाऽकत	धाऽकत
0		3		4	
धाधा	धा,क्रिधा	तेटेधाऽ	कतधाऽ	कतधाऽ	कतधा
X		0		2	
धाधा	क्रिधातेटे	धाऽकत	धाऽकत	धाऽकत	धाधा
0		3		4	
धा					
X					

फर्द, फरद या एक्कड़

फर्द की गिनती तबला वादन की विशिष्ट और दुर्लभ रचनाओं में होती है। यह गत की तरह की ही रचना होती है। किन्तु इसमें प्रयुक्त वर्ण गत की अपेक्षा सबल और खुले होते हैं। लेकिन, यह खुलापन टुकड़े, परण की तरह नहीं होता। कहा जा सकता है कि टुकड़ा और गत के बीच की रचना होती है फर्द।

पुराने समय में कलाकार लोग जब किसी रचना का निर्माण करते थे, तो प्रायः उसका जोड़ा भी बनाते थे। किन्तु फर्द या एक्कड़ के लिए कहा जाता है कि इसका जोड़ा नहीं होता। फर्द या एक्कड़ का अर्थ भी अकेला ही होता है। इसके खुले और बन्द दो भाग होते हैं। इसका समापन प्रायः धेरधेर किटितक या इससे मिलते-जुलते वर्णों से होता है। इसकी रचना का श्रेय बनारस घराने के कलाकारों को दिया जाता है।

बनारस घराने का फर्द–तीनताल में–

धगतेटे तेटेघेड़ा ऽनधागे तेटेधागे तिरकिटतकता गिदगिन कतेटेघि नकधेन ताकेतेटे ताकेतिरकिट ऽतकिट धेटेधातिर किटधेतेटे क्रिटितकताऽ ऽऽधेरधेर किटतकिट ताकेतेट...

अंगुश्तान या अंगुरताना

अंगुश्तान, अंगुश्थान या अंगुरताना का आशय उन बोलों से होता है, जिनका वादन मात्र उँगलियों के अग्रभागों से किया जाए। दिल्ली और अजराड़ा आदि घरानों में ऐसे बोलों का प्रयोग मुख्य रूप से होता है। अंगुश्तान के अन्तर्गत किनार बाज के लगभग वे सारे बोल आ जाते हैं, जिनके वादन में चाँटी तथा जमीन का प्रयोग होता है। स्याही का बहुत कम भाग ऐसे बोलों के प्रयोग में आता है। 2 और 3 उँगलियों द्वारा इन बोलों का वादन किया जाता है। धा, तिट, तिरकिट, धेनगिन, धिन आदि वर्णों का इसमें मुख्य रूप से प्रयोग होता है। चूँकि, उँगली के पूरे हिस्से या हथेली का प्रयोग इसमें नहीं होता, इसलिए इसके अन्तर्गत बजने वाले बोलों को बन्द बोल, बन्द बाज या किनार का बाज भी कहा जाता है। धीर, गम्भीर, खुले और जोरदार बोलों को अंगुश्थान के अन्तर्गत नहीं रखा जा सकता है। क्योंकि इसमें चटक और टनक वाले बोलों का ही मुख्य रूप से प्रयोग होता है–

निम्नलिखित बोल में अंगुश्तान की विशेषताएँ दिखलाई देती हैं–

धातिर किटितक तेनता तिरकिट, तातिर किटितक धेनधा तिरकिट।

या धातिर किटधा तिरकिट तेनकिन, तातिर किटधा तिरकिट धेनगिन।

इसमें प्रयुक्त तिरकिट का वादन मात्र दो उँगलियों से होता है।

टुकड़ा

तबले के खुले और जोरदार वर्णों से निर्मित वह बोल–जो आकार में मोहरे से बड़ा और परण से छोटा हो, तथा जिसके अन्त में एक तिहाई भी जुड़ी हो–टुकड़ा कहलाता है। इसमें गत की तरह बन्द और खुले दो भाग नहीं होते, और न तो भिन्न-भिन्न लयों यथा ठाह, दुगुन, तिगुन, चौगुन में इसका वादन होता है। इसका वादन एक ही बार किया जाता है, और चौगुन लय इसके लिए अधिक उपयुक्त माना जाता है।

एकल तबला वादन और नृत्य की संगति में इसका विशेष रूप से प्रयोग होता है। कुछ छोटे टुकड़ों का प्रयोग तन्त्र वाद्यों की संगति में भी यदा-कदा किया जाता है। दिल्ली, अजराड़ा और फर्रुखाबाद घराने के टुकड़े अपेक्षाकृत छोटे और मुलायम होते हैं, जबकि बनारस घराने के टुकड़े बड़े और जोरदार।

तीनताल में बनारस घराने का एक टुकड़ा–

धगतेटे	तगतेटे	क्रिधाऽक्रि	धाऽकिटितक	दींदीं	नानानाना	कतेटेधा	ऽकऽत	
X				2				
धाऽकत	धाऽकते	टेधाऽक	ऽतधाऽ	कतधाऽ	कतेटेधा	ऽकऽत	धाऽकत	धा
0				3				X

जरब, जर्ब, वजन, बल

जरब या जर्ब का अर्थ बोल ही होता है। इसके अन्तर्गत किसी कायदा या बाँट में प्रयुक्त वर्णों पर अलग-अलग जोर देकर उसमें लयात्मक, वर्णात्मक भेद उत्पन्न किया जाता है। एक ही बोल में बिना किसी परिवर्तन के केवल आघात (वजन) द्वारा उसे नया रंग देकर गुणि कलाकार लोग श्रोताओं को आनन्दित, चमत्कृत करते हैं। यह पल्टा का वह प्रकार है, जिसमें बोलों को पल्टा नहीं जाता, अलग-अलग वर्णों पर बल देने के कारण इसे बल भी कहते हैं।

वजन का अर्थ होता है भार (WEIGHT)। तबला, मृदंग वादन और नृत्य में प्रयुक्त भिन्न-भिन्न वर्ण भिन्न-भिन्न प्रकार के बोलों में प्रयुक्त होकर अलग-अलग रसों की निष्पत्ति करते हैं। जैसे क्रिधातेटे वर्ण अगर कायदा में प्रयुक्त होगा तो उसका स्वरूप भिन्न होगा, और जब टुकड़ा या परण में प्रयुक्त होगा तो उसका स्वरूप भिन्न होगा। ऐसा वजन के द्वारा होता है। तबले या नृत्य के वर्ण अत्यन्त सीमित हैं, किन्तु वजन द्वारा ही उसे भिन्न-भिन्न रूप दिया जाता है। इसी वजन के द्वारा बाएँ का गि वर्ण घी में बदल जाता है।

इसे इस प्रकार समझा जा सकता है–

जैसे–

धा	धीं	धीं	धा	धा	धीं	धीं	धा	धा	तिं	तिं	ता	ता	धीं	धीं	धा
1				2				3				4			

इसमें हर विभाग की पहली मात्रा पर बल दिया गया है। फिर बाद में–

धा	धीं	धीं	धा	धा	धीं	धीं	धा	धा	तिं	तिं	ता	ता	धीं	धीं	धा
	1				2				3				4		

इसमें विभाग की 2 री मात्रा पर बल देने के कारण इसका स्वरूप बदल गया। इसे इस प्रकार भी बजाया जा सकता है।

धा	धीं	धीं	धा	धा	धीं	धीं	धा	धा	तिं	तिं	ता	ता	धीं	धीं	धा
		1				2				3				4	

कायदे और बाँट के वर्णों पर भी इसी प्रकार अलग-अलग बल दिया जाता है।

मुखड़ा और मोहरा

मुखड़ा और मोहरा समानार्थी और एक ही उद्देश्य से जुड़े बोल होने के बावजूद आपस में कुछ भिन्नता रखते हैं। आशय दोनों का एक ही है सम या ठेके का मुँह दिखाना। जिस प्रकार गायन या तन्त्र अथवा सुषिर वाद्यों की अनेक रचनाएँ सम से न आरम्भ होकर दूसरे स्थानों से आरम्भ होती हैं, और कलाकार अपने तान, तोड़े आदि बजाने, गाने के बाद प्रायः उन्हीं स्थानों से बन्दिश को पकड़ता है। उस स्थान को–जहाँ से बन्दिश शुरू होती है–संगीत की भाषा में मुखड़ा कहते हैं।

लेकिन, तबला वादक के लिए सर्वाधिक महत्त्वपूर्ण स्थान सम होता है। उस सम को स्पष्ट करने के लिए तबला वादक प्रायः दो, तीन या चार मात्राओं के कुछ अनिश्चित बोलों का वादन करके सम पर कुछ इस प्रकार आते हैं कि वह स्थान शेष स्थानों से बिलकुल अलग प्रतीत होता है–इसे ही कोई मुखड़ा कहता है तो कोई मोहरा।

सामान्य तौर पर मुखड़ा और मोहरा एक ही है, किन्तु कुछ लोग इन दोनों में कुछ अन्तर मानते हैं। उनके अनुसार मुखड़ा आकार में छोटा होता है, और मोहरा बड़ा। साथ ही मोहरा के अन्त में एक तिहाई भी जुड़ी होती है। मोहरा के सन्दर्भ में एक बात और याद रखनी चाहिए कि किसी भी ताल का मोहरा एक आवर्त्तन से अधिक का नहीं होना चाहिए।

उदाहरण के लिए किसी ताल के अन्त में अगर

कतेटेतगीनतक तेटेकतगदिगन या

धातूना किटितकतातिर किटितकतिरकिट तकतातिरकिट धा
X

जैसे 2 अथवा 4 मात्राओं के बोल बजाए जाएँ तो वह मुखड़ा कहलाएगा। किन्तु अगर तीनताल के अन्तिम 8 मात्राओं में–

धातूना किटितक तातिर किटितकतिरकिट तकता |
0
धातिरकिट तकतातिरकिट धातिरकिट तकतातिरकिट | धा
3 X

का वादन किया जाय तो वह मोहरा कहलायगा।

पेशकार

पेशकार का अर्थ है पेश करने वाला। यह फारसी भाषा का शब्द है। यह कायदे की तरह का बोल होता है, जिसका पल्टों के माध्यम से विविध विस्तार भी होता

है, और जिसमें तिहाई भी होती है। लेकिन, फिर भी कायदा और पेशकार के बीच पर्याप्त अन्तर है। जैसे कायदा के समान पेशकार का ठाह, दुगुन, तिगुन, चौगुन आदि लयों में वादन न होकर मात्र मध्य लय में होता है। इसकी लय डगमगाती हुई चलती है, और इसी में इसकी खूबसूरती दिखती है। पेशकार बराबर की लय में बजता है, किन्तु पल्टों का प्रयोग करते समय इसमें खूबसूरती और लय चमत्कार के लिए विभिन्न लयकारी युक्त बोलों का भी समावेश कर दिया जाता है। वस्तुतः बाद में बजने वाले कायदे, बाँट आदि की झलक भी पेशकार में दिखा दी जाती है। जैसे पेशकार के मध्य—धातीधगे नधातिरकिट धातीधागे तेनकिन, या धातेटेधा तेटेधाधा तेटेधागे धेनगिन या धिन्नधगीन धातेटेधगीन धातिरकिटधगीन धगधेनगिन जैसे बोलों का प्रयोग सहज ही देखा जा सकता है।

पेशकार कायदे की तरह की रचना होती है। इसके बीच-बीच में कायदों का प्रयोग भी होता है, फिर भी इसके वादन में ठेके की तकनीक का पालन होता है। इसका मुख्य बोल धींक्र धींधा है। पेशकार चाहे जिस भी ताल में हो, किन्तु उसमें धींक्रधींधा जैसे बोलों का प्रयोग अनिवार्य रूप से होगा। चूँकि, पेशकार की एक विशेषता इसकी डगमगाती हुई लय है, अतः इसमें दम (ऽ) का प्रयोग लगातार होता है। पल्टों में भी ऽधा ऽधा ऽधा धींधा धींक्र धींधा ऽधा धींधा की तरह दम का प्रयोग होता है। दिल्ली, अजराड़ा, फर्रुखाबाद आदि घरानों में एकल तबला वादन का आरम्भ पेशकार से ही होता है। चूँकि इसी के माध्यम से तबला वादन की कला पेश की जाती है, अतः इसे पेशकार का नाम दिया गया।

पेशकार के लिए कुछ लोग फर्शबन्दी शब्द का भी प्रयोग करते हैं, जिसका आशय है जमीन बनाना। अर्थात् उस धरती का निर्माण जिस पर तबला वादन की भव्य अट्टालिका खड़ी होती है। दोनों शब्दों का अर्थ और आशय एक ही है। बनारस घराने के तबले में जो महत्त्व उठान को, और कत्थक नृत्य में आमद को प्राप्त है, ठीक वही स्थान तबला के पश्चिमी शैली में पेशकार को प्राप्त है।

तीनताल में एक पेशकार—

धींक्रधींधा ऽधाधींधा धात्तीधात्ती ऽधाधींधा, धींधाग्धा धींधाधात्ती धाक्रिधात्ती ऽधाधींधा
तिंक्रतिंता ऽतातिंता तात्तीतात्ती ऽतातिंता, धींधाग्धा धींधाधात्ती धाक्रिधात्ती ऽधाधींधा।

लग्गी-लड़ी

उपशास्त्रीय रचनाओं यथा ठुमरी, भजन, ग़ज़ल, दादरा आदि की संगति करते समय लग्गी-लड़ी का वादन होता है। यह ठेके के बोलों से निर्मित छोटे-छोटे, कर्णप्रिय, मधुर बोलों का समूह होता है। ये सारे बोल एक-दूसरे से सम्बद्ध होते हुए भी स्वयं में स्वतन्त्र होते हैं। चूँकि लग्गी-लड़ी का प्रयोग उपशास्त्रीय रचनाओं की संगति में ही होता है, अतः ये प्रायः दादरा, कहरवा, दीपचंदी आदि चंचल प्रकृति की खूबसूरत

तालों में ही होती हैं। गम्भीर प्रकृति के तालों में लग्गी-लड़ी का प्रयोग नहीं होता।

ठुमरी, दादरा आदि रचनाओं के अन्तरा की समाप्ति पर दादरा या कहरवा ताल की जमीन कायम करके उसमें लग्गी-लड़ी का विविध विस्तार किया जाता है। जिस समय तबला वादक लग्गी-लड़ी का प्रयोग करते हैं, उस समय कुशल गायक तरह-तरह से बोल बनाते हैं। अन्त में एक छोटी सी तिहाई बजाकर तबला वादक पुनः पहले की तरह विलम्बित या मध्यलय में ठेका पकड़ लेते हैं, और गायक या तो अपनी रचना समाप्त कर देते हैं, या दूसरे अन्तरे की ओर बढ़ते हैं।

लग्गी तबला का अत्यन्त महत्त्वपूर्ण बोल है। इसलिए हर तबला वादक को इसके तकनीक की पूरी जानकारी अवश्य होनी चाहिए। गायक कलाकार प्रायः ठुमरी से कार्यक्रम का समापन करते हैं, जिसकी संगति में लग्गी-लड़ी की जरूरत पड़ती है। इसके अलावा भजन, गज़ल, दादरा, चैती, कजरी आदि उपशास्त्रीय रचनाओं पर केन्द्रित कार्यक्रमों में भी इसकी अनिवार्यता महसूस की जाती है। तन्त्र या सुषिर वादक भी अपने कार्यक्रम का समापन धुन आदि से करते हैं। लग्गी-लड़ी का वादन इसके साथ भी होता है। कत्थक नृत्य में भी ठुमरी, भजन और गजल पर भाव प्रदर्शन होता है। लग्गी-लड़ी की आवश्यकता यहाँ भी पड़ती है।

लग्गी-लड़ी में नाड़ा वर्ण का प्रयोग यह संकेत करता है कि इसके वर्णों में दुक्कड़ और नक्कारे आदि का स्पष्ट प्रभाव है। प्रस्तुत हैं कुछ लग्गियाँ—

कहरवा ताल में— (1) धातिं नातिं नातिं धाड़ा तातिं नातिं नातिं धाड़ा
(2) धीग नाधी ग,धी नाड़ा तिक नाति क,ती नाड़ा
(3) नाधी ग,धी नाड़ा तिक नाति कति नाड़ा धीग।
(4) नाड़ा धीग नाति कती; नाड़ा तिक नाधी गधी।

दादरा— धग धेन गिन तक तेन किन, तक तेन किन, धग धेन गिन।
धेन गिन धेन गिन धेन गिन, धग धेन गिन, तक तेन किन।
धगी नध गीन धग धेन गिन, तकि नत किन, तक तेन किन। आदि।

लड़ी—लड़ी लग्गी का ही छोटा रूप होता है। लग्गी में प्रयुक्त बोलों में से जब किसी एक छोटे से बोल को लेकर कुछ देर तक लगातार बजाते हैं, तब उसे लड़ी कहते हैं। जिस तरह रेला में रौ होता है, ठीक उसी प्रकार लग्गी में लड़ी। जिस तरह कहीं मोतियों की लड़ी होती है, कहीं फूलों की और कहीं बारिस के बूँदों की। ठीक उसी प्रकार तबला वादन में बोलों की लड़ी होती है। लड़ी के बोल बहुत छोटे-छोटे होते हैं।

जैसे— धा धीं ना ड़ा ता तिं ना ड़ा   या
धी ग धा ड़ा   या
धा धा धा तिं ता धा धा तिं   आदि।

चाला या चलन

चाला या चलन शब्द मुस्लिम काल की देन है। यह एक तरह से छन्द या लय प्रकारों का पर्यायवाची शब्द है। भारतीय संगीत में विभिन्न प्रकार के लयों, लयकारियों का प्रयोग शुरू से ही होता रहा है। पहले अलग-अलग लय, लय प्रकारों के लिए अलग-अलग बोल होते थे। बाद के कलाकारों ने अपनी सृजनात्मक प्रतिभा का परिचय देते हुए एक ही बोल को भिन्न-भिन्न लयों, लयकारियों में प्रस्तुत करने की प्रथा का श्री गणेश किया।

चाला वस्तुतः तबला के फर्रुखाबाद घराने की देन है। इसमें पेशकार या इसी तरह की एक रचना लेकर भिन्न-भिन्न लयों के भिन्न-भिन्न बोलों द्वारा उसका विविध विस्तार किया जाता है। चाला या चलन शब्द वस्तुतः विभिन्न प्रकार की चाल की ओर संकेत करते हैं—जिसका आशय लय और लय प्रकारों से है।

उदाहरण के लिए निम्न प्रकारों को देखा जा सकता है—

धींक्रधींधा ऽधाधींधा धात्तिधात्ति ऽधाधींधा धींधागधा धींधाधात्ती धाक्रिधाती ऽधाधींधा

किड़नकतिंक्र तीनाकिड़नक किड़नकतिरकिट तकतिरकिटितक त्तेघड़ानधा धींधाध्ड़ान धाधींधाध्ड़ा ऽनधाधींधा।

या धींक्र धींधा ऽधा धींधा, धेन्न धगीन धातेटे धगीन

धातिरकिट धगीन धगतू नाकत्ता, धात्ती धात्ती ऽधा धींधा। आदि।

कभी-कभी चमत्कार उत्पन्न करने की दृष्टि से एक ताल की चाला में दूसरी तालों के ठेकों का भी सुन्दरता से प्रयोग किया जाता है। जैसे—

धींक्रधींधा ऽधाधींधा धातीधात्ती ऽधाधींधा। धींधींधागे तिरकिटतूना कत्ताधागे तिरकिटधीना। आदि।

चाला में कठोर नियमों के पालन की अपेक्षा कल्पनाशीलता पर अधिक बल दिया जाता है। इसमें ऐसा कोई प्रतिबन्ध नहीं होता कि मूल रचना में जिन वर्णों का प्रयोग हुआ है, उन्हीं वर्णों के आधार पर उस रचना का विस्तार किया जाए।

कायदा

कायदा के साथ एक और शब्द अभिन्नता से जुड़ा होता है—कानून—कायदा कानून। कायदा का अर्थ है पद्धति। किसी भी कार्य को करने का ढंग, सलीका। अंग्रेजी में इसके लिए METHOD शब्द का प्रयोग होता है। कायदा का महत्त्व जीवन के हर क्षेत्र में होता है। और, तबला भी इससे अछूता, अस्पर्शित नहीं है। कायदा शब्द की उत्पत्ति फारसी भाषा के कैद शब्द से हुई है। अतः इसमें कुछ कैद, प्रतिबन्ध और पाबन्दियाँ भी होती हैं। कायदे की शिक्षा विद्यार्थियों को उनके हाथ के रख-रखाव

और बोलों के निकास के लिए दी जाती है। इसलिए, तबला के विद्यार्थियों की संगीत शिक्षा योग्य गुरुओं द्वारा प्रायः कायदे से ही आरम्भ की जाती है।

तबला वादन के क्षेत्र में कायदा उस रचना को कहते हैं। जिसकी गणना तबले के महत्त्वपूर्ण बोलों में होती है। चूँकि यह तबले का बोल होता है। अतः इसमें मात्र तबले के वर्णों का ही प्रयोग होता है, और यह तबले के तालों में ही पाया जाता है। कायदा की रचना करते समय इसका ध्यान रखना चाहिए कि, जिस ताल में कायदा हो—वह उस ताल के विभाग और ताली, खाली के अनुरूप हो। इसे तीनताल के निम्नलिखित प्रारम्भिक और अत्यन्त प्रचलित कायदा से समझा जा सकता है—

धा धा ते टे	धा धा तू ना	ता ता ते टे	धा धा तू ना	धा
X	2	0	3	X

कायदा का विस्तार उसमें प्रयुक्त वर्णों के आधार पर किया जाता है। इसमें विभिन्न प्रकार के पल्टों का समावेश करके इसका विकास किया जाता है, और इसका समापन प्रायः तिहाई से होता है। एकल वादन और संगति दोनों में ही कायदा का वादन प्रमुखता से किया जाता है। नीचे एकताल का एक कायदा प्रस्तुत है—

धातीधागे धेनगिन	तिरकिटतक,ध गीन,घेन	धागेतिरकिट तेनकिन
X	0	2

तातीताके तेनकिन	तिरकिटतक,ध गीन,घेन	धागेतिरकिट धेनगिन	धाती
0	3	4	X

बाँट

बाँट शब्द का अर्थ है बाँटना, अर्थात् विभाजित करना। जब किसी एक सम्पूर्ण बोल को भिन्न-भिन्न तरह से अलग-अलग खण्डों में बाँटा जाता है, तो बाँटने की यह क्रिया बाँट कहलाती है। इस तथ्य के आलोक में देखा जाए तो हर पेशकार, कायदा, रेला आदि-अर्थात् वे समस्त बोल जिनका विस्तार होता है बाँट की श्रेणी में आ जाते हैं। लेकिन, यह बाँट का एक पक्ष है सामान्यतः बाँट के 2 प्रकार हैं—

(1) बोल बाँट, और

(2) लय बाँट।

जब भिन्न-भिन्न वर्णों—बोलों के आधार पर किसी बोल को बाँटा जाता है, तो उसे बोल बाँट कहते हैं। जैसा कि प्रायः कायदा, पेशकार, रेला आदि में पल्टों के नाम से किया जाता है। जैसे मूल बोल है—

धातीधगी न,धातिरकिट धातीधागे तेनकिन।

तातीतकि न,तातिरकिट धातीधागे धेनगिन।

इसका बोल बाँट इस प्रकार होगा—

(1) धातीधगी न,धगीन धगी,नधा धाधातिरकिट,
धातीधगी न,धातिरकिट धातीधागे तेनकिन
तातीतकि न,तकिन तकिन,ता तातातिरकिट
धातीधगी न,धातिरकिट धातीधागे धेनगिन।

(2) धगीन,धा तिरकिट,धातिर किट,धातिरकिट ऽधातिरकिट,
धातीधागे न,धातिरकिट धातीधागे तेनकिन,
तकिनता तिरकिटतातिर किट,तातिरकिट ऽतातिरकिट,
धातीधगी न,धातिरकिट धातीधागे धेनगिन।

किन्तु इसी बाँट को बजाते समय अगर इस प्रकार के भी पल्टे प्रयुक्त हों—

(1) धातीधगीन,धा तिरकिटधगीन, धातिरकिटधगीन,धा तिरकिट,धेनगिन।
तातीतकिनता तिरकिटतकिनता तिरकिटघगिनधा तिरकिघेनगिन

(2) धेनगिन,धेन गिन,धेनगिन धात्तीधगीन,धा तिरकिटधेनगिन।
धात्तीधगीन,धा तिरकिट,धात्तीधागे तेनकिन,धात्ती धागेतेनकिन। आदि।

तो ये लय बाँट कहलाएँगे। क्योंकि, मूल रचना को यहाँ लय के आधार पर बाँटा गया है। वैसे, लय बाँट की दृष्टि से बनारस घराने की यह रचना काफी प्रसिद्ध है, और लगभग सभी घराने के कलाकार इसे प्रमुखता से बजाते हैं। वस्तुतः बाँट का नाम होंठों पर आते ही लोगों को सबसे पहले यही बोल याद आता है—

धाड़धाधे, तेटे,धाड़ धाड़धातें नतिंनाड़ ताड़ता,ते तेटेताड़ धाड़धातिं नतिंनाड़ ।

बराबर की लय में इसका विस्तार करने के बाद इसे तिस्त्र जाति में इस प्रकार बजाते हैं—

धाड़धा, धोतेटे धाड़धा तिनक। ताड़ता तेतेटे धाड़धा धिनक

फिर, इसे खण्ड जाति में इस प्रकार बजाते हैं—

धाड़धाधेटे धाड़धातिन ताड़तातेटे धाड़धाधिन।

इसके बाद मिश्र जाति में इसे इस प्रकार बजाया जाता है—

धाड़धाधेटेधाड़ धाड़धातिनताड़ ताड़तातेटेताड़ धाड़धाधेनधाड़

और, अन्त में पुनः बराबर की लय में वापस आते हैं—

धाड़धाधेतेटेधाड़ धाड़धातिंनतिंनाड़ ताड़तातेतेटेताड़ धाड़धातिंनातिंनाड़

हर लय, और जाति में पल्टो द्वारा बाँट का विस्तार किया जाता है, और फिर तिहाई बजाकर बाँट का समापन करते हैं।

लोम-विलोम

लोम-विलोम के अन्तर्गत ऐसी रचनाओं का समावेश होता है, जिनका उल्टा और

सीधा दोनों प्रकार से वादन करने पर एक ही बोल बने। जैसे नगीन। इसका उल्टा भी नगीन ही होगा। इसी प्रकार के अन्य शब्द हैं–धाधा या कतक आदि। संगीत सभाओं में चमत्कार उत्पन्न करने की दृष्टि से ऐसी रचनाओं की प्रस्तुति गुणि तबला वादक करते हैं। इसमें प्रयुक्त वर्णों का चयन काफी सोच-विचार और सूझबूझ के साथ किया जाता है। इसमें इस बात का विशेष ध्यान रखा जाता है कि इसके आरम्भ और अन्त के बोल एक समान हों। क्योंकि तभी उल्टा-सीधा दोनों और से पढ़ने या बजाने पर इसका स्वरूप एक सा रहेगा।

उदाहरण के लिए इन बोलों को देखा जा सकता है–

(1) धा नग दिग तक धा नता गेन तत्, कति कत गेन कत्
धा ता ता धेधे।
धा धेधे धा ता धा तक नगे तक, तिक तत नगे तान
धा कत गदि गन धा
X X

(2) धा तत कत् कत क,न गीन ता दींता धा धेत् गिन गिन
गिन नगी न,न गीन।
नगी न,न गीन नग नग नग धेत्त धा, ता दींता ता नगि
न,क त,क तक तूत् | धा
X | X

आवर्तन या आवृत्ति

आवर्तन या आवृत्ति शब्द के मूल में पुनरावृत्ति शब्द है जिसका अर्थ है दुहराव। किसी भी ताल के प्रथम मात्रा से अन्तिम मात्रा तक का क्षेत्र एक आवर्तन या आवृत्ति कहलाता है। अन्तिम मात्रा के बाद जब पुनः प्रथम मात्रा आता है, तो ताल का दूसरा आवर्तन आरम्भ होता है।

इस प्रकार तीनताल का एक आवर्तन 16 मात्राओं का, झपताल का 2 आवर्तन 20 मात्राओं का, एकताल का 3 आवर्तन 36 मात्राओं का और धमार का 4 आवर्तन 56 मात्राओं का होता है।

पल्टा, प्रकार, पेंच, किस्में, विस्तार

भारतीय संगीत के क्षेत्र में सृजनशीलता का काफी महत्त्वपूर्ण स्थान है। पाश्चात्य संगीत में संरचनाकार (कंपोजर) का योगदान महत्त्वपूर्ण होता है, कलाकार की भूमिका उसे ठीक उसी तरह प्रस्तुत करने तक की होती है। जबकि, भारतीय संगीत में इसके विपरीत कलाकार की भूमिका ज्यादा महत्त्वपूर्ण होती है। क्योंकि वह एक छोटी सी रचना को घण्टों अपनी सृजनात्मक प्रतिभा का परिचय देता हुआ गाता या बजाता है।

जब किसी एक बोल का उसमें प्रयुक्त वर्णों के आधार पर भिन्न-भिन्न तरीके से विस्तार किया जाता है, तो उसे पल्टा, प्रकार, पेंच, किस्में आदि नामों से सम्बोधित किया जाता है। एक ही बोल को अलग-अलग जगहों से घुमाने या पलटने की प्रक्रिया होती है यह।

उदाहरण के लिए एक कायदे के कुछ पल्टे प्रस्तुत हैं–

कायदा धाति ट,धा तिट, धाधा तिट, धागे तेन किन।
ताति ट,ता तिट, ताता तिट धागे धेन गिन।

इस कायदा में प्रयुक्त धा, तिट, धागे, तेनकिन आदि वर्णों के आधार पर इसका विविध विस्तार किया जा सकता है। यहाँ इन 4 वर्णों के आधार पर बनने वाले 4 पल्टे प्रस्तुत हैं–

(1) धा का पल्टा–

धाति ट,धा धाति ट,धा धाधा तिट, धेन गिन,
धाति टधा तिट, धाधा तिट, धागे तेन किन।
ताति ट,ता, ताति ट,ता ताता तिट, तेन किन,
धाति टधा तिट, धाधा तिट, धागे धेन गिन।

(2) तिट का पल्टा–

तिटतिट धाधातिट धाधातिट धेनगिन,
धातिट,धा तिट,धाधा तिटधागे तेनकिन।
तिटतिट तातातिट तातातिट तेनकिन,
धाति,टधा तिट,धाधा तिटधागे धेनगिन।

(3) धागे का पल्टा–

धागेधागे धागेधेन गिनधागे धेनगिन,
धाती,टधा तिट,धाधा तिटधागे तेनकिन।
ताकेताके ताकेतेन किनताके तेनकिन,
धाति,टधा तिट,धाधा तिटधागे धेनगिन।

(4) धेनगिन का पल्टा–

धेनगिन धेनगिन धेनगिन धेनगिन,
धाति,टधा तिट,धाधा तिटधागे तेनकिन।
तेनकिन तेनकिन तेनकिन तेनकिन,
धातिट,धा तिट,धाधा तिटधागे धेनगिन।

ये तो कुछ उदाहरण हैं। इसी प्रकार इन बोलों का नाना प्रकार से विस्तार किया जा सकता है। इन पल्टों के द्वारा एक ही बोल हर बार नए रूप, नई शक्ल में सामने आता है, और श्रोताओं को एकसरता का अनुभव नहीं होता। विस्तार की यह विशेषता भारतीय संगीत की बहुत बड़ी विशेषता है। इसी कारण यहाँ के एक

ही बोल को अगर 4 कलाकार प्रस्तुत करते हैं, तो सबकी प्रस्तुति का अन्दाज अलग होता है जो उसकी सृजनात्मक, रचनात्मक प्रतिभा का परिचायक होता है।

नौहक्का

चमत्कार उत्पन्न करने के लिए, जिन बोलों की प्रस्तुति होती है—उनमें एक प्रमुख बोल है—नौहक्का। नौहक्का में तिहाई का एक अलग ही रूप सामने आता है। इसकी तिहाई साधारण तिहाई और चक्रदार तिहाई के बीच की रचना होती है। इसकी तिहाई में 9 धा लगातार और बराबर आते हैं। इसीलिए इसे नौहक्का या 9 धा का टुकड़ा भी कहते हैं।

आड़ा चौताल में 2 नौहक्का प्रस्तुत हैं—

(1)

धाधा दींदीं	नाना तेटेतेटे	कितिरकिटधे तेटे,कत	धा,कत धा,कत
X	2	0	3

धा,कत धा,कत	धा,कत धा,कत	धा,कत धा,कत	धा
0	4	0	X

3 बार कतधा बजाने के बाद तिहाई का साधारण रूप पूर्ण हो जाता है। और इसे अगर चक्रदार बनाना हो तो तीन बार कतधा बजाने के बाद छोटा सा दम (ऽऽ) देना होगा। किन्तु नौहक्का में दम नहीं होगा। नौहक्का की यही विशेषता है कि उसमें 9 धा बराबर आते हैं। जैसे—आड़ा चारताल का यह बोल।

धाधाधेत्ता गिद्दीकिटितक	तकतिरकिटितक तेटेकतगदिगन	नगतिरकिटधेत्त तगीन्नधात्ती
X	2	0

धा,धात्ती धा,धात्ती	धा,धात्ती धा,धात्ती	धा,धात्ती धा,धात्ती	धा,धात्ती धा,धात्ती	धा
3	0	4	0	X

एकहत्थी बोल

प्रयोगधर्मिता कला का अभिन्न अंग है। हर कलाकार अपने श्रोताओं, दर्शकों के समक्ष अपनी कला के माध्यम से कोई नयी बात, कोई नयी चीज रखना चाहता है। एकहत्थी टुकड़ा, परण या गत इसी चाहत का परिणाम है। तबला वादन में तबले के साथ बाएँ की भी सघन और महत्त्वपूर्ण भूमिका होती है। हर बोल में तबले और बाएँ के अलग-अलग वर्ण तो प्रयुक्त होते ही हैं, ऐसे भी वर्ण प्रयुक्त होते हैं, जो संयुक्त होते हैं... जिन्हें दोनों हाथों से बजाया जाता है। किन्तु प्रयोगधर्मी कलाकारों ने कुछ

ऐसे बोलों की भी रचना की है, जिनमें बाएँ का प्रयोग बिलकुल नहीं होता। अर्थात् केवल दाएँ तबले पर बजने वाले वर्णों के आधार पर एक सम्पूर्ण बोल की संरचना। बायाँ न बजने के कारण चूँकि इसमें केवल एक हाथ का प्रयोग होता है, अतः ऐसे बोलों को एकहत्थी की संज्ञा मिली—जिसका अर्थ है एक हाथ से बजने वाले बोल। चमत्कार उत्पन्न करने की दृष्टि से ऐसे बोलों का विशेष महत्त्व होता है। इसमें क, ग, ध, धा, धीं, धेत्तू जैसे वर्णों का बिलकुल प्रयोग नहीं होता है।

जैसे— तिट नाना तेटे नाना तेटे दीं ता ऽ नड़ ऽन ता दीं ता ऽ नाना तेटे नाना नाते टेना तेंटे ताऽ नता ऽन ता दीं ता ऽ ता दीं ता ऽ तड़ ऽन ताऽ ऽता ऽऽ ता, तड़ ऽन ताऽ ऽता ऽऽ ता, तड़ ऽन ताऽ ऽता ऽऽ | ता
X

उपरोक्त एकहत्थी टुकड़ा 48 मात्राओं का है, जो तीनताल की 3 आवृत्तियों और एकताल की 4 आवृत्तियों में समाप्त होगा।

तृतीय अध्याय गांधार

ताल प्रकरण

- ताल के 10 प्राण—काल, मार्ग, क्रिया, अंग, ग्रह, जाति, कला, लय, यति और प्रस्तार।
- ताल लिपि—भातखंडे ताल पद्धति, विष्णु दिगम्बर पलुस्कर ताल पद्धति, दक्षिण भारतीय ताल पद्धति।
- भिन्न-भिन्न गायन शैलियों के साथ प्रयुक्त होने वाले ठेकों की सकारण व्याख्या, ताल रचना के सिद्धान्त

ताल के दस प्राण

भारतीय संगीत एवं साहित्य के मनीषियों ने ताल के 10 प्राण माने थे। आठवीं शताब्दी के ग्रन्थ संगीत मकरंद के लेखक नारद ने इसका उल्लेख करते हुए संगीत मकरंद में लिखा है—

कालो मार्गक्रियांगाणि ग्रहोजातिः कला लयः
यति प्रस्तारकश्चेति तालप्राणा दश स्मृताः

अर्थात्—काल, मार्ग, क्रिया, अंग, ग्रह, जाति, कला, लय यति और प्रस्तार—ये ताल के 10 प्राण माने गए हैं।

निम्न पँक्तियों में हम इन पर अलग-अलग विचार करेंगे—

1. काल

साधारण अर्थ में काल अत्यन्त व्यापक शब्द है। इसके अन्तर्गत पृथ्वी के आदि से अन्त तक का अखण्डित समय आता है। इस अनन्त काल को इन्सान ने अपनी सुविधा के अनुसार मिनट, घण्टा, दिन, सप्ताह, मास, वर्ष और युगों आदि में बाँट रखा है। ठीक इसी प्रकार संगीत में व्यतीत हो रहे समय को मापने के लिए पण्डितों ने अलग-अलग दायरों का निर्माण क्रिया है।

ताल रचना के क्षेत्र में काल सर्वाधिक महत्त्वपूर्ण तत्त्व है, क्योंकि सबसे पहले ताल की अवधि, उसकी लम्बाई, उसका काल प्रमाण ही सुनिश्चित किया जाता है। प्राचीन संगीतकारों ने काल निर्णय के लिए क्षण, लव और काष्ठा आदि का आधार लेते हुए निश्चित किया था कि 100 कमल पत्रों को एक के ऊपर एक रखकर एक सुई से उनमें छिद्र करने में जितना काल लगता है, उसे एक क्षण कहते हैं, और

8 क्षण	= 1 लव,	8 लव	= 1 काष्ठा
8 काष्ठा	= 1 निमेष,	8 निमेष	= 1 कला
2 कला	= 1 त्रुटि या अणद्रुत,	2 त्रुटि या अणुद्रुत	= 1 द्रुत
2 द्रुत	= 1 लघु,	2 लघु	= 1 गुरु
3 लघु	= 1 प्लुत	4 लघु	= 1 काकपद।

किन्तु काल निर्णय की यह रीति भरत नाट्य शास्त्र के रचयिता भरत मुनि की दृष्टि में अनुपयोगी था। सुबोध कान्त नंदी ने 'भारतीये संगीते ताल ओ छन्द' (बंगला पुस्तक) में–

2 त्रुटि = 1 अणु, 2 अणु = 1 द्रुत, व 10 प्लुत = 1 पल (लगभग ढाई मिनट) का उल्लेख किया है। स्व. एस. एन. रातांजानकर के अनुसार–'लघु, गुरु, प्लुत जैसी संज्ञाएँ सापेक्ष हैं, स्वतन्त्र नहीं। इनमें से किसी एक की, विराम की, द्रुत की, लघु की अथवा गुरु की कालावधि अपनी व्यक्तिगत अनुकूलता के अनुसार निश्चित करने पर अन्य सबकी सापेक्ष कालावधि निश्चित हो जाती है।'

श्री के.व्ही.एस.एम. गिरमाजी राव ने अपनी तेलुगु पुस्तक 'आन्ध्र संगीत शास्त्रम्' में प्राचीन काल के दो भेदों का उल्लेख इस प्रकार किया है–(1) सूक्ष्म काल और (2) स्थूल काल। क्षण, लव, काष्ठा, निमिष, कला व चतुर्मार्ग–इन 6 काल खण्डों को सूक्ष्म काल एवं अणुद्रुत, द्रुत, लघु, गुरु, प्लुत व काकपद को स्थूल काल कहा है।

डॉ. अरुण कुमार सेन ने अपने शोध ग्रन्थ 'भारतीय तालों का शास्त्रीय विवेचन' में काल क्रम को इस प्रकार सुनिश्चित किया है–

8 क्षण = 1 लव, 8 लव = 1 काष्ठा, 8 काष्ठा = 1 निमेष
8 निमेष = 1 कला, 2 कला = 1 त्रुटि, चतुर्मार्ग या बिन्दु,
2 त्रुटि, चतुर्मार्ग या बिन्दु = 1 अणु द्रुत, 2 अणु द्रुत = 1 द्रुत, 2 द्रुत = 1 लघु
2 लघु = 1 गुरु, 3 लघु = 1 प्लुत और 4 लघु = 1 काकपद।

हिन्दुस्तानी ताल पद्धति में इनका प्रयोग इन दिनों बिलकुल नहीं हो रहा है।

आज काल का अर्थ सिर्फ समय मात्र रह गया है।

2. मार्ग

मार्ग का अर्थ होता है रास्ता अथवा पथ। किसी भी ताल की प्रथम मात्रा से अन्तिम मात्रा तक जिस रीति या पद्धति से जाते हैं–उसे उसका मार्ग कहते हैं। मार्ग में विभागों, तालियों एवं खालियों के भिन्न-भिन्न माध्यमों से ताल के एक आवर्त्तन को पूरा करने की रीति वर्णित होती है। यद्यपि इन दिनों इसका प्रयोग नहीं होता, किन्तु प्राचीन काल में ध्रुव, चित्र, वार्तिका और दक्षिण नामक 4 मार्गों का उल्लेख इस प्रकार हुआ है–

(1) **ध्रुव**– 1 मात्रिक कला, ताल के आघात द्वारा, जैसे $\frac{1}{+}$

इसमें तीनताल को इस प्रकार लिखा जाएगा–

धा	धीं	धीं	धा	धा	धीं	धीं	धा	धा	तिं	तिं	ता	ता	धीं	धीं	धा
+	+	+	+	+	+	+	+	+	+	+	+	+	+	+	+

(2) **चित्र मार्ग**– यह द्विमात्रिक कला है, जिसमें प्रथम मात्रा पर ताली और

दूसरी पर खाली होती हैं–

उदाहरणस्वरूप तीनताल प्रस्तुत है–

धा	धीं	धीं	धा	धा	धीं	धीं	धा	धा	तिं	तिं	ता	ता	धीं	धीं	धा
+	0	+	0	+	0	+	0	+	0	+	0	+	0	+	0

(3) **वार्त्तिक मार्ग**–यह चतुर्मात्रिक कला है, जिसमें पहली मात्रा पर ताली और शेष मात्राओं पर खाली होती है। इसमें तीनताल को इस प्रकार लिखना पड़ेगा–

धा	धीं	धीं	धा	धा	धीं	धीं	धा	धा	तिं	तिं	ता	ता	धीं	धीं	धा
+	0	0	0	+	0	0	0	+	0	0	0	+	0	0	0

(4) **दक्षिण मार्ग**– यह अष्टमात्रिक कला है, जिसमें पहली मात्रा पर तालाधात और शेष 7 मात्राओं पर खालियाँ होती हैं–

उदाहरणार्थ तीनताल को देखा जा सकता है–

धा	धीं	धीं	धा	धा	धीं	धीं	धा	धा	तिं	तिं	ता	ता	धीं	धीं	धा
+	0	0	0	0	0	0	0	+	0	0	0	0	0	0	0

इसमें ध्रुव मार्ग साधारणतः नहीं व्यवहृत होता था। कुछ विद्वानों ने भी इस मार्ग को मान्यता नहीं दी है। चित्र मार्ग को क्षिप्तता या द्रुत गति का, वार्त्तिक मार्ग को मध्य गति का और दक्षिण मार्ग को बिलम्बित गति का माना गया है।

3. क्रिया

हस्त प्रदर्शन द्वारा ताल की स्थिति और स्थान विशेष का बोध कराने वाली क्रिया ही ताल का तृतीय प्राण है। इसके 2 भेद हैं–

(1) **सशब्द क्रिया**–जब ताल के किसी विशेष मात्रा पर दोनों हाथों को संयुक्त कर ध्वनि उत्पन्न की जाती है, तब उसे सशब्द क्रिया की संज्ञा दी जाती है। इसके भी 4 प्रकार हैं, यद्यपि हिन्दुस्तानी संगीत में आजकल इनका प्रयोग बिलकुल नहीं हो रहा है, फिर भी उनका संक्षिप्त विवरण प्रस्तुत है–

(अ) **ध्रुवा**–अँगूठे और बीच की उँगली से चुटकी बजाते हुए हाथ को नीचे लाने की क्रिया।

(आ) **शम्पा**–इसमें दाहिने हाथ से ताली दी जाती है।

(इ) **ताल**–इसमें बाएँ हाथ से ताली दी जाती है।

(ई) **सन्निपात**–इसके अन्तर्गत दोनों हाथों से ताली दी जाती है।

(2) **निःशब्द क्रिया**–जब ताल के किसी विशेष मात्रा पर हाथ को हिलाकर शून्य अर्थात् रिक्तता का भाव प्रदर्शित किया जाता है, तो वह क्रिया निःशब्द क्रिया कहलाती है। प्राचीन काल में इसके भी 4 प्रकार माने जाते थे।

(अ) **आवाप**–हाथ को ऊपर की ओर उठाकर उँगलियों को सिकोड़ने की क्रिया

आवाप कहलाती थी।

(आ) निष्काम–उँगलियों को नीचे की ओर फैलाने की क्रिया निष्काम कही जाती थी।

(इ) विक्षेप–जब उठे हुए हाथ की फैली हुई उँगलियों को दक्षिण की ओर गिरायी जाए तो उसे विक्षेप कहते थे।

(ई) प्रवेशक–इसके अन्तर्गत उँगलियों को झुकाकर संकुचित कर लिया जाता था।

जिस प्रकार आज ताली और खाली प्रदर्शित करने के लिए +, 0, 2, 3 आदि चिह्नों का सहारा लिया जाता है, उसी प्रकार प्राचीन काल में तालों, बोलों को लिखते समय प्रथमाक्षरों–यथा ताल का ता, सन्निपात का स, आवाप का आ, विक्षेप का वि और प्रवेशक का प्र लिखने की प्रथा थी।

कुछ प्राचीन ताल मनीषियों ने इनके अलावा भी कुछ क्रियाओं का उल्लेख किया है, किन्तु आज वे सभी पूरी तरह अनुपयोगी हैं। हिन्दुस्तानी संगीत में तो सशब्द और निःशब्द क्रिया के उपरोक्त प्रकारों का भी बिलकुल प्रयोग नहीं होता है, किन्तु दक्षिण भारतीय संगीत में इनका प्रयोग आज भी देखने को मिलता है। यहाँ के विद्वान क्रियाओं के 2 प्रकार मानते हैं–मार्ग व देशी। फिर इनके 2 भेद सशब्द और निःशब्द मानते हैं। शम्पा सशब्द क्रिया के लिए यहाँ के विद्वान बाएँ हाथ से दाएँ हाथ पर ताली देते हैं, ताल सशब्द क्रिया हेतु दाएँ हाथ से बाएँ हाथ पर ताली देते हैं, और सन्निपात सशब्द क्रिया के लिए दोनों हाथों को संयुक्त कर ताली देते हैं।

इसी प्रकार निःशब्द क्रिया हेतु इस प्रकार का उल्लेख प्राप्त होता है–

> आवाप में उठे हुए हाथ की चारों उँगलियों को सिकोड़ा जाता है।
> निष्काम में सिकुड़ी हुई उँगलियों को खोला जाता है।
> विक्षेपम् में हाथ को दक्षिण दिशा की ओर ले जाया जाता है, और प्रवेशम् में उस हाथ को दक्षिण के विपरीत अपनी ओर लाया जाता है।

निःशब्द क्रिया पर विचार करते समय संगीतार्थियों के लिए यह जान लेना भी उचित होगा कि जिसे उत्तर भारतीय संगीत में खाली अर्थात् निःशब्द क्रिया कहते हैं, उसे कर्णाटकीय अर्थात् दक्षिण भारतीय ताल पद्धति में विसर्जितम् कहते हैं। किन्तु उत्तर भारत में जिस प्रकार खाली का एक पृथक विभाग होता है, उस प्रकार दक्षिण भारत में नहीं होता, बल्कि दो तालियों के बीच की सारी मात्राओं को वे खाली ही मानते हैं, और उसे प्रदर्शित भी करते हैं।

4. अंग

किसी भी सम्पूर्ण वस्तु के भिन्न-भिन्न अवयव उसके अलग-अलग अंग कहलाते हैं। ठीक इसी प्रकार ताल के भी भिन्न-भिन्न अंग होते हैं। हिन्दुस्तानी ताल पद्धति में सामान्यतः मात्रा, विभाग'और ताली, खाली को ताल के अंगों की संज्ञा दी जा सकती है। किन्तु संगीत के क्षेत्र में ताल के अंगों की जब चर्चा चलती है, तब लोगों का ध्यान सीधे कर्णाटकीय अर्थात् दक्षिण भारतीय ताल पद्धति की ओर आकृष्ट हो जाता है—जहाँ ताल के विभागों को **अंग** कहने की प्रथा है। इसमें विभिन्न तालों में विभिन्न मात्राओं के भिन्न-भिन्न विभाग होते हैं, जिनका प्रयोग इस पद्धति में मुख्यतः 6 अंगों द्वारा होता है—जो इस प्रकार हैं—

क्रम	अंग	चिह्न	अक्षरकाल
(1)	अणुद्रुत	◡	1
(2)	द्रुत	O	2
(3)	लघु	|	4
(4)	गुरु	8 या S	8
(5)	प्लुत	8̍ या 3	12
(6)	काकपद	+	16

कुछ लोग 7 अंग मानते हैं। उनके अनुसार 3 अक्षर काल का द्रुत विराम भी होता है, जिसका चिह्न पूर्णचन्द्र पर अर्द्ध चन्द्र Ŏ है।

संगीत परीक्षाओं में प्रायः उत्तर भारतीय तालों को कर्णाटकीय ताल चिह्नों में लिखने को कह दिया जाता है। संगीतार्थियों की सुविधा हेतु 16 अक्षर कालों के प्रचलित दक्षिण भारतीय ताल संकेत नीचे लिखे जा रहे हैं—

क्रम	अंग	चिह्न	अक्षरकाल
1	अणुद्रुत	◡	1
2	द्रुत	O	2
3	द्रुत विराम या द्रुत शेखर	◡O	3
4	लघु	|	4
5	लघु विराम	◡|	5
6	लघु द्रुत	O|	6
7	लघु द्रुत विराम	◡O|	7
8	गुरु	8	8
9	गुरु विराम	◡ 8	9
10	गुरु द्रुत	O 8	10
11	गुरुद्रुत विराम	◡ 08	11

12	प्लुत	3	12
13	प्लुत विराम	◡3	13
14	प्लुत द्रुत	O3	14
15	प्लुत द्रुत विराम	◡O3	15
16	काकपद	+	16 अक्षरकाल।

5. ग्रह

ग्रह का अर्थ है ग्रहण करना। ताल में वह स्थान जहाँ से क्रिया का आरम्भ होता है ग्रह कहलाता है। संगीत रत्नाकर में शारंगदेव ने 3 ग्रह स्थानों का उल्लेख करते हुए लिखा है—

'समोऽतीतोऽनागतश्च ग्रहस्ताले त्रिधा मतः ॥50॥
गीतादिसमकालस्तु समपाणिः समग्रहः।
सोऽवपाणिरतीतः स्याधो गीतादौ प्रवर्त्तते ॥51॥
अनागतः प्राणप्रवृतग्रहस्तूपरिपाणिकः
लया क्रमात्समादौ स्युर्मध्यद्रुतबिलम्बिताः ॥52॥

ग्रहों पर प्रकाश डालते हुए **संगीत दर्पण** के लेखक ने लिखा है—

'समातीतानागताश्च विषमश्च ग्रहामतः
चत्वार कथितास्ताले सूक्ष्मदृष्ट्या विचक्षणैः।'

दूसरे शब्दों में ग्रहों को हम इस प्रकार समझ सकते हैं—'जिस स्थान से ताल की क्रिया, अर्थात् रचना आरम्भ हो, उसे ग्रह कहते हैं।'

इसके मुख्यतः 2 प्रकार हैं—

(1) **सम ग्रह**– ताल की क्रिया या रचना जब 'सम' अर्थात् ताल की प्रथम मात्रा से आरम्भ हो तो उसे सम ग्रह कहते हैं।

(2) **विषम ग्रह**– ताल की क्रिया अर्थात् रचना जब सम से न आरम्भ होकर, अन्यत्र से आरम्भ हो तो, उसे विषम ग्रह कहते हैं। इसके 2 भेद हैं—

(क) **अतीत ग्रह**—जब सम के बाद रचना या ताल की क्रिया आरम्भ हो तो उसे अतीत ग्रह कहते हैं।

(ख) **अनागत या अनाघात ग्रह**—सम के पूर्व जब ताल की क्रिया या रचना आरम्भ हो तो उसे अनागत या अनाघात ग्रह कहते हैं।

सम, अतीत और अनागत को क्रमशः **समपाणि रीति, अवपाणि रीति** एवं **उपरिपाणि रीति** भी कहा गया है। संगीत रत्नाकर में इन तीनों ग्रहों का उल्लेख करते हुए लिखा गया है कि समग्रह का समावेश मध्यलय में, अतीत ग्रह का समावेश द्रुत लय में और अनागत ग्रह का समावेश बिलम्बित लय में होता था। एक प्रथा और थी उन दिनों जो इन दिनों लुप्त हो गयी है—क्रिया या रचना को जिस ग्रह से आरम्भ

करते थे—उसी ग्रह पर समाप्त भी करते थे। रचना समग्रह पर समाप्त होने पर समावर्त्तन, अतीत ग्रह में समाप्त होने पर अधिकावर्त्तन एवं अनागत ग्रह में समाप्त होने पर हीनावर्त्तन की संज्ञा दी जाती थी।

इन दिनों अतीत एवं अनागत ग्रह गायन, वादन एवं नर्त्तन में ताल और लय चमत्कार हेतु प्रयुक्त होते हैं। गायन एवं स्वर वाद्यों की रचनाओं के अलावा ताल वाद्यों की रचनाएँ अथवा नृत्य के तोड़े आदि प्रायः सम से ही शुरू होते हैं, और समाप्त भी सम पर ही होते हैं। किन्तु यदा-कदा चमत्कार प्रदर्शित करने हेतु कलाकार सम से थोड़ा पहले या बाद में सम (नकली सम या विषम) प्रदर्शित करके लोगों को चमत्कृत करते हुए अपने कौशल का प्रदर्शन करते हैं। ऐसी स्थिति में इस बात के लिए पूर्ण सावधान रहना होगा कि कोई कलाकार 'बेताला' आने के बाद अपनी रचना को विषम ग्रह के आधार पर सही ठहराने का प्रयास न करे, अतः इसके लिए संगीत के विद्वानों ने यह तय किया है कि एक मात्रा से कम की अवधि में ही अर्थात् सम से चौथाई आधा या पौना मात्र मात्रा पूर्व या इतने ही बाद तक की रचनाएँ अतीत अथवा अनागत ग्रह की श्रेणी में रखी जाएगी।

6. जाति

संगीत में प्रयुक्त हो रहे तालों, बोलों एवं अन्य रचनाओं के लय प्रकारों को ही सामान्य अर्थ में जातियाँ कहते हैं। नाट्य शास्त्र एवं संगीत रत्नाकर के अनुसार प्राचीन मार्ग तालों की मात्र 2 जातियाँ थीं—तिस्त्र और चतस्त्र। 6, 12, 18, 24 आदि मात्राओं के तालों को तिस्त्र तथा 8, 16, 32 आदि मात्राओं के तालों को चतस्त्र जाति के अन्तर्गत रखा जाता था। संगीत रत्नाकर में देशी या शास्त्रीय तालों की 5 जातियों का उल्लेख अत्यन्त संक्षिप्त रूप में होने के कारण उनका अर्थ पूरी तरह स्पष्ट नहीं हो पाया है। तिस्त्र और चतस्त्र जातियों के सम्मिश्रण से मिश्र नामक एक अन्य जाति का उल्लेख 'षटपितापुत्रकः' ताल के साथ हुआ है।

संगीत दर्पण में जातियों पर प्रकाश डालते हुए लिखा गया है कि—'तिस्त्र जाति 3 मात्राओं की होती है, और यह क्षत्रिय है। चतस्त्र 4 मात्राओं की होती है और यह ब्राह्मण है। खंड जाति 5 मात्राओं की होती है, और यह वैश्य है। मिश्र जाति 7 मात्राओं की होती है, और यह शूद्र है, तथा संकीर्ण जाति 9 मात्राओं की होती है और यह वर्ण संकर है। इसके अलावा द्विमात्रिक वर्णों को सभी जातियों में मिलाने का विधान भी है।'

ताल की अपनी स्वाभाविक गति ही जाति कहलाती है। कर्णाटकीय संगीत में आज भी 5 जातियों की प्रथा प्रचलित है। जिसके परिवर्तन से 7 मुख्य ताल 35 तालों में विकसित हो जाते हैं। इसमें लघु की मात्रा सामान्यतः 4 होते हुए भी तिस्त्र जाति में 3, खण्ड में 5, मिश्र में 7, और संकीर्ण में 9 मात्राओं की हो जाती है।

हिन्दुस्तानी अर्थात् उत्तर भारतीय ताल पद्धति में जातियों का इस रूप में प्रचलन नहीं है, फिर भी ताल अथवा बोलों के छन्दों, गति प्रकारों के आधार पर जातियों का उल्लेख यहाँ भी होता है। 3-3 के खण्ड वाले बोल **तिस्त्र जाति** के अन्तर्गत रखे जाते हैं। जैसे ताल दादरा–

धा	धी	ना	धा	ती	ना	धा
X			0			X

चतस्त्र जाति के अन्तर्गत वे बोल आते हैं जिनकी गति 2 अथवा 4 की हो अर्थात् जिनकी लय बराबर हो। जैसे–

धागेतेटे	तागेतेटे	धागेदींगे	नागेतेटे	किटतगी	ऽन्धेत्	तगीन्न	धेत्ता
X				2			

तिरकिटधेत्	तगीन्न	धा	तिरकिटधेत्	तगीन्न	धा	तिरकिटधेत्	तगीन्न	धा
0				3				X

एकताल भी चतस्त्र जाति का ताल है–

धीं	धीं	धागे	तिरकिट	तू	ना	क	त्ता	धागे	तिरकिट	धी	ना	धीं
X		0		2		0		3		4		X

और, तीनताल भी–

धा	धीं	धीं	धा	धा	धीं	धीं	धा	धा	तिं	तिं	ता	ता	धीं	धीं	धा	धा
X				2				0				3				X

खंड जाति के अन्तर्गत उन बोलों को रखते हैं, जिनके गति प्रकार 2/3/अर्थात् 5 के हों। इसमें चतस्त्र के एक खंड (2) और तिस्त्र जाति का समावेश होता है। उदाहरण के लिए–तीनताल में–

धाऽक्रिधान	तिरकिटतकतिरकिट	धागेदीगिन	धागेदीगिन	
X				
दींऽनगीन	कतेटेधाऽ	ताऽनधाऽ	कऽतधाऽ	
2				
कत्तगीन	धाऽताऽन	धा	कत्तगीन	
0				
धाऽताऽन	धा	कत्तगीन	धाऽताऽन	धा
3				X

हिन्दुस्तानी संगीत के अत्यन्त प्रसिद्ध और लोकप्रिय ताल झपताल की गणना इसी जाति के तालों के अन्तर्गत होती है–

धी	ना	धी	धी	ना	ति	ना	धी	धी	ना	धी
X		2			0		3			X

मिश्र जाति—अर्थात् तिस्त्र और चतस्त्र जाति का मिश्रण। नाम से ही स्पष्ट है कि क्रमशः 3 और 4 के गति वाले बोलों का इसमें समावेश होता है। जैसे तीवरा में यह टुकड़ा—

धगीनधगतेटे	तगीनतगतेटे	नगीननगतेटे	कतेटेधाऽकत्	कतेटेकतकत
X			2	
धेतेटेधेटधेट	दींऽतदींऽदींऽ	धाऽनधाऽधाऽ	कतेटेकतकत	धाऽनधाऽधाऽ
3		X		
धा	धाऽनधाऽधाऽ	धा	धाऽनधाऽधाऽ	धा
2		3		X

हिन्दुस्तानी संगीत के अनेक ताल जैसे रूपक, तीवरा, दीपचन्दी और झूमरा आदि इसी जाति के अन्तर्गत आते हैं। दीपचन्दी ताल—

धा	धीं	ऽ	धा	धा	तीं	ऽ	ता	तिं	ऽ	धा	धा	धीं	ऽ	धा
X			2				0			3				X

संकीर्ण जाति उस जाति को कहते हैं, जिसमें दूसरी जातियों का प्रभाव और झलक दिखलाई पड़ती हो। इसके खण्ड 9 मात्राओं के होते हैं। जैसे—धीनधगीन धगतेटे। इसमें धीन और धगतेटे चतस्त्र जाति के बोल हैं तो धगीन तिस्त्र जाति के। धीन धगीन में खण्ड जाति की झलक है तो धगीन धगेतेटे में मिश्र जाति का प्रभाव। हिन्दुस्तानी संगीत के प्रचलित तालों में एक मात्र धमार ताल को संकीर्ण जाति के अन्तर्गत रखा जा सकता है।

क	धे	टे	धे	टे	धा	ऽ	ग	ति	ट	ति	ट	ता	ऽ	क
X					2		0			3				X

7. कला

ताल के इस सातवें प्राण कला के विषय में पूरे विश्वास के साथ कुछ भी कह पाना आज कठिन है, क्योंकि इसका प्रयोग इन दिनों बिलकुल नहीं हो रहा है। प्राचीन तालों में कला का प्रयोग अलग-अलग स्थानों पर अलग-अलग अर्थों में हुआ है। निःशब्द क्रिया को भी कला कहने की प्रथा थी। सशब्द क्रियाओं के लिए 'पातः कला' शब्द का उल्लेख हुआ है।

आचार्य भरत ने 'यस्तत्र मन्दोहथ लयस्तुं प्रमाण कला भवेत्' के द्वारा सम्भवतः भिन्न-भिन्न तालों को भिन्न-भिन्न लयों में प्रस्तुत किए जाने की ओर संकेत किया है। जैसा कि आज भी होता है। झूमरा, तीनताल, एकताल आदि तालों को अति द्रुत लय से लेकर अति बिलम्बित लय में प्रदर्शित किया जाता है। चौगुन में 12

मात्राओं का एकताल मात्र 3 मात्राओं का प्रतीत होता है, तो अति बिलम्बित लय में उसकी मात्रावधि 96 मात्राओं की हो जाती है। इसी प्रकार अति द्रुत लय में तीनताल 4 मात्राओं का प्रतीत होता है तो अति विलम्बित लय में 128 मात्राओं का।

प्राचीन काल में भी कला भेद के अनुसार तालों को विलम्बित करने की प्रथा थी। मार्ग तालों के 'यथाक्षर' या 'एक कला सम्पन्न' स्वरूपों में लघु, गुरु वर्णों का सार्थक प्रयोग होता था। इन्हीं के कला भेद के अनुसार द्विकल, चतुष्कल, अष्टकल आदि स्वरूप हो जाते थे।

8. लय

गायन, वादन एवं नर्त्तन में व्यतीत हो रहे समय की गति को लय कहा जाता है। लय अपने व्यापक अर्थों में सम्पूर्ण विश्व में व्याप्त है, और यह कहना बिलकुल उचित है कि लय भंग की स्थिति में प्रलय भी असम्भव नहीं है। पृथ्वी अपनी धुरी पर एक निश्चित लय (गति) में घूमती है, मनुष्य की नाड़ी एक निश्चित लय में चलती है, और उसका हृदय एक निश्चित लय में धड़कता है। इसमें जब भी व्यवधान पैदा होता है, तो स्थिति खतरे वाली हो जाती है।

लय के सही प्रयोगों के कारण ही अगर कोई ताल अपना आवर्त्तन निश्चित समय में पूरा करता है, तो दिन-रात और सूर्योदय, सूर्यास्त भी निश्चित समय पर होते हैं। सही घड़ी के सुई की चाल, स्वस्थ मनुष्य की नाड़ी और उसके हृदय की धड़कन सही लय के जीवन्त उदाहरण हैं।

लय के विषय में संगीत के विद्वानों में हल्का सा मतभेद भी है। एक वर्ग 'समान गति' को लय कहता है, तो दूसरा वर्ग गति को ही लय मानने पर जोर देते हुए कहता है कि अगर गति समान और सही है तो वह सही लय है, और अगर गति असमान है तो लय गलत हुआ।

शास्त्रों में लय के 3 प्रकार माने गए हैं--द्रुत, मध्य और विलम्बित। भरत नाट्य शास्त्र में इनका उल्लेख इस प्रकार हुआ है–

'त्रयो लयास्तु विज्ञेया द्रुत मध्य विलम्बिताः॥'

इनके परस्पर सम्बन्धों को इस प्रकार समझा जा सकता है–

'द्रुतो, मध्यो, विलम्बश्च द्रुतः शीघ्रतमोमतः।
द्विगुण द्विगुणौ ज्ञेयो तस्मान्मध्य विलम्बितौ॥'

अर्थात् द्रुत लय मध्य लय से और मध्य लय विलम्बित लय से दुगुनी होती है।

निम्न पँक्तियों में लय के 3 प्रकारों पर प्रकाश डाला जा रहा है।

(क) विलम्बित लय–जब एक मात्रा से दूसरी मात्रा पर जाने में विलम्ब होता है, अर्थात् लय की गति धीमी हो तो उसे विलम्बित लय कहते हैं। विलंबित अर्थात् विलम्ब से आने वाला। ख्याल गायन में बड़ा ख्याल, ध्रुवपद गायन में ध्रुवपद और

धमार, तन्त्र और सुषिर वाद्यों में विलम्बित गत, मसीतखानी गत, और नृत्य तथा तबला (एकल) वादन प्रायः इसी लय में आरम्भ होता है। झूमरा, तिलवाड़ा, एकताल, आड़ा चौताल, चारताल, धमार और झपताल आदि तालों का प्रयोग विलम्बित लय हेतु होता है। अति विलम्बित लय नामक इसका एक अन्य प्रकार भी कभी-कभी देखने को मिलता है।

(ख) मध्य लय–वह लय जो सामान्यतः न तो बहुत अधिक विलम्बित हो, और न तो बहुत अधिक तेज-मध्य अर्थात् बीच की लय कहलाता है। छोटा ख्याल, सितारखानी गतें, और तबले में रेला आदि का वादन प्रायः इसी लय में होता है। इसमें एक मात्रा से दूसरी मात्रा की दूरी अपेक्षाकृत जल्दी तय हो जाती है।

(ग) द्रुत लय–वह लय जो सामान्य से दो गुनी और विलम्बित से चार गुनी तेज हो–द्रुत लय कहलाती है। यह वह लय है–जहाँ से ख्याल गायन का समापन और तराना का आरम्भ होता है। स्वर वाद्यों में भी यहीं से झाला की ओर मुड़ते हैं। तबला स्वतन्त्र वादन में इस लय में, गत, फ़र्द, टुकड़े, परणों का वादन होता है। इसमें एक मात्रा से दूसरी मात्रा के मध्य का अन्तराल अत्यन्त कम होता है।

प्राचीन संगीत शास्त्रों में उल्लेख है कि विलम्बित लय में करुण, मध्य लय में शान्त, श्रृंगार और हास्य तथा द्रुत लय में रौद्र, वीभत्स, भयानक, वीर एवं अद्भुत रसों का प्रदर्शन होता था।

लयकारी

लय के यूं तो अनेक प्रकार हो सकते हैं, किन्तु विलम्बित, मध्य और द्रुत नामक इसके मुख्य 3 प्रकार ही माने गए हैं–जिनकी गति (चाल) या लय समान होती है। किन्तु जब इनसे हटकर लय के आड़े-तिरछे प्रयोग किए जाते हैं तो उसे **लयकारी** कहते हैं। वस्तुतः लयकारियाँ भी लय के विभिन्न प्रकार ही हैं। यूं तो लयकारियों के कई उदाहरण भारतीय संगीत में प्रचलित हैं, किन्तु उनमें से मुख्यतः 3 ही लयकारी रूप में प्रचलित हैं–आड़, कुआड़ और बिआड़।

आड़ का अर्थ होता है टेढ़ा। इसे आड़ी लय भी कहते हैं। इसके अन्तर्गत डेढ़ (1½) की लयकारियों का प्रयोग किया जाता है। अर्थात् जब 1 मात्रा में 1½, 2 मात्रा में 3 और 4 में 6 मात्राओं का प्रयोग किया जाता है। तो उसे आड़ की लयकारी कहते हैं। इसका एक उदाहरण नीचे दिया जा रहा है, जिसमें 6 मात्रा के दादरा ताल का समावेश 4 मात्राओं में हुआ है–

धाऽधी ऽनाऽ धाऽती ऽनाऽ

आड़ की लय में एकताल को इस प्रकार लिखा जाएगा–

धींऽधीं ऽधागे तिरकिटतू ऽनाऽ कऽत्ता ऽधागे तिरकिटधी ऽनाऽ

कुआड़ की लयकारी में सवाई की लय का प्रयोग किया जाता है। इस प्रकार इसमें 4 मात्राओं में 5 मात्राओं का समावेश होता है, और 1 मात्रा में 1¼ मात्रा का।

उदाहरणार्थ– 1ऽऽऽ2 ऽऽऽ3ऽ ऽऽ4ऽऽ ऽ5ऽऽऽ
धीऽऽऽना ऽऽऽधीऽ ऽऽधीऽऽ ऽनाऽऽऽ कुआड़ की लय में झपताल
तीऽऽऽना ऽऽऽधीऽ ऽऽधीऽऽ ऽनाऽऽऽ

कुछ लोगों के अनुसार आड़ की आड़ लय को कुआड़ की लयकारी कहा जाता है। इस प्रकार इसमें 3/2 × 3/2 = 9/4, अर्थात् 4 मात्राओं में 9 मात्राओं का समावेश होता है। यद्यपि यह प्रचार में नहीं है, फिर भी संगीतार्थियों की जानकारी हेतु इसे लिखा जा रहा है–

1ऽऽऽ2ऽऽऽ3 ऽऽऽ4ऽऽऽ5ऽ ऽऽ6ऽऽऽ7ऽऽ ऽ8ऽऽऽ9ऽऽऽ

बिआड़ की लयकारी के विषय में भी 2 मत प्रचलित हैं। प्रथम मत–जो अधिक प्रचलित है, के अनुसार पौने दो गुन अर्थात् 1¾ की लयकारी बिआड़ है। इसके अन्तर्गत 4 मात्राओं में 7 मात्राओं का समावेश होता है। इसे इस प्रकार लिखेंगे।

1ऽऽऽ2ऽऽ ऽ3ऽऽऽ4ऽ ऽऽ5ऽऽऽ6 ऽऽऽ7ऽऽऽ

इसके अनुरूप रूपक (7 मात्रा) को 4 मात्रा में इस प्रकार बोला या बजाया जाएगा।

तीऽऽऽतीऽऽ ऽनाऽऽऽधीऽ ऽऽनाऽऽऽधी ऽऽऽनाऽऽऽ

दूसरे मत को मानने वाले कुआड़ की आड़ को बिआड़ की लयकारी मानते हैं। उनके अनुसार कुआड़ चूँकि आड़ की आड़ अर्थात् 9/4 की लयकारी है, अतः बिआड़ 9/4 × 3/2 = 27/8, अर्थात् 8 मात्राओं में 27 मात्राओं के समावेश को कहा जाता है, जिसे इस प्रकार लिखा जाएगा।

1ऽऽऽऽऽऽऽ2ऽऽऽऽऽऽऽ3ऽऽऽऽऽऽऽ4ऽऽ ऽऽऽऽऽ5ऽऽऽऽऽऽऽ6ऽऽऽऽऽऽऽ7ऽऽऽऽऽ

ऽऽ8ऽऽऽऽऽऽऽ9ऽऽऽऽऽऽऽ10ऽऽऽऽऽऽऽ11 ऽऽऽऽऽऽऽ12ऽऽऽऽऽऽऽ13ऽऽऽऽऽऽऽ14ऽऽऽ

ऽऽऽऽ15ऽऽऽऽऽऽऽ16ऽऽऽऽऽऽऽ17ऽऽऽऽऽऽऽ 18ऽऽऽऽऽऽऽ19ऽऽऽऽऽऽऽ20ऽऽऽऽऽऽऽ21ऽऽऽ

ऽऽऽऽ22ऽऽऽऽऽऽऽ23ऽऽऽऽऽऽऽ24ऽऽऽऽ ऽऽऽ25ऽऽऽऽऽऽऽ26ऽऽऽऽऽऽऽ27ऽऽऽऽऽऽऽ

इनके अलावा भी कुछ अन्य लयकारियाँ प्रचार में हैं, जिनका प्रयोग निम्नवत् होता है–

3 में 2 – 1ऽ ऽ2 ऽऽ
3 में 4 – 1ऽऽ2 ऽऽ3ऽ ऽ4ऽऽ
4 में 3 – 1ऽऽ ऽ2ऽ ऽऽ3 ऽऽऽ
5 में 4 – 1ऽऽऽ ऽ2ऽऽ ऽऽ3ऽ ऽऽऽ4 ऽऽऽऽ
7 में 8 = 1ऽऽऽऽऽऽ2 ऽऽऽऽऽऽ3ऽ ऽऽऽऽऽ4ऽऽ ऽऽऽऽ5ऽऽऽ
ऽऽऽ6ऽऽऽऽ ऽऽ7ऽऽऽऽऽ ऽ8ऽऽऽऽऽऽ।

9. यति

ताल के क्षेत्र में प्रयुक्त होने वाले बोलों की गति के भिन्न-भिन्न प्रकारों को यति कहा जाता है। संगीत रत्नाकर व अन्य प्राचीन ग्रन्थों में शुरू में केवल तीन यतियों—समा, स्त्रोतागता और गोपुच्छा का ही उल्लेख प्राप्त होता है। बाद में मृदंगा और पिपलिका नामक यतियों की रचना हुई। यदा-कदा क्रम विहीन विषम गति का भी उल्लेख देखने को मिल जाता है।

यतियों का स्वरूप प्रबन्ध या गीत के पदों या अवयवों को द्रुत, मध्य आदि लयों में गाने पर अभिव्यक्त होता था। तात्पर्य यह कि यदि कोई गीत स्त्रोतागता यति में हो तो उसमें द्रुत, मध्य और विलम्बित गतियों का समावेश गीत में ही एक के बाद एक शास्त्रोक्त नियमानुसार होता था।

5 यतियों का संक्षिप्त परिचय निम्न पँक्तियों में प्रस्तुत है—

(क) समायति—जब कोई बोल शुरू से अन्त तक एक ही लय अर्थात् समान गति में निबद्ध हो तो उसे समायति कहते हैं। अर्थात् समायति के अन्तर्गत आने वाले बोलों की गति आदि से अन्त तक एक समान होती है।

उदाहरण के लिए एकताल में एक टुकड़ा प्रस्तुत है—समायति के अन्तर्गत—

कऽत	धेतेटे	धाऽन	तेतेटे	कतेटे	तगीन	धाऽन	धा	
X		0		2		0		
कतेटे	धेतेटे	नगीन	तेतेटे	कतेटे	तगीन	धा	ताऽन	
3		4		X		0		
धा	तगीन	धा	ताऽन	धा	तगीन	धा	ताऽन	धा
2		0		3		4		X

(ख) स्त्रोतागता या स्त्रोतावहा—इस यति के अन्तर्गत आने वाले बोलों की गति नदी के स्त्रोत के आधार पर निर्मित होती है। जिस प्रकार नदी की जलराशि जब अपने स्त्रोत से निकलती है। तब उसके निकास का स्थान कम होता है, अतः जल धारा काफी वेगवती होती है, फिर धीरे-धीरे नदी का स्थान विस्तृत होता जाता है, अतः जल प्रवाह का वेग कम और शिथिल होने लगता है। इस आधार पर बनने वाले बोलों की लय शुरू में तेज होती है, बीच में कम और अन्त में उससे भी कम। इसे द्रुत, मध्य और विलम्बित लय में निबद्ध किया जा सकता है।

(ग) गोपुच्छा यति—गोपुच्छा यति के अन्तर्गत बनने वाले बोलों की गति गाय की पूँछ पर आधारित होती है। जिस प्रकार गाय की पूँछ शुरू में मोटी, फिर उससे कम मोटी और अन्त में एकदम पतली हो जाती है, ठीक उसी प्रकार इस यति के बोल शुरू में विलम्बित लय में, मध्य में मध्य लय और अन्त में द्रुत लय में निबद्ध होते हैं। इस आधार पर कहा जा सकता है कि गोपुच्छा यति की लय स्त्रोतावहा

के विपरीत होती है।

(घ) मृदंगा यति–मृदंगा यति का आधार मृदंग नामक ताल वाद्य का आकार होता है। जिस प्रकार मृदंग का बायाँ भाग पतला होता है, बीच का भाग मोटा और दायाँ भाग बाएँ भाग से भी पतला होता है। उसी प्रकार इस यति के बोल आरम्भ में मध्य लय में निबद्ध होते हैं, मध्य की लय विलम्बित होती है, और अन्त की लय द्रुत।

(ङ) पिपिलिका या डमरू यति–चींटी नामक जीव और डमरू नामक वाद्य के आधार पर बनने वाले बोल को पिपिलिका यति या डमरू यति कहते हैं। इसमें आरम्भ और अन्त में धीमी लय होती है, और बीच में तेज लय। जैसे–आरम्भ मध्य लय से हो, मध्य में द्रुत लय हो, और अन्त में पुनः मध्य लय।

10. प्रस्तार

प्रस्तार का अर्थ है विस्तार। भारतीय शास्त्रीय संगीत में प्रस्तार अथवा विस्तार का अत्यन्त महत्त्वपूर्ण स्थान है। यहाँ रागों का, तालों का, तालों के भिन्न-भिन्न बोलों पेशकार, कायदा, बाँट और रेला का तथा गायन एवं वादन की बन्दिशों का विस्तार करने की प्रथा शुरू से ही प्रचलित रही है, और यही कारण है कि भारतीय शास्त्रीय संगीत में हमें हर क्षण, हर पल नूतनता के दर्शन होते हैं। इसकी सृजनात्मकता विश्व संगीत में प्रसिद्ध है।

किन्तु यहाँ जिस प्रस्तार की चर्चा हो रही है, वह आज किताबी वस्तु बनकर रह गयी है। दक्षिण भारतीय संगीत में ताल को भिन्न-भिन्न रीतियों से प्रस्तारित करने की प्रक्रिया को प्रस्तार कहने की प्रथा थी। प्रस्तार करते समय उसकी सभी मूल क्रियाएँ मार्ग, कला, मात्रा, अंग, गति आदि परिवर्तित हो जाती थी। इसके अतिरिक्त द्विकल, चतुष्कल आदि में भी प्रस्तार के नियम थे। ऐसे प्रस्तारों में ताल की सभी क्रियाओं को द्विमात्रिक कलाओं में प्रदर्शित करते थे, एवं उनका यथाक्षर स्वरूप लुप्त हो जाता था। कभी-कभी चतुष्कल को द्विगुण या चतुर्गुण करके भी प्रस्तार करते थे, एवं द्विकल व चतुष्कल के मिश्रण से भी प्रस्तार करने की प्रथा मान्य थी। चूँकि, प्रस्तार की यह प्रथा आज लुप्तप्राय है, और उत्तर भारतीय संगीतार्थियों के लिए तो यह बिलकुल ही अनुपयोगी है, अतः उन्हें प्रस्तार के अर्थ में विस्तार को ही लेना चाहिए, और पल्टे आदि के माध्यम से बोलों आदि को विस्तारित करने की प्रथा को ही प्रस्तार संज्ञा से सम्बोधित करना चाहिए।

ताल लिपि

जब भिन्न-भिन्न तालों एवं उन तालों में निबद्ध भिन्न-भिन्न रचनाओं को मात्रा, विभाग, ताली एवं खाली आदि के माध्यम से स्पष्ट रूप में लिखा जाता है, तो उसे ताल लिपि कहते हैं। भारतीय शास्त्रीय संगीत के क्षेत्र में मुख्यतः 3 ताल लिपियाँ प्रचार में हैं, जिनमें 2 उत्तर भारत की हैं और एक दक्षिण भारत की, जिसे कर्णाटकीय या दक्षिण भारतीय ताल पद्धति भी कहते हैं।

निम्न पँक्तियों में इन ताल पद्धतियों का संक्षिप्त परिचय प्रस्तुत है–

(क) भातखंडे ताल पद्धति–इस ताल पद्धति के जनक पं. विष्णु नारायण भातखंडे (1860-1936) संगीत के पुनरुद्धारक के रूप में जाने जाते हैं। उन्होंने भारतीय शास्त्रीय संगीत को जन साधारण से जोड़ने और उसे सुरक्षित तथा संरक्षित करने की दिशा में अनेक महत्त्वपूर्ण कदम उठाए। उन्हीं में से एक है ताल लिपि का निर्माण। भारतीय संगीत में उनके द्वारा आविष्कृत ताल लिपि सर्वाधिक लोकप्रिय है, और इसका कारण है उसका सुगम होना।

इस ताल पद्धति में 1 मात्रा के अन्दर जितने बोलों का समावेश होता है, उसे एक अर्धचन्द्र ‿ के अन्दर घेर देते हैं, जैसे तिरकिट कतेटे दींदीं नानातेटे आदि। किन्तु जब 1 मात्रा में सिर्फ 1 अक्षर का बोल होगा, तब उसके नीचे अर्द्धचन्द्र का चिह्न नहीं लगेगा। उसे एक निश्चित दूरी बनाकर लिखना होगा। जैसे–

धा	तूना	किटितक	तातिर	किटितक	तिरकिट	तकता	तिरकिट	धा	तिरकिट	तकता	तिरकिट
x				2				0			

धा	तिरकिट	तकता	तिरकिट	धा
3				x

इसी प्रकार झपताल का ठेका इस प्रकार लिखा जाएगा–

धी	ना	धी	धी	ना	ती	ना	धी	धी	ना	धी
X		2			0		3			X

और एकताल इस प्रकार–

धीं	धीं	धागे	तिरकिट	तू	ना	क	त्ता	धागे	तिरकिट	धी	ना	धीं
X		0		2		0		3		4		X

इस ताल पद्धति में–

सम अर्थात् प्रथम मात्रा का संकेत चिह्न है– + या ×

विभाग का चिह्न है–|

शेष तालियों के लिए ताली संख्या लिखते हैं–2, 3, 4 आदि।

और प्रत्येक खाली का संकेत चिह्न होता है–0

(ख) विष्णु दिगम्बर ताल पद्धति–के रचयिता पं. विष्णु दिगम्बर पलुस्कर थे। यह ताल पद्धति अपेक्षाकृत कम प्रचार में है, क्योंकि यह क्लिष्ट और अधिक सूक्ष्म

है। इस ताल पद्धति में प्रत्येक मात्रा और मात्रांश (1/2, 1/3, 1/4 आदि) के लिए अलग-अलग चिह्न निर्धारित किए गए हैं। जो इस प्रकार हैं–

4	मात्रा का संकेत चिह्न	×	चतस्त्र
2	मात्रा का संकेत चिह्न	∽	गुरु
1	मात्रा का संकेत चिह्न	–	लघु
1/2	मात्रा का संकेत चिह्न	0	द्रुत
1/3	मात्रा का संकेत चिह्न	……..	
1/4	मात्रा का संकेत चिह्न	‿	अणु द्रुत
1/8	मात्रा का संकेत चिह्न	‿‿	अणु-अणु द्रुत आदि।

वैसे तो 1/16, 4/3, 1/6, 1/12 आदि मात्राओं के संकेत चिह्नों का भी उल्लेख हुआ है, किन्तु इस समय उनकी उपयोगिता नहीं है।

इस ताल पद्धति में प्रत्येक बोल के नीचे उसका वजन (मात्रा काल, 1, 1/2, 1/4 आदि) लिख दिया जाता है, जैसे धीं ऽ तिर कि ट में धीं 1 मात्रा का है, अतः उसे धीं लिखा जाएगा, जबकि ऽ और धा 1/2, 1/2 मात्रे के हैं, अतः उन्हें **ऽ धा** लिखा जाएगा, और तिरकिट चूँकि $\frac{1}{4}$, $\frac{1}{4}$ मात्रे के हैं, अतः उन्हें **ति र कि ट** लिखा जाएगा। इस प्रकार धीं ऽ धा ति र कि ट जो कुल 3 मात्राओं के बोल हैं, उन्हें इस प्रकार लिखेंगे–**धीं ऽ धा ति र कि ट**

इस ताल पद्धति में **सम** अर्थात् पहली मात्रा के नीचे मात्रा संख्या **1** लिखा जाता है। शेष तालियों के लिए जिस मात्रे पर ताली होती है, उस मात्रे की संख्या लिखी जाती है। जैसे त्रिताल की दूसरी ताली के लिए **5** और तीसरी ताली के लिए **13** के अंक का प्रयोग होता है। **खाली** के लिए + और विभाग के लिए । का प्रयोग होता है।

विष्णु दिगम्बर ताल पद्धति में **एकताल**

धीं	धीं	धा	गे	ति	र	कि	ट	तू	ना	क	त्ता	धा	गे	ति	र	कि	ट	धी	ना	।	धीं
1		+						5		+		9						11			1

एक व्यर्थ का प्रश्न प्रायः उठ खड़ा होता है कि उपरोक्त दोनों ताल पद्धतियों में श्रेष्ठ कौन है? जबकि, यह प्रश्न उचित नहीं है। दोनों ही ताल पद्धतियाँ अपनी-अपनी जगह श्रेष्ठ हैं। भातखंडे ताल पद्धति अधिक सरल एवं सुविधाजनक है। इसी कारण अधिक प्रचलित और लोकप्रिय भी। जबकि, विष्णु दिगम्बर ताल पद्धति अधिक सूक्ष्म और वैज्ञानिक होने के कारण क्लिष्ट है। उदाहरण के लिए **धगीन** और **धा ते टे** दो शब्दों को देखा जा सकता है। भातखंडे ताल पद्धति में इसे आसानी से धगीन धातेटे लिख दिया जाएगा, किन्तु इसमें प्रत्येक अक्षर का वजन कितना है, यह स्पष्ट नहीं है। धातेटे वस्तुतः धातेटे ही है। या धाऽतेटे यह नहीं स्पष्ट है। जबकि, विष्णु दिगम्बर ताल पद्धति में यह स्पष्ट हो जाएगा–

धि	गी	न	धा	ते	टे
...	...	...	0		
1/3	1/3	1/3	1/2	1/4	1/4

अतः सुविधा की दृष्टि से भातखंडे ताल पद्धति श्रेष्ठ है, तो सूक्ष्मता की दृष्टि से पलुस्कर ताल पद्धति।

(ग) दक्षिण भारतीय (कर्णाटकीय) ताल पद्धति

दक्षिण भारतीय ताल पद्धति में गणित के सिद्धान्तों का अत्यन्त सूक्ष्म और चमत्कार पूर्ण प्रयोग होता है। दक्षिण के मूल सात तालों का 7 × 5 = 35 तालों में लघु के मात्रा परिवर्तन के आधार पर बदलना यहाँ के गणितीय चमत्कार का ही उदाहरण है। कहा जाता है कि कर्णाटकीय संगीत में प्रचलित आज के 7 प्रमुख तालों को प्रचारित, प्रसारित करने का सर्वाधिक श्रेय सोलहवीं शताब्दी में हुए दक्षिणी संगीत के पितामह **पुरंदर दास** को है—जिन्होंने अपनी रचनाओं में इन तालों का प्रयोग करके इन्हें प्रचलित किया। बाद के संगीतज्ञों मद्राचल, रामदास, क्षेत्रैया, त्यागराज आदि ने भी इन तालों को अपनी रचनाओं द्वारा खूब समृद्ध किया। फलस्वरूप आज ये ही ताल प्रचलित हैं—इन तालों के नाम और स्वरूप इस प्रकार हैं—

क्रम	**ताल**	**चिह्न**	**मात्रा संख्या**
1	**ध्रुव**	| 0 | |	4,2,4,4,
2	**मंठ**	| 0 |	4,2,4,
3	**रूपक**	0 |	2,4,
4	**झंप**	| ˘ 0	4,1,2,
5	**त्रिपुट**	100	4,2,2,
6	**अठ**	| | 00	4,2,4,4,
7	**एक**	|	4,

उल्लेखनीय है कि इन तालों में लघु (|) की मात्रा 4 मानी गयी है, किन्तु इस ताल पद्धति में यह सुविधा है कि इसमें 5 जातियों तिस्त्र, चतस्त्र, खण्ड, मिश्र और संकीर्ण के आधार पर लघु की मात्रा संख्या क्रमशः 3, 4, 5, 7 और 9 की जा सकती है। जिससे ताल की कुल मात्रा संख्या बदल जाएगी, और वह ताल एक नवीन रूप धारण कर लेगा। जैसे ध्रुव।0।। की मात्रा संख्या 4, 2, 4, 4, है, किन्तु लघु की जाति अगर तिस्त्र हो जाए तो इसकी मात्रा संख्या 3, 2, 3, 3, हो जाएगी। इसी प्रकार एक (|) की मात्रा संख्या 4 है, किन्तु अगर लघु की जाति खंड कर दी जाए तो इसकी मात्रा संख्या 5 हो जाएगी। इसमें दो बातों का विशेष ध्यान रखना होगा कि किसी भी ताल में लघु की जाति जब बदलती है, तो उस ताल के सारे लघुओं की जाति बदलेगी, और उस स्थिति में जाति का उल्लेख करना आवश्यक

होता है। दूसरी बात यह कि जब तक जाति का अलग से उल्लेख नहीं होता उसे चतस्त्र जाति के अन्तर्गत रखा जाता है। इस प्रकार 7 प्रमुख ताल 5 जातियों के अनुसार लघु की मात्रा बदलने से 35 तालों में परिणीत हो जाते हैं।

कर्णाटकीय ताल पद्धति में 'विसर्जितम्' अर्थात् खाली का अलग से कोई विभाग नहीं होता, बल्कि ताल की जिन मात्राओं पर तालियाँ नहीं होती हैं, उन सबको खाली अर्थात् विसर्जितम् के अन्तर्गत ही रखा जाता है। दक्षिण भारतीय तालों को उत्तर भारतीय ताल पद्धति में इस प्रकार लिखेंगे–**झंप**– | ◡ **0**

1	2	3	4	5	6	7
X				2	3	

त्रिपुट | **00**

1	2	3	4	5	6	7	8
X				2		3	

इन दोनों तालों में चूँकि जातियों का अलग से उल्लेख नहीं है, अतः लघु की मात्रा 4 मानी गयी है, जो चतस्त्र जाति के अनुसार है, किन्तु अगर त्रिपुट खण्ड जाति का कर दिया जाए तो ताल का स्वरूप बदल जाएगा–

1	2	3	4	5	6	7	8	9
X					2		3	

दृष्टव्य है कि केवल लघु की जाति बदलती है, शेष सभी अंग यथावत् रहते हैं। इसी प्रकार उत्तर भारतीय ताल झपताल को दक्षिण भारतीय ताल पद्धति में इस प्रकार लिखेंगे–O | Ծ इसके विभाग 2, 5, 3 हैं, क्योंकि दक्षिण ताल पद्धति में खाली का पृथक विभाग नहीं होता। किन्तु कुछ लोग झपताल के 2/3/2/3 के विभाग को स्पष्ट करने के लिए इसे, इस प्रकार भी लिखते हैं **0 ŏ 0 ŏ**। इसी प्रकार **धमार** दक्षिणी ताल पद्धति में | | । लिखा जाएगा, अर्थात् 5, 5, 4 किन्तु चूँकि उत्तर भारत में खाली का विशेष महत्त्व होता है, अतः धमार को इस प्रकार भी लिखा जा सकता है–

| O Ծ | अर्थात् 5, 2, 3, 4 |

यहां संगीतार्थी अपने विवेकानुसार तय करें कि वे उत्तर भारतीय तालों को किस प्रकार लिखना पसन्द करेंगे?

भिन्न-भिन्न गायन शैलियों के साथ प्रयुक्त होने वाले ठेकों की सकारण व्याख्या

(क) ध्रुवपद—गायन की यह अत्यन्त प्राचीन शैली है, जिसमें खुले गले से आवाज लगायी जाती है। बुलन्द आवाज में गायन होने के कारण इसकी संगति पखावज पर होती है, और इसीलिए इसमें खुले अंग के ताल प्रयुक्त होते हैं। ध्रुवपद गायन की संगति हेतु मुख्य रूप से 12 मात्रे के चारताल (चौताल) का प्रयोग किया जाता है। 10 मात्रे के सूलताल (उसूले-फाख्ता) का भी द्रुतलय में ध्रुवपद की संगति हेतु प्रयोग होता है। यद्यपि इन दिनों प्रचार में नहीं हैं फिर भी 7 मात्रे के तीवरा ताल, 18 मात्रे के लक्ष्मी ताल, 18 मात्रे के ही मत्त ताल, 22 मात्रे के अष्टमंगल और 28 मात्राओं के ब्रह्म ताल का भी ध्रुवपद गायन की संगति हेतु प्रयोग होता था। इस प्रकार की गायन की संगति हेतु खुले और जोरदार बोलों का प्रयोग किया जाता है। सह-संगति (लड़न्त), उपज और लयकारियों तथा सम-विषम का रोमांचक प्रयोग होता है, इस गायन शैली और उसकी संगति में।

(ख) धमार और होरी—धमार नाम से जो गायन शैली हिन्दुस्तानी संगीत में प्रचलित है, वस्तुतः वह होरी गायन है, और इसमें कभी राधा-कृष्ण तो कभी दूसरे चरित्रों के होली खेलने का संगीतबद्ध वर्णन होता है। यह ध्रुवपद गायन के बाद आविष्कृत हुई उसी शैली से प्रेरित गायन शैली है। इसकी संगति 14 मात्रे के धमार ताल द्वारा होने के कारण इसे धमार गायकी भी कहते हैं। ध्रुवपद की ही तरह इसकी संगति भी मुख्य रूप से पखावज पर ही होती है। इसमें भी साथ संगति (लड़न्त) का खूब प्रयोग होता है। गायक और वादक दोनों ही एक-दूसरे को चमत्कृत करते हुए चलते हैं। भिन्न-भिन्न लयों में निबद्ध उपजों एवं अतीत, अनागत आदि सम प्रकारों का प्रयोग इस गायकी की विशेषता है, इसलिए इसकी संगति भी इसी अंग से की जाती है।

(ग) होली—होरी गायन का ही दूसरा रूप है **होली**। होरी गायन जहाँ धमार नाम से शास्त्रीय संगीत की प्राचीन और गम्भीर विधा मानी जाती है, वहीं होली गायन अपेक्षाकृत उपशास्त्रीय एवं सुगम। प्रायः कलाकार अपने गायन का समापन इससे करते हैं। लेकिन, पिछले कुछ वर्षों में उपशास्त्रीय संगीत के अनेक कलाकारों ने अपनी स्थिति काफी सुदृढ़ की है, और अब उपशास्त्रीय संगीत का ही पूरा कार्यक्रम भी होता है। स्वाभाविक है कि इसका लाभ होली गायन को भी मिला। इसकी संगति मुख्य रूप से 14 मात्रे के दीपचंदी ताल द्वारा होती है। स्थायी की समाप्ति के बाद बढ़ी लय कायम करके 16 मात्रे में लग्गी-लड़ी का प्रयोग होता है। इसमें गायक तरह-तरह के बोल बनाता है, और तबला वादक लग्गी-लड़ी का प्रयोग करता है, और फिर अन्त में तिहाई दोनों साथ लेते हैं। यहाँ यह विशेष रूप से स्मरणीय है

कि बोल बनाव के समय सह संगति की स्थिति होते हुए भी यहाँ लड़न्त वाली स्थिति नहीं होती है। जैसा कि ध्रुवपद, धमार की संगति में होता है। कभी-कभी दीपचंदी की जगह 16 मात्रे के जत, या 16 मात्रे के अद्दा (पंजाबी) ताल का भी प्रयोग इसकी संगति के लिए होता है। दादरा, कहरवा में भी यदा-कदा होली गायन होता है।

(घ) ठुमरी–ठुमरी गायकों के अनुसार ठुमरी शब्द की व्युत्पत्ति ठुमक शब्द से हुई है, जिसका अर्थ है ठुमकना। ठुमकने शब्द से ही स्पष्ट हो जाता है कि यह अपेक्षाकृत शृंगारिक और चंचल प्रकृति की गायन शैली है, किन्तु चंचलता से इसका अर्थ जितना चंचल लगा लिया जाता है, उतनी अधिक चंचल भी नहीं है यह गायन शैली। ठुमरी वह गायकी है, जिसमें मात्र मस्तिष्क ही नहीं, दिल की भी महत्त्वपूर्ण भूमिका होती है। वस्तुतः इसे चंचल और क्षुद्र गायन शैली की संज्ञा देने वालों का आशय मात्र यह था कि शृंगार और लौकिक प्रेम इसका मुख्य विषय होता है, साथ ही सौन्दर्योत्पत्ति हेतु इसमें रागों की शुद्धता का प्रायः कठोरता से पालन नहीं किया जाता है।

ठुमरी की संगति हेतु दीपचंदी (14 मात्रा), जत (16 मात्रा), पंजाबी (16 मात्रा), कहरवा (8 मात्रा) और दादरा (6 मात्रा) का मुख्य रूप से प्रयोग होता है। दृष्टव्य है कि इन्हीं तालों का प्रयोग होली गायन की संगति हेतु भी होता है। किन्तु होली की लय अपेक्षाकृत कुछ तेज रहती है, जबकि ठुमरी की धीमी। ठुमरी का आरम्भिक चरण अर्थात् स्थायी विलम्बित लय में गाया जाता है, जबकि उसके समापन में बढ़ी लय कायम करके द्रुत लय त्रिताल में लग्गी-लड़ी का वादन किया जाता है। गायक के बोल बनाव के समय लग्गी-लड़ी जो मुख्यतः बराबर लय में होते हैं–का वादन बड़ा ही खुशनुमा प्रतीत होता है, अन्त में दोनों कलाकार–गायक और वादक एक छोटी सी तिहाई लेकर सम पर आते हुए फिर पुरानी लय और ताल पर वापस लौटते हैं, और इस प्रकार बन्दिश समाप्त होती है।

टप्पा गायन की संगति भी लगभग इसी प्रकार होती है।

(ङ) विलम्बित या बड़ा ख्याल–बड़ा ख्याल के नाम से प्रसिद्ध विलम्बित लय का ख्याल भारतीय संगीत को मुगल काल की देन है। ध्रुवपद और धमार गायन में ताल रहित आलाप की जो प्रथा है, उसे तालबद्ध रूप में प्रस्तुत करने हेतु इस शैली का निर्माण हुआ। स्वरों का गम्भीर प्रयोग इसकी विशेषता है, इसीलिए इसकी लय अपेक्षाकृत कम रखी जाती है, ताकि बार-बार सम दिखलाने के उतावलेपन से मुक्त रहकर गायक एक-एक स्वरों का क्रमबद्ध और स्थिर विकास कर सकें।

इस गायन शैली की संगति के लिए मुख्य रूप से तीन तालों का प्रचार है–एकताल (12 मात्रा), तिलवाड़ा (16 मात्रा) और झूमरा (14 मात्रा)। यदा-कदा आड़ा चारताल (14 मात्रा) का प्रयोग भी होता है।

उस्ताद अमीर खाँ (इन्दौर वाले) ने इस गायन शैली को अत्यधिक गम्भीर

बनाने हेतु विलम्बित ख्याल को अति विलम्बित लय में प्रस्तुत करने की परम्परा का सूत्रपात किया, अतः 12 मात्रे का एकताल जो विलम्बित लय में 24 मात्रे का समय लेता था, 48 मात्रे का स्थान लेने लगा। इसी प्रकार 14 मात्रे का झूमरा भी 28 से 56 मात्रे में और 16 मात्रे का तिलवाड़ा 32 से 64 मात्राओं में परिवर्तित होने लगा।

किसी भी रचना में उसके ताल स्वरूप का दिग्दर्शन होना बहुत जरूरी है—यह संगीत मनीषियों का विचार है, और इस कसौटी पर ख्याल का अति विलम्बित रूप खरा नहीं उतरता। अतः उस्ताद अमीर खाँ के जीवन काल में ही इस शैली की सार्थकता पर प्रश्न चिह्न लगने लगा था, लेकिन उस्ताद की गम्भीर गायकी और स्वरों का गम्भीरतम प्रयोग और क्रमबद्ध विकास लोगों को इस प्रकार अपने स्वर पाश में बाँध लेता था कि सारे तर्क खोखले प्रतीत होते थे। फलस्वरूप, उनकी स्वनिर्मित शैली उनके जीवन काल में काफी प्रसिद्ध हुई, किन्तु उनके निधन के बाद उनके अनेक सुयोग्य शिष्यों के प्रयासों के बावजूद इसकी लोकप्रियता घटने लगी। इसके पीछे कुछ दूसरे कारण भी थे। जैसे आपाधापी के इस माहौल में समयाभाव। आज जब 40-45 मिनट की अवधि में कलाकार को अपना कार्यक्रम पूरा करना पड़ता है, तब अमीर खाँ द्वारा विकसित की गयी शैली के अनुरूप न तो स्वरों का विस्तार हो सकता है और न तो लय की स्थिरता कायम रखी जा सकती है। फलस्वरूप, अति विलम्बित लय में गायन करने वालों की संख्या आज बहुत कम हो गयी है, और इतना ही नहीं, विलम्बित लय की गति भी इधर कुछ तेज हो गयी है।

चूँकि, विलम्बित लय की गति भी इधर कुछ तेज हो गयी है, अतः विलम्बित या बड़ा ख्याल की संगति के लिए कुछ ऐसे तालों का भी प्रचलन बढ़ा है, जो पहले उपयुक्त नहीं प्रतीत होते थे। 16 मात्रे के तीनताल के अलावा 10 मात्रे के झपताल ओर 7 मात्रे के रूपक इसी श्रेणी के ताल हैं।

इस प्रकार की गायन की संगति के लिए ठेकों को विलम्बित लय में स्थिर रखा जाता है। कुछ कलाकार बिलकुल सीधा ठेका पसन्द करते हैं, तो कुछ चाहते हैं कि ठेके के दो मात्राओं के बीच भराव रहे। अतः तबला वादक के लिए उचित यही होता है कि गायक की रुचि जान ले। सम पर आते समय एक या दो मात्राओं का मुखड़ा या तिहाई लेने की भी प्रथा है इस गायन शैली में।

(च) छोटा या द्रुत ख्याल—छोटा ख्याल के नाम से जिस रचना की प्रस्तुति होती है, वह मध्य और द्रुत लय में निबद्ध होती है। तीनताल, झपताल, एकताल आदि इसकी संगति हेतु विशेष प्रचलित हैं। किन्तु आड़ा चौताल, पंचम सवारी, तीवरा और बसन्त आदि तालों में भी छोटा ख्याल प्रस्तुत की जाती है। चूँकि, इसमें लयकारी और तिहाई युक्त तानें प्रयुक्त होती हैं, अतः तबला वादक को भी छोटे-छोटे मुखड़े, टुकड़े आदि बजाने का अवसर मिलता रहता है। कभी-कभी चमत्कार प्रदर्शन हेतु

लड़न्त आदि भी हो जाती है, किन्तु उसका स्वरूप ध्रुवपद, धमार के लड़न्त से भिन्न होता है।

(छ) **तराना**–छोटा ख्याल जिस लय में समाप्त होता है, तराना वहाँ से शुरू। यह गायन शैली भी मुगल काल में आविष्कृत हुई। शुरू में इसके माध्यम से ईश्वर (अल्लाह) की प्रशंसा की जाती थी। इसकी भाषा मूल रूप से अरबी और फारसी होती है। किन्तु बाद में भाषा ज्ञान ठीक न होने के कारण तराना गायन निरर्थक शब्दों का पर्याय बन गया। इसमें नादिम, दिम, तनाना, अला आदि शब्दों के साथ सरगम एवं तबला, पखावज के बोलों का भी प्रयोग होता है। आज तराना गायन मुख्य रूप से तैयारी एवं चमत्कार प्रदर्शन हेतु किया जाता है, तीनताल, एकताल, झपताल एवं आड़ा चारताल आदि में तराना गाया जाता है, फिर भी तीनताल तराना गायन हेतु अधिक प्रचलित है।

(ज) **भजन, गीत, गज़ल**–ये सभी सुगम संगीत की विधाएँ हैं, और इनमें प्रायः सीधा ठेका और ठेके के कुछ प्रकारों का वादन किया जाता है, तथापि शास्त्रीय संगीत के कलाकार जब इन रचनाओं को प्रस्तुत करते हैं, तब वे उसमें शास्त्रीयता का रंग भी घोल देते हैं, और ऐसे समय में एक अन्तरा की समाप्ति के बाद लग्गी-लड़ी का भी प्रयोग होता है। लेकिन, यह प्रायः मुख्य कलाकार की इच्छा पर निर्भर करता है। गज़ल के लिए दादरा, कहरवा और रूपक जैसे ताल अधिक लोकप्रिय हैं। कुछ गज़लें झपताल में भी मिलती हैं। जबकि, गीत और भजनें प्रायः दादरा, कहरवा और रूपक के साथ-साथ झपताल, एकताल और पंजाबी (अद्दा) तालों में भी निबद्ध होती है।

ताल रचना के सिद्धान्त

भारतीय शास्त्रीय संगीत में **ताल** का अत्यन्त महत्त्वपूर्ण स्थान है। इसकी उत्पत्ति तल् शब्द के आधार पर हुई है–यही कारण है कि भारतीय संगीत में ताल आधार की बुनियादी भूमिका का निर्वाह करता है। इसी आधार पर स्वर और लय के माध्यम से सांगीतिक सृजनाओं की गगनचुम्बी, भव्य अट्टालिकाएँ खड़ी की जाती हैं। ताल वह माध्यम है, जिसके द्वारा सांगीतिक कल्पनाओं के उमड़ते अथाह सागर को नियन्त्रित और अनुशासित किया जाता है। सांगीतिक यात्रा इसके सुनिश्चित दायरों में ही सम्पन्न होती है। ताल संगीत में व्यतीत हो रहे समय को मापने का मुख्य साधन है। यह भिन्न, भिन्न, मात्राओं, विभागों और तालियों तथा खालियों के संयोग से निर्मित होता है।

उत्तर भारतीय संगीत शैली की अपेक्षा दूसरी संगीत शैलियों में ताल का स्थान अपेक्षाकृत कम महत्त्वपूर्ण होता है। उदाहरण के लिए पाश्चात्य संगीत में बीट और रिद्‌म अर्थात् मात्रा और लय प्रकारों का प्रयोग होता है। 2-2, 2-3, 3-3, 3-2, 4-4 आदि लय प्रकारों पर पाश्चात्य रचनाएँ निर्भर होती हैं, किन्तु इन लय प्रकारों के कोई निश्चित बोल नहीं होते, जबकि उत्तर भारतीय संगीत में हर लय प्रकार का एक सुनिश्चित बोल होता है, जिसे उस ताल का ठेका कहते हैं। जैसे 2-2 और 4-4 के लय प्रकारों पर आधारित कहरवा और त्रिताल जैसे कई ठेके हैं, विलम्बित लय के लिए तिलवाड़ा ताल है, मध्य और द्रुत लय के लिए तीनताल तो चंचल और शृंगारिक रचनाओं हेतु पंजाबी या अद्दा। 3-3 के लय प्रकार के लिए दादरा ताल है, 2-3 के लय प्रकार हेतु झपताल है तो 3-2 के लय प्रकार हेतु झंपा। इसी प्रकार 3-2-2 के लिए रूपक, तीवरा और पश्तो ताल हैं। इन सभी तालों के उपयोग के विशेष नियम हैं। ऐसा बिलकुल नहीं है कि तिलवाड़ा की जगह तीनताल और तीनताल की जगह जत का प्रयोग कर लिया जाए। झपताल और सूलताल समान मात्रे के ताल अवश्य हैं, किन्तु इनका प्रयोग अलग-अलग गति में निबद्ध अलग-अलग संगीत शैलियों के लिए होता है। एक की जगह दूसरे का प्रयोग शास्त्रीयता की दृष्टि से गलत माना जाएगा।

कर्णाटकीय संगीत में भी तालों के बोल निश्चित नहीं होते हैं। वहाँ मात्रा प्रधान होते हैं और उन्हीं मात्राओं को आधार बनाकर वादन किया जाता है। ठेकों की प्रधानता नहीं होती यहाँ, जबकि उत्तर भारतीय संगीत में ठेकों की भी प्रधानता होती है। ठेकों के बोल तालों को अलग-अलग अन्दाज और वजन प्रदान करते हैं, और यही कारण है कि उत्तर भारतीय संगीत में तालों की रचना हेतु इसके सैद्धान्तिक नियम होते हैं। बिना सिद्धान्तों के उत्तर भारतीय संगीत के लिए उपयोगी तालों का निर्माण नहीं किया जा सकता—यूँ तो उत्तर भारतीय संगीत में अलग-अलग संगीत शैलियों की संगति हेतु पाँच हजार से अधिक ताल हैं। जिनमें से पैंतीस, चालीस ताल लोकप्रिय और प्रचार में हैं।

इस प्रकार संगीत की भिन्न-भिन्न विधाओं और शैलियों की संगति हेतु उत्तर भारतीय संगीत में इतने ताल पहले से प्रचलित हैं कि किसी नए ताल की आवश्यकता नहीं है। फिर भी समय-समय पर कुछ ताल बनते रहते हैं। भले ही उनकी निर्माण संख्या नए रागों की तरह नहीं है। कला में सृजनात्मकता के महत्त्व को नकारा तो नहीं ही जा सकता है। फिर, ताल रचना के सिद्धान्त सम्बन्धी प्रश्न पाठ्यक्रमों की परीक्षाओं में भी अकसर आते रहते हैं। इसलिए, निम्न पंक्तियों में हम ताल रचना के सिद्धान्तों पर संक्षिप्त रूप से विचार करेंगे—

संगीत की शैली—किसी भी ताल के निर्माण के पूर्व यह सुनिश्चित कर लेना आवश्यक होता है, कि उससे संगीत की किस विधा, किस शैली की संगति की जाएगी?

अगर चंचल गति की शृंगारिक रचनाओं की संगति करवानी हो तो उस तरह की मात्रा और बोलों का चयन करना होगा। इस तरह के ताल बहुत अधिक मात्राओं के नहीं होते, और इनकी शब्द रचना ऐसी होती है कि उसमें मिठास और चंचलता दोनों का आभास हो।

इसे इस प्रकार समझा जा सकता है कि 14 मात्रे के धमार, आड़ा चारताल झूमरा और दीपंचदी जैसे 4 ताल आज खूब प्रचार में हैं। लेकिन, ये चारों गायन की अलग-अलग शैलियों की संगति हेतु प्रचलित हैं। 14 मात्रे में अगर विलम्बित ख्याल गाना है, तो उसकी संगति झूमरा द्वारा की जाएगी। अगर विलम्बित ख्याल की लय कुछ तेज रखी जाए, या द्रुत ख्याल गाया जाए तो उसकी संगति आड़ा चारताल द्वारा की जाएगी। धमार नाम से लोकप्रिय धीर गम्भीर होरी गायकी के लिए धमार ताल का निर्माण ही हुआ है, जबकि 14 मात्रे में ही ठुमरी शैली में अगर होली गायी जाए तो उसकी संगति दीपचंदी द्वारा की जानी चाहिए।

न केवल संगति बल्कि स्वतन्त्र वादन में भी ये नियम लागू होते हैं। धमार में स्वतन्त्र वादन पखावज पर ही शोभायमान होता है, जबकि तबले पर स्वतन्त्र वादन (14 मात्रे में) हेतु आड़ा चारताल उपयुक्त है। झूमरा ताल में भी स्वतन्त्र वादन प्रस्तुत किया जा सकता है, किन्तु दीपचंदी ताल को स्वतन्त्र वादन के लिए उपयुक्त नहीं माना जाता।

मात्रा—किस शैली और विधा की संगति करनी है, यह तय करने के बाद ताल का क्षेत्र अर्थात् मात्राओं की संख्या निर्धारित की जाती है। मात्रा किसी भी ताल का महत्त्वपूर्ण अंग होता है। धीर-गम्भीर संगीत शैलियों की संगति हेतु बने तालों की मात्राएँ अधिक होती हैं, जैसे मत्त, लक्ष्मी, शिखर, गणेश, ब्रह्म, अष्टमंगल आदि। यह अलग बात है कि समय की कमी और जिन्दगी की बढ़ती रफ्तार ने इन तालों के मात्राओं की संख्या आज प्रायः आधी कर दी है। 18 मात्रे का मत्त आज 9 मात्रे में सिमट गया है तो 28 मात्रे का ब्रह्म ताल 14 मात्राओं में। इसी प्रकार 22 मात्रे का अष्टमंगल इन दिनों 11 मात्रे में प्रयुक्त हो रहा है।

मात्राएँ निर्धारित करने के बाद उन मात्राओं पर बोलों की रचना की जाती है। बोलों की रचना करते समय भी इस बात का पूरा ध्यान रखा जाना चाहिए कि यह ताल किस शैली, और विधा की संगति हेतु निर्मित हो रही है? धीर-गम्भीर संगीत शैलियों हेतु बने तालों के बोल खुले और जोरदार होते हैं। जैसे—तीवरा, धमार, सूलताल, चारताल आदि। जबकि, अपेक्षाकृत कम गम्भीर या शृंगारिक रचनाओं की संगति हेतु बने तालों के बोल सुमधुर और कर्णप्रिय। जैसे—रूपक, झपताल, एकताल, तीनताल, आड़ा चौताल आदि।

यहाँ एक प्रश्न मन में सहज ही उठ सकता है कि रूपक और झपताल आदि अपेक्षा कृत कम गम्भीर होने पर भी—ध्रुवपद के मुकाबले ख्याल या कुछ गीत, ग़ज़ल,

भजन आदि की संगति हेतु प्रयुक्त होने पर भी इनकी लय अपेक्षाकृत धीमी होती है, जबकि तीवरा या सूलताल-ध्रुवपद अंग की रचनाओं के साथ प्रयुक्त होने पर भी तेज लय में बजते हैं। इसका अर्थ यह है कि खुले और जोरदार अंग की सारी रचनाएँ धीमी गति, विलम्बित लय में ही गायी-बजायी जाएँगी, यह जरूरी नहीं है। चारताल में निबद्ध ध्रुवपद की लय अपेक्षाकृत कम होती है। जबकि सूलताल या तीवरा में निबद्ध ध्रुवपद की लय तीव्र। इसे इस अर्थ में लिया जाना चाहिए कि जब लोगों ने पारम्परिक ध्रुवपद में एकरसता का अनुभव किया,तो उसे तेज लय में भी प्रस्तुत करने पर विचार किया गया। तैयारी का भी तो एक विशेष आकर्षण होता ही है। किन्तु, चौताल आदि को अगर तेज लय में बजाया जाता तो परम्पराप्रिय पुराने कलाकारों द्वारा इसकी आलोचनाएँ भी होती, और शास्त्रीयता के नियमों के उल्लंघन का आरोप लगाकर इसे अस्वीकार भी कर दिया जाता। अतः कुछ कलाकारों ने जब अपनी प्रायोगिक और सृजनात्मक क्षमता का परिचय देते हुए ध्रुवपद को तेज लय में प्रस्तुत करना शुरू किया तो उसके लिए नवीन और उपयुक्त तालों का भी निर्माण किया, फलतः उसे अपेक्षाकृत जल्दी स्वीकृति मिली।

ताल के ठेकों की रचना करते समय इस पक्ष पर भी ध्यान रखना आवश्यक है कि वे उस ताल के विभाग, और ताली, खाली के अनुरूप हों। उदाहरण के लिए अनेक तालों को देखा जा सकता है–तीनताल, तिलवाड़ा, झपताल, सूलताल, दादरा कहरवा, रूपक, तीवरा, एकताल, चारताल, धमार आदि।

मात्राओं पर बोलों को बैठाने के बाद उस ताल को अलग-अलग विभागों में बाँटा जाता है। चूँकि कोई भी ताल कई वर्ण समूहों के योग से बनता है, अतः नया **विभाग** यदि नए बोल से आरम्भ हो तो उस ताल की सुन्दरता बढ़ जाती है। यद्यपि कई आधुनिक और कुछ प्राचीन तालों में यह विशेषता नहीं भी मिलती है, फिर भी ऐसे तालों को अपवाद की श्रेणी में ही रखा जाता है। अतः अगर हर नया विभाग नए बोल से शुरू हो तो ताल की सुन्दरता निखर जाती है। जैसे

रूपक ताल–	1	2	3	4	5	6	7	1
	ती	ती	ना	धी	ना	धी	ना	ती

विभागों का निर्धारण करने के बाद उसे तालियों और खालियों द्वारा स्पष्ट करने की व्यवस्था की जाती है। ताल की प्रथम मात्रा पर अनिवार्य रूप से ताली होती है, एक अपवाद रूपक ताल को छोड़कर। यद्यपि चमत्कार की दृष्टि से कई ऐसे ताल भी प्रचलन में हैं, जिनमें अनेक तालियाँ और खालियाँ हैं, लेकिन ऐसे तालों के चमत्कारिक पक्ष मात्र पढ़न्त के समय ही दिखलाई पड़ते हैं। तालों का उपयोग मुख्य रूप से वादन के लिए होता है, इसलिए किसी भी ताल को 4 या 5 से अधिक विभागों में विभाजित करने से यथा सम्भव बचना चाहिए। प्राचीन संगीत मनीषियों का निर्देश था कि एक विभाग अधिकतम 5 मात्राओं का और न्यूनतम 2 मात्राओं

का हो। उत्तर भारत में धमार एकमात्र ताल है, जिसका सिर्फ प्रथम विभाग 5 मात्राओं का है। दूसरी ओर 1-1 मात्राओं के विभाग वाले लक्ष्मी, और रूद्र जैसे कई ताल प्रचार में हैं। प्रयास यह होना चाहिए कि ताल को समान मात्राओं के खण्डों में बाँटा जाए।

खाली का विभाग अगर ताल के मध्य में रखा जाए तो ज्यादा उपयुक्त रहता है। यद्यपि यह कोई अनिवार्य शर्त नहीं है, फिर भी इससे सुविधा रहती है। झपताल में 6 मात्रा पर, दादरा में 4 मात्रा पर, कहरवा में 5 मात्रा पर, त्रिताल में 9 मात्रा पर, झूमरा, धमार और दीपचन्दी तथा सवारी में 8 मात्राओं पर खालियाँ हैं। यद्यपि एकताल, चारताल, आड़ा चौताल जैसे अनेक तालों के नाम अपवाद स्वरूप भी लिए जा सकते हैं। ताली और खाली का निर्धारण करते समय एक और बात का ध्यान अगर रखा जाए तो ताल की सुन्दरता बढ़ जाती है। ताली के स्थान पर खुले बोलों धा धीं आदि और खाली के स्थान पर ता, तीं, तू, ना, कत्, ग आदि का प्रयोग ताल के सैद्धान्तिक पक्ष को पुष्ट करता है।

यद्यपि आधुनिकता की आँधी और व्यावसायिक तकाजों ने आज जब मात्र चमत्कार की ओर हर किसी को आकृष्ट कर रखा है, तब ऐसे सिद्धान्तों का पालन कुछ कठिन प्रतीत होता है। आजकल बड़े और प्रतिष्ठित मंचों पर भी 10-15 अत्यन्त प्रचलित तालों को छोड़कर अन्य तालों के नाम पर मात्र मात्राओं का वादन होता है। 9, 11, 13, 15, 17 आदि मात्राओं के तालों को हर कलाकार अपनी इच्छा और सुविधा के अनुसार बजाता है, और इसके लिए शास्त्रीयता का, नियमों का उल्लंघन भी करता है। जबकि, यह उचित नहीं है। हर ताल का अपना एक निश्चित स्वरूप होता है, अतः उसका पालन किया जाना चाहिए। और, इसके लिए संगीत की युवा एवं नवोदित पीढ़ी को प्रयास करना चाहिए।

चतुर्थ अध्याय मध्यम

तालों के ठेके परिचय सहित

- दादरा, खेमटा, तीवरा, रूपक, पश्तो, कहरवा, धुमाली, बसन्त, झपताल, सूलताल, मणिताल, अष्ट मंगल, रुद्रताल, कुम्भताल, एकताल, चारताल, झूमरा, आड़ा चारताल, दीपंचदी या चाँचर, धमार, पंचम सवारी, गजझम्पा, यतिशेखर, फरोदस्त, चित्र, तीनताल, तिलवाड़ा, जत, पंजाबी (अद्धा, सितार खानी), बड़ी सवारी, शिखर, विष्णु, लक्ष्मी, मत्तताल, गणेशताल, ब्रह्मताल

1. दादरा

दादरा तबले का अत्यन्त लोकप्रिय ताल है। उपशास्त्रीय, सुगम, लोक और फिल्मी संगीत की संगति में इसका मुख्य रूप से प्रयोग होता है। ठुमरी, दादरा, गज़ल, भजन चैती, कजरी आदि की संगति में प्रायः इस ताल का प्रयोग होता है। तबले के साथ-साथ ढोलक, खोल, ताशा, नक्कारा, दुक्कड़ और नाल जैसे वाद्यों पर भी इसका वादन होता है। मूलतः चंचल और शृंगारिक प्रवृत्ति का ताल होने के कारण प्रायः मध्य और द्रुत लय में ही इसका वादन होता है। लेकिन ठुमरी और दादरा अंग की गायकी के साथ इसका विलम्बित रूप भी यदा-कदा देखने को मिलता है। भिन्न-भिन्न प्रकार की लग्गी-लड़ियों का इसमें खूबसूरती से प्रयोग किया जाता है। 6 मात्राओं का यह सम पद ताल 3/3/मात्राओं के 2 खण्डों में विभाजित है। इसकी प्रथम मात्रा पर ताली और चौथी पर खाली है।

धा	धी	ना	धा	ती	ना	धा
X			0			X

2. खेमटा

यह सुगम संगीत, लोक संगीत और फिल्म संगीत के साथ प्रयुक्त होने वाला दादरा ताल से काफी मिलता-जुलता ताल है। तबला के अलावा ढोलक, नाल, ताशा आदि पर भी इसका खूब प्रयोग होता है। चंचल और शृंगारिक प्रवृत्ति का ताल होने के कारण इसका वादन प्रायः द्रुत लय में ही होता है। इसमें 12 मात्राएँ, 4 विभाग, 3 तालियाँ और 1 खाली है।

धे	टे	धि	ना	ती	ना	ते	टे	धि	ना	धि	ना	धे
X			2			0			3			X

3. तीवरा ताल

तीवरा, तीव्रा या **तेवरा** एक ही ताल के भिन्न-भिन्न नाम हैं। कुछ लोग इसे गीतांगी नाम से भी सम्बोधित करते हैं। तबले पर प्रमुखता से बजने वाला यह पखावज का प्राचीन और महत्त्वपूर्ण ताल है। पखावज पर स्वतन्त्र वादन और ध्रुवपद गायकी के साथ इसका मुख्य रूप से प्रयोग होता है। तबले पर भी ध्रुवपद अंग की गायकी के साथ इसका वादन होता है। अतः छन्द, परण, टुकड़े, तिहाइयाँ आदि इसमें खूब बजते हैं। इसका वादन मुख्यतः मध्य और द्रुत लय में होता है।

इसका विभाग 3/2/2 का है, अतः यह विषम पद ताल हुआ। उत्तर भारतीय संगीत का रूपक ताल और दक्षिण भारतीय संगीत के मिश्र जाति का त्रिपुट ताल तीवरा के सदृश है। 7 मात्रा के इस ताल में 3 तालियाँ हैं, और खाली एक भी नहीं हैं।

पखावज का ठेका–	धा	दीं	ता	|	तिट	कत	|	गदि	गन
	X			|	2		|	3	
	धा								

तबले का ठेका--	X			|	2		|	3		|	
	तिं	ता	तिरकिट	|	धिं	धिं	|	धागे	तिरकिट	|	तिं
										|	X

4. रूपक ताल

तबले का अत्यन्त लोकप्रिय ताल है रूपक, जिसका प्रयोग शास्त्रीय और उपशास्त्रीय दोनों ही प्रकार की रचनाओं में समान रूप से होता है। विगत कुछ वर्षों से इस ताल में विलम्बित (अति विलम्बित नहीं) ख्याल का गायन भी होने लगा है। मध्य लय के ख्याल, गीत, भजन, गज़ल एवं तन्त्र तथा सुषिर वाद्यों के गतों की संगति में इस ताल का प्रयोग होता है। इस ताल में तबला वादक स्वतन्त्र वादन भी प्रस्तुत करते हैं। अतः पेशकार, कायदे, रेले, टुकड़े, मुखड़े, गतें जैसी रचनाएँ भी इसमें मिलती हैं। अति द्रुत लय में इस ताल का वादन उचित नहीं माना जाता। पखावज का तीवरा ताल और कर्णाटकीय संगीत के मिश्र जाति का त्रिपुट ताल इसके सदृश है।

7 मात्राओं के इस ताल का विभाग 3/2/2 का होने के कारण यह विषम पद ताल हुआ। कुछ लोग इसके सम पर खाली मानते हैं, जबकि कुछ ताली-क्योंकि अन्य किसी भी ताल में सम पर खाली नहीं है। किन्तु अपवाद स्वरूप इस ताल के सम पर खाली माना जा सकता है। क्योंकि इसके सम पर बन्द बोलों का प्रयोग तो सभी करते हैं।

ती	ती	ना	|	धी	ना	|	धी	ना
ⓧ			|	1		|	2	
ती								
ⓧ								

5. ताल पश्तो

'पश्तो' मुख्यतः लोक संगीत का ताल है, लेकिन भाव संगीत, भजन, गज़ल, गीत और टप्पा अंग की गायकी के साथ इसका खूब प्रयोग होता है। तबले के साथ-साथ ढोलक, ताशा एवं नक्कारे आदि पर भी इसका वादन होता है। 7 मात्राओं का यह ताल विसमपद है, क्योंकि इसका विभाग 3/2/2/ का है। यह चंचल गति का शृंगारिक ताल है—अतः इसका वादन मुख्यतः द्रुत लय में होता है, और तभी स्पष्ट होता है इसका वक्र स्वरूप। इस ताल में खाली नहीं है, और इसकी रचना का श्रेय अमीर खुसरो को दिया जाता है।

तिं	ऽ	तक	धीं	ऽ	धा	गे	तिं
X			2		3		X

दूसरा प्रकार—

तक	धीं	ऽ	धा	गे	तिं	ऽ	तक
X			2		3		X

6. कहरवा ताल

उत्तर भारत में कहार नामक एक जाति होती है, जो प्रायः पानी का व्यवसाय करते हैं। इनके द्वारा प्रस्तुत समूह लोक नृत्य को 'कहरवा नाच' कहा जाता है। नृत्य के पूर्व और नृत्य के समय नक्कारे और ढोल पर इनकी संगति की जाती है। अतः कहरवा ताल के उद्गम का स्त्रोत यही है। यह ताल सुगम संगीत, फिल्म संगीत और लोक संगीत में समान रूप से प्रयुक्त होता है, अतः तबले के अलावा ढोलक, ताशा, नक्कारा एवं नाल आदि पर भी इसका खूब वादन होता है। शास्त्रीय संगीत हेतु इसका प्रयोग नहीं होता, और यह मूलतः संगति का ताल है। इसके ठेके की किस्में और इसमें प्रयुक्त लग्गी-लड़ियों का प्रयोग श्रवणीय होता है। 8 मात्राओं का यह समपद ताल है। इसमें 4-4 मात्राओं के 2 विभाग होते हैं, जिसमें पहली मात्रा पर ताली और पाँचवी मात्रा पर खाली होती है।

धा	गे	न	ति	न	क	धे	न	धा
X				0				X

7. धुमाली ताल

यह तबले का चतस्त्र जाति का समपद ताल है। यह कहरवा का ही एक प्रकार है, किन्तु इसकी प्रकृति कहरवा से भिन्न अर्थात् गम्भीर है। अतः इसका वादन द्रुत लय में न करके विलम्बित और मध्य लय में किया जाता है। गीत, गज़ल, भजन आदि की संगति में प्रयुक्त होता है यह ताल। इसमें लग्गी-लड़ी का प्रयोग किया

जाता है, और संगति हेतु ही प्रयुक्त होता है यह ताल। तबला के साथ-साथ ढोलक, नाल, नक्कारे आदि पर भी इसका वादन होता है, इसमें 8 मात्राएँ, 4 विभाग, तीन तालियाँ और 1 खाली है--

धा धीं	धा तिं	त्रक धीं	धागे तिरकिट	धा
X	2	0	3	X

8. बसन्त ताल

बसन्त ताल की गणना समपद, विषम मात्रिक अल्प प्रचलित तालों में होती है। कुछ लोग इसे 18 मात्रे का मानते हैं, तो कुछ 9 मात्रे का। इसके ठेके के विषय में भी विद्वानों में काफी मतभेद है। कुछ लोग इसे तबले का ताल मानते हैं तो कुछ पखावज का। फिर भी बोलों की दृष्टि से यह पखावज का मध्य एवं द्रुत लय में बजने योग्य ताल है। इसमें स्वतन्त्र वादन भी होता है, और इन दिनों तबले पर भी इसका वादन हो रहा है। उल्लेखनीय है कि 9 मात्रे का बसन्त ताल इन दिनों अधिक प्रचार में है। किन्तु ताल मनीषियों के अनुसार एक मात्रे में कम-से-कम दो मात्राएँ और अधिक-से-अधिक 5 मात्राएँ होनी चाहिए। अतः इस दृष्टि से 18 मात्रे का बसन्त ताल भी उपेक्षित नहीं रहना चाहिए। नीचे बसन्त ताल के दोनों प्रकार प्रस्तुत हैं–

(1) 9 मात्रा, 9 विभाग, 1, 2, 3, 4, ,6 और 8 मात्रे पर ताली। तथा 5, 7 और 9 मात्रे पर खाली।

धा	दीं	ता	धेत्त	ता	तिट	कत	गदि	गन	धा
X	2	3	5	0	5	0	6	0	X

दूसरा प्रकार

18 मात्रा, 9 विभाग, 6 तालियाँ क्रमशः 1, 3, 5, 7, 11 और 15 मात्रे पर 3 खालियाँ क्रमशः 9, 13 और 17 मात्रे पर।

धा ऽ	कि ट	त कि	ट त	धा ऽ	ति ट	क त	ग दि	ग न
X	2	3	4	0	5	0	6	0

धा
X

9. झपताल

झपताल तबले का अत्यन्त लोकप्रिय और प्रचलित ताल है–जिसे खण्ड जाति के अन्तर्गत रखा जा सकता है। इसका प्रयोग विलम्बित और मध्य लय के ख्याल गायन एवं गत वादन की संगति हेतु किया जाता है। सादरा गायन शैली की संगति भी झपताल द्वारा होती है। कुछ भजन और गज़लें भी झपताल में मिलती हैं। तबले का मुक्त वादन भी इसमें होता है, अतः पेशकार, कायदा, बाँट, रेला, मुखड़ा और

टुकड़ा आदि इसमें बजाए जाते हैं। इसका खण्ड 2/3/2/3/ का है, अतः यह विषम पद ताल हुआ। इसमें 10 मात्रा, 4 विभाग, 3 ताली और 1 खाली है।

धी	ना	धी	धी	ना	ती	ना	धी	धी	ना	धी
X		2			0		3			X

10. सूलताल (सूलफाख्ता)

मोहम्मद करम इमाम ने सूलताल को अमीर खुसरो द्वारा रचित 17 तालों में से एक माना है, आचार्य वृहस्पति ने अदन उल मूसीकी नामक पुस्तक के आधार पर इस ताल का नाम उसूले-फाख्ता दिया है, जो बाद में बिगड़कर सूलफाख्ता हो गया। उसूल का अर्थ सिद्धान्त होता है, और फाख्ता पंडुक (गुलगुचया) नामक चिड़िया को कहते हैं। लोगों का मत है कि इस चिड़िया की बोली के आधार पर इस ताल की रचना हुई है। फाख्ता की बोली कुछ इस प्रकार होती है–

कू ऽ ऽ ऽ कू ऽ कू ऽ ऽ ऽ

सूलताल पखावज का ताल है। इसका वादन मध्य और द्रुत लय में होता है। वीणा वादन और ध्रुवपद की संगति में यह प्रयुक्त होता है। एकल पखावज वादन भी इस पर होता है। इसके कई ठेके प्रचलित हैं, किन्तु पहला ठेका अधिक प्रचार में है–

(1)

धा	**धा**	**दीं**	**ता**	**किट**	**धा**	**तिट**	**कत**	**गदि**	**गन**	**धा**
X		**0**		**2**		**3**		**0**		X

(2) **तबला के लिए–**

धीं	तिरकिट	धीं	धीं	धा	गे	तू	ना	क	त्ता	धीं
X		0		2		3		0		X

(3)

धा	धेड़	नग	दी	धेड़	नग	गि	दुदी	धेड़	नग	धा
X		0		2		3		0		X

यह चतस्त्र जाति का समपद ताल है।

11. ताल अष्टमंगल

अष्टमंगल पखावज का प्राचीन किन्तु अब अल्प प्रचलित ताल है। इस ताल द्वारा ध्रुवपद शैली की गायन की संगति एवं पखावज पर स्वतन्त्र वादन किया जाता था। कुछ लोग इसे 22 मात्राओं का मानते हैं तो कुछ 11 मात्रे का। ताल विधान के अनुसार चूँकि एक विभाग में कम-से-कम 2 मात्राएँ होनी चाहिए, अतः 22 मात्रे का अष्टमंगल ही उचित प्रतीत होता है, लेकिन, आधुनिक वादकों ने इसकी मात्रा संख्या 11 कर दी है। तबला वादक भी यदा-कदा इसका वादन करते हैं। यह खुले और जोरदार अंग का मध्य तथा द्रुत लय में बजने योग्य ताल है। नीचे इसके दोनों

प्रचलित प्रकार दिए जा रहे हैं–

(1) 22 मात्रा 11 विभाग, 8 तालियाँ क्रमशः 1, 5, 11, 13, 17, 19 और 21 मात्रे पर। 3 खालियाँ 3, 9 और 15 मात्रे पर। पखावज का ठेका–

धा ऽ	कि ट	त क	धु म	कि ट	त क	धे ऽ	ता ऽ
X	0	2	3	0	4	5	0

क त	ग दि	ग न	धा
6	7	8	X

(2) 11 मात्रा, 11 विभाग, 8 तालियाँ क्रमशः 1, 3, 4, 6, 7, 9, 10 और 11 मात्रे पर। 3 खालियाँ 2, 5 और 8 मात्राओं पर।

निम्न ठेका तबला वादकों के बीच लोकप्रिय है। क्योंकि यह तबले के वर्णों से बना है।

धी	ना	धी	धी	ना	धी	धी	ना	धागे	नधा	तिरकिट	धी
X	0	2	3	0	4	5	0	6	7	8	X

12. मणि ताल

मणि ताल भी क्लिष्ट और अप्रचलित तालों के अन्तर्गत आता है। प्रयोग में कम आने के बावजूद यह पखावज और तबला दोनों पर समान रूप से प्रयुक्त होने में सक्षम है। इसकी गति मध्य और द्रुत है।

11 मात्रा, 4 विभाग, 4 तालियाँ, खाली नहीं।

(1)	धा दीं ता	धेत्त ता	धागे नधा त्रक	धागे नधा त्रक	धा
	X	2	3	4	X
(2)	धा कि ट	कि ट	धा कि ट	त कि ट	धा
	X	2	3	4	X

13. रुद्र ताल

रुद्र ताल तबले का समपद, अल्प प्रचलित, क्लिष्ट ताल है। इसके ठेके के विषय में कलाकारों में मतभेद है। अल्प प्रचलित होने के कारण प्रायः कलाकार अपनी इच्छानुसार ठेका बना लेते हैं। फिर भी निम्नलिखित ठेका अधिक प्रचार में है। यह मध्य और द्रुत लय में बजने योग्य ताल है। इसमें ख्याल अंग की मध्य और द्रुत रचनाएँ तथा गतें प्रस्तुत की जा सकती हैं। स्वतन्त्र वादन के भी सर्वथा उपयुक्त है यह ताल।

रुद्र संस्कृत भाषा का शब्द है, जो शंकर के संहार रूप के लिए प्रयुक्त होता है। यह गण देवता हैं, जिनकी कुल संख्या 11 है, अतः इसका 11 मात्रा सार्थक माना जाना चाहिए। इसमें 11 विभाग 8 तालियाँ और 3 खालियाँ हैं।

धा	तूत्	धा	तिरकिट	धी	ना	तिरकिट	तू	ना	क	त्ता	धा
X	0	2	3	4	0	5	6	7	8	0	X

14. कुंभ ताल

कुंभ ताल एक प्राचीन, क्लिष्ट और अप्रचलित ताल है। यह मध्य लय में वादन योग्य विषम मात्रिक और समपद ताल है। अतः मध्य लय में निबद्ध रचनाओं की संगति इस ताल द्वारा की जा सकती है। यदा-कदा तबला और पखावज वादक स्वतन्त्र वादन के लिए भी इसका प्रयोग करते हैं।

इसमें 11 मात्रा, 11 विभाग, 8 तालियाँ और 3 खालियाँ हैं।

धा	धीं	तेटे	कत	धा	धीं	नक	तेटे	कत	गदि	गन	धा
X	0	2	3	4	0	5	6	7	8	0	X

15. एकताल

एकताल की गणना तबले के अत्यन्त लोकप्रिय और महत्त्वपूर्ण तालों में होती है। यह तबले का ताल है, और इसकी सबसे बड़ी विशेषता यह है कि अति विलम्बित लय से अति द्रुत लय तक में यह पूरी सफलता के साथ बजाया जा सकता है। विलम्बित ख्याल, मध्य और द्रुत ख्याल, तराना, विलम्बित और द्रुत गत की संगति तथा तबले पर मुक्त वादन आदि के लिए इसका मुख्य रूप से प्रयोग किया जाता है। यह कर्णप्रिय, मधुर ताल है, जिसमें नाना प्रकार की रचनाएँ मिलती हैं। इसके नामकरण के विषय में कोई तार्किक या सन्तोषजनक व्याख्या नहीं मिलती। 12 मात्रे के इस ताल की गति 2/2/2/2/2/2/ है। इसमें 1, 5, 9, 11 मात्राओं पर तालियाँ हैं, और 3 तथा 7 मात्रे पर खालियाँ।

धीं धीं	धागे तिरकिट	तू ना	क त्ता	धागे तिरकिट	धी ना	धीं
X	0	2	0	3	4	X

कुछ लोगों के मतानुसार प्राचीन काल में इसमें सिर्फ 4 मात्रायें थीं, और 1 ताली।

16. चारताल या चौताल

यह पखावज का अत्यन्त लोकप्रिय ताल है, इसके कुछ अन्य नाम भी प्रचलित हैं, जैसे—चन्दनाग, मंजी बहट ताल और बड़ा चौताल। फारसी में इसे चहार ज़र्ब कहते हैं। सुबोध कान्त नंदी ने अपनी पुस्तक 'भारतीय संगीत ताल ओ छन्द' में लिखा है कि संगीत भाष्य के अनुसार द्वापर युग में इसे रास ताल और मोहन ताल कहा जाता था। डॉ. अरुण कुमार सेन के अनुसार इस ताल का प्रचलन बैजू बावरा, तानसेन और गोपाल नायक के युग में भी था, यह उचित भी जान पड़ता है। क्योंकि यह

ध्रुवपद की संगति में प्रयुक्त होता है, और ध्रुवपद प्राचीनतम गायन शैली है। शारंगदेव कृत संगीत रत्नाकर ग्रन्थ में वर्णित तालों के क्रम 100 पर वर्णायति ताल का उल्लेख है, जिसका लक्षण 2 लघु और 2 द्रुत अंकित है, जो वर्तमान चारताल के अनुरूप है।

ध्रुवपद गायन, ध्रुवपद अंग के वादन तथा पखावज पर एकल वादन हेतु इस ताल का मुख्य रूप से प्रयोग किया जाता है, यह खुले और जोरदार अंग का ताल है। 12 मात्राओं के इस ताल में 1, 5, 9, 11 मात्राओं पर तालियाँ हैं, जो इसके चारताल नाम को चरितार्थ करती हैं, इसकी 2 खालियाँ 3 और 7 मात्राओं पर हैं।

धा धा	दीं ता	किट धा	दीं ता	तिट कत	गदि गन	धा
X	0	2	0	3	4	X

17. झूमरा ताल

झूमरा या झूमा तबले का ताल है। विलम्बित लय के ख्याल गायन की संगति में इसका विशेष रूप से प्रयोग होता है। यह मिश्र जाति का अर्द्ध समपद ताल है, क्योंकि इसका विभाग क्रमशः 3/4/3/4 का है। कभी-कभी कुछ पुराने तबला वादक इसमें स्वतन्त्र वादन भी प्रस्तुत करते हैं। अतः उस समय इसमें पेशकार, कायदा, बाँट, गत आदि का भी प्रस्तुतिकरण होता है। इसमें 14 मात्रा, 4 विभाग, 3 ताली और 1 खाली है।

थोड़े से अन्तर के साथ इसके 2 ठेके प्रचार में हैं–

धीं ऽधा तिरकिट	धीं धीं धागे तिरकिट	तिं ऽता तिरकिट	धीं धीं धागे तिरकिट
धीं धा तिरकिट	धीं धीं धागे तिरकिट	तिं ता तिरकिट	धीं धीं धागे तिरकिट
X	2	0	3

धीं
X

18. आड़ा चारताल (आड़ा चौताल)

यह तबले का ताल है। विलम्बित और मध्य लय के ख्याल गायन, तराना और तन्त्र वाद्यों की मध्य, द्रुत गतें इस ताल में मिलती हैं। तबला मुक्त वादन भी इसमें प्रस्तुत किया जाता है। अतः पेशकार, कायदा, टुकड़े, तिहाइयाँ आदि विभिन्न प्रकार की रचनाएँ भी इसमें मिलती हैं। मूलतः यह मध्य और द्रुत लय का ताल है, क्योंकि तभी इसका आड़ापन स्पष्ट होता है। लेकिन, विलम्बित लय में भी इसका प्रयोग होता है। यह चतस्त्र जाति का समपद ताल है। 14 मात्रा, 7 विभाग, 4 ताली और 3 खाली है।

धीं तिरकिट	धी ना	तू ना	क त्ता	तिरकिट धी	ना धी	धी ना	धीं
X	2	0	3	0	4	0	X

19. दीपचंदी अथवा चांचर

दीपचंदी और चांचर—ये दोनों नाम वस्तुतः एक ही ताल के हैं। यह उपशास्त्रीय संगीत का ताल है, अतः तबले के साथ-साथ ढोलक और नक्कारे आदि पर भी इसका वादन होता है। ठुमरी और होली गायन की संगति हेतु इसका मुख्य रूप ते प्रयोग होता है। यह स्वतन्त्र वादन का ताल नहीं है, अतः इसमें वादन की क्षमता अधिक नहीं है। विलम्बित, मध्य और द्रुत लय में इसका वादन होता है। इसमें लग्गी-लड़ी का सुन्दर प्रयोग होता है। 14 मात्रे के इस ताल का विभाग 3/4/3/4 का है, अतः यह अर्द्ध समपद मिश्र जाति का ताल हुआ। इसमें 3 ताली और 1 खाली है।

धा धीं ऽ	धा धा तिं ऽ	ता तिं ऽ	धा धा धीं ऽ	धा
X	2	0	3	X

20. ताल धमार

उत्तर भारत के प्रमुख, प्राचीन और महत्त्वपूर्ण तालों में गणना होती है धमार की। पखावज का यह ताल तबले पर भी लोकप्रिय है। कुछ विद्वान इसको द्वापर युग में प्रचलित होली नृत्य की संगति का ताल मानते हैं, किन्तु मध्य काल में इस ताल का उल्लेख नहीं मिलता है। रंगीले युग (18वीं शताब्दी) में इसका प्रचलन पुनः आरम्भ हुआ। उल्लेखनीय है कि पूर्ववर्ती कलाकारों बैजू बावरा, तानसेन, गोपाल नायक की धमार ताल में रचनाएँ नहीं मिलती हैं।

14 मात्रा में निबद्ध होरी गायन शैली की संगति धमार ताल द्वारा ही की जाती है। इसलिए उस गायन विशेष को धमार गायकी भी कहा जाता है। विषमपद यह ताल बोलों की दृष्टि से मिश्र जाति का है, जबकि ताल विभाग की दृष्टि से संकीर्ण जाति का। उत्तर भारत में इसका विभाग 5/2/3/4 का है, जबकि पंजाब में इसका विभाग 3/4/3/4 का मानते हैं। पखावज पर स्वतन्त्र वादन के लिए भी इसका प्रयोग होता है। वीणा, सरोद और सितार के मध्य लय गत की संगति में भी इसका प्रयोग किया जाता है। कत्थक नर्त्तकों के बीच भी यह ताल अत्यन्त लोकप्रिय है। खुले और जोरदार अंग के बोलों की इसमें प्रस्तुति होती है। यह एकमात्र ताल है, जिसका सम बाएँ पर बजता है। 14 मात्रा, 4 विभाग, 3 ताली और 1 खाली वाले इस ताल का विभाग क्रमशः 5, 2, 3, 4 मात्राओं का है।

पहला प्रकार—

क धे टे धे टे	धा ऽ	ग ते टे	ते टे ता ऽ	क
X	2	0	3	X

दूसरा प्रकार–

क धि टे धि टे	धा ऽ	ग दि न	दि न ता ऽ	क
X	2	0	3	X

प्राचीन काल में धमार ताल के कुछ अन्य रूप भी प्रचलित थे। जैसे महान पखावज वादक पं. कोदऊ सिंह जी और उनकी परम्परा के कलाकार धमार का यह रूप मानते थे।

क धि ट	धि ट	धा धा ऽ	ति न	ति न	ता ऽ	क
X	0	2	0	3	0	X

इसी प्रकार, पंजाब घराने के प्रसिद्ध ताबलिक प्रो. लक्ष्मण सिंह सीन के अनुसार–'तोमर एक छन्द है, जिसे नारद जी गाते थे। नारदीय शिक्षा में इसका वर्णन चतुर्दश काल तोमर कहकर दिया गया है। चतुर्दश का अर्थ है–14। धमार की रचना इसी के आधार पर हुई है। जब तोमर का अपभ्रंश धोमर शब्द प्रचार में आया, तो उसी के अनुरूप व्याकरण भी बन गया। द्वयक्षरे मध्यो दीर्घ–(पालीसूत्र)। यानि दो अक्षरों के मध्य वाले को दीर्घ किया जाए। इसका ठेका इस प्रकार है जो पंजाब में प्रचलित विलम्बित खयाल के साथ भी बजता रहा है–

ता धिं तिटकत धिं धिं	धागे तिटकत	धागे नति –क	ता तिटकत ता तिटकत	ता
x	2	0	3	x

21. फरोदस्त ताल

फरोदस्त चूँकि फारसी भाषा का शब्द है, अतः इस ताल का सृजन यवन काल में माना जाता है। कुछ लोग इस ताल के रचनाकार के रूप में अमीर खुसरो का नाम लेते हैं। किन्तु अमीर खुसरो द्वारा रचित फरोदस्त ताल की मात्रा संख्या 9 और स्वरूप 3/1/1/1/2/1 था। जबकि आज जो फरोदस्त तबला जगत् में प्रचलित है, उसकी मात्रा संख्या 14 और स्वरूप 2/2/2/2/2/2/2 है। इसके स्वरूप और गति पर आड़ा चारताल का प्रभाव दिखता है। यह चतस्त्र जाति का समपद ताल है। ख्याल अंग की विलम्बित और मध्य लय की गायकी तथा तन्त्र एवं सुषिर वाद्यों के गतों की संगति में इसका प्रयोग होता है। यदा-कदा तबला स्वतन्त्र वादन हेतु भी इसका प्रयोग किया जाता है। 14 मात्रा, 7 विभाग, 5 ताली और 2 खाली हैं इसमें।

पहला प्रकार–

धीं धीं	धागे तिरकिट	तू ना	क त्ता	धिन क,धा
X	0	2	0	3

तिरकिट धिन	कधा तिरकिट	धीं
4	5	X

दूसरा प्रकार—

धीं धीं	धागे तिरकिट	तू ना	क त्ता
X	0	2	0

धात्र क,धि	नक धात्र	क,धि नक	धीं
3	4	5	X

22. चित्र ताल

तबले का अप्रचलित ताल है—चित्र। इस पर झपताल का सहज प्रभाव देखा जा सकता है। इसका ठेका मध्य और द्रुत लय में बजने योग्य है। अतः मध्य एवं द्रुत लय के गायन एवं वादन की संगति इस ताल के माध्यम से की जा सकती है। तबले पर स्वतन्त्र वादन के योग्य भी है यह ताल।

इस ताल में 15 मात्रा, 5 विभाग, 3 तालियाँ और 2 खालियाँ हैं।

धी ना	धी धी ना	तू ना क त्ता	त्रक धी ना धी	धी ना	धी
X	2	0	3	0	X

23. गजझम्पा ताल

गजझम्पा पखावज का कर्णप्रिय, अल्प प्रचलित ताल है। अल्प प्रचलित इसलिए क्योंकि 15 मात्राओं का असमपद ताल है यह। 15 मात्रे में निबद्ध ध्रुवपद गायन की संगति इस ताल के द्वारा की जाती है। इसमें स्वतन्त्र वादन भी किया जाता है। अतः परणों, प्रस्तार एवं छन्द आदि भी इस ताल में मिलते हैं। इस ताल की एक बड़ी विशेषता यह भी है कि पखावज के साथ-साथ तबले पर भी इसका सहज वादन किया जा सकता है। यह मध्य और द्रुत लय का ताल है। अति विलम्बित और अति द्रुत लय में इसका वादन शोभायमान नहीं होता। 15 मात्रा, 4 विभाग, 3 ताली और 1 खाली है इस ताल में।

धा धीं नक तक	धा धीं नक तक	दीं नक तक	तेटे कत गदि गन	धा
X	2	0	3	X

24. यति शेखर ताल

यति शेखर तबले का अप्रचलित ताल है। इसके विषय में कोई ठोस और विस्तृत जानकारी ग्रन्थों में नहीं मिलती। वादन की दृष्टि से भी यह ताल प्रचलित नहीं है। इसमें 15 मात्रा, 10 विभाग और 10 ताली है। खाली नहीं है।

धा	तुतु	धिं	ना	त्रक	धीं	धीं	ना	तुतु	धागे	नधा
X	2		3		4	5	6		7	8

त्रक	धीं	गदि	गन	धा
9		10		X

25. पंचम सवारी ताल

सवारी ताल के कई प्रकारों में एक प्रमुख प्रकार है पंचम सवारी। कई पुस्तकों में इसे मात्र सवारी ताल भी लिखा गया है। विषम मात्रा का ताल होने के कारण इसकी गणना कठिन तालों में होती है। अतः यह बहुत लोकप्रिय ताल नहीं है। यह द्रुत और अति द्रुत लय में बजने योग्य ताल है, अतः द्रुत ख्याल, द्रुत गत एवं स्वतन्त्र वादन हेतु इसका प्रयोग होता है। इसमें पेशकार, कायदे, बाँट, रेला, तिहाइयाँ, टुकड़े और गत आदि का वादन होता है।

पंचम सवारी विषमपदी ताल है, और भिन्न-भिन्न पुस्तकों में इसके भिन्न-भिन्न ठेके मिलते हैं। डॉ. अरुण कुमार सेन ने अपने शोध ग्रन्थ भारतीय तालों का शास्त्रीय विवेंचन में 18 प्रकार की सवारी का उल्लेख किया है—कैद सवारी, कुर्क सवारी, तृतीय सवारी, चतुर्थ सवारी, पंचम सवारी, षष्ठ सवारी, सप्तम सवारी, चंपक सवारी, शेर की सवारी, बड़ी सवारी, मर्दानी सवारी, जनानी सवारी, सीता सवारी, छोटी सवारी, बसारी सवारी और मंजरी सवारी आदि। लेकिन, पंचम सवारी—जो सवारी के नाम से अधिक प्रचलित है—के अलावा और किसी भी सवारी के विषय में विशेष उल्लेख नहीं प्राप्त होता।

इसके कुछ प्रकारों का नीचे उल्लेख किया जा रहा है—

15 मात्रा, 4 विभाग, 3 ताली और 1 खाली है इस ताल में

(1)

धी	ना	धीधी	कत्	धीधी	नाधी	धीना
X			2			

तिक्र	तीना	तिरकिट	तीना	कत्ता	धीधी	नाधी	धीना	धी
0				3				X

(2)

धा	धीं	धीं	धा	धीं	धीं	धा	दीं	ऽग	धि	त्ता
X			2				0			

कत	धिन	क,धा	तिरकिट	धा
3				X

(3)

धिंऽतिर	किटधींऽ	नाऽ	ताऽ	धीधी	नाधी	धीना
X			2			
तिंकड़	तिना	त्रकतीना	किड़नग			
0						
कत्ता	धीधी	नाधी	धीना	धिंऽतिर		
3				X		

(4) **तबला शिरोमणि स्व. गामा महाराज द्वारा प्राप्त–**

धा	धीं	धागे	नागे	तिक्र	तीना	तिरकिट
X			2			
तीना	कत्ता	धीधी	नाधी			
0						
धीना	धींतिरकिट	धींधीं	धात्ती	धीं		
3				X		

26. बड़ी सवारी

सवारी ताल के अनेक अप्रचलित प्रकारों में बड़ी सवारी भी है। 16 मात्राओं के इस ताल का वादन नहीं के बराबर होता है। यह चतस्त्र जाति का समपद ताल है। इसके अप्रचलित होने के मूल में इसकी क्लिष्टता है। क्योंकि यह मात्र मध्य लय में वादन योग्य ताल है? इसके बोल सुन्दर, सुगठित और चमत्कारिक तो हैं, किन्तु अत्यधिक कठिन भी। अतः द्रुत लय में इसका वादन काफी कठिन हो जाता है।

16 मात्रा, 8 विभाग, 5 ताली और 3 खाली वाले इस ताल में मात्र मध्य लय की रचनाएँ प्रस्तुत की जा सकती हैं। तबला स्वतन्त्र वादन भी इसमें प्रस्तुत किया जा सकता है–

धी	ना	धी	ना	धीधी	धीना	धीधी	धीना
X		0		2		0	
ताऽत्रक	तूना	ताऽत्रक	तूना	कऽत्ताऽ	त्रकधिन	गिनधागे	नधातिरकिट
3		4		5		0	
धी							
X							

27. तीनताल (त्रिताल)

तीनताल अथवा त्रिताल तबले का सर्वाधिक महत्त्वपूर्ण, लोकप्रिय एवं प्रचलित ताल है। इस ताल के अनेक रूप भिन्न-भिन्न नामों से भिन्न-भिन्न संगीत शैलियों हेतु प्रचलित हैं। जैसे तिलवाड़ा, पंजाबी (अद्धा), जत आदि। इन सभी के स्वरूप मूलतः तीनताल के समान ही है। माना जाता है कि कर्णाटकीय संगीत के आदि ताल के आधार पर इस ताल की रचना हुई है।

तीन ताल मूल रूप से मध्य, द्रुत और अति द्रुत लय का ताल है। तबला मुक्त वादन और कत्थक नृत्य के लिए इसका खूब प्रयोग होता है। ख्याल गायन के द्रुत (छोटा) ख्याल, तराना तन्त्र एवं सुषिर वाद्यों के मध्य एवं द्रुत लय के गत आदि प्रायः इसी में प्रस्तुत की जाती हैं। चूँकि यह सम मात्रिक और सम पद ताल है, जिसके 16 मात्राएँ 4-4 मात्राओं के 4 समान विभागों में विभक्त होते हैं, अतः वादन एवं उपज आदि की दृष्टि से यह अपेक्षाकृत अधिक सुविधाजनक प्रतीत होता है। यही कारण है कि इसकी लोकप्रियता अन्य तालों से कहीं अधिक है।

इसमें 16 मात्राएँ, 4 विभाग, 3 ताली और 1 खाली है।

धी	धीं	धीं	धा	धा	धीं	धीं	धा	धा	तिं	तिं	ता	ता	धीं	धीं	धा	धा
X				2				0				3				X

28. तिलवाड़ा ताल

तिलवाड़ा ताल मूलतः तीनताल का विलम्बित रूप है। 16 मात्रा में निबद्ध विलम्बित ख्याल गायन की संगति इसी ताल द्वारा की जाती है। यही कारण है कि इस ताल की मात्रा अवधि 32, 64 मात्राओं तक बढ़ायी जा सकती है। यदा-कदा बुजुर्ग तबला वादकों द्वारा इसमें स्वतन्त्र वादन भी प्रस्तुत किया जाता है। इसमें एक प्रकार का गाम्भीर्य होता है। इसकी मात्रा, विभाग, ताली, खाली आदि तीनताल के समान है।

धा	तिरकिट	धीं	धीं	धा	धा	तिं	तिं	ता	तिरकिट	धिं	धिं
X				2				0			

धा	धा	धीं	धीं	धा
3				X

29. जत ताल

जल ताल मूलतः दीपचंदी का ही एक प्रकार है, किन्तु मात्रा संख्या एवं विभाग आदि के आधार पर यह :नताल के सदृश प्रतीत होता है। दीपचंदी जहाँ मिश्र जाति का अर्द्ध समपद ताल है, वहीं जत चतस्त्र जाति का समपद, सम मात्रिक ताल है। इसका

प्रयोग मुख्य रूप से विलम्बित अंग के ठुमरी गायन की संगति हेतु किया जाता है। अतः बढ़ी लय में लग्गी-लड़ी का सुन्दर प्रयोग इसमें होता है। इसका मात्रा, विभाग, ताली, खाली त्रिताल के समान है। दम के कारण इसका स्वरूप मूल तीनताल से भिन्न प्रतीत होता है–

धा	ऽ	धीं	ऽ	धा	धा	तिं	ऽ	ता	ऽ	तिं	ऽ	धा	धा	धीं	ऽ	धा
X				2				0				3				X

30. पंजाबी, अद्धा या सितारखानी

अद्धा, सितारखानी और पंजाबी–एक ही ताल के तीन नाम हैं। यह भी तीनताल का ही एक प्रकार है, अतः चतस्त्र जाति का समपद ताल है यह। यूँ तो इस ताल की गति 4/4/4/4 ही मानी गयी है, किन्तु दम के प्रयोग के कारण इसमें एक विशेष प्रकार की लचक मिलती है। इसमें क्रमशः 1½ , 1, ½ और 1 मात्रा के बोल पाए जाते हैं। 16 मात्रे की उन रचनाओं जिनमें एक विशेष प्रकार की कमनीयता और लचक होती है–की संगति इस ताल के द्वारा की जाती है। ठुमरी, टप्पा, भजन और गीत आदि की संगति इस ताल के द्वारा की जाती है। मसीतखानी और रज़ाखानी गतों की तरह सितार में सितारखानी गतें भी होती हैं, जो न तो मसीतखानी गत की तरह विलम्बित लय में बजायी जाती हैं, और जो न तो रज़ाखानी गत की तरह द्रुतलय में सितारखानी गत मूलतः मध्य लय में बजायी जाती है। इसकी संगति में चूँकि यही ताल प्रयुक्त होता है, अतः इसे सितारखानी भी कहा जाता है। इसमें शृंगारिक और लालित्य प्रधान रचनाएँ ही प्रस्तुत की जाती हैं–टुकड़े, परण नहीं। इसकी गति में एक विशेष प्रकार की वक्रता दृष्टिगत होती है, और यही इसका गुण, इसकी विशेषता है।

धाऽ	ऽधि	ऽक	धा	धाऽ	ऽधि	ऽक	धा	धाऽ	ऽति	ऽक	ता
X				2				0			

ताऽ	ऽधि	ऽक	धा	धा
3				X

31. शिखर ताल

पखावज के प्राचीन किन्तु आज लुप्त प्रायः अप्रचलित तालों में शिखर ताल की गिनती होती है। ध्रुवपद शैली के गायन एवं स्वतन्त्र पखावज वादन के उपयुक्त है यह ताल। इसकी गति मध्य और द्रुत लय की है। इस विषमपद ताल में खाली नहीं हैं। इसमें 17 मात्रा, 5 विभाग और 5 तालियाँ हैं–

धा	त्रक	धिन	नक	थुं	गा	धिन	नक	धुम	किट	तक	धेत्त	ता	तिट	कत	गदि	गन	धा
X				2				3			4		5				X

32. विष्णु ताल

यह तबला और पखावज दोनों पर बजने योग्य एक अप्रचलित ताल है। ख्याल अंग के गायन और मध्य लय की गत आदि की संगति के साथ-साथ स्वतन्त्र वादन हेतु भी इसका प्रयोग किया जा सकता है। यह मध्य लय में वादन योग्य ताल है। इस ताल के विषय में अलग-अलग लोगों के अलग-अलग मत हैं, जिनमें से कुछ प्रमुख मतों को यहाँ प्रस्तुत किया जा रहा है।

(1) **17 मात्रा, 5 विभाग, 4 ताली, 1 खाली।**
ठेका (तबला)

धी	ना	धी	धी	ना	धा	त्रक	धी	ना	धी	धी	ना,	धी	धी	ना	धी	ना	धी
X		2			3				4				0				X

(2) **मात्रा 17, विभाग 8, ताली 6, खाली 2,**
ठेका (तबला) इस ठेके में आड़ा चारताल और फरोदस्त ताल का प्रभाव सहज ही देखा जा सकता है।

धीं	तिरकिट	धी	ना	तू	ना	क	त्ता	तिरकिट	धी	ना	धागे	नधा	त्रक	धागे	नधा	त्रक	धीं
X		0		2		0		3		4		5		6			X

(3) **17 मात्रा, 6 विभाग, 6 ताली, खाली नहीं।**
ठेका (पखावज)

धा	ऽ	कि	ट	त	क	धु	म	कि	ट	त	क	धा	ऽ	धि	न	ता	धा
X		2				3				4		5		6			X

33. लक्ष्मी ताल

प्राचीन किन्तु अप्रचलित और इसीलिए विवादास्पद तालों में गिना जाने वाला मूलतः पखावज का ताल है—लक्ष्मी ताल। पहले यह ध्रुवपद गायन की संगति के काम आता था, किन्तु आजकल स्वतन्त्र पखावज वादन के लिए ही सीमित होकर रह गया है यह, और वह भी यदा-कदा। इसके विषय में विद्वानों में काफी मतभेद हैं। इनमें से कुछ महत्त्वपूर्ण मतों को यहाँ प्रस्तुत किया जा रहा है।

(1) **18 मात्रा, 18 विभाग, 15 ताली, 3 खाली।**

धीं	तेत्	धेत्	धेत्	दीं	ता	तिट	कत	धा	दीं	ता	धुम	क्रिट	धुम	तिट	कत
X	2	3	0	4	5	6	0	7	8	9	10	11	12	13	14

गदि	गन	धीं
15	0	X

(2) श्री गिरीशचन्द्र श्रीवास्तव ने अपनी महत्त्वपूर्ण पुस्तक ताल कोष में लक्ष्मी ताल के अन्य स्वरूप का परिचय दिया है—जिसे उन्होंने पं. बलवन्तराव गुलाबराव भट्ट 'भावरंग' की पुस्तक से उद्धृत करते हुए लिखा है कि लक्ष्मी ताल का यह स्वरूप महाराष्ट्र और गोवा अंचल में अधिक प्रचलित है। लयभास्कर स्व. लक्ष्मणराव पार्वतीकर उर्फ खप्रू मामा तथा उनके पुत्र श्री रामकृष्ण पार्वतीकर लक्ष्मी ताल के इसी ठेके का प्रयोग करते थे। इसमें 21 मात्राएँ, 12 विभाग, 8 तालियाँ और 4 खालियाँ हैं—

धा धिड़	नग धेत्तु	धिड़ नग	तुतु धिड़	नग धेत्तु	धेत्तु धिड़	नग गदु
X	0	2	0	3	4	0

दीं धिड़	नग तिट	कत	गदि	गन	धा
5	0	6	7	8	X

(3) बनारस घराने के तबला शिरोमणि स्व. गामा महाराज जी 18 मात्रे के लक्ष्मी ताल में 21 विभाग, 18 तालियों और 3 खालियों का प्रदर्शन चमत्कारिक रूप से करते थे, और कहते थे कि उन्हें अपने बुजुर्गों से लक्ष्मी ताल के इस स्वरूप की शिक्षा मिली है। वह 7, 13 और 15 मात्रे पर 2 तालियों का प्रयोग करते थे। 18 मात्रे के ताल में 21 विभाग को संगीत जगत् शायद सहज ही न स्वीकार कर सके, फिर भी 15 ताली और 3 खाली तो सहज ही स्वीकारा जा सकता है।

धा	ऽ	धेतु	धेतु	धा	ऽ	तिरकिट	धेत्तु	धा	ऽ	धेतु	त्ता	तिरकिट	धा	धेधे
X	0	2	3	4	0	5	6	7	0	8	9	10	11	12

ऽता	ऽन	धेतु	धा
13	14	15	X

(4) लक्ष्मीताल का एक ठेका तबले के बोलों से निर्मित भी मिलता है। इसमें 18 मात्रा, 18 विभाग, 15 ताली और 3 खाली है।

धीना	धींधा	तिरकिट	धीना	धींधा	तिरकिट	धाधा	तिरकिट	धाधा	तिरकिट	धीना
X	2	3	0	3	5	6	0	7	8	9

धींधा	तिरकिट	तूना	किड़नग	तागे	ता	तिरकिट	धी
10	11	12	13	14	15	0	X

(5) कुछ लोग लक्ष्मी ताल में 36 मात्राएँ भी मानते हैं। किन्तु ऐसे लोगों की संख्या बहुत कम है।

34. मत्तताल

मत्तताल पखावज का अत्यन्त प्राचीन ताल है। लेकिन, आज इस ताल की गणना अल्प प्रचलित तालों में होती है। पहले मत्तताल का प्रयोग ध्रुवपद गायन की संगति एवं स्वतन्त्र पखावज वादन के लिए होता था। आज मत्तताल में धुव्रपद सुनने को नहीं मिलते हैं। यदा-कदा स्वतन्त्र वादन सुनने को जरूर मिल जाता है। यह चतस्त्र जाति का समपद ताल है। इसके ठेके के विषय में विद्वान एक मत नहीं हैं। यह खुले अंग का मध्य और द्रुत लय में बजने योग्य ताल है। कुछ लोग मत्त ताल को 9 मात्रे का भी मानते हैं, किन्तु उनकी संख्या बहुत कम है। 18 मात्रे के इस ताल में 9 विभाग, 6 ताली और 3 खाली है। इसके तीन प्रमुख प्रकार नीचे दिए जा रहे हैं।

धा ऽ	धि ड़	न ग	धि ड़	न ग़	ते टे	क त	ग दि	ग न	धा
X	0	2	3	0	4	5	6	0	X

धीं ऽ	ना ऽ	धीं तिरकिट	धी ना	तू ना	क त्ता	तिरकिट धी	ना धी	धी ना	धीं
X	0	2	3	0	4	5	6	0	X

धा ऽ	कि ट	त क	धिं ऽ	ता ऽ	त क	धिं ऽ	ग दि	ग न	धा
X	0	2	3	0	4	5	6	0	X

35. कैद फरोदस्त

कैद फरोदस्त अप्रचलित किन्तु प्राचीन ताल है। यह तबले के वर्णों से निर्मित मध्य लय में वादन योग्य ताल है। इसके विषय में कुछ विशेष जानकारी नहीं मिलती। इसमें 19 मात्रा, 7 विभाग, 6 ताली और 1 खाली है।

धीं ता कत्	तिं ता तिरकिट	धीं ता	कत् ता	तिरकिट तूना	धीधी नग धीधी	नग धिं धिंत्ता कत्ता	धीं
X	0	2	3	4	5	6	X

36. गणेश ताल

विलम्बित और मध्य लय में बजने योग्य, पखावज का प्राचीन, किन्तु अप्रचलित ताल है गणेश—जिसके विषय में भिन्न-भिन्न लोगों के मतों में प्रर्याप्त भिन्नता है। इसके कुछ प्रमुख रूपों को यहाँ प्रस्तुत किया जा रहा है। खुले और जोरदार अंग के इस ताल का अन्तिम प्रकार ज्यादा प्रचार में है।

(1) 18 मात्रा, 5 विभाग, 4 ताली, 1 खाली।

धा ऽ धि ट | धि ट धा ऽ | धा ऽ कि ट | त क | ग दि ग न | धा

X | 2 | 3 | 4 | 0 | X

(2) 20 मात्रा, 10 विभाग, 7 ताली, 3 खाली।

धा दीं | ता ता | धेत्‌ धेत्‌ | धेधे नग | धिन धा | किट तक |

X | 0 | 2 | 3 | 4 | 0 |

किड़ धा | किट तक | तिट कत | गदि गन | धा

5 | 0 | 6 | 7 | X

(3) 21 मात्रा, 10 विभाग, 10 ताली, खाली नहीं।

धा ऽ कि ट | त | धा ऽ कि ट | त | क | ग दि ग न | धीं | धा

X | 2 | 3 | 4 | 5 | 6 | 7 | 8

ता | कत्त धा ता | धा

9 | 10 | X

(4) 21 मात्रा, 10 विभाग, 10 ताली, खाली नहीं।

धा धा दीं ता | कतु | तिट धा दीं ता | कतु | तिट | ता धागं दीं ता |

X | 2 | 3 | 4 | 5 | 6 |

धागे | ता | तिट | कत गदि गन | धा

7 | 8 | 9 | 10 | X

37. ब्रह्म ताल

ब्रह्म ताल पखावज का प्राचीन और प्रसिद्ध ताल होते हुए भी आज अप्रचलित तालों की श्रेणी में आता है। यह चतस्त्र जाति का समपद ताल है, जिसका विभाग 2/2/ मात्राओं का है। यह पखावज पर स्वतन्त्र वादन, एवं ध्रुवपद अंग के गायन, वादन की संगति के योग्य ताल है। इसके बोलों के विषय में अवश्य मतभेद है, किन्तु मात्रा संख्या या ताली, खाली के विषय में कोई विवाद नहीं है।

इस ताल में 28 मात्रा, 14 विभाग, 10 ताली और 4 खाली है।

1.

धा ऽ	ता ऽ	धा ऽ	दीं ऽ	ता ऽ	कि ट	धा ऽ	दीं ऽ
X	0	2	3	0	4	5	6
ता ऽ	धा ऽ	ते टे	क त	ग दि	ग न	धा	
0	7	8	9	10	0	X	

2.

धा ऽ	कि ट	त क	धु म	कि ट	त क	ग दी	ग न
X	0	2	3	0	4	5	6
धे ऽ	ता ऽ	ति ट	क त	ग दि	ग न	धा	
0	7	8	9	10	0	X	

पंचम अध्याय

वाद्य और वादन

- वादन तब से अब तक,
- वाद्य के प्रकार–तत्, सुषिर, धन और अवनद्ध वाद्य
- तबला के अंगों का वर्णन और तबले के वर्ण
- भारतीय संगीत में प्रचलित कुछ अन्य अवनद्ध वाद्य–पखावज, ढोल, नगारा, नाल,
- पाश्चात्य ताल वाद्यों का संक्षिप्त इतिहास,
- स्वतन्त्र वादन प्रस्तुत करने की विधि, एकल वादन को कैसे लोकप्रिय बनाया जाए,
- तबला संगति, संगति है क्या? संगति के प्रकार अनुसंगति, सहसंगति, भराव की संगति, संगति स्वतन्त्र वादन से अधिक कठिन है, संगति का क्षेत्र और नियम है, संगति एक कला है।
- तबला वादक के गुण-अवगुण,
- तबला वादन और महिलाएँ

वादन तब से अब तक

संगीत में वादन की प्रथा आज से नहीं, अत्यन्त प्राचीन काल से ही अत्यन्त समृद्ध रूप में रही है। अथर्ववेद में दुंदुभि नामक वाद्य पर प्रकाश डालते हुए लिखा गया है–'दुंदुभि का निर्माण काष्ठ से किया जाता था। उसका मुख परिपक्व चर्म से बनता था, तथा इस मुख को चारो ओर से चर्म की वादियों से बद्ध किया जाता था। वादियों को मसृण रखने के लिए तेल का लेपन किया जाता था।' वाल्मीकि रामायण के उत्तर काण्ड में ताल युक्त रामचरित गान के पाठ को 'संस्कृत लक्षण सम्पन्न' कहा गया है।

तन्त्रीलयसमायुक्तं त्रिस्थानकरणान्वितं। संस्कृत लक्षणोपेतं समतालसमन्वितं॥

भरत जब अपने मामा के घर से अयोध्या लौट रहे थे, तब उन्हें राम के वनवास और दशरथ के निधन का ज्ञान नहीं था, किन्तु मृदंग एवं अन्य वाद्यों को पूर्णतया मौन देखकर एक निश्चित अमंगल की आशंका उनके हृदय में उत्पन्न हुई, जिसका वर्णन वाल्मीकि ने इस प्रकार किया है–

भेरीमृदंगवीणानां कोणसंघट्टितः पुनः, किमद्ध शब्दो विरतः सदादीन गतिः पुरा।

प्राचीनतम् पुराणों में से एक-मार्कण्डेय पुराण में संगीत की अधिष्ठात्री देवी सरस्वती के माध्यम से न केवल आवाप, निष्काम, विक्षेप, प्रवेशक आदि ताल क्रियाओं का विवेचन किया गया है, बल्कि वाद्यों और उनके प्रकारों पर भी प्रकाश डाला गया है। इसी प्रकार छान्दोग्य उपनिषद् में गीत, वाद्य एवं नृत्य तीनों का उल्लेख है। मौर्य काल में भी भारतीय संगीत की विकास यात्रा जारी रही। वात्स्यायन के समय में नारियों को संगीत अध्ययन की पूर्ण सुविधा प्राप्त थी। वात्स्यायन ऋषि ने 64 कलाओं में वादन को दूसरा स्थान दिया है। 'वैपुल्य सूत्र' में लय वाद्यों का उल्लेख करते हुए लिखा गया है कि कुमार सिद्धार्थ (गौतम बुद्ध) के मनोरंजन हेतु उनके पिता राजा शुद्धोदन ने सहस्त्रों वाद्य यन्त्रों का समावेश किया था, जिनमें एक हजार छोटे-छोटे मृदंग थे। साथ ही एक हजार करताल एवं अन्य सहस्त्रों वाद्य थे, जिनका दिन-रात विविध वृंद वादनों एवं गायन संगति हेतु प्रयोग होता था।

महाकवि कालिदास के काल में गांधर्व या मार्ग संगीत का सामाजिक स्तर से प्रायः लोप सा हो चुका था, और देशी संगीत का प्रचार व अध्ययन तत्कालीन समाज में हो रहा था। जाति राग एवं ग्राम रागों के अवशेष उस काल में केवल वैदिक अनुष्ठानों तक सीमित रह गए थे। फिर भी, मृदंग, मुरज, आदि चर्म वाद्यों का लय दिग्दर्शन हेतु प्रचार था, एवं ताल-लय पूर्ण नृत्य कला उन्नति के चरम शिखर पर थी। इस काल की स्त्रियाँ भी मृदंग वादन में प्रवीण थीं। मृदंग के लिए शूद्रक ने अपने मृच्छकटिक नाटक में पणव शब्द का प्रयोग किया है। यहीं से देशी संगीत का प्रयोग शुरू हुआ, किन्तु वाद्यों के वादन की प्रथा लगातार जारी रही। तेरहवीं शताब्दी में महान संगीत शास्त्री शारंगदेव ने संगीत रत्नाकर नामक ग्रन्थ में सर्वप्रथम वाद्यों का वर्गीकरण करते हुए लिखा–

> वाद्यतंत्री ततं वाद्यं सुषिरं मतम्, चर्मावनद्धवदनमवनद्धं तु वाद्यते॥
> घनो मूर्तिः साऽभिधातद्वेधते यंत्र वद्वनमू॥

उपरोक्त श्लोक के अनुसार भारतीय वाद्यों को मुख्यतः 4 भागों में विभाजित किया जा सकता है–तूत्, सुषिर, अवनद्ध और धन वाद्य। कुछ लोग तूत् वाद्य के ही एक प्रकार वितूत् को भी इसमें समाहित करते हुए वाद्यों के 5 प्रकार मानते हैं। निम्न पँक्तियों में इन वाद्यों पर संक्षिप्त रूप में प्रकाश डाला जा रहा है।

(अ) तूत् वाद्य–इस श्रेणी के वाद्य स्वर प्रधान होते हैं। इनमें स्वरोत्पत्ति ताँत अथवा तार के आन्दोलन द्वारा होती है। चूँकि इस श्रेणी में कई प्रकार के वाद्य आते हैं, और उनके तारों को आन्दोलित करके स्वरोत्पत्ति के कई माध्यम भी हैं। अतः इस श्रेणी के वाद्यों को तूत् और वितत नाम से दो भागों में विभाजित किया गया है। तत श्रेणी के अन्तर्गत वे वाद्य आते हैं जिन्हें उँगलियों, मिजराब, या जवा आदि से बजाते हैं। इस आधार पर तानपूरा, सितार, वीणा और सरोद जैसे वाद्यों को तत श्रेणी के अन्तर्गत रखा जा सकता है। जबकि वितत श्रेणी के अन्तर्गत वे वाद्य आते हैं, जिनमें स्वरोत्पत्ति के लिए गज या छड़ी (BOW) आदि का प्रयोग होता है। वायलिन, इसराज और सारंगी आदि इसी श्रेणी के वाद्य हैं।

(आ) सुषिर वाद्य–सुषिर श्रेणी के वाद्य भी स्वर वाद्यों के अन्तर्गत ही आते हैं। इनमें स्वर की उत्पत्ति वायु के आन्दोलन द्वारा होती है। वायु के आन्दोलन की भिन्न-भिन्न विधियाँ हैं, लेकिन सारे वाद्य सुषिर ही कहलाते हैं, इस श्रेणी के वाद्यों में बाँसुरी और शहनाई जैसे वाद्य भी आते हैं जिनमें फूँक के द्वारा ध्वनि उत्पन्न की जाती है, और हारमोनियम, ऑरगन तथा एकार्डियन जैसे वाद्य भी।

(इ) घन वाद्य–स्वर वाद्यों का यह तीसरा प्रकार है। इसमें स्वरोत्पत्ति किसी लकड़ी आदि के प्रहार द्वारा होती है। और इस तरह के वाद्य स्वर प्रधान होते हुए भी लय पर बहुत अधिक केन्द्रित होते हैं। जल तरंग, काष्ठ तरंग और नल तरंग

जैसे वाद्य इसी श्रेणी में आते हैं। सन्तूर को भी इस श्रेणी में रखा जा सकता है।

(ई) अवनद्य वाद्य—इस श्रेणी के वाद्य स्वर नहीं, लय प्रधान होते हैं। इनकी भूमिका संगीत में व्यतीत हो रहे समय को मापने हेतु ताल और लय निर्वहन की होती है। साथ ही अपने साथी कलाकार को रचनाएँ प्रस्तुत करने हेतु लय की पुख्ता जमीन भी ये उपलब्ध कराते हैं। इस श्रेणी के वाद्यों में लकड़ी या धातु निर्मित किसी ढाँचे पर पशु चर्म आच्छादित करके उस पर आघात करते हुए ध्वनि उत्पन्न करते हैं। इसके अन्तर्गत आने वाले वाद्यों में तबला, पखावज, ढोलक, नगारा, नाल आदि प्रमुख हैं।

उत्तर भारतीय संगीत में प्रचलित कुछ प्रमुख अवनद्य वाद्य

(क) पखावज—भारतीय संगीत का प्राचीनतम् वाद्य है पखावज, जिसका पूर्व नाम मृदंग और आंकिक था। अनेक प्राचीन, पौराणिक ग्रन्थों में इसका प्रमुखता से उल्लेख हुआ है। यह काष्ठ निर्मित बेलनाकार वाद्य होता है, जिसके दोनों मुखों पर चर्म मढ़ा होता है। दाहिने मुख पर स्याही लगी होती है तबले की तरह, जबकि बाएँ मुख पर जो अपेक्षाकृत कुछ बड़ा होता है—आटे का लेपन किया जाता है। प्राचीन संगीत में इसका प्रमुखता से प्रयोग होता था। आज भी विभिन्न प्रकार की वीणाओं की संगति एवं ध्रुवपद, धमार जैसी गायकी तथा नृत्य की संगति में इसका प्रयोग किया जाता है। पं. रविशंकर (सितार), उस्ताद अमजद अली खाँ (सरोद) और पं. भजन सोपोरी (संतूर) जैसे कलाकार भी कई बार अपनी संगति में पखावज लेते हैं। पं. पुरुषोत्तम दास पागल दास, रामकिशोर दास का पखावज के स्वर्गीय राजा छत्रपति सिंह, स्वर्गीय पं. गोपाल दास, रामाशीष पाठक, रमाकान्त पाठक, डालचंद शर्मा, तोताराम शर्मा, मोहन श्याम शर्मा, अखिलेश गुंदेचा, राधेश्याम शर्मा एवं लक्ष्मी नारायण पंवार आदि क्षेत्र में महत्वपूर्ण योगदान रहा है।

(ख) ढोल—यह भी भारत का प्राचीन वाद्य है। इसके कई प्रकार प्रचलित हैं। बड़े आकार के ढोल को गले में लटकाकर लकड़ी से बजाते हैं। इसका उपयोग मुख्य रूप से पूजा एवं मांगलिक उत्सवों आदि में होता है। छोटे आकार के ढोल को ढोलक या ढोलकी कहते हैं। इसे हाथ से बजाते हैं। लोक एवं फिल्म संगीत के साथ इसका प्रमुखता से प्रयोग होता है।

(ग) नगाड़ा—नक्कारा नाम से प्रचलित यह भारत का अत्यन्त प्राचीन वाद्य है। देव मन्दिरों आदि में इसका प्रयोग आरम्भ से होता रहा है। हर्ष व्यक्त करने हेतु भी इसका वादन किया जाता था। आज भी प्राचीन मन्दिरों में बड़े-बड़े नगाड़े देखने को मिलते हैं। भले ही उनका वादन एक प्रकार से बन्द हो गया हो। इसका ढाँचा मिट्टी या लकड़ी का बना होता है, और इसके मुख पर चर्म आच्छादित होता है। लकड़ी के प्रहार से इसका वादन होता है। चूँकि ऐसे विशालाकार वाद्य को लेकर आवागमन में असुविधा होती है, अतः छोटे आकार के नगाड़े-जिन्हें आम बोलचाल

की भाषा में नगड़िया भी कहते हैं– प्रचार में हैं इन दिनों। इसी का एक प्रकार दुक्कड़ भी है। तबले और बाएँ की तरह इसके भी 2 भाग होते हैं। इसका प्रयोग भी मुख्य रूप से फिल्म संगीत और लोक संगीत में ही होता है। शहनाई की संगति में दुक्कड़ का प्रयोग होता है। इन दिनों ताल वाद्य कचहरी कार्यक्रम में भी नक्कारे की लोकप्रियता बढ़ी है।

(घ) नाल–यह आधुनिक युग का नवीन वाद्य है। आकारादि में यह ढोलक के समान होता है। इस बेलनाकार वाद्य के दोनों मुखों पर चर्म आच्छादित होता है, और इसका वादन हाथों से होता है। चटक और टनक वाले बोल तथा टीप के स्वरों में वादन इसकी विशेषता है। फिल्म संगीत, लोक संगीत एवं सुगम संगीत के साथ प्रयुक्त होने वाला वाद्य है यह।

इनके अलावा घड़ा, चंग, खंजरी एवं डफली आदि कई ऐसे वाद्य हैं, जिनका संगीत में यत्र-तत्र तरह-तरह से प्रयोग होता रहता है। किन्तु शास्त्रीय संगीत के क्षेत्र में इन्हें कोई बहुत महत्त्वपूर्ण स्थान नहीं प्राप्त है, और इनका प्रयोग प्रायः क्षेत्रीय संगीत में ही होता है।

तबले के वर्ण

हर भाषा के अपने कुछ वर्ण होते हैं, उन्हीं वर्णों से उस भाषा का साहित्य रचा जाता है। तबले के भी अपने कुछ वर्ण हैं, जिन्हें संयुक्त कर विभिन्न प्रकार के बोलों की रचना हुई है, होती है। तबले के इन वर्णों की कुल संख्या 10 है, इनमें से 6 दाहिने तबले पर बजते हैं, 2 बायें पर और 2 संयुक्त रूप से। ये 10 वर्ण निम्नवत् हैं–

दाहिने हाथ से बजने वाले वर्ण–	ता या ना
	तिं या ती
	दीं या तू
	ते
	टे या रे और
	न
बायें हाथ से बजने वाले वर्ण–	ग या घ
	क, कत्, के, की आदि।
दोनों हाथों से बजने वाले वर्ण–	धा और
	धीं

तबले के अंगों का वर्णन

तबले के मुख्यतः दो भाग होते हैं—दायाँ—जिसे तबला भी कहते हैं। और,

बायाँ—जिसे डग्गा अथवा डुग्गी भी कहते हैं। इन दोनों को कहीं-कहीं क्रमशः नर और मादा भी कहते हैं। पंजाब में बायें को पहले धामा कहा जाता था। निम्न पंक्तियों में हम तबले के इन दोनों भागों के विभिन्न अंगों पर संक्षिप्त प्रकाश डालेंगे।

तबला-कठरा—तबले के ढाँचे (Body) को कठरा कहते हैं। यह लकड़ी का बना होता है। आम, खैर, शीशम, चंदन, बबूल, नीम और कटहल तथा बिजैसाल जैसी लकड़ी के कठरे उपयुक्त माने गये हैं इसके लिए। कठरा बनाते समय इस बात का विशेष ध्यान रखना चाहिए कि लकड़ी पूरी तरह सूखी हो। इसकी ऊँचाई लगभग एक फुट की होती है। नीचे की गोलाई लगभग 8½ इंच तथा ऊपर की लगभग 7 इंच की होती है। लकड़ी का यह कठरा अंदर से खोखला होता है। तबला जितना भारी होता है कठरा उतना अच्छा माना जाता है। क्योंकि उससे उतनी ही अच्छी गूँज उत्पन्न होती है। बिजैसार की लकड़ी को कठरा निर्माण के लिए उत्तम माना गया है। ऊँचे स्वरों में बोलने वाले तबले का मुँह छोटा होता है।

पूड़ी—तबले के मुख पर जो खाल मढ़ी होती है, जिस पर वादन करके ध्वनि उत्पन्न की जाती है पूड़ी कहलाती है। यह बकरे के खाल की बनी होती है। दायें तबले की पूड़ी कुछ पतली होती है, जबकि बायें की कुछ मोटी।

स्याही—तबले और बायें की पूड़ी पर गूँज उत्पन्न करने के लिए लगाया गया काला पदार्थ स्याही नाम से जाना जाता है। लौह चूर्ण, नीलाथोथा और गीले चावल की लेई से इसे तैयार किया जाता है। स्याही अधिक होने से ध्वनि नीची होती है जबकि कम स्याही होने से ध्वनि ऊँची रहती है। तेटे, तिरकिट जैसे बोल यहीं बजते हैं।

किनार या चाँटी—पूड़ी के किनारे-किनारे चारों ओर लगभग आधी इंच चौड़ी चमड़े की एक पट्टी होती है, जिसे चाँटी कहते हैं। किनारे का हिस्सा होने के कारण इसे किनार भी कहते हैं। दिल्ली आदि घराने के धा, ता, ना जैसे बोलों का वादन यहीं होता है। चाँटी प्रधान वादन शैली होने के कारण ही दिल्ली बाज को किनार का बाज कहा जाता है।

जमीन, लव या मैदान—स्याही और चाँटी के बीच का स्थान लव, जमीन या मैदान कहलाता है। लखनऊ और फर्रूखाबाद घराने के वादक धा, ता या ना जैसे बोलों का वादन यही होता है।

गजरा एवं घर—तबले एवं बायें के मुख पर चारों ओर चमड़े की एक माला सी पिरोई होती है, जिसे गजरा कहते हैं। इस गजरे में से होकर ही बद्दियाँ नीचे की ओर जाती हैं। गजरे में से होकर बद्दियों के गुजरने के कारण गजरा 16 भागों

में बँट जाता है, ये 16 भाग 16 घर कहलाते हैं। इन गजरों पर प्रहार करके स्वर को आंशिक रूप से ऊपर-नीचे किया जाता है।

बद्धी–तबले के गजरे से होकर चमड़े के फीते नीचे आते हैं और इंडुरी में से होकर पुनः ऊपर की ओर चले जाते हैं। चमड़े के इन फीतों को कसने से स्वर ऊँचा होता है, और ढीला करने से नीचा। इन्हें बद्धी कहते हैं।

गट्टे–तबले के स्वर को ऊँचा या नीचा करने में गट्टों की भी महत्वपूर्ण भूमिका होती है। ये लकड़ी के आठ टुकड़े होते हैं, जो बद्दियों के सहारे टिके रहते हैं। तबले के स्वर को ऊँचा करने के लिए गट्टों को नीचे की ओर खिसकाया जाता है, और स्वर को नीचा करने के लिए ऊपर की ओर।

इंडरी–तबले के निचले हिस्से को–जो पृथ्वी पर तबले को टिकाये रखने के लिए चमड़े की बद्दियों से बना होता है–इंडरी कहा जाता है।

कूड़ी–बाँया-डग्गा के ढाँचे को कूड़ी कहते हैं। अब यह प्रायः पीतल, तांबा, लोहे या अल्यूमीनियम से बनते हैं। पहले ये मिट्टी और लकड़ी के भी बनते थे।

पाश्चात्य ताल वाद्यों का संक्षिप्त परिचय

पाश्चात्य देशों में तेरहवीं शताब्दी के पूर्व टेबर (TABOR) नामक एक अवनद्य वाद्य के प्रयोग का उल्लेख प्राप्त होता है। इसे बाएँ हाथ के पूर्व भाग में बाँधकर लकड़ी से प्रहार करके बजाते थे। लय आघातों के लिए इस काल में मंजीरों का प्रयोग भी पाश्चात्य देशों में खूब होता था, जिन्हें उनकी भाषा में **सिम्बल (CYMBAL)** कहा जाता था।

केटल ड्रम (KETTLE DRUM) फ्रांस में नकेर (NACAIRE) नाम से प्रचलित था। तत्कालीन संगीत के साथ प्रयुक्त होने वाले **टेम्बोरियन (TAMBOURINE)** नामक ताल वाद्य के मुख पर चर्म आच्छादित होता था, और उस आवरण पर सुमधुर ध्वनियों को उत्पन्न करने के लिए छोटी-छोटी घंटियाँ लगायी जाती थीं। धातु के एक छड़ से प्रहार करके वादन किया जाता था, जिसे त्रिकोण या किसी अन्य आकृति में मोड़ दिया जाता था। टेम्बोरियन का प्रयोग खेल-तमाशे दिखाने वाले भी संगीत के द्वारा लोगों को अपनी ओर आकर्षित करने के लिए करते थे। लयात्मकता के साथ इस वाद्य को आकाश की ओर उछालकर पकड़ने की प्रथा भी प्रचलित थी। टेम्बोरियन के ही आकार का बिना चर्म का मढ़ा हुआ **जिंगल रिंग (JINGLE RING)** नामक एक वाद्य भी प्रचलित था। जिसमें भारतीय खंजरी के समान धातु के टुकड़े

लगे होते थे, और जिसे एक हाथ में पकड़कर दूसरे हाथ से उसका वादन किया जाता था।

तेरहवीं शताब्दी तक के केटल ड्रम के मुख पर अच्छादित चर्म का घेरा बड़ा नहीं होता था। बाद में इसी को आधार बनाकर बड़े आकार के धातु निर्मित ड्रम बनाए गए। जो रणक्षेत्र में प्रयुक्त होते थे। इस बड़े आकार के नवनिर्मित ड्रम्स पर बछड़े का चमड़ा पेंच (स्क्रू) द्वारा कसा जाता था। सर्वप्रथम हंगरी और पोलैंड में इसका प्रचलन शुरू हुआ, वहाँ से यह जर्मनी पहुँचा और फिर पश्चिम यूरोप में इसकी लोकप्रियता आकाश छूने लगी। इसे घोड़ों की पीठ पर रखकर युद्ध भूमि में बजाते थे, अतः कर्ण प्रिय और मधुर ध्वनियों का इस वाद्य में अभाव था। लेकिन, केटल ड्रम ने अपनी सांगीतिक उपयोगिताओं के कारण सत्रहवीं शताब्दी के पूर्वार्द्ध तक अभिजात्य संगीत में अपनी अहमियत, अपना महत्त्वपूर्ण स्थान बनाए रखा। **बक (BACK)** और **हैंडल (HANDLE)** आदि संगीतज्ञों ने अपनी महत्त्वपूर्ण संगीत संरचनाओं में केटल ड्रम का जोड़ी रूप में उपयोग किया है—जिन्हें षड्ज तथा पंचम में मिलाने की प्रथा थी। हैंडल ने अपनी **फायर वर्क म्यूजिक (Fire Work Music)** में सर्वप्रथम तीन कैटल ड्रमों का प्रयोग किया।

बारोक काल में ट्रम्पेट **(TRUMPET)** की संगति के लिए केटल ड्रम का उपयोग होता था। 14वीं शताब्दी के उत्तरार्द्ध में इन ड्रमों के वादक तमाशबीनों के लिए अपनी विभिन्न आकृतियों आदि से हास्य रस की उत्पत्ति भी करते थे। 17वीं शताब्दी के 2 मुख वाले ड्रमों में कोई विशेष परिवर्तन नहीं हुआ, और न तो उसे पाश्चात्य अभिरुचि पूर्ण संगीत में कोई विशेष स्थान ही प्राप्त हो सका। लगभग 2-3 फीट व्यास तथा 8-10 इंच लकड़ी की मोटाई के आवरण का विशालकाय **बास ड्रम (BASS DRUM)** का उद्भव सर्वप्रथम सम्भवतः टर्की में हुआ, और उसके बाद वह अन्य पाश्चात्य देशों में लोकप्रिय हुआ। इसे लकड़ी की जिन छड़ियों से बजाया जाता था, उनके मुख पर लकड़ी के गोलाकार गेंद लगे होते थे। इस वाद्य की ध्वनि अत्याधिक गम्भीर होती थी। **मोजार्ट (MOZART)** ने सर्वप्रथम इसका प्रयोग II SERAGLIO (1782) में किया। **हेउन (HAYUN)** ने भी अपनी मिलिटरी सिम्फनी (MILITARY SYMPHONY) 1794 में इस वाद्य का उपयोग किया था। उसी प्रकार युद्ध संगीत हेतु ही विशेष रूप से **साइड ड्रम (SIDE DRUM)** तथा **टेम्बोरियन** प्रयुक्त होने लगे, और सिम्बल (CYMBAL) का प्रयोग बास ड्रम के साथ पैरों से एक ही व्यक्ति करने लगा। इसके लिए एक सिम्बल को ड्रम के घेरे में बाँधकर तथा दूसरे को एक हाथ में छड़ी लेकर ड्रम के साथ ही बजाया जाता था। इसी प्रकार **ट्रैंगल ब्रोकेन पायल (Traingle Broken piel), बेल्स (Bells), गांग (Gang)** आदि के प्रयोग भी यदा-कदा 18वीं शताब्दी के पाश्चात्य संगीत में गौण रूप से हुए।

पाश्चात्य संगीत में उत्तर-मध्य काल में ढोलक की तरह के दूसरे ताल वाद्यों

का भी प्रादुर्भाव हुआ, जिनका वादन छड़ियों के आघात से होता था। इन वाद्यों का व्यास 1 फीट के लगभग होता था। सोलहवीं शताब्दी के लगभग **स्विस ड्रम (SWISS DRUM)** नामक एक ढोलक नुमा चर्म वाद्य का भी पाश्चात्य संगीत में प्रचलन शुरू हुआ। कालान्तर में धीरे-धीरे टेम्बोरियन, ट्रैंगल और सिम्बल का महत्त्व अभिजात्य पूर्ण संगीत में कम होने लगा। **जीलोफोन (XYLO PHONE)** ग्लोकेंस पायल **(GLOCKENS PIEL)** आदि ताल वाद्य भी चूँकि गम्भीर संगीत हेतु अनुपयुक्त सिद्ध हो गए, अतः पाश्चात्य संगीत के आकाश में ये भी अधिक दिनों तक नहीं टिक पाए।

19वीं शताब्दी के पूर्वार्द्ध तक केटल ड्रम के प्रयोग में भी अनेक प्रकार के सुधार किए गए। उदाहरण के लिए **बर्लियोज** (BERLOYOZ) ने 1837 में अपने रिक्विएन (REQUIEN) में केटल ड्रम की 8 जोड़ियों का प्रयोग किया। वाद्यों को स्क्रू द्वारा कसने के साधनों में भी सुधार हुआ एवं अनेक संगीतज्ञों ने अपनी संगीत संरचनाओं में इसका प्रमुखता से उपयोग किया। केटल ड्रम को मध्यम या पंचम स्वरों में स्वर मिलाने की जो प्रथा चली आ रही थी, उसे बदलकर **बीथोवेन** ने सर्वप्रथम धैवत् में मिलाया। सातवीं सिम्फनी (SYMPHONY) के रचयिता 3 केटल ड्रमों के पक्षपाती हैं, बोरोककालीन संगीत में टेम्बोरियन और ट्रैंगल का प्रयोग नहीं के बराबर हुआ है, क्योंकि तब तक इन्हें जिप्सियों और भिखारियों का वाद्य मान लिया गया था। मंजीरों का प्रयोग भी केवल कुछ चरम भावों की अभिव्यक्ति और प्रस्तुति हेतु किया गया है इस काल में।

कास्टानेट्स (CASTANETS) नामक ताल वाद्य—जो दो काष्ठ खण्डों में चिपड़ा सदृश ताल वाद्य था—प्राचीन काल में स्पेन में आविष्कृत और प्रचलित होकर क्रमशः दक्षिण इटली पहुँचा और **इवेरियन पेनीनसुला [IVERIAN PENINSULA]** के नृत्यों में प्रयुक्त होकर राष्ट्रीय वाद्य के रूप में लोकप्रिय हुआ। स्पेन के नर्त्तकों द्वारा प्रमुखता से प्रयुक्त होने के कारण यह यूरोप के लगभग सभी भागों में प्रचलित है। **कैरीलान (KARILONE)** नामक वाद्य जो धातु निर्मित तश्तरियों से बना होता है—का प्रादुर्भाव सर्वप्रथम जावा में हुआ, और बाद में **ब्रोसार्ड (BROSSARD)** ने इस श्रेणी के वाद्यों में कई खोज किए। घंटियों से बने हुए डच ग्लोबेंस पायल—में भी लोहे के आवरण के स्थान पर केवल ताँबे के आवरण लगाए गए, और हॉलैंड में ही सर्वप्रथम ज़िलोफोन में चाबियाँ लगायी गयीं। बेल्जियम में जिंगलिंग जानी का भी लय और ताल वाद्य के रूप में प्रयोग हुआ है। सारांश में **बारोक (BAROQUE)** तथा बारोक कालीन अवनद्ध तथा घन लय वाद्यों को विशेष महत्त्व नहीं दिया गया।

18वीं शताब्दी के उत्तरार्द्ध में भी वृंद वादन में केटल ड्रम का जोड़ी के रूप में प्रयोग होता था। बीथोवेन ने अपनी चौथी सिंफनी की विलम्बित गति में इसका बड़ा सुन्दर और अभूतपूर्व प्रयोग किया है। मोजार्ट ने केटल ड्रम के चर्माच्छादित

मुख पर कपड़ा डालकर भी उसका प्रयोग किया है। 19वीं शताब्दी से अब तक के समय में स्नेयर तथा साइड ड्रम में काफी उन्नति हुई है, और उन्हें वर्तमान श्रेष्ठ वृंद वादनों में स्थान प्राप्त है। शव यात्रा के समय भी ड्रम पर कपड़ा डालकर बजाने की परिपाटी यूरोप के कई प्रदेशों में रही है। विशालकाय ट्रेनर ड्रम की गम्भीर ध्वनि को बैग्नर ने अपने संगीत में स्थान दिया है। इसका आवरण लकड़ी का था। पीतल द्वारा निर्मित विशाल आकार के बास ड्रम के प्रयोग में भी आजकल परिकल्पनाएँ की गयी हैं, तथा करुण एवं रहस्यपूर्ण भावों की अभिव्यक्ति के लिए इनका अनेक बार सफल प्रयोग किया गया है। इसी काल में इंग्लैंड में घंटी वाले ड्रम्स **गांग ड्रम्स (GONG DRUM)** का प्रयोग आधुनिक नृत्यों हेतु हुआ है। इनमें प्रहार करने वाली छड़ियों को पैडल से नियन्त्रित किया जाता था।

टेम्बोरियन में भी कसने के लिए स्क्रू के प्रयोग हुए हैं, और सिंबलों को भी वृंद वादनों में विभिन्न ढ़ंगों से प्रयुक्त किया गया है। बास ड्रम के साथ सिम्बल को बाँधकर एक ही वादक द्वारा बजाने की परिपाटी धीरे-धीरे कम हो गयी है तथा सिम्फनी ऑरकेस्ट्रा में अब ऐसे प्रयोग लगभग समाप्ति पर हैं। अब छोटे आकार के सिम्बल भी प्रयोग में आते हैं। इसी प्रकार ट्रैंगल का भी एक घन वाद्य के रूप में प्रयोग बढ़ा है। **जाज (JAZZ)** संगीत में लचीले धातु खण्डों का प्रयोग घन वाद्य के रूप में उल्लेखनीय है, जिन्हें आवश्यकतानुसार कभी कम तो कभी अधिक मोड़कर विभिन्न स्वरों की उत्पत्ति की जाती है।

इधर लकड़ी काटने की आरी का प्रयोग भी सांगीतिक ध्वनियों के सृजन हेतु हो रहा है। **सिलाफोन** (काष्ठ तरंग), **मारिम्बा** (जो काष्ठ तरंग का ही एक रूप है, और जिसका प्रयोग अफ्रीका के आदिवासी करते हैं। इसमें लकड़ी के टुकड़ों के नीचे ध्वनि वृद्धि हेतु गाडूर्स लगाते थे। हब्शियों के द्वारा यह वाद्य अमेरिका में प्रचलित हुआ।) में वर्तमान वैज्ञानिक प्रयोगों के फलस्वरूप अनेक प्रकार के सुधार हुए हैं, और धातु निर्मित ट्यूब्स (TUBES) लगाकर ध्वनि को गम्भीरता एवं मधुरता प्रदान की गयी है। **ग्लोकेंस पायल (GLOCKENS PIEL)** में घंटियों के स्थान पर अब धातु के लम्बे-लम्बे टुकड़ों का प्रयोग होता है। इसी प्रकार **सिलीसटा, टाइपोफोन, ट्यूबल रस, हावराफोन (GONG, RATTLES)** आदि का भी प्रयोग इनके औचित्य का ध्यान रखते हुए वर्तमान पाश्चात्य संगीत में हो रहा है।

तबला में स्वतन्त्र वादन

तबला स्वतन्त्र वाद्य है या संगति? यह विवाद बहुत दिनों से चल रहा है। तबले के विषय में किए गए अनुसन्धानों से ज्ञात होता है कि इसमें समय-समय पर जो ऐतिहासिक महत्त्व के परिवर्तन हुए हैं, वह संगति की दृष्टि से ही हुए लेकिन, इसका अर्थ यह कदापि नहीं है कि तबला मात्र संगति वाद्य है। स्वतन्त्र वादन की दृष्टि से देखा जाए तो तबला इसकी कसौटियों पर बिलकुल खरा उतरता है। इसका क्षेत्र इतना विशाल और विस्तृत है कि इसमें घण्टों स्वतन्त्र वादन किया जा सकता है। और लगभग सभी अच्छे कलाकार आज संगति के साथ-साथ स्वतन्त्र वादन को भी महत्त्व देने लगे हैं। न केवल स्तरीय संगीत समारोहों के प्रतिष्ठित मंचों बल्कि आकाशवाणी और दूरदर्शन केन्द्रों द्वारा भी तबला स्वतन्त्र वादन के कार्यक्रम प्रसारित किए जाते हैं। एकल तबला वादन के कैसेट और डिस्क भी खूब लोकप्रिय हैं। स्व. कण्ठे महाराज, उस्ताद अमीर हुसैन खाँ, उस्ताद अहमद जान थिरकवा, तबला शिरोमणि गामा महाराज, पं. अनोखे लाल, पं. सामता प्रसाद, उस्ताद अल्लारखा, उस्ताद लतीफ अहमद जैसे दिवंगत कलाकारों के मुक्त तबला वादन के कार्यक्रम यादगार होते थे। आज के वर्तमान कलाकारों में पं. किशन महाराज, प्रो. रंगनाथ मिश्र और उस्ताद जाकिर हुसैन आदि के स्वतन्त्र तबला वादन काफी लोकप्रिय हैं। इनके अलावा भी कई ऐसे कलाकार हैं जो सफलतापूर्वक मुक्त वादन करते हैं। जैसे नयन घोष, मुकुंद भाले, सुरेश तलवलकर और शीतल प्रसाद मिश्र आदि।

स्वतन्त्र वादन है क्या?

जब तबला वादक दूसरे विधा के किसी कलाकार की संगति न करके स्वतन्त्र रूप से अपना वादन प्रस्तुत करता है, तब उसके वादन को स्वतन्त्र वादन, मुक्त वादन, एकल वादन और सोलो (SOLO) जैसे नाम दिए जाते हैं। इसके अन्तर्गत तबला वादक अपने अच्छे और महत्त्वपूर्ण बोलों का वादन करके अपनी स्तरीयता का परिचय देता है। चूँकि, एकल वादन के समय वह किसी का अनुगामी न होकर अपना वादन अपनी इच्छानुसार प्रस्तुत करने के लिए पूरी तरह स्वतन्त्र होता है। अतः अपने विशिष्ट बोलों पर प्रकाश डालते हुए, उनकी पढ़न्त और व्याख्या करते हुए भी प्रस्तुत करता है वह। लेकिन, यह सब वह अपनी इच्छा और विवेक के अनुसार करता है। हारमोनियम, सारंगी या वायलिन जैसे किसी वाद्य पर इस दौरान लहरा (नग्मा) बजता है, जिससे लोगों को ताल और लय की स्थिति का पता चलता रहता है।

स्वतन्त्र वादन प्रस्तुत करने की पद्धति

जैसा कि नाम से ही स्पष्ट है, स्वतन्त्र वादन के समय कलाकार अपना वादन प्रस्तुत

करने के लिए पूरी तरह स्वतन्त्र होता है। लेकिन, नियमों, अनुशासनों का अपना और विशेष महत्त्व होता है। उसके दायरे से ऊपर कोई नहीं होता। तबला के विद्वानों ने तबला एकल वादन प्रस्तुत करने की विधि निश्चित की है। संगीतार्थियों की सुविधा हेतु एकल तबला वादन की विधि निम्न पंक्तियों में दी जा रही है—

वादन प्रस्तुत करने के पूर्व ताल का चयन किया जाता है। दूसरे कलाकारों के साथ संगतिकार के रूप में तबला वादन के समय यह जिम्मेदारी तबला वादक की होती है। उस समय जब तबला वादक अपनी रचना प्रस्तुत करता है, तब ताल और लय की बागडोर मुख्य कलाकार सम्भाल लेता है। किन्तु एकल तबला वादन में चूँकि ताबलिक ही आरम्भ से अन्त तक अपनी रचना प्रस्तुत करता है, अतः उसे एक ऐसे सहयोगी, संगतिकार की जरूरत पड़ती है जो अपने वाद्य पर उस ताल का लहरा (नगमा) प्रस्तुत करते हुए उस तबला वादक को ताल की स्थिति से भी परिचित कराए, और लय का आधार भी प्रदान करे। यह सहयोगी कलाकार हारमोनियम, सारंगी या वायलिन जैसे वाद्य पर उस ताल का लहरा बजाता है। इसलिए तबला वादक को केवल लय-ताल की ही नहीं, स्वर की भी इतनी जानकारी होनी चाहिए कि उसके उतार-चढ़ाव से वह ताल की ताली, खाली और मात्राओं, विभागों को भली-भाँति समझ सके।

वादन किस लय में शुरू हो? यह एक अन्य महत्त्वपूर्ण विषय है। चूँकि, एकल तबला वादन का विशेष महत्त्व होता है, और गम्भीर विद्वान भी इसे पूरा महत्त्व देते हैं, अतः इसकी प्रस्तुतिकरण पूरी गम्भीरता से होनी चाहिए। इसके लिए आवश्यक है कि वादन विलम्बित लय से आरम्भ किया जाए, और मध्य तथा द्रुत लय से होते हुए अति द्रुत लय में इसे समापन की ओर मोड़ा जाए। तबला वादक के लिए उचित है कि वह लयों का क्रमिक विकास करते हुए प्रत्येक लय में कुछ देर वादन करे। विलंबित के बाद एकदम से द्रुत लय का वादन अच्छा नहीं लगता। इसी प्रकार अगर मध्य लय में ही वादन समाप्त कर दिया जाए तब भी श्रोताओं पर अपेक्षित प्रभाव नहीं पड़ता। इस बात का भी ध्यान रखना जरूरी है कि लय का विकास विलम्बित से द्रुत की ओर हो, और हर लय में कुछ देर तक स्थिरतापूर्वक वादन किया जाए।

एक और बात का ध्यान रखना चाहिए कि एक बार लय बढ़ा देने के बाद उसे कम नहीं करना चाहिए। कभी-कभी देखने में आता है कि लय बढ़ जाने के बाद जब कलाकार को कोई कम लय का बोल याद आ जाता है, या द्रुत लय में कोई बोल बजाने में कलाकार को असुविधा होने लगती है, तब कलाकार लय कम कर देते हैं। यह उचित नहीं है।

लय कायम हो जाने के बाद बोलों का वादन आरम्भ होता है। एकल वादन के द्वारा ही चूँकि तबला वादक अपनी विद्वता प्रकट करता है, अतः उसे ऐसे बोलों का वादन करना चाहिए, जो सामान्य से अच्छे स्तर के हों, और जिनका श्रोताओं

पर विशेष प्रभाव पड़ सके। तरह-तरह के टुकड़े, परण, फरमाइशी, कमाली, गत, फर्द आदि अनेक ऐसे बोल हैं, जो विद्वानों के कोष में सुरक्षित हैं। एकल वादन में ऐसे ही बोलों की प्रस्तुति की जाती है। ताकि श्रोता इस वाद्य और इसके वादक की क्षमताओं का आकलन कर सकें।

एकल वादन में बोलों को क्रमानुसार प्रस्तुत करना चाहिए। ऐसा नहीं कि मात्र विशिष्ट बोलों को प्रस्तुत करना है, सोचकर वादक सीधे गत, फर्द से शुरू कर दे। दिल्ली आदि घरानों के कलाकार वादन का आरम्भ पेशकार से करते हैं, जबकि बनारस घराने के कलाकार उठान से। फिर कायदे, बाँट आदि बजाए जाते हैं। फिर लय बढ़ाकर टुकड़े, परण आदि बजाए जाते हैं। अन्त में द्रुत लय कायम करके उसमें एक रेला बाँधकर गतों के विभिन्न प्रकारों एवं फर्द आदि का वादन करके अति द्रुत लय में वादन का समापन किया जाता है।

एकल वादन करते समय बोलों के चुनाव और सजावट पर भी ध्यान देना चाहिए। कम प्रभाव वाले बोलों को पहले और अधिक प्रभाव वाले बोलों को बाद में प्रस्तुत करना चाहिए। क्योंकि अधिक प्रभावशाली बोलों के बाद कम प्रभाव वाले बोलों को प्रस्तुत करने से वे अपना अपेक्षित प्रभाव छोड़ने में असफल रहते हैं।

एकल वादन को कैसे लोकप्रिय बनाया जाए

अन्य कलाओं की अपेक्षा तबला एकल वादन का आनन्द लेने वालों की संख्या आज भी कम ही है। इसका कारण यह है कि इसमें न तो नृत्य की तरह मुद्राओं एवं अभिनय का प्रयोग होता है, और न तो गायन के समान शब्दों, पदावलियों और साहित्य का। अतः संगीत के सामान्य श्रोता जो संगीत की बारीकियाँ नहीं समझते, इसका भरपूर आनन्द नहीं उठा पाते हैं। जबकि किसी चीज की लोकप्रियता के लिए यह बहुत जरूरी है कि जन साधारण भी उसमें पूरी रुचि ले। तबला के साथ भी लगभग यही बात है।

तबला जानने वाले इस तथ्य से परिचित हैं कि यह केवल ठेका बजाने वाला वाद्य नहीं है। ताल वाद्यों में चूँकि यह सर्वाधिक क्षमतावान है, अतः इसकी क्षमताओं का प्रदर्शन, उससे लोगों को परिचित कराया जाना कलाकारों का सांस्कृतिक कर्त्तव्य है। लेकिन, परिचित कैसे कराया जाए? चूँकि, तबला का साहित्य पक्ष बहुत समृद्ध नहीं है। अतः सामान्य श्रोता इसकी गूढ़ता से अपरिचित होते हैं। इसलिए ताबलिक को चाहिए कि जब सामान्य श्रोताओं के बीच वादन करे, तो बोलों का संक्षिप्त परिचय भी देते चलें। परिचय देते समय इस बात का भी ध्यान रहे कि परिचय भाषण में बदलकर बोझिल न हो जाए। इसलिए रोचक और सरल शब्दावलियों का संक्षिप्त रूप में प्रयोग किया जाना चाहिए।

एकल वादन की लोकप्रियता के लिए यह जरूरी है कि इसका आकर्षण समाप्त

न हो, इसलिए कलाकार को यह ध्यान भी रखना चाहिए कि उनका कार्यक्रम बहुत लम्बा न हो। क्योंकि अधिक देर तक चलने वाला कार्यक्रम श्रोताओं में ऊब पैदा कर देता है। अतः कम-से-कम समय में अधिक-से-अधिक प्रकार के बोलों का वादन करके अपना कार्यक्रम उस वक्त ही समाप्त कर देना चाहिए, जब श्रोता अभी और अधिक सुनने के इच्छुक हों। इससे जब उनके मन में एकल वादन को और सुनने की इच्छा शेष रहेगी तभी वे पुनः सभागार तक आएँगे। वरना पहली बार में ही अगर श्रोताओं का मन भर गया तो वे पुनः उस कलाकार को सुनने के लिए प्रेक्षागृह तक नहीं आएँगे। अतः आकर्षण बनाए रखना चाहिए।

कार्यक्रम को शुरू से अन्त तक रोचक और आकर्षक बनाए रखने हेतु यह आवश्यक है कि कलाकार के वादन में विविधता हो। उसे पुनरावृत्ति से बचने का हर सम्भव प्रयास करना चाहिए, और चाहिए कि हर बार नए पल्टों, नए प्रकार के बोलों का वादन करे। इससे लोगों को एकरसता का बोध नहीं होगा। कार्यक्रम की रोचकता बनाए रखने हेतु केवल गम्भीर किस्म के बोलों की ही नहीं, ऐसे बोलों की भी प्रस्तुति करनी चाहिए जो सरस और कर्णप्रिय हों। इसके लिए कठिन रियाज़ द्वारा वादक को बोलों में तैयारी और सफाई लानी चाहिए। दाएँ-बाएँ के ध्वनि सन्तुलन और बोलों के वजन पर भी ध्यान देना चाहिए।

अलग-अलग अन्दाज के अलग-अलग बोल बजने से ी श्रोताओं को एकरसता का अनुभव नहीं होता। पेशकार, कायदा, बाँट और रेला आदि के वादन के समय अगर एक से दूसरे बोल के बीच कभी मुखड़े, कभी टुकड़े, परण कभी तिहाइयों और कभी चक्रदार आदि का वादन किया जाए तो माहौल बदल जाता है। और, इस तरह अपने वादन को उस चरमोत्कर्ष पर ले जाकर समाप्त करना चाहिए, जहाँ आनन्द की पराकाष्ठा हो, और श्रोता पूरी तरह आनन्द में डूबे हों। इस दृष्टि से देखा जाए तो मुक्त वादन संगति से अधिक कठिन है। क्योंकि संगति में वादक मुख्य कलाकार के साथ मात्र ठेका और बीच-बीच में कुछ छोटे-छोटे मुखड़े, मोहरे और तिहाइयाँ बजाकर भी काम चला सकता है। किन्तु मुक्त वादन की प्रस्तुति जैसे-तैसे नहीं होती। इसमे काम चलने वाली स्थिति से काम नहीं बनता। इसलिए, आज भी ऐसे कई तबला वादक हैं, जो गायन-वादन की संगति तो बहुत अच्छी करते हैं, किन्तु एकल वादन नहीं प्रस्तुत करते। इसका कारण है भरपूर रियाज़ की कमी और पूरी शिक्षा का अभाव, सफल स्वतन्त्र वादन के लिए भिन्न-भिन्न प्रकार के विशिष्ट बोलों की पूर्ण जानकारी और तबले पर उन्हें पूरी सफलता के साथ प्रस्तुत करने की क्षमता का होना परम आवश्यक है। क्योंकि यहाँ केवल ठेका लगाने से काम नहीं चलने वाला।

लेकिन, केवल इतना ही पर्याप्त नहीं है। मुक्त तबला वादन को लोकप्रिय बनाने के लिए कई स्तरों पर प्रयास करना होगा। इसका पूरा आनन्द लेने के लिए यह आवश्यक है कि श्रोता इसकी विशेषताओं को समझें, और यह तभी सम्भव है

जब संगीत शिक्षा का प्रचार-प्रसार हो 4/5, 4/6, 4/7, 3/4, 4/3 की लयकारियों का, फरमाइशी और कमाली परणों के भिन्न-भिन्न 'धा' का, या लोम-विलोम अथवा भिन्न-भिन्न यतियों और जातियों के बोलों का पूरा-पूरा रसास्वादन श्रोता तभी कर पाएँगे, जब इसकी विशेषताओं से वे परिचित होंगे। जब वे यह समझेंगे कि 4/5 और 5/4 की लयकारी में क्या भेद है, तभी इसके लय चमत्कार का आनन्द उठा पाएँगे। इसलिए, सांगीतिक शिक्षा का प्रचार-प्रसार इस दिशा में बहुत बड़ी भूमिका निभा सकता है।

इसके अलावा भिन्न-भिन्न स्तरों पर सांगीतिक कार्यक्रमों का आयोजन करने वाले आयोजकों को भी चाहिए कि वे संगीत समारोहों में एकल तबला वादन का भी अवश्य समावेश करें। लगातार सुनने से भी श्रोताओं को उसमें आनन्द आने लगता है, और वे इसके अभ्यस्त हो जाते हैं। आकाशवाणी एवं दूरदर्शन भी इस दिशा में काफी कुछ कर सकते हैं। 15-30 मिनट के एकल वादन के कार्यक्रम वे प्रसारित कर सकते हैं। और, इन सबके संयुक्त प्रभाव के तबला वादन के एकल कार्यक्रमों की लोकप्रियता का स्तर निश्चित ही विकसित होगा।

तबला संगति

संगति है क्या?

जब एक कलाकार की कला प्रस्तुति के दौरान दूसरे कुछ कलाकार उसे रचनात्मक, सांगीतिक सहयोग देते हैं...पूरी प्रस्तुति के दौरान कदम-कदम पर उसका कलात्मक साथ निभाते हैं तो उसे संगीत की भाषा में संगति करना कहते हैं। इसे इस प्रकार समझा जा सकता है। हम जब किसी मंचीय सांगीतिक कार्यक्रम का आनन्द लेने सभागार में पहुँचते हैं तो पाते हैं कि एक गायक मंच पर गायन प्रस्तुत कर रहा है। वह गायक मुख्य कलाकार हुआ, किन्तु उसके पीछे दो व्यक्ति तानपूरा लेकर बैठे होते हैं जो उसे लगातार छेड़ते रहते हैं। एक कलाकार हारमोनियम और दूसरा सारंगी लेकर बैठा होता है, जो गायक द्वारा प्रस्तुत स्वरावलियों, तानों की नकल और गायक का अनुसरण करते है। तबला वादक तबले पर उस ताल का ठेका बजाते हैं, जिसमें वह रचना निबद्ध होती है। इसके साथ ही बीच-बीच में कार्यक्रम को रोचक और आकर्षक बनाने हेतु और मुख्य कलाकार को कभी-कभी आराम देने हेतु भी तबला वादक अप.. रचना भी प्रस्तुत करता है। इस कार्यक्रम में गायक के अलावा

शेष सभी सहयोगी कलाकार उसके संगतिकार या संगति कलाकार कहे जाएँगे।

इसी तरह सितार, सरोद, बाँसुरी, स्वतन्त्र तबला वादन एवं नृत्य आदि सभी कार्यक्रमों में संगतिकारों की आवश्यकता पड़ती है। और, इस तथ्य से कोई भी इनकार नहीं कर सकता कि किसी भी कार्यक्रम की सफलता या असफलता में उसके संगतिकारों की अत्यन्त महत्त्वपूर्ण भूमिका होती है। कई बार योग्य संगतिकारों के अभाव में शीर्षस्थ कलाकार भी अपना अपेक्षित प्रभाव नहीं छोड़ पाते, तो कई बार कुशल और अनुभवी संगतिकारों के कारण मध्यम स्तर के कलाकार भी स्तरीय और यादगार कार्यक्रम प्रस्तुत कर जाते हैं। इसलिए, लगभग सभी श्रेष्ठ कलाकारों की संगतिकारों के विषय में अपनी विशेष पसन्द होती है।

संगति के प्रकार–विद्वान संगीतज्ञों ने भिन्न-भिन्न स्थितियों में संगति करने के लिए भिन्न-भिन्न विधियों का निरूपण किया है। संगति के मुख्यतः 2 प्रकार हैं।

अनुसंगति–इसके अन्तर्गत जब कोई कलाकार अपनी रचना प्रस्तुत करता है। तब तबला वादक सीधा ठेका बजाता रहता है, और प्रमुख कलाकार की रचना समाप्त होने पर वह अपनी रचना प्रस्तुत करता है। चूँकि इसमें ताबलिक मुख्य कलाकार का अनुसरण करता हुआ अपनी रचना प्रस्तुत करता है, अतः इसे अनुसंगति कहते हैं। इसमें ताबलिक को मुख्य कलाकार द्वारा प्रयुक्त किए गए लयों, तिहाइयों आदि का ध्यान रखना पड़ता है, क्योंकि उसी के समानान्तर उसे अपनी रचना प्रस्तुत करनी होती है।

ख्याल गायन एवं तन्त्र तथा सुषिर वाद्यों की संगति में संगति के इस प्रकार का मुख्य रूप से प्रयोग होता है। संगति की यह विधि अपेक्षाकृत कुछ सरल भी है, और सुविधाजनक भी। इसमें चूँकि प्रमुख कलाकार द्वारा रचना प्रस्तुत किए जाते समय, तबला वादक द्वारा और ताबलिक द्वारा रचना प्रस्तुत किए जाते समय मुख्य कलाकार द्वारा लय की बागडोर थामी जाती है, अतः लय से भटकने का खतरा नहीं रहता। इसे सवाल-जबाव की संगति भी कहते हैं।

सह संगति–इसे साथ संगति और लड़न्त की संगति भी कहा जाता है। इसमें तबला वादक और मुख्य कलाकार प्रतिद्वन्द्वात्मक रूप से अपनी-अपनी कला-कौशल का साथ-साथ परिचय देते हैं। लय के चमत्कारिक पक्षों, ग्रह के अतीत-अनागत प्रकार और बुद्धि चातुर्य तथा एक-दूसरे को भ्रम में डालने वाली प्रक्रियाओं का इस प्रकार की संगति में खुलकर प्रयोग होता है। ध्रुवपद, धमार की गायकी के उपज अंग में, सितार, सरोद, संतूर और बाँसुरी आदि स्वर वाद्यों के द्रुतलय की बन्दिशों में एवं कत्थक नृत्य आदि के साथ इस प्रकार की संगति का प्रयोग होता है। साधारण श्रोता भी इस प्रकार के चमत्कार प्रदर्शन वाली संगति का खूब आनन्द लेते हैं।

इसमें ताबलिक को अपनी पूर्वानुमान क्षमता का पूरा प्रयोग करना पड़ता है। इस प्रकार की संगति में प्रत्युत्पन्नमतित्व की विशेष भूमिका होती है। संगति के इस

प्रकार का दुर्बल पक्ष यह है कि इसमें कलाकार प्रायः सम से भटक जाते हैं।

संगति के इन दो प्रकारों के अलावा एक तीसरा प्रकार भी है, जिसकी जानकारी इस लेखक को **तबला शिरोमणि स्व. गामा महाराज जी** से प्राप्त हुई है। इसे **भराव की संगति** कहते हैं। संगीतार्थियों के लिए उसका विवरण प्रस्तुत है।

भराव की संगति—जब प्रमुख कलाकार द्वारा प्रयुक्त कोई रचना समापन के बाद भी एक प्रकार के अधूरेपन का बोध कराए, तब भराव की संगति द्वारा रचना को सम्पूर्णता की ओर संगतिकार द्वारा मोड़ा जाता है। जैसे सितार, सरोद में तीनताल में निबद्ध बहुत सारी गतें 7वीं या 12वीं मात्रा से शुरू होती हैं। कुछ खाली से भी आरम्भ होती हैं। ऐसी गतों में तान, तोड़े बजाकर मुख्य कलाकार जब मुखड़ा पकड़ता है तो श्रोताओं को एक प्रकार के अधूरेपन का आभास होता है, क्योंकि वह सम का अभ्यस्त होता है। अतः मुख्य कलाकार द्वारा मुखड़ा पकड़े जाने के साथ ही वहीं से अगर तबला वादक कोई छोटी-सी तिहाई युक्त मुखड़ा लेकर सम पर पहुँचे तो अधूरेपन का अहसास खत्म हो जाएगा, और वह रचना सम्पूर्ण प्रतीत होने लगेगी। भराव की संगति का यह एक छोटा-सा उदाहरण है।

वस्तुतः संगति के नियमों को दायरे में नहीं बाँधा जा सकता। इसे कलाकार को अपनी सूझ-बूझ के आधार पर अवसर की अनुकूलता देखते हुए अपनी क्षमता द्वारा करना पड़ता है। इसमें एक विशेष बात का ध्यान रखना चाहिए कि संगति रस निष्पत्ति में बाधक न हो। और संगतिकार मुख्य कलाकार को लगातार रचनात्मक सहयोग देता रहे। मुख्य कलाकार की रचना प्रवृत्ति, उसके रस-भाव के अनुसार ही ताबलिक को अपनी रचना प्रस्तुत करनी चाहिए। ठुमरी गायन में टुकड़े, परण और ख्याल या ध्रुवपद गायन में लग्गी-लड़ियों का प्रयोग गलत माना जाएगा। इसी प्रकार सितार, संतूर या बाँसुरी की संगति के लिए सरस और मधुर बोलों का वादन करना उचित होता है। किन्तु सरोद की संगति हेतु कुछ खुले हुए बोल भी प्रयुक्त हो सकते हैं। स्वर वाद्यों के कुछ कलाकार स्वरों की गहराई पर अधिक जोर देते हैं तो कुछ लयों के चमत्कारिक प्रयोगों पर। अतः कब, किसके साथ, कैसी संगति करनी है—इसका निर्णय कलाकार को अपनी बुद्धि-कौशल के अनुसार ही करना चाहिए।

संगति स्वतन्त्र वादन से अधिक कठिन है

तबला वादन की आज मुख्यतः दो विधाएँ प्रचार में हैं—स्वतन्त्र वादन और संगति। यद्यपि पिछले कुछ वर्षों में स्वतन्त्र वादन भी लोकप्रिय हुआ है, तथापि इसका प्रयोग

मुख्यतः संगति के लिए ही होता है। और यह संगति की कला स्वतन्त्र वादन की अपेक्षा कठिन और सूझ-बूझ युक्त होती है। कैसे? निम्न पँक्तियों में हम इस पर संक्षिप्त रूप से विचार करेंगे।

चूँकि स्वतन्त्र वादन (Solo) करते समय ताबलिक अपनी इच्छाओं का स्वयं मालिक होता है, अतः ताल, बोल और लय आदि के चयन के मामले में वह पूरी तरह स्वतन्त्र होता है, लेकिन संगति में ऐसा नहीं होता। यहाँ ताबलिक की स्थिति अनुगामी वाली होती है। उसे दूसरों की इच्छाओं पर निर्भर रहकर भी अपनी योग्यताओं और क्षमताओं का परिचय देना होता है। और इसीलिए कठिनाइयाँ बढ़ जाती हैं।

संगति की प्रथा जब आविष्कृत हुई थी, तब उसका उद्देश्य सामूहिक रूप से हो रहे गायन और नृत्य में कलाकारों को लय से परिचित कराना मात्र होता था। इसलिए प्राचीन अवनद्य वाद्यों में सर्वप्रथम भूदुंदुभी का उल्लेख मिलता है। जमीन में गड्ढा खोदकर, उस पर किसी मृत जानवर का खाल मँढ़कर बैल या भैंस की पूँछ से उस पर प्रहार करके निश्चित अन्तराल पर एक ध्वनि उत्पन्न की जाती थी, जिसे आधार मानकर सामूहिक गायन एवं नर्त्तन के कार्यक्रम सम्पन्न होते थे। बाद में जैसे-जैसे सांगीतिक कलाओं का विकास होता गया, संगति का क्षेत्र भी विस्तृत और विकसित होता गया। और, अब निश्चित रूप से संगतिकार की भूमिका केवल लय और ताल प्रदर्शित करने तक सीमित न रहकर कला के कलात्मक विकास में सहायक होने तक हो गयी है। मुख्य कलाकार जिन भावों और रसों की निष्पत्ति अपने गायन, वादन और नर्त्तन द्वारा करना चाहता है, संगतिकार उसमें उसकी भरपूर सहायता करता है। और इस तरह उत्तम कोटि के संगतिकार कला रूपी स्वर्ण में सुगन्ध भर देते हैं।

निन्न पँक्तियों में संगतिकारों को पेश आने वाली कठिनाइयों पर संक्षिप्त रूप से प्रकाश डाला जाएगा।

जैसा कि पूर्व में लिखा जा चुका है कि संगतिकार का प्रधान उद्देश्य लय और ताल प्रदर्शित करते हुए मुख्य कलाकार को ताल की स्थिति से परिचित कराना होता है, अतः सर्वप्रथम तबला वादक को भिन्न-भिन्न लयों में सफलतापूर्वक वादन करने की क्षमता अर्जित करनी पड़ती है। क्योंकि उसे कभी किसी ख्याल गायक की संगति करनी पड़ेगी, कभी किसी सितार वादक की तो कभी किसी नर्त्तक की। इन तीनों विधाओं के साथ अलग-अलग लयों में भिन्न-भिन्न प्रकार के बोलों का वादन संगतिकार को करना पड़ता है, अतः अलग-अलग लयों पर उसका पूर्ण अधिकार होना चाहिए। कभी-कभी देखा जाता है कि विलम्बित लय में ठेका बजाते समय ताबलिक की लय बढ़ती रहती है, जबकि तराना गायन एवं सितार, सरोद के द्रुत गतों अथवा झाले की संगति करते समय लय घटने लगती हैं। ये दोनों ही स्थितियाँ किसी भी तबला वादक को श्रेष्ठ संगतिकार बनने के रूप में बहुत बड़ी रुकावट हैं। अतः निरन्तर अभ्यास के द्वारा इस कमी को दूर करने का प्रयास करना चाहिए तबला वादकों को।

मुक्त तबला वादन में ताबलिक अपने लिए ताल का निर्धारण करने हेतु पूरी तरह स्वतन्त्र होता है। लेकिन, संगति में कभी मंच पर आने के ठीक पहले तो कभी मंच पर आने के बाद ज्ञात होता है कि उसे किस ताल में वादन करना है। चूँकि तबला पर केवल ठेका बजाना ही पर्याप्त नहीं होता, उसमें ताबलिक को अपनी रचनाएँ भी प्रस्तुत करनी पड़ती हैं, अतः किसी भी प्रचलित या अप्रचलित ताल में वादन करने हेतु उसे हर क्षण तैयार रहना पड़ता है। अलग-अलग तालों में उनकी अलग-अलग प्रकृति के अनुरूप अलग-अलग प्रकार की रचनाएँ बजती हैं। जैसे झपताल और सूलताल में एक ही प्रकार के बोल नहीं बजेंगे, अतः तालों का सामान्य ज्ञान होना ही पर्याप्त नहीं होता। उसकी प्रकृति, उसमें बजने वाले बोल, अलग-अलग जगहों से तिहाइयाँ लेकर सम पर आने की क्षमता आदि भी योग्य संगतिकार में होनी चाहिए, जबकि स्वतन्त्र वादक अपनी पूर्व निर्धारित बोलों का वादन करने के लिए स्वतन्त्र होता है। उस पर मुख्य कलाकार के अनुसरण जैसा कोई दवाब नहीं होता है।

प्रत्येक कलाकार की व्यक्तिगत रुचि अलग होती है, और वह अपनी रुचि के अनुसार प्रदर्शन करता है। लेकिन, योग्य संगतिकार पानी की तरह होता है, उसे हर किसी के साथ आसानी से घुलना-मिलना पड़ता है। उसे हर कलाकार की, हर विधा की समुचित संगति करनी होती है। तन्त्र एवं सुषिर वाद्यों की संगति में उसे चाँटी और लव की प्रधानता वाले किनार का बाज बजाना होता है, तो सरोद आदि के साथ स्याही के बोलों को। नृत्य अथवा ध्रुवपद आदि की संगति में जोरदार और खुले बोलों, टुकड़ों, परणों और चक्रदारों आदि को पूरी दक्षता के साथ बजाना होता है। अगर वह ऐसा न कर सका तो उसकी योग्यता पर उँगलियाँ उठेंगी। इसलिए योग्य संगतिकार के लिए जरूरी है कि उसके तबले में बहुमुखी बोलों का वादन हो। जबकि, स्वतन्त्र वादन के लिए ऐसी अनिवार्यता नहीं है। इसमें तबला वादक अपनी रुचि के बोलों का ही वादन करने के लिए पूरी तरह स्वतन्त्र होता है।

न केवल संगीत—बल्कि जीवन के प्रत्येक क्षेत्र में सूझ-बूझ प्रत्युत्पन्नमतित्व और विवेकशीलता को विशेष महत्त्व प्राप्त है। संगीत भी इसका अपवाद नहीं है, लेकिन संगतिकार को सूझ-बूझ और त्वरित निर्णय लेने की क्षमता का परिचय कदम-कदम पर देना पड़ता है। क्योंकि इसमें ताबलिक को एकल वादन की तरह पूर्व निर्धारित बोलों तक ही नहीं सीमित रहना पड़ता है। उसे समयानुकूल नाना प्रकार की रचनाओं को प्रस्तुत करना पड़ता है। ख्याल अंग की तानों, तन्त्रकारों की लयकारी युक्त तोड़ों और कठिन तिहाइयों तथा कत्थक नृत्य के बड़े-बड़े महत्त्वपूर्ण बोलों की संगति करना और उनका तुरन्त उत्तर देना आसान नहीं होता। और, उस समय तो बिलकुल भी नहीं जब प्रमुख और सहयोगी कलाकार प्रतिद्वन्द्वी बन जाएँ।

संगतिकारों को अपने साथी कलाकार के मूड को भी समझना पड़ता है। वह कब, क्या और कैसी संगति चाहता है? इसे बिना कहे समझना पड़ता है संगतिकार

को। मुख्य कलाकार किस रचना की प्रस्तुति के समय सीधा ठेका चाहता है, किसके उत्तर की आशा करता है, और किसमें लड़ंत की अपेक्षा होती है उसे इसे समझने की समझ प्रत्येक योग्य संगतिकार को स्वयं में विकसित करनी पड़ती है। और, इस प्रकार हम पाते हैं कि संगति करना स्वतन्त्र वादन से कहीं अधिक कठिन कार्य है।

संगति का क्षेत्र और नियम

संगति के मुख्यतः 3 अंग हैं। गायन, वादन और नृत्य, और इन तीनों के साथ संगति करने की विधियाँ अलग-अलग हैं। यूं तो संगति का क्षेत्र इतना विस्तृत है कि उसे लिखित नियमों के दायरे में नहीं बाँधा जा सकता है, और ठीक समय पर ही विवेक युक्त निर्णय लेना पड़ता है। फिर भी इन पंक्तियों में संगति के कुछ मूल भूत नियमों पर प्रकाश डाला जा रहा है।

इसके लिए सबसे पहले यह निश्चित करना होगा कि तबला वादक को संगीत की किस विधा, किस शैली की संगति करनी है? अगर विलम्बित ख्याल (बड़ा खयाल) की संगति करनी है, तो उसमें ठेके को गम्भीरतापूर्वक गायक द्वारा चाही गयी लय में विलम्बित रूप में बजाना होता है, और अन्तिम एक-दो मात्रा में कोई मुखड़ा बजा देने से सम का स्थान भरा-पूरा प्रतीत होता है। बड़ा ख्याल में तबला वादक को अपनी रचनाएँ प्रस्तुत करने का अवसर प्रायः नहीं मिलता है। इसमें ताबलिक का कला-कौशल विलम्बित लय में ठेके को कायम रखने और उसकी सुरुचिपूर्ण ढंग से भरावट करने में ही दिखलाई पड़ती है। क्योंकि कुछ तबला वादकों की लय घटती-बढ़ती है, अतः वे विलम्बित अथवा अति विलम्बित लय में ठेके को स्थिर नहीं रख पाते हैं, इसलिए अति द्रुत लय की तैयारी के साथ-साथ अति विलम्बित लय में ठेके को स्थिर रखने की क्षमता भी एक सफल तबला वादक और योग्य संगतिकार के लिए बहुत जरूरी है।

इसके बाद जब द्रुत ख्याल आरम्भ होता है, तब ताबलिक को बीच-बीच में अपनी छोटी-छोटी रचनाएँ बजाने का भी अवसर मिलता है। गायक की लयकारी युक्त तानों और तिहाइयों के बाद तबला वादक भी मुखड़े, छोटे-छोटे टुकड़े और तिहाइयाँ बजा सकता है। लय वैचित्रय में रुचि रखने वाले कुछ ख्याल गायक लड़न्त आदि भी करते हैं।

ग़ज़ल या भजन आदि की संगति में एक अन्तरा के समापन के बाद जब गायक स्थायी पर वापस आते हैं तो बढ़ी लय में लग्गी-लड़ी बजाये जाते हैं। ठुमरी में भी जब बढ़ी लय में बोल बनाव होता है, तब तबला वादक को लग्गी-लड़ी का प्रयोग करके अपनी वादन क्षमता दिखाने का अवसर मिलता है। लग्गी-लड़ी के अन्त में एक तिहाई भी बजती है।

गायन की ही विधा ध्रुवपद, धमार है, किन्तु इसमें दूसरे अंग की संगति होती

है। इसमें उपज अंग के साथ सह संगति अर्थात् लड़न्त का चमत्कारिक प्रदर्शन होता है। भिन्न-भिन्न प्रकार की लयकारियाँ, तरह-तरह की तिहाइयाँ और अतीत, अनागत के चमत्कारिक प्रयोग ध्रुवपद, धमार की गायकी को जीवन्त बना देते हैं।

स्वर वाद्यों सितार, सरोद, संतूर अथवा बाँसुरी आदि में अलाप आदि के बाद सर्वप्रथम विलम्बित गत या गीत का वादन किया जाता है। चूँकि इनके विलम्बित गत या गीत की लय गायन के विलम्बित ख्याल से तेज होती है, अतः इसमें ताबलिक को भी बीच-बीच में अपनी रचना बजाने का अवसर मिलता है। द्रुत गत में भी ताबलिक अपने बोल बजाते हैं। चूँकि स्वर वाद्यों की ध्वनि मुलायम, धीमी और कर्णप्रिय होती है, अतः तबला संगतिकारों को इनके साथ बजाने के लिए ऐसे ही बोलों का चुनाव करना पड़ता है। उल्लेखनीय है कि किनार की प्रधानता वाले बोल तिरकिट, धेनगिन आदि से निर्मित रचनाएँ ऐसे वाद्यों की संगति हेतु विशेष उपयोगी सिद्ध होती हैं। खुले अंग के बोल यहाँ अनुपयोगी प्रतीत होते हैं।

कत्थक नृत्य की संगति करने का ढंग कुछ अलग है। इसमें नर्त्तक-नर्त्तकी द्वारा प्रस्तुत की जा रही प्रायः सभी रचनाएँ आमद, तोड़े, परमेलू, परण, लय-बाँट और गत आदि की संगति तबला वादक को करनी पड़ती है। इसके अन्तर्गत की जाने वाली मुख्य-मुख्य रचना को नर्त्तकी, नर्त्तक पहले ताल देकर बोलते हैं, जिसे पढ़न्त करना कहते हैं। तबला वादक को इसी समय रचना की गति, आकार, छन्द और तिहाई आदि समझ लेनी पड़ती है। उसके बाद नृत्य प्रदर्शन के दौरान उस बोल को बजाना होता है। बीच-बीच में नर्त्तक कलाकार की रचनाओं, टुकड़े, परणों, तिहाइयों से मिलती-जुलती अपनी रचनाएँ भी तबला वादक प्रस्तुत करते हैं। लय वैचित्र्य और अतीत, अनागत के द्वारा दर्शकों को चमत्कृत करने की कोशिश भी होती है। नृत्य की संगति के दौरान अनु संगति और सह संगति दोनों का प्रदर्शन होता है। नृत्य के साथ लय बाँट आदि में जहाँ मधुर और कर्णप्रिय बोलों का प्रयोग होता है, वहीं टुकड़े, परणों, चक्रदारों, लमक्षण परणों, नौहक्का आदि की संगति में खुले और जोरदार बोलों का खुलकर प्रयोग होता है।

लेकिन, इन सबके बावजूद तबला वादकों को अपने दिलो-दिमाग की खिड़कियाँ हर समय खुली रखनी पड़ती हैं, क्योंकि अलग-अलग प्रवृत्ति और प्रकृति के कलाकार अलग-अलग ढंग की संगति पसन्द करते हैं। अतः तबला वादक का यह कर्त्तव्य होता है कि वह प्रमुख कलाकार की इच्छाओं और भावनाओं का ध्यान रखते हुए प्रमुख कलाकार को पूर्ण सन्तुष्टी प्रदान करे। इसी में उसकी कला कुशलता और व्यावसायिक सफलता निश्चित है।

संगति एक कला है

भारतीय ही नहीं, समस्त विश्व के संगीत में संगति का विशेष महत्त्व है। संगीत की ही तरह संगति के भी विशेष नियम हैं। संगति की सबसे बड़ी उपलब्धि है एक ही मंच पर एक साथ मिलकर कई कलाकारों द्वारा किसी विशेष भाव और रस की निष्पत्ति। परन्तु कई बार यह दो कलाकारों की होड़ और प्रतिद्वन्दिता में बदल जाती है। दोनों ही स्वयं को एक-दूसरे से अधिक श्रेष्ठ और क्षमतावान सिद्ध करने में जुट जाते हैं। यह संगीत और संगति दोनों का ही विकृत रूप होता है। निम्न पँक्तियों में संगीत में संगति की निरन्तर विकसित होती विधा पर संक्षिप्त रूप में प्रकाश डाला जा रहा है।

संगीत में संगति की कला बहुत पुरानी है। वैदिक काल में जब सामवेद की ऋचाओं का सस्वर गायन किया जाता था, तब वेद पाठियों के साथ लय दिखाने के लिए ब्राह्मणों का एक विशेष वर्ग भी रहता था, जिन्हे वेद पाठियों के समान ही पारिश्रमिक और सम्मान मिलता था। बाद में प्रबन्ध गायन, विष्णुपद, ध्रुवपद, होरी (धमार) और ख्याल आदि गायन शैलियों का समय-समय पर आविष्कार होता रहा, और साथ ही आविष्कृत होते गए विभिन्न प्रकार के संगति वाद्य, ताल और विधाएँ।

ताल और उसके विभागों का दिग्दर्शन कराने के लिए जिस चीज का सर्वप्रथम उपयोग किया गया वह मानव की अपनी हथेलियाँ थीं। दोनों हथेलियों को संयुक्त कर ताली देने, और उन्हें पृथक कर खाली देने की प्रक्रिया सबसे पहले प्रचार में आई। लेकिन, ताल दिखाने की यह प्रथा सामूहिक रूप से हो रहे गायन, वादन एवं नर्त्तन के लिए जब अनुपयोगी साबित होने लगी, तब वाद्य यन्त्रों के विषय में सोचा गया। फलस्वरूप भूदुंदुभी, आदंबर, पुष्कर, मृदंग, भेरी, पटह, ढोल, नक्कारा एवं तबला जैसे ताल वाद्य आविष्कृत हुए।

इस आधार पर यह कहा जा सकता है कि हथेलियों से ताली, खाली दिखाने की प्रथा वेद पाठियों द्वारा वैदिक ऋचाओं के गायन तक ही सीमित रही। यहाँ यह भी उल्लेखनीय है कि संगति के लिए मात्र ताल वाद्य ही नहीं, स्वर वाद्यों का भी प्रयोग होता रहा है। वीणा का आरम्भ से ही गायन की संगति हेतु प्रयोग होता रहा है। महाभारत कालीन धनुर्धर अर्जुन वीणा पर ही गायन प्रस्तुत करते थे। आज भी दक्षिण भारतीय संगीत में वीणा का महत्त्वपूर्ण संगति वाद्य के रूप में प्रयोग होता है। इसी से प्रेरित होकर सारंगी, इसराज, दिलरुबा और वायलिन जैसे तन्त्र वाद्य

भी संगति के क्षेत्र में उतरे। फिर इन वाद्यों ने एकल वाद्य के रूप में भी अपनी अलग पहचान बनाई। सितार और सरोद आदि एकल वाद्य के रूप में प्रतिष्ठा पाने के बाद संगति कला से जुड़े। संतूर और बाँसुरी जैसे कई वाद्य आज एकल और संगति दोनों ही रूप में लोकप्रिय हैं।

जैसा कि स्वाभाविक और उचित ही है—समय अपना प्रभाव हर चीज पर छोड़ता है। समय के अनुसार हर चीज में परिवर्तन होता है। यही समय की माँग है, और विकास की प्रक्रिया भी। ठहराव किसी भी चीज को जड़ बना देती है, और संगीत कभी भी जड़ नहीं रहा। चेतनता इसकी विशेषता है। इसीलिए समय के साथ संगीत भी हर युग, हर काल में नवीन रूप धारण करता रहा, और उसके साथ-साथ ही बदलती रही संगति की कला भी।

वैदिक काल में वेद पाठियों के साथ ताल देने वाले ब्राह्मणों का काम सिर्फ लय दर्शाना मात्र होता था। लेकिन, चूँकि यह प्रथा सामूहिक रूप से हो रहे गायन, वादन एवं नर्त्तन के लिए उपयोगी नहीं थी, अतः भूदुंदुभी नामक एक वाद्य का आविष्कार किया गया। इसमें जमीन में गड्ढा खोदकर उसे किसी मृत पशु की खाल से आच्छादित कर पशु की पूँछ से उस पर प्रहार किया जाता था। चूँकि इसकी ध्वनि अधिक तेज होती थी, अतः सामूहिक रूप से हो रहे सांगीतिक उत्सवों के लिए यह विशेष उपयोगी साबित हुआ। किन्तु उद्देश्य इसका भी मात्र लय दिखाना ही था। भारत सहित विश्व के अनेक आदिवासियों और कबीलों में आज भी ताल वाद्यों पर आघात करके मात्र लय दिखाने की ही प्रथा है। क्योंकि संगति की विकसित तकनीक से वे अब भी पूर्ण परिचित नहीं हैं। पाश्चात्य देशों में भी यही प्रथा है, वहाँ ताल नहीं छन्द होते हैं, और ताल वाद्यों द्वारा उन्हीं छन्दों, लय प्रकारों को दर्शाया जाता है। जैसे 2-2, 4-4, 3-3 आदि।

किन्तु भारत में, भारतीय संगीत में संगति की कला अत्यन्त समृद्ध है। और इसका श्रेय पुष्कर नामक वाद्य को है। न केवल अवनद्य वाद्यों बल्कि समस्त ताल वाद्यों के इतिहास में पुष्कर का उल्लेख प्रथम समृद्ध संगति वाद्य के रूप में हुआ है, इसकी उत्पत्ति का आधार ही भिन्न-भिन्न कर्ण प्रिय ध्वनियाँ रही हैं। पुष्कर के साथ ही वाद्य सम्बन्धी कई प्रयोग सर्वथा पहली बार हुए। इसमें सर्वप्रथम गट्टा लगाकर यह व्यवस्था की गयी कि इसके स्वर को आवश्यकतानुसार ऊँचा और नीचा किया जा सके। नदी तट की श्यामा मिट्टी लगाकर गूँज को कम और अधिक करने की भी व्यवस्था इसमें थी, और हाथ से वादन करने के कारण इसमें कई तरह के वर्णों का निकास भी सम्भव हो पाया था। आज के लगभग सभी अवनद्य वाद्य पुष्कर से प्रेरित, प्रभावित हैं। यह अलग बात है कि पुष्कर आज स्वयं पुरातत्व विभाग का विषय बन चुका है। पुष्कर के 3 भाग होते थे, इसलिए इसे त्रिपुष्कर या पुष्करत्रयी भी कहते थे। इसके 2 भाग सव्यक् और वामक् आधुनिक तबले के बड़े रूप थे, और तीसरा भाग पखावज की तरह बेलनाकार होता था, जिसे आंकिक कहते थे,

क्योंकि इसे गोद में रखकर बजाते थे। चूँकि पुष्कर मिट्टी से बनता था, अतः इसे मृदंग (मृत-अंग) भी कहते थे। क्योंकि मिट्टी का ही एक नाम मृत्तिका भी है।

पुष्कर के आविष्कृत होने के साथ ही गायन, वादन के साथ सिर्फ लय दिखाने की प्रथा खत्म होने लगी और प्रयास होने लगा कि गायकों, वादकों और नर्त्तकों के साथ-साथ संगतिकार भी अपनी प्रतिभा और क्षमता का परिचय दें। और, इसके साथ ही बदल गया संगति का उद्देश्य भी। पहले के संगतिकार मात्र लय या ताल प्रदर्शित करते थे, जबकि बाद के संगतिकारों ने अपनी कला प्रतिभा से अपने साथी कलाकार के काम में चार चाँद लगाने की जानदार कोशिशें कीं। और, कोशिश की कि वह जिन भावों और रसों की निष्पत्ति करना चाहता है। श्रोताओं, दर्शकों को जिस भाव भूमि पर ले जाना चाहता है। उसमें पूरी तरह सहायक सिद्ध हों।

यही कारण है कि संगीत की अलग-अलग विद्याओं और शैलियों की संगति के लिए अलग-अलग वाद्य बनें। ध्रुवपद, धमार की गायकी या वीणा आदि वाद्यों के साथ पखावज बजता है, तो ख्याल, ठुमरी, तराना आदि गायन शैलियों और सितार, सरोद, संतूर, तथा वायलिन आदि के साथ तबला। बाँसुरी के साथ तबला बजता है, तो शहनाई के साथ नक्कारा का छोटा रूप दुक्कड़। भरत नाट्यम् नृत्य की संगति मृदंगम् पर होती है, तो कत्थक नृत्य की तबला और पखावज पर।

इतना ही नहीं, संगति बिलकुल सही और सटीक हो...इसलिए समान मात्राओं के अलग-अलग तालों की रचनाएँ की गयीं। जैसे 16 मात्रे के लिए तिलवाड़ा, अद्धा और जत जैसे ताल हैं, तो 14 मात्रा के लिए धमार, आड़ा चौताल, झूमरा और दीपचंदी आदि। 7 मात्राओं के लिए रूपक, तीवरा और पश्तो हैं तो 15 मात्राओं के लिए चित्र, यतिशेखर, गजझंपा और पंचम सवारी आदि। समान मात्राओं के अनेकानेक ताल भारतीय संगीत में प्रचलित होने के ठोस कारण हैं। 16 मात्रे में निबद्ध विलम्बित ख्याल की संगति धीर गम्भीर ताल तिलवाड़ा द्वारा होती है, जबकि मध्य और द्रुत ख्याल के साथ तीनताल बजता है। 16 मात्रे की ठुमरी के लिए जत ताल है, और 16 मात्रे में निबद्ध चंचल प्रकृति की श्रृंगारिक रचना के लिए अद्धा (पंजाबी) ताल है। 7 मात्रे में अगर कोई 'आज फिर तुम याद आए' जैसी श्रृंगारिक रचना गाता है, तो उसकी संगति रूपक द्वारा होती है। लेकिन, 7 मात्रे में ही अगर कोई 'बादर गरज नभ घोर' जैसी रचना का गायन करे तो उसकी संगति तीवरा ताल द्वारा होगी। 14 मात्रे में होरी (धमार) गायन की संगति धमार ताल द्वारा होती है, जबकि 14 मात्रे में ही होली का ललित अंग जब ठुमरी शैली में प्रस्तुत किया जाता है तो उसकी संगति दीपचंदी ताल द्वारा होती है। 14 मात्रे के बड़ा ख्याल के साथ झूमरा ताल बजता है, जबकि 14 मात्रे के मध्य लय ख्याल के साथ आड़ा चौताल। ये हैं समान मात्राओं के अनेक तालों की रचना के कारण।

उत्तर भारतीय संगीत में संगति की मुख्यतः दो विधियाँ प्रचार में हैं—सह

संगति–जिसे साथ संगत और लड़न्त भी कहते हैं, तो दूसरी विधि अनु संगति की है। इस संगति में कलाकार और संगतिकार साथ-साथ लड़न्त करते हुए चलते हैं। जिसे हम ध्रुवपद, धमार की गायकी के समय देख सकते हैं। नृत्य की संगति में भी सह संगति की प्रथा है। कर्णाटकीय संगीत में भी संगति की यह विधि प्रचलित हैं। अनु संगति में मुख्य कलाकार और सहयोगी कलाकार बारी-बारी से अपनी-अपनी रचना प्रस्तुत करते हैं।

संगीत में संगति की कला जब विकसित रूप में सामने आई तो संगतिकार को भी अपनी कला की श्रेष्ठता सिद्ध करने का अवसर मिलने लगा, तभी से इसमें होड़ की प्रथा शुरू हो गई, और शुरू हो गई लड़ाई अस्तित्व की। दोनों स्वयं को दूसरे से अधिक श्रेष्ठ सिद्ध करने में जुट गए। तब संगीत मनीषियों को इस विषय में सोचना पड़ा कि संगति कैसी हो? कैसे हो?

भारतीय शास्त्रीय संगीत की मुख्य रूप से दो धाराएँ हैं–हिन्दुस्तानी (उत्तर भारतीय) और कर्णाटकीय (दक्षिण भारतीय)। दक्षिण भारत में जहाँ साथ संगति की प्रथा प्रचलित है। वहीं उत्तर भारत में दोनों प्रथाएँ होते हुए भी अनु संगति अधिक प्रचार में है। लेकिन, दक्षिण भारत में संगति की शैली अधिक विकसित और परिष्कृत है। उत्तर भारत की तरह वहाँ संगतिकारों को उँगलियों पर नचाने का रिवाज़ नहीं है। वहाँ संगतिकार मुख्य कलाकार के रहमों-करम पर नहीं आश्रित होते। वहाँ प्रत्येक कार्यक्रम में ऐसे क्षण अवश्य आते हैं, जब संगतिकारों को स्वतन्त्र रूप से अपनी कला प्रदर्शित करने का अवसर दिया जाता है। जबकि उत्तर भारत में यह नहीं के बराबर है। कोई-कोई अत्यन्त उदार कलाकार ही अपने सहयोगियों को पूरा अवसर देता है।

अगर उत्तर भारतीय संगीत को प्रतिद्वन्द्विता और होड़ की लड़ाई से बचाकर अपनी कलात्मकता की रक्षा करनी है, तो इसे संगतिकारों को अनुगामी समझने की प्रवृत्ति छोड़नी पड़ेगी, और संगतिकारों को भी खुद को 'सुपर' सिद्ध करने का प्रयास त्यागना होगा। दोनों को साथ मिलकर अपना अहम त्यागकर संगीत को पूर्ण बनाने की दिशा में सोचना होगा, तभी भारतीय संगीत अपनी समृद्धि का परिचय देने में सक्षम साबित होगा।

तबला वादक के गुण-अवगुण

तबला आज का सर्वाधिक लोकप्रिय और महत्त्वपूर्ण ताल वाद्य है। शास्त्रीय, उप शास्त्रीय, सुगम, लोक एवं फिल्म संगीत में इसकी लोकप्रियता और प्रयोग शेष ताल

वाद्यों से कहीं अधिक है। इतना ही नहीं, स्वतन्त्र वाद्य के रूप में भी तबला लोक-प्रियता की ऊँचाइयों को स्पर्श कर रहा है। भिन्न-भिन्न विद्यालयों, महाविद्यालयों एवं विश्व विद्यालयों में तबला शिक्षण की व्यवस्था की गई है। बैचलर ऑफ तबला, मास्टर ऑफ तबला एवं डॉक्टर ऑफ तबला की शैक्षणिक उपाधियाँ मिल रही हैं तो दूसरी ओर अकादमिक सम्मान और पद्मश्री तथा पद्मभूषण पद्मविभूषण जैसे अलंकरण भी।

शिक्षा के प्रचार-प्रसार, तबला की लोकप्रियता एवं तबला कलाकारों की उत्कृष्टता के कारण तबला संगतिकार को दूसरे दर्जे का कलाकार मानने की परिपाटी भी अब लगभग खत्म होने लगी है। और, तबला वादक को भी मुख्य कलाकार की ही तरह सम्मान और पारिश्रमिक मिलने लगा है। संगति के साथ-साथ एकल तबला वादन के भी कैसेट और डिस्क संगीत के बाजार में धड़ल्ले से बिक रहे हैं। यही कारण है कि संगीत प्रेमियों का एक बहुत बड़ा वर्ग अब उस तबला वादन की ओर आकृष्ट हो रहा है, जिसे कुछ वर्षों पूर्व तक प्रायः उपेक्षा की दृष्टि से देखा जाता था। इतना ही नहीं, युवतियों की भी एक बहुत बड़ी संख्या तबला वादन के क्षेत्र में प्रवेश कर रही है। यह सुखद संकेत है, क्योंकि अब तक तबला को मात्र पुरुषों का वाद्य माना जाता था।

आज जब तबला को इतना महत्त्व मिलने लगा है, तो यह भी आवश्यक हो गया है कि इसे सीखते समय इसके हर पहलू पर ध्यान दिया जाए...इसका कोई भी पक्ष अस्पर्शित न रहे, क्योंकि एक भी पक्ष छूटने का अर्थ है वादक में सम्पूर्णता का अभाव। और, आज व्यावसायिक सफलता हासिल करने के लिए यह अनिवार्य हो गया है कि तबला वादक चतुर्मुखी, बहुमुखी हो।

निम्न पँक्तियों में उन महत्त्वपूर्ण बिन्दुओं पर संक्षिप्त रूप से प्रकाश डाला जा रहा है, जो किसी भी तबला वादक की सफलता के लिए आवश्यक है--

हाथों का सही रखाव : बोलों का सही निकास

एक सफल तबला वादक के लिए सबसे पहली शर्त यह है कि उसके हाथों का रखाव सही हो, बोलों का निकास शुद्ध हो। अगर हाथों का रखाव ही गलत होगा तो बोलों का निकास भी अशुद्ध होगा...बोलों में स्पष्टता नहीं होगी...और एक निश्चित सीमा के बाद वह अपने वादन की गति भी नहीं बढ़ा पाएगा। और, इन सबका संयुक्त प्रभाव यह होगा कि वह सफल नहीं हो पाएगा, क्योंकि उसके तबले में प्रभावोत्पादकता नहीं होगी। अतः सफल तबला वादक बनने के लिए यह परम आवश्यक है कि तबला सीखने के प्रथम चरण में ही अच्छे गुरु की खोज करके, उसकी पूरी निगरानी में एक-एक उँगली का स्थान और बोलों का पूरी तरह ध्यान रखते हुए वादन किया जाए। अलग-अलग बोलों के वादन के समय अलग-अलग वर्णों के निकास की प्रक्रिया बदल जाती है, और इसका ज्ञान, योग्य गुरु से ही प्राप्त किया जा सकता है। उदाहरण

के लिए तूना और नगीन को लिया जा सकता है। तूना का ना और नगीन के दोनों न—इन तीनों को तीन प्रकार से बजाया जाएगा। इसी प्रकार धा धीं धींधा का धीं और धा धीं ना ड़ा का धीं अलग-अलग ढंग से बजेगा।

तबले पर हाथों का सही रखाव न होना और बोलों का अशुद्ध निकास होने की अवस्था में किसी भी कलाकार की सफलता संदिग्ध है, क्योंकि यह किसी भी तबला वादक का सबसे बड़ा अवगुण माना जाता है।

ज्ञान

ज्ञान की महत्ता से भला कौन अपरिचित है? एक तबला वादक के लिए तो यह और भी जरूरी है। चूँकि उसे हर विधा, शैली की संगति करनी होती है, अतः उसके पास हर प्रकार के बोलों का समृद्ध भण्डार भी होना चाहिए। संगीत की अलग-अलग विधाओं के साथ अलग-अलग प्रकार के बोल बजते हैं। कहीं खुले और जोरदार अंग के बोलों का प्रयोग होता है, तो कहीं चाँटी की प्रधानता वाले मुलायम बोलों का। नृत्य की संगति में लम्बे-लम्बे टुकड़े, परणों का प्रयोग होता है, तो ठुमरी गायन आदि की संगति में लग्गी-लड़ी का। इसलिए एक सफल तबला वादक के लिए यह बहुत जरूरी है कि वह भिन्न-भिन्न प्रकार के बोलों के वादन की पूर्ण क्षमता रखे।

संगति का अर्थ केवल ठेका देना नहीं होता। पूर्णरूपेण संगति उसे कहते हैं, जब अनुकूल बोलों के वादन द्वारा गायन, वादन अथवा नृत्य को और अधिक समृद्ध किया जाए। अनुकूल बोलों एवं सवाल-जबाव द्वारा वादन में आकर्षण एवं रोचकता का रंग भरना काफी आवश्यक होता है। अतः जिस तबला वादक की शिक्षा अधूरी होगी, जिसके पास तरह-तरह के बोलों का भण्डार नहीं होगा, वह सफल तबला वादक भी नहीं हो पाएगा। इसलिए एक सफल तबला वादक के रूप में स्थापित होने के लिए यह जरूरी है कि वह अपने ज्ञानकोष में तरह तरह के बोलों का अनुभव और वादन की क्षमता रखे।

ताल-लयदारी

स्वतन्त्र वाद्य के रूप में पूरी तरह स्थापित होने के बावजूद, आज भी तबला को मूलतः संगति वाद्य के रूप में ही स्वीकारा जाता है। अगर तबला वादन को कैरियर बनाना है, तो मात्र एकल वादन के सहारे नहीं रहा जा सकता, और संगति के क्षेत्र में सफल होने के लिए कलाकार को भिन्न-भिन्न लयों और तालों में वादन करने में सिद्ध हस्त होना पड़ेगा। वैसे तो ताल संगीत का आधार तत्त्व है, और लय की गणना ताल के 10 प्राणों में होती है, अतः इसका महत्त्व एकल वादन में भी कम नहीं है। किन्तु एकल वादन में कलाकार को कम-से-कम लय और ताल चुनने की स्वतन्त्रता तो होती है, जबकि संगति में उसे मुख्य कलाकार द्वारा स्थापित ताल और

लय में ही वादन करना पड़ता है। अतः उसकी सफलता के लिए यह बहुत जरूरी है कि वह अलग-अलग तालों और लयों में वादन करने में पूरी तरह सक्षम हो। ऐसा न होने पर वह विलम्बित और अति विलम्बित लय के ख्याल गायन की संगति में ठेके को स्थिरता नहीं दे सकेगा, तो दूसरी ओर तन्त्र वाद्यों के झाला की संगति के समय उसकी लय घटने लगेगी।

लय का घटना या बढ़ना—दोनों ही स्थितियाँ कलाकार के लिए दोषपूर्ण होती हैं, जो वादक अलग-अलग तालों और लयों में कुशल वादन की क्षमता नहीं रखता, वह कभी भी सफल नहीं हो पाएगा। अपनी संगति हेतु उसे लेना कोई भी पसन्द नहीं करेगा।

तैयारी

एक सफल कलाकार के लिए यह बहुत जरूरी है कि वह संगीत के गूढ़तम रहस्यों से अनभिज्ञ श्रोताओं को भी पूरी सन्तुष्टी दे। आज भिन्न-भिन्न व्यावसायिक कम्पनियाँ कार्यक्रम प्रायोजित करती हैं। संगीत को मनोरंजन की दृष्टि से देखने वालों का भी एक बड़ा वर्ग आज संगीत सभागारों की ओर उमड़ने लगा है। और ऐसे में तैयारी (वादन में गतिशीलता) उन्हें आकर्षित करने का अच्छा माध्यम माना जा रहा है। वादन की गहराई देखने वाले कला मर्मज्ञों की संख्या इन सभागारों में बहुत कम होती है, अतः व्यावसायिकता की दौड़ में सफल होने हेतु बड़ी-बड़ी व्यावसायिक कम्पनियों एवं सर्व साधारण जनता जनार्दन का सहयोग भी आज कलाकार की सफलता के लिए बहुत जरूरी हो गया है। अब वह समय नहीं रहा, जब कलाकार आँखें बन्द करके सुर साधना करता था। अब वह श्रोताओं की प्रतिक्रिया तुरन्त जानना चाहता है...अखवारों में अच्छी समीक्षाएँ चाहता है, और चाहता है नियमित कार्यक्रम। यह सब तभी सम्भव है जब कलाकार गुणी लोगों के साथ-साथ साधारण श्रोताओं के दिलों को भी जीत सके।

लेकिन, इसका अर्थ यह कदापि नहीं है कि कलाकार कला की स्तरीयता की उपेक्षा कर दे। अपनी स्तरीयता का पूरा ध्यान रखते हुए भी गतिशीलता, और चमत्कृत करने वाले रोचक तथा मनोरंजक तत्त्वों का समावेश वादन में करना चाहिए। वादन में अच्छी तैयारी न होने पर तबला वादक तन्त्र वाद्यों के झाला एवं कत्थक नृत्य के तूत्कार एवं लड़ी आदि की सफल संगति नहीं कर पाएगा। अतः आज तबला वादन में तैयारी की भी महत्त्वपूर्ण भूमिका हो गई है।

सूझ-बूझ

सूझ-बूझ अर्थात् प्रत्युत्पन्नमतित्व का महत्त्व न केवल संगीत, बल्कि जीवन के हर क्षेत्र में सर्वविदित है। संगीत भी इससे अछूता नहीं है। संगीत एक प्रायोगिक कला है। शास्त्रीयता के समस्त दावों के बावजूद सृजनात्मकता इसकी प्रमुख विशेषता है।

और इसीलिए किसी पुस्तक में दिए गए दिशा-निर्देश के अनुसार ही इस पर पूरी तरह अमल नहीं किया जा सकता। कब, कहाँ, क्या और कैसे करना है? इसका निर्णय प्रायः कलाकार को अपने विवेक के अनुसार लेना पड़ता है, और इसे ही संगीत की भाषा में सूझ-बूझ कहते हैं।

उदाहरण के लिए संगति करते समय तबला वादक को कभी सीधा ठेका बजाना पड़ता है, कभी अपनी रचनाएँ भी बजानी पड़ती हैं, और कभी अनुसंगति तो कभी सह संगति भी करनी पड़ती है। इन सबके लिए सूझ-बूझ की जरूरत हर क्षण महसूस होती है। उसके वगैर यह कार्य असम्भव की हद तक कठिन हो जाता है। अनु संगति में तिहाइयों की लय, उसका आकार, दम आदि की तुरन्त नकल आसान नहीं है, और इस कठिन परीक्षा से हर कलाकार को हर कार्यक्रम में गुजरना पड़ता है। अतः त्वरित निर्णय और अनुकूल रचनाओं की त्वरित प्रस्तुति दक्षता भी कलाकार की योग्यता की अनिवार्य शर्त होती है। इसमें गुणी संगीतज्ञ भी रस लेते हैं, और साधारण श्रोता-दर्शक भी। अतः निरन्तर प्रयास द्वारा कलाकार को अपने अन्दर इस क्षमता का विकास करना चाहिए।

मुख-मुद्रा

आज तबला मात्र श्रव्य ही नहीं, दृश्य कला भी है। अतः केवल वादन ही नहीं वादक में भी प्रभावित करने की क्षमता होनी चाहिए। वादन के समय बहुत अधिक हिलना-डुलना, तरह-तरह की दोषपूर्ण भाव-भंगिमाएँ हवं हास्यास्पद मुख-मुद्रा श्रोताओं पर बहुत बुरा प्रभाव छोड़ती हैं। वादन चाहे कितना भी प्रभावी क्यों न हो, किन्तु अगर वादक की मुद्राएँ दोषपूर्ण होंगी तो वह श्रोताओं पर अपेक्षित प्रभाव नहीं छोड़ पाएगा। अतः कलाकार को यह ध्यान रखना चाहिए कि वादन के समय उसकी मुख-मुद्रा शान्त, सौम्य और प्रसन्न चित्त हो। इसका श्रोताओं पर अच्छा प्रभाव पड़ता है।

तबला वादन और महिलाएँ

'अबला तबला नहीं बजा सकती' संगीत की दुनिया में प्रचलित यह कहावत काफी पुरानी है। आज जबकि हर क्षेत्र में महिलाएँ पुरुषों की बराबरी करके और कहीं-कहीं उनसे आगे निकलकर, अपने ऊपर लगे अबलापन के आरोप को नकार चुकी हैं, तब भी तबला के क्षेत्र में उनके द्वारा अग्रणी भूमिकाएँ न निभाया जाना काफी मायने रखता है, और इसी कारण यह सोच-विचार का एक अहम मुद्दा भी है।

कुछ लोगों के मतानुसार चूँकि तबला पुरुष वाद्य है, इसलिए महिलाएँ इस

क्षेत्र में नहीं आती हैं। लेकिन, लिंग भेद के आधार पर कला विधाओं का विभाजन कभी नहीं हुआ है। यह सोच लेना कि पुरुष वाद्य कह देने मात्र से ही महिलाएँ इसमें आगे नहीं आ रहीं हैं, गलत है। कुचिपुड़ी, भरत नाट्यम् और उड़ीसी नृत्य की एक-से-एक कठिन मुद्राओं का प्रदर्शन और ध्रुवपद, धमार जैसी शैलियों का गायन अगर महिलाएँ कर सकती हैं, तो फिर तबला क्यों नहीं बजा सकती हैं वे? यहाँ यह बता देना भी उचित होगा कि ताल वाद्यों के क्षेत्र में महिलाओं की आरम्भ से ही महत्त्वपूर्ण भूमिका रही है। तबले के आधार वाद्य पुष्करत्रयी और उर्ध्वक बजाते हुए महिला वादकों के कई प्रस्तर शिल्प भाजा गुफा, साँची स्तूप, औरंगाबाद अजंता, पवाया, बासेत (कम्बोडिया) और फांग ले (इंडोचायना) आदि स्थानों पर प्राप्त हुए हैं—जिनका काल ईसा की 2 शताब्दी पूर्व से लेकर ईसा की नवीं शताब्दी तक का है। यहाँ यह उल्लेख कर देना भी उचित होगा कि पुष्कर वादन आज के तबला वादन से कहीं अधिक कठिन और श्रम साध्य था। ध्वनि विस्तारक यन्त्रों के विस्तार के कारण आज का तबला उतना ओजपूर्ण नहीं रह गया है, जितना पुष्कर या उर्ध्वक था। फिर क्या, कारण है इस क्षेत्र में महिलाओं के पिछड़ेपन का?

पुष्कर को नए रंग-रूप में ढालकर जिस समय तबला नामक वाद्य को जन्म दिया गया, वह महिलाओं को सात तालों के अन्दर बन्द करने का युग था। मुगलों की कुदृष्टि से बचने के लिए सांगीतिक अनुष्ठानों और पर्वों में भाग लेना कुलीन परिवारों की कन्याओं ने बन्द कर दिया था। इस युग में संगीत से जुड़ी महिलाओं में कुछेक अपवादों को छोड़ दिया जाए तो मात्र गणिकाओं के ही नाम आते हैं। वैसे भी, इस युग में भारतीय शास्त्रीय संगीत ने करवटें लेना शुरू कर दिया था। देवालयों का संगीत रंग महलों में प्रवेश कर चुका था। चिरस्थायी आत्मिक आनंद का स्थान क्षणिक मनोरंजन और भोग विलास ने ले लिया था। ऐसे में न केवल तबला या संगीत बल्कि हर क्षेत्र से उच्च एवं कुलीन वर्ग की महिलाओं ने स्वयं को अलग कर लिया।

सदियों बाद एक बार फिर समाज ने करवट ली। अंग्रेजों के बढ़ते प्रभुत्व से राजाओं और नवाबों का प्रभुत्व समाप्त हुआ तो कलाकारों के राज्याश्रय भी छिन गए। फलस्वरूप मन्दिरों से महलों में जा पहुँचे संगीतज्ञ फुटपाथ पर आ गए। और तबला तथा सारंगी के कलाकारों को अपना सिर छिपाने तथा पेट पालने हेतु वारांगनाओं के यहाँ शरण लेनी पड़ी। चूँकि ये दोनों ही वाद्य संगीत की शृंगारिक शैलियों की संगति हेतु बने थे। अतः इन्हें और कहीं प्रवेश मिलना मुश्किल था। वारांगनाओं के कोठों से जुड़ने के कारण ही तबला और सारंगी वादकों को लम्बे समय तक हेय दृष्टि से देखा जाता रहा। इसी कारण महिलाओं ने रूढ़ियों को तोड़कर लम्बे समय बाद गायन, तन्त्र वाद्य और नृत्य को तो अपनाया, किन्तु तबला और सारंगी नहीं। वीणा, सितार, सरोद और वायलिन आदि बजाने वाली महिलाओं ने आखिर तबला और सारंगी क्यों नहीं बजाया? स्वयं सारंगी वादकों ने अपने पुत्रों को गायन

सिखाया और खुद भी गाने लगे। क्यों? मात्र सामाजिक प्रतिष्ठा के कारण। तबले के साथ भी लगभग यही स्थिति रही। और, इसीलिए महिलाओं ने इसमें बहुत अधिक रुचि नहीं लीं। ताल ज्ञान हेतु वे तबला सीखती अवश्य हैं...काम चलाऊ बजा भी लेती हैं...लेकिन, इसे मुख्य विषय बनाने को नहीं सोचतीं।

लेकिन, सारंगी की अपेक्षा तबला के साथ कुछ अच्छाइयाँ भी जुड़ी रहीं। सबसे बड़ी बात यह रही कि हारमोनियम और वायलिन ने जिस तरह सारंगी का स्थान ले लिया, उस तरह उत्तर भारत में तबला को चुनौती देने वाले किसी नए वाद्य का आविष्कार नहीं हो पाया। दूसरी बात यह कि तबला मुख्य संगति वाद्य के रूप में शुरू से ही स्थापित रहा, अतः भले ही लोगों ने इसके वादकों को हेय दृष्टि से देखा, किन्तु उन्हें त्यागने या बहिष्कृत करने का साहस नहीं जुटा पाए। क्योंकि उत्तर भारतीय संगीत का प्राण है तबला। संगीत का श्रृंगार है तबला। सांगीतिक प्रस्तुतियों का आधार है तबला। अतः लगभग हर कार्यक्रम में इसकी अनिवार्यता बनी रही।

तबले का बहुत बड़ा सौभाग्य यह भी रहा कि इसके पास समर्पित और निष्ठावान वादक रहे। भूखों रहकर और अपमान सहकर भी तबला बजाने वालों का एक बड़ा वर्ग शुरू से ही रहा। नतीजा यह हुआ कि तबला और ताबलिकों को संगीत समाज ने पहचानना और मानना शुरू कर दिया। धीरे-धीरे लोगों की समझ में यह भी आने लगा कि गणिकाओं के कोठों की सीढ़ियाँ चढ़ जाने से न तो संगीत अपवित्र हो जाता है, और न तो संगीतज्ञ असामाजिक प्राणी। अतः दूसरे व्यवसायों से जुड़े लोगों ने भी इसमें रुचि लेनी शुरू कर दी।

सन् 1947 में देश आजाद हुआ, और एक प्रकार से समाप्त हुआ संगीतज्ञों का वनवास। शिक्षित वर्ग ने इसे अपनाना आरम्भ किया, और आरम्भ हुई इसकी एक नई यात्रा। संगीत अकादमियों सहित अनेकों सांगीतिक, सांस्कृतिक संस्थाओं की स्थापनाएँ हुईं, तार्किक व्याख्याएँ और अनुसन्धान आरम्भ हुए। संगीत प्रशिक्षण केन्द्रों की स्थापनाएँ हुईं। पढ़ाई के विद्यालयों, महाविद्यालयों और विश्वविद्यालयों में भी संगीत को एक विषय के रूप में सम्मिलित किया गया। लेकिन, तबला वादन के क्षेत्र में महिलाएँ फिर भी आगे नहीं आईं। यद्यपि उन्होंने रुचि लेना शुरू कर दिया। आज कार्यक्रमों में हमें कुछ महिला तबला वादिकाएँ दिख जाती हैं। लेकिन, इन महिला तबला वादिकाओं ने भी मंच की अत्यधिक सक्रियता की अपेक्षा शिक्षण संस्थाओं से जुड़ने और पुस्तक आदि के लेखन को अधिक महत्त्व दिया। क्यों? इस विषय में लगभग सबका यही कथन है, कि चूँकि तबला अभी तक मूलतः संगति वाद्य के रूप में ही जाना जाता है, अतः महिलाएँ इसे पूरी तरह अपनाने में संकोच करती हैं। क्योंकि मुख्य कलाकार को तो ढेरों सुविधाएँ मिलती हैं, जबकि संगतिकार उपेक्षित ही रह जाता है। मुख्य कलाकार को अपना संगतिकार लाने की भी सुविधा होती है। ऐसी स्थिति में महिला तबला वादिका की स्थिति बहुत सम्मानजनक नहीं

रह जाती। यद्यपि बहुत सम्मानजनक स्थिति पुरुष तबलावादकों की भी नहीं होती। अतः जब तक संगतिकारों को समुचित सम्मान मिलना नहीं शुरू हो जाता, महिलाओं का पूरी सक्रियता के साथ तबला वादन के क्षेत्र में आना कठिन ही है।

इनका कहना है कि पुरुष हो या स्त्री—मुख्य कलाकार सदैव ही अपने संगतिकारों का शोषण करता है। संगतिकारों को भी नियमित कार्यक्रम पाते रहने के लिए मुख्य कलाकार से सम्बन्ध सुधारकर रखना पड़ता है। एक कार्यक्रम बजाने के लिए 10 दिन पहले से अभ्यास कराना पड़ता है, इनका कहना है कि इस देश में संगीत प्रतिभाओं का अभाव नहीं है, किन्तु उन्हें समुचित अवसर नहीं मिल पाते। उन्हें ही अवसर और कार्यक्रम मिलते हैं, जिनसे आत्मीय और मधुर सम्बन्ध होते हैं। हमारे पास अच्छे तबला वादकों या तबला वादिकाओं का अभाव नहीं है, अभाव मात्रा सामंजस्य का है। तबला वादकों से लोग अपने अधीनस्थ कर्मचारियों की तरह व्यवहार करते हैं। उनसे अपने पुत्रों और शिष्यों को भी रियाज़ कराते हैं। ऐसे में भला कोई स्वाभिमानी महिला कैसे इस क्षेत्र में कदम रखे? गायिका, सितार वादिका या नर्त्तकी को अपने साथ पिता या पति को ले जाने की छूट होती है, लेकिन महिला संगतिकारों को भला यह सुविधा कहाँ मिलती है? और, अकेले यहाँ, वहाँ हर किसी के साथ जा पाना सम्भव नहीं होता। यही कारण है कि अच्छा तबला बजाने के बावजूद कई महिलाएँ मात्र शिक्षण व्यवसाय से जुड़ी हैं।

इस क्षेत्र में महिलाओं को पूर्ण सफलता न मिलने, और कहीं-न-कहीं पुरुष से कमजोर पड़ने के पीछे एक कारण प्राकृतिक, शारीरिक भी है। महिलाएँ स्वाभाविक तौर पर आगे की ओर झुकी रखती हैं, जबकि कुशल तबला वादन के लिए यह बहुत जरूरी है कि वादक बिलकुल सीधा बैठे। यद्यपि यह कोई कठिन कार्य नहीं है, और आज जबकि महिलाएँ पुलिस में हैं...तरह-तरह के खतरनाक खेलों में भाग ले रही हैं—इसे आसानी से कर सकती हैं। लेकिन, इस ओर कोई ध्यान ही नहीं देता। नतीज़ा यह होता है कि कुछ बोलों का सही वादन महिलाएँ पूरी तरह नहीं कर पाती हैं। वह बाएँ पर गि तो बजा लेती हैं, लेकिन धी में चूक जाती हैं।

इसलिए अगर सुयोग्य गुरु के निर्देशन में महिलाओं द्वारा पालथी मारकर, बिलकुल सीधा बैठकर, इस बात का ध्यान रखते हुए वादन किया जाए कि किस बोल में कलाई से, किसमें कन्धे से, और किसमें सीने और पीठ का संयुक्त बल (जैसे धी) लगाना पड़ेगा, तो महिलाएँ भी इस क्षेत्र में सार्थक भूमिकाएँ निभाती हुई अपनी अस्मिता को रेखांकित कर पाएँगी, और खत्म हो सकेगी महिलाओं को तबला के साथ अबला नाम से जोड़ने की प्रवृति। हर्ष का विषय है कि इस दिशा में कार्य शुरू हो गया है, और इस क्षेत्र में महिलाओं की सक्रिय साझेदारी और असंदिग्ध सफलता अब बहुत दूर नहीं है।

षष्टम् अध्याय धैवत्

निबंधावली

- संगीत भावनाओं की अभिव्यक्ति का सशक्त माध्यम है
- संगीत जीवन-यापन का साधन है
- संगीत और साहित्य
- संगीत और मोक्ष
- संगीत चिकित्सा
- संगीत में इलेक्ट्रॉनिक वाद्यों का प्रयोग
- कलाकार और श्रोता के अन्तर्सम्बन्ध
- संगीत और समाज

संगीत भावनाओं की अभिव्यक्ति का सशक्त माध्यम है

आइए आपको एक कहानी सुनाता हूँ आज। उस समय की कहानी...जब कहानी का आविष्कार नहीं हुआ था। जब कहानी कहने और सुनने की प्रथा नहीं थी। जानते हैं क्यों? इसलिए कि तब न तो भाषा का आविष्कार हुआ था, और न तो लिपि का। जानते हैं, तब इन्सान अपने विचारों और अपनी भावनाओं से दूसरों को कैसे अवगत कराता था? ध्वनि के उतार-चढ़ाव और अपने हाव-भाव से। ध्वनि का उतार-चढ़ाव और आंगिक मुद्राओं का यही प्रदर्शन दरअसल संगीत और नृत्य के आविष्कार का प्रथम चरण था। संगीत के 7 स्वरों की उत्पत्ति अलग-अलग भाव, रस और भावनाओं की अभिव्यक्ति हेतु हुई है। संगीत रत्नाकर में इसका स्पष्ट उल्लेख है–'स री वीरोऽद्‌भुते रौद्रे धो बीभत्से भयानके। कार्यो ग नी तु करुणे हास्य शृंगारयों म पौ।' इसे स्पष्ट करते हुए सिंह भूपाल ने अपनी सुधाकर टीका में लिखा है–'षड्ज (सा) और ऋषभ (रे) स्वर से वीर, अद्‌भुत और रौद्र रस, धैवत (ध) से बीभत्स और भयानक रस, गांधार (ग) तथा निषाद (नि) से करुण रस और मध्यम (म) तथा पंचम (प) से हास्य एवं शृंगार रस की प्रभावोत्पत्ति होती है।

इसीलिए, अलग-अलग स्वर समूहों से निर्मित अलग-अलग राग भिन्न-भिन्न भावनाओं की प्रस्तुति करते हैं। इसी तरह अलग-अलग ध्वनि और मुद्राओं द्वारा भी अलग-अलग भावों को प्रस्तुत किए जाने की परम्परा आदि काल से अब तक अनवरत रही है। दूर संचार माध्यमों एवं आधुनिक मशीनों के आविष्कार के पूर्व नगाड़ों पर अलग-अलग प्रकार की ध्वनियों का वादन कर दूर-दराज के जंगली और कबीलाई इलाकों में आपत्ति, विपत्ति की सूचना देने का काम तब किया जाता था। इसीलिए तो अलग-अलग भावनाओं की अभिव्यक्ति हेतु अलग-अलग तालों की रचना की गई। समान मात्राओं के परस्पर दो-तीन तालों यथा रूपक-तीवरा और पश्तो, झपताल और सूलताल, धमार-झूमरा-दीपंचदी और आड़ा-चौताल अथवा तीनताल-तिलवाड़ा-अद्धा और जत आदि की गति-प्रकृति से यह पूरी तरह स्पष्ट हो जाता है।

संगीत को जो लोग मात्र मनोरंजन से जोड़कर देखते हैं, वे उसी श्रेणी के लोग हैं, जो चश्मे की भूमिका को नाक और कान से जोड़कर देखते हैं। वस्तुतः संगीत में यह गुण प्रचुर मात्रा में है कि वह इन्सान की भावनाओं, मनोदशाओं को

परिवर्तित कर सके। अनुभूतियों के उस धरातल पर सहज ही श्रोताओं को ला सके, जिस पर लाना चाहते हैं। दुःखी इन्सान को शृंगारिक राग सुनाकर या आह्लादित व्यक्ति को करुण रागिनियाँ सुनाकर उसकी मानसिक दशा में सहज ही अपेक्षित परिवर्तन किया जा सकता है। इस तथ्य को लोगों ने जब से समझा तभी से संगीत चिकित्सा प्रणाली विकसित हुई। जिन भावनाओं के प्रबल आघात के कारण इन्सान की मानसिक दशा असन्तुलित होती है, और वह रोगों का शिकार होता है। उस मानसिक स्थिति को पहचान कर उसके विपरीत प्रभाव वाले राग-रागिनियों को उस व्यक्ति को सुनाकर उसकी स्थिति में सुधार किया जाता है। यही सिद्धान्त है संगीत चिकित्सा का। दिनभर खेतों-खलिहानों में कमर तोड़ मेहनत करने के बाद रात में चौपाल में बैठकर ढोलक की थाप पर जब अपने कृषक भाई उल्लास के तरानें छेड़ते हैं, तो उनकी दिनभर की सारी थकान काफूर हो जाती है, और वे थकान रहित होकर निद्रा निमग्न होते हैं।

इसलिए जो लोग संगीत को व्यर्थ समझकर अपने बच्चों की रुचि को इस ओर से दूसरी ओर जबरन मोड़ना चाहते हैं, वे उनसे वह एक मात्र साधन छीनना चाहते हैं, जिसके द्वारा वे अपनी मानसिक उद्विग्नता को शान्त कर सकते हैं। पाश्चात्य देशों में कई लोगों को बगैर बेहोश किए, या शरीर का अंग विशेष सुन्न किए बिना उनका सफल ऑपरेशन करने में सफलता प्राप्त की गई है। सिर्फ हेडफोन द्वारा उसे संगीत सुनाकर। है न यह आश्चर्य की बात! लेकिन, जो लोग सांगीतिक क्षमताओं से परिचित हैं, वे इसे बिलकुल सामान्य रूप में लेते हैं। इतना ही नहीं, संगीत सुनाकर खेतों की फसल, वृक्षों के फल देने की क्षमता का भी काफी विकास किया गया है। नियमित संगीत सुनने वाले जानवरों में दूध देने की क्षमता बढ़ जाती है।

संगीत का आविष्कार मनोवैज्ञानिक आधार पर शनैः शनैः हुआ है। बदलते समय, बलदती मान्यताओं और बदलती जन रुचियों के प्रभाव भी संगीत पर निरन्तर पड़ते रहे हैं। यही कारण है कि संगीत हमारी प्राचीनतम् सांस्कृतिक कला होते हुए भी चिर नूतन लगती है। इसका रूप लावण्य, इसका यौवन कभी ढलता नहीं। बल्कि बढ़ते समय के साथ बढ़ता ही जाता है।

संगीत और नृत्य वस्तुतः हैं क्या? इनके आविष्कार की प्रेरणा का स्त्रोत क्या है? कभी किसी डरावने दृश्य को देखकर चौंकना और डरना, फिर इसी चौंकने और डरने की क्रिया को, इसी भाव को दूसरों के समक्ष प्रस्तुत करने की क्रिया को नृत्य और अभिनय कहा गया। धूप से तपती धरती पर पानी के वेगवती छोंटों की बौछार देखकर, गर्मी से परेशान व्यक्ति के अधरों पर अठखेलियाँ करने वाली मुस्कान, उस आह्लादित व्यक्ति का उछल-कूद करके अपनी प्रसन्नता व्यक्त करने का ढंग, फिर उस पानी में स्वयं भीगकर एवं दूसरों को भी भिगोकर अपनी प्रसन्नता में दूसरों को भी सम्मिलित करने की क्रियाएँ ही संगीत की जननी हैं। कभी जंगल में भयानक

आग लगने पर, कभी किसी पशु द्वारा किसी परिजन के मारे जाने पर, कभी किसी आत्मीय के असमय निधन पर शोक संतप्त लोगों के हृदय की वेदनाएँ भी संगीत के आविष्कार की प्रेरणा स्त्रोत रही हैं। इसीलिए तो संगीतमय ध्वनि को हृदय की पुकार कहा जाता है।

क्यों-संगीत-नृत्य की बात तो दूर, बोलचाल की भाषा भी न समझने वाला शिशु भी मधुर स्वर में लोरियाँ सुन अपना रुदन भूल जाता है? क्यों गीतों एवं तुक बन्दियों के माध्यम से याद कराई जाने वाली पाठ्य सामग्री बच्चों को जल्द याद हो जाती है? क्यों युद्ध की विभीषिका में भी गायक-गायिकाओं को भेजा जाता है, जान हथेली पर लेकर देश हित में लड़ने वाले रण बाँकुरों के मनोबल को बढ़ाने के लिए? इसलिए...सिर्फ इसलिए कि संगीत का प्रभाव मन और मस्तिष्क दोनों पर समान रूप से होता है। मोटी-मोटी पुस्तकों के माध्यम से भावों का जो संप्रेषण करने में लोग असमर्थ रहते हैं, लच्छेदार भाषणों द्वारा भी जो बात आप दूसरों को समझाने में सक्षम नहीं साबित हो पाते, उसी बात को एक गायक अपनी दो-तीन मिनटों की रचना में इस तरह से दूसरों तक पहुँचाता है कि वह व्यक्ति गायक के मानसिक और भावनात्मक धरातल पर आकर उसे स्वीकार करता है। किसी तेज, फड़कती गीत पर तभी तो लोगों के पैर थिरकने लगते हैं...उनके चाल-ढाल में तेजी आ जाती है...सक्रियता बढ़ जाती है। जबकि, गम में डूबी हुई आवाज को सुनकर पाँवों में बोझिलता आ जाती है...वह सुस्त हो जाता है। ऐसा संगीत की जादू के कारण होता है। दुःखी गीत को सुनकर श्रोताओं की आँखों से आँसू प्रवाहित हो उठना, और नाचते-गाते कलाकारों को देखकर दर्शकों का भी उमंग के तरंग में आकर थिरक उठना। अनहोनी नहीं, बल्कि अत्यन्त सामान्य बात है।

इसलिए, सांगीतिक रुचि व्यर्थ नहीं जाती। यह एक मात्र वह साधन है—जिसके द्वारा आप अपनी थकान, द्वन्द्व, उलझनों एवं पीड़ाओं से न केवल मुक्ति पा सकते हैं, बल्कि उन पर विजय प्राप्त करके आगे भी बढ़ सकते हैं। संगीत सीखने का अर्थ यह कदापि नहीं है कि आप उसे ही व्यवसाय बनाएँ। कैरियर के रूप में आप चाहे जो भी क्षेत्र चुनें, अपनी कोमल एवं सुकुमार भावों की अभिव्यक्ति हेतु संगीत ही चुनें।

सुन्दर संगीत आत्मा का विकास करता है, और चरित्र का निर्माण। कुछ एक अपवादों को छोड़ दें तो सामान्यतः संगीतज्ञ हिंसक और फरेबी नहीं होते...बेईमान नहीं होते। रूप-गुण के रसिया होने के कारण सौन्दर्य के प्रति एक आसक्ति का भाव जरूर होता है उनमें, किन्तु वे इतने खतरनाक भी नहीं होते। इसलिए जब भी विश्वबन्धुत्व और वसुधैव कुटुम्बकम् की भावना के प्रचार-प्रसार की जरूरत पड़ती है, संगीत का चयन सर्वप्रथम किया जाता है।

दूसरी कलाओं के जब अन्तर्राष्ट्रीय समारोह आदि होते हैं, तब दुभाषिए और

अनुवादक की जरूरत महसूस होती है। किन्तु संगीत की अपनी भाषा है, जो अखिल विश्व में व्याप्त है। जिस तरह चोट लगने पर किसी भारतीय और चीनी के मुख से निकलने वाली कराह में अन्तर नहीं होता, जिस प्रकार अचानक कोई हर्षदायक समाचार सुनकर किसी भारतीय या जापानी के चेहरे पर नाच उठने वाली मुस्कान में कोई भेद नहीं होता...जिस प्रकार किसी आत्मीय के असमय निधन पर किसी भारतीय या अंग्रेज की रुदन में कोई फर्क नहीं होता...जिस प्रकार कोई प्रिय और मूल्यवान वस्तु खो जाने पर किसी भारतीय और अमेरिकन के चेहरे पर छा जाने वाली विषाद की रेखाओं में कोई असमानता नहीं होती, उसी तरह...ठीक उसी तरह...अगर किसी में समझने की सामर्थ्य हो तो वह समझ ले कि देश की भौगोलिक सीमाओं के पार...अलग-अलग देशों के अलग-अलग व्याकरणों में निबद्ध...अलग-अलग भाषाओं में रचित संगीत के स्वरों में कोई अन्तर नहीं होता। संगीत चाहे कहीं का भी हो—उसकी स्वर लहरियाँ सुनकर कोई भी संगीत रसिक सहज ही बता देगा कि गायक उस गीत के द्वारा अपने किन भावों को प्रकट कर रहा है। इसके लिए गीत के शब्दों का अर्थ समझना कतई जरूरी नहीं है। इसलिए, संगीत को व्यर्थ न समझें, यह बड़े काम की चीज है।

संगीत : जीवन-यापन का साधन भी है।

संगीत के लिए एक पुरानी कहावत बहुत प्रचलित है कि यह या तो अमीरों के लिए है या फकीरों के लिए। इस कहावत पर गौर करने पर हम पाते हैं कि यह संगीत के आर्थिक पक्ष को रेखांकित करने का प्रयास करता है। चूँकि अमीरों का आर्थिक आधार सुदृढ़ होता है, अतः वे संगीत का सुख ले सकते हैं। दूसरी ओर, चूँकि फकीरों को धन-सम्पत्ति की लालसा नहीं होती, वे इसके प्रति उदासीन होते हैं, अतः वे भी संगीतानन्द का अनुभव कर सकते हैं। और, इस प्रकार यह कहावत इस गलत धारणा को पुष्ट करता है कि संगीत के द्वारा धनोपार्जन सम्भव नहीं है...यहाँ तक कि इससे अपनी जीविका के साधारण साधन भी नहीं जुटाये जा सकते हैं, और, आश्चर्य यह है कि यह देखने के बावजूद कि सैकड़ों, हजारों वर्षों से अनेक लोग संगीत द्वारा ही अपने लिए धनोपार्जन कर रहे हैं, इस कहावत पर यकीन कर लेते हैं। यह मात्र सामान्य लोगों के ही साथ नहीं है। अनेक पेशेवर संगीतज्ञ, जिनके यहाँ पीढ़ी दर पीढ़ी संगीत विकास की सीढ़ियाँ चढ़ती रही हैं—उनके यहाँ भी आज अपने वंशजों को दूसरी दिशा में मोड़ने का प्रयास जारी है।

जरा संगीत के इतिहास पर गौर करें। प्राचीन काल में जब राजाओं द्वारा ब्राह्मणों के चरण स्पर्श किए जाते थे, और वैदिक ऋचाओं का सस्वर गायन किया जाता था, तब उनके साथ ब्राह्मणों का एक वर्ग होता था, जो ऋचा गायन के समय हाथ से ताली दिया करता था। ब्राह्मणों के इस वर्ग को ऋचा गायक ब्राह्मणों के समान ही पारिश्रमिक और सम्मान मिलता था। इसके बाद जब संगीत मन्दिरों से निकलकर राजाओं, नवाबों के दरबारों में पहुँचा, तब भी संगीतज्ञों को अपने आर्थिक पक्ष की चिन्ता नहीं हुई। क्योंकि आश्रयदाता राजा, नवाब आश्रित कलाकारों को हर प्रकार की सुख-सुविधा देना अपना कर्त्तव्य समझते थे। ऐसे ही एक दरबार में पं. विष्णु दिगम्बर पलुस्कर प्रतिदिन 1 हजार रुपए लेते थे, सिर्फ एक भजन गाने का।

देश की आजादी के बाद ये कलाएँ जन साधारण से जुड़ीं। राज दरबारों का स्थान रंगमंच ने ले लिया। आकाशवाणी, दूरदर्शन और ऑडियो, वीडियो कैसेट्स तथा डिस्क के माध्यम से कलाकारों ने अपनी प्रतिभा का परिचय देना शुरू किया। संगीत और संगीतज्ञों के उत्थान हेतु भारतीय सांस्कृतिक सम्बन्ध परिषद् और संगीत नाटक अकादमी सहित कई अन्य संस्थाओं का गठन हुआ। शिक्षण संस्थाओं में संगीत को स्थान मिला। संगीत की शिक्षा संस्थाएँ स्थापित हुईं। बड़ी-बड़ी उत्पादक और व्यावसायिक कंपनियों ने सांगीतिक कार्यक्रमों का आयोजन शुरू किया। संगीत का व्यावसायिककरण बढ़ा। पहले के कलाकार जहाँ लोगों द्वारा प्रदत्त पुरस्कारों पर आश्रित रहते थे, आधुनिक कलाकारों ने स्वयं अपना पारिश्रमिक तय करना शुरू कर दिया, और उन्हें मुँह माँगी रकम मिलने भी लगी।

आज के कई कलाकार 1 से 2 लाख रुपए प्रति कार्यक्रम पारिश्रमिक लेते हैं। 40-50 हजार तो सामान्य बात है, और 10-15-20 हजार तक तो आम कलाकार माँग लेते हैं। 15-20 दिन या 1 महीने की विदेश यात्रा पर गया कलाकार भी वहाँ से लखपति होकर लौटता है। रुपए के मुकाबले डालर का मूल्य अधिक होने से वहाँ का सामान्य पारिश्रमिक भी यहाँ के लिए काफी होता है। लेकिन, व्यावसायिकता और भौतिकता के इस युग में जब किसी से अकारण एक पैसा भी निकाल पाना कठिन है, तब हजारों-लाखों का पारिश्रमिक पाने हेतु परिश्रम भी करना पड़ता है...समय के साथ कदम मिलाकर चलना भी पड़ता है...दर्शकों और श्रोताओं की इच्छा, अपेक्षाओं का ध्यान भी रखना पड़ता है। संगीत का इतिहास गवाह है कि ऐसा करके रंक से राजा बनने वालों की लम्बी सूची है यहाँ।

उस्ताद विस्मिल्लाह खाँ, पं रविशंकर, पं. गुदई महाराज, उ. अली-अकबर खाँ, उ. विलायत खाँ, पं. गोपीकृष्ण, पं. भीमसेन जोशी और पं. बिरजू महाराज जैसे कई कलाकार जिन्होंने संगीत का नया इतिहास रचा...संगीत के इतिहास में स्वर्णिम अध्याय जोड़ा...उन कलाकारों में शुमार होते हैं, जो संघर्ष काल में भूखे भी रहे हैं। जबकि, आज इनके पास धन-सम्पदा की कोई कमी नहीं है...सुख के सारे साधन इन्हें सहज

उपलब्ध हैं। यह अलग बात है कि ये कई कारणों से उसका प्रदर्शन नहीं करते।

आज के सर्वाधिक लोकप्रिय गायक भीमसेन जोशी जब गाना सीखने के लिए बचपन में घर से भागे थे, तब उन्हें किन-किन कठिनाइयों का सामना करना पड़ा था—जानकर रोंगटे खड़े हो जाते हैं। कई दिनों तक उन्हें खाना मयस्सर नहीं हुआ। बिना टिकट यात्रा के जुर्म में पकड़े भी गए और फिर गाना सुनाकर छूट भी गए। पेट पालने के लिए उन्होंने छोटे-मोटे काम भी किए, लेकिन संगीत साधना के पथ से भटके नहीं। पं. रविशंकर और उ. विलायत खाँ को भी भीषण आर्थिक अभाव झेलना पड़ा था। पं. सामता प्रसाद की माँ पनवाड़ी की दूकान से खड़ी सुपारियाँ लाकर उन्हें काटती थीं, और प्रति सेर उन्हें 4 आने मिला करते थे। सामता प्रसाद ने अपने सांगीतिक जीवन का आरम्भ आर्य समाज की जुलूस में बैलगाड़ी पर बैठकर तबला बजाने से किया, और छा गए संगीत के अन्तर्राष्ट्रीय आकाश पर। लेकिन, इसके लिए संगीत के प्रति एक निष्ठ होना पड़ा था इन्हें।

स्व. गोपीकृष्ण ने पुत्र जन्मोत्सव, मुंडन और विवाह के अवसरों पर नृत्य करके, विलायत खाँ कव्वाली गायन के साथ सितार बजाकर अब्दुल अलीम जाफर ने फिल्मों में जलतरंग और सितार के छोटे-छोटे अंश बजाकर तथा बिसमिल्लाह खाँ ने शादी-व्याह में शहनाई बजाकर सांगीतिक यात्रा शुरू की। लेकिन, यही इनका लक्ष्य नहीं था। इसे इन्होंने सिर्फ आवश्यकताओं की पूर्ति हेतु किया। अपने लक्ष्य से इन लोगों ने अपनी दृष्टि नहीं हटने दी। और, संघर्ष का परिणाम सामने है। आज इनके पास किसी चीज की कमी नहीं है। संगीत के इतिहास में स्वर्णिम और अमिट अक्षरों में लिखे जा चुके हैं, इनके नाम।

प्रख्यात संगीतकार दीनानाथ मंगेशकर का जब निधन हुआ, तो उनकी बड़ी बेटी लता की उम्र बहुत कम थी। साथ ही तीन बहनों उषा, आशा और मीना तथा एक भाई हृदयनाथ सहित विधवा माँ की भी जिम्मेदारी थी। किन्तु लता हार नहीं मानीं। और, आज फिल्म संगीत के विश्व इतिहास में उनका अन्यतम् स्थान है। वह स्वर साम्राज्ञी हैं, और स्वतन्त्र हैं, एक गीत के लिए कोई भी पारिश्रमिक माँगने को।

आज जब बड़ी-बड़ी डिग्री प्राप्त लोगों के लिए भी नौकरी की समस्या सुरसा के मुँह की तरह बढ़ती ही जा रही है। तब संगीत कला में आशा की किरणें दिखाई देती हैं। अगर कलाकार सफल हो गया तब तो उसका जीवन किसी धन कुबेर की तरह व्यतीत होगा ही, लेकिन अगर असफल भी हो गया तब भी भूखों नहीं मरेगा। छोटे-मोटे कार्यक्रमों और ट्यूशनों आदि से वह अपने लिए दाल-रोटी की व्यवस्था कर ही लेगा। इसमें तनिक भी संशय नहीं है। देश के कई भागों में समर्पित संगीत छात्र छोटे-मोटे कार्यक्रमों और ट्यूशनों द्वारा ही अपना खर्च भी चलाते हैं और संगीत भी सीखते हैं।

संगीत कला में प्रवेश करते ही संगीतार्थियों के लिए सम्भावनाओं के अनेक द्वार खुल जाते हैं। शास्त्रीय और सुगम संगीत के मंचीय आयोजन, पार्श्व गायन, संगीत निर्देशन, अध्यापन, लेखन, संगति तथा आकाशवाणी एवं दूरदर्शन के विभिन्न पदों सहित गीत एवं नाट्य प्रभाग में भी अलग-अलग स्तर के लोगों के लिए नौकरियों की अच्छी व्यवस्था है। दूरदर्शन के भिन्न-भिन्न चैनल एवं कई कम्पनियों द्वारा निर्मित तरह-तरह के ऑडियो कैसेट्स द्वारा भी युवा एवं योग्य प्रतिभाओं को काफी प्रोत्साहन मिला है। अनेक शिक्षण संस्थाएँ होनहार एवं मेधावी छात्रों को छात्रवृत्तियाँ भी देती हैं। मानव संसाधन विकास मन्त्रालय एवं दूसरी कई संस्थाएँ भी योग्य संगीतार्थियों को छात्रवृत्ति देकर प्रतिष्ठित गुरुओं से सीखने का मार्ग प्रशस्त करती हैं। संगीत नाटक अकादमी, एवं भारतीय सांस्कृतिक सम्बन्ध परिषद सहित ढेरों ऐसी संस्थाएँ हैं जो संघर्षरत योग्य कलाकारों को मंच प्रदान करती हैं। और, यह सुविधा सिर्फ और सिर्फ संगीत में ही है कि एक क्षेत्र में किसी कारणवश सफल न हो पाने वाला कलाकार भी बड़ी आसानी से दूसरे क्षेत्र में प्रतिष्ठित हो सकता है। इसलिए संगीत से घबड़ाने और दूर भागने की नहीं, निकट जाकर इसे पहचानने, समझने और अपनाने की आवश्यकता है।

संगीत और साहित्य

संगीत और साहित्य दोनों ही मानव जीवन की व्याख्या हैं, केवल अभिव्यक्ति का माध्यम अलग है। संगीत एवं साहित्य के बीच इतना अटूट और घनिष्ट सम्बन्ध है कि अनेक भारतीय एवं पाश्चात्य विद्वानों ने साहित्य की परिभाषा लिखते समय उसकी संगीतात्मकता का उल्लेख विशेष रूप से किया है। संस्कृत साहित्य में संगीत और काव्य को 'सरस्वती के स्तन द्वय' कहा गया है। चूँकि दोनों की अधिष्ठात्री देवी सरस्वती ही हैं, अतः दोनों ही श्रेष्ठता में समान हैं। इसीलिए मिल्टन ने संगीत और साहित्य को सगी बहनें माना है।

संगीत और साहित्य का सम्बन्ध अत्यन्त गहरा है। एक-दूसरे के बिना दोनों ही अधूरे और अपूर्ण हैं। साहित्य में वाक्यों को नियमबद्ध बनाने हेतु, उन्हें लयात्मकता प्रदान करने हेतु छन्द का प्रयोग किया जाता है। चूँकि, काव्य को संगीतमय विचार कहा गया है, इसलिए न केवल भारत अपितु सम्पूर्ण विश्व के प्राचीनतम् साहित्य पद्यमय है। प्राचीन साहित्यकारों ने काव्य के लक्षणों में संगीत को महत्त्वपूर्ण स्थान दिया है। कुंतक के वक्रान्ति सिद्धान्त में साहित्य में संगीतात्मक तत्त्वों को स्वीकार

करते हुए लिखा गया है कि काव्य में किसी-न-किसी रूप में संगीत विद्यमान रहता है। अनुभूति की तीव्रता के कुछ क्षण होते हैं। इन क्षणों को लेखक, कवि शब्दों में बाँध देता है, और इन शब्दों को जब लय और स्वरों के आभूषणों से अलंकृत कर दिया जाता है तो वह किसी को भी सम्मोहित करने में समर्थ हो जाते हैं।

इसे इस प्रकार समझा जा सकता है। साहित्य-संगीत विहीन साहित्य भी कम महत्त्वपूर्ण नहीं होता। आखिर! उसका अपना भी महत्त्व तो कुछ होता ही है। लेकिन, उसे कितने लोग समझ पाते हैं? जिनका उस विषय पर अधिकार होता है, जो उस विषय को जानते हैं वे ही उसे सुनते हैं। भाषा की समस्या भी रहती ही है। एक अनपढ़ अंग्रेजी साहित्य पर भाषण क्यों सुनने लगा? एक उत्तर भारतीय हिन्दी भाषी कन्नड़ या मलयालम या किसी भी अहिन्दी भाषा में भाषण नहीं सुनना चाहेगा। चाहे वह कितना ही सारगर्भित क्यों न हो? क्योंकि वह उसकी समझ में ही नहीं आएगा।

लेकिन, संगीत के साथ ऐसी बात नहीं है। संगीत किसी भी भाषा, प्रान्त या देश का हो, उसमें हमारी चेतना के तारों को झंकृत करने की क्षमता होती है। भले ही उसके गूढ़ार्थ को हम न समझ पाएँ, लेकिन आनन्द तो ले ही सकते हैं। विश्व काव्य या साहित्य सम्मेलन होता है, तो वहाँ अनुवाद का सहारा लेना पड़ता है। लेकिन संगीत कला को ऐसी किसी बैसाखी की जरूरत नहीं पड़ती। बड़े-बड़े हजारों पृष्ठ के महत्त्वपूर्ण ग्रन्थ भी मानव मस्तिष्क और चेतना को उतनी शीघ्रता से नहीं झकझोर सकते, जितनी शीघ्रता से कुछ मिनटों का संगीत। लेकिन, इसी सिक्के का एक दूसरा पहलू भी है। इस संगीत का आधार क्या है? संगीत की भव्य अट्टालिका आखिर किस धरातल पर टिका है? संगीत कहते किसे हैं?

संगीत मकरंद के लेखक ने संगीत की जो परिभाषा दी है, वही आज सर्वमान्य है 'गीतम्, वाद्यम् तथा नृत्यम्, त्रयं संगीत मुच्यते।' अर्थात् गायन, वादन और नर्त्तन इन तीनों के सम्मिलित रूप को संगीत कहा जाता है। संगीत रत्नाकर के लेखक शारंगदेव ने इनकी श्रेष्ठता के आधार पर इन्हें क्रमशः श्रेणी बद्ध करते हुए लिखा—'नृत्यं वाद्यानुगं प्रोक्तं वाद्यं गीतानुवर्त्ति च, अतो गीतं प्रधानत्वादनादावभिधीयते।'

उपरोक्त श्लोक में गायन को सर्वश्रेष्ठ मानते हुए वाद्य को उस पर आश्रित और नृत्य को वाद्याश्रित माना गया है। अब विचारणीय है कि संगीत का प्रधान तत्त्व गायन वस्तुतः है क्या? शब्द और स्वर का संयुक्त (शब्द + स्वर = गायन) रूप ही तो। शब्द से ही तो गीत बनते हैं, जिनका स्वर और लय के सहारे गायन होता है। संगीत शब्द की उत्पत्ति ही गीत शब्द के पूर्व सम् प्रत्यय लगाकर हुई है। जिसका अर्थ है सम्यक् रूप से सुशोभित गीत। अतः इस आधार पर यह मानने में किसी को भी आपत्ति नहीं होनी चाहिए कि संगीत का प्रधान तत्त्व गीत है—गीत जो साहित्य है। अगर संगीत से साहित्य को अलग कर दें तो वह संगीत धूल-धूसरित

पुष्प समान ही होगा। आभूषण चाहे कितना ही सुन्दर क्यों न हो, उस समय उसकी सुन्दरता द्विगुणित हो उठती है, जब उसे कोई रूपसी नवयौवना अपने शरीर पर धारण कर लेती है। तन्त्र एवं सुषिर वाद्य तथा गायन दोनों ही स्वर एवं रागाश्रित होते हैं। लेकिन, गायन के श्रोताओं की संख्या अधिक होती है, क्यों? इसलिए कि उसमें जो शब्द व्यवहृत होते हैं—वे सबकी समझ में आ जाते हैं।

बीच में कुछ समय तक शास्त्रीय संगीत जन समुदाय से कटकर कुछ दूर चला गया था, क्यों? क्यों सुगम संगीत के कार्यक्रमों की टिकटें महीनों पहले बिक जाती हैं, और शास्त्रीय संगीत के कार्यक्रमों में प्रवेश निःशुल्क होने पर भी कुछ गिने-चुने लोग ही आते थे? उत्तर है—साहित्य, बीच में एक समय ऐसा आया था जब शास्त्रीय संगीतज्ञों ने साहित्य को गौण समझकर उसकी उपेक्षा कर दी थी। केवल स्वर और लय के सहारे ही वे संगीत की इमारत खड़ी करते थे। लेकिन, यह बहुत ही कठिन कार्य है। संगीत और साहित्य को अलग-अलग करके आप दोनों ही क्षेत्रों के बुद्धिजीवी और समझदार दिग्गजों को तो प्रभावित कर सकते हैं। लेकिन, जन साधारण को नहीं। किन्तु यह हर्ष का विषय है कि शीघ्र ही दोनों पक्षों ने अपनी स्थिति सुधार ली, और अब पुनः संगीत और साहित्य का मणिकांचन प्रयोग देखने में आ रहा है।

कई ऐसे साहित्यकार भी हुए हैं, जिन्होंने साहित्य को श्रेष्ठ मानते हुए संगीत को गौण समझा। स्व. जयशंकर प्रसाद, स्व. रामचन्द्र शुक्ल, श्री श्याम सुन्दर दास एवं हीगल ऐसे ही विचारकों में से थे। स्व. प्रसाद एवं आचार्य शुक्ल ने साहित्य की श्रेष्ठता को प्रतिपादित करते हुए लिखा है कि प्राचीन काल में कला और साहित्य के बीच विद्या नामक एक सूक्ष्म विभाजन होता था। इसमें काव्य साहित्य विद्या के अन्तर्गत आता था, और संगीत 64 कलाओं के अन्तर्गत-जो उप विद्या की श्रेणी में आता। अतः काव्य को संगीत से श्रेष्ठ माना जाना चाहिए। आचार्य रामचन्द्र शुक्ल ने स्पष्ट लिखा है—'सर्वश्रेष्ठ मानव भावना कोमल भावना है, जिसकी अभिव्यक्ति काव्य ही कर सकता है।' साहित्य के पक्षधर विचारक साहित्य के पक्ष में एक और तर्क भी देते हैं कि साहित्य (काव्य) वाह्य तथा आन्तरिक दोनों ही पक्षों का सफल चित्रण करने में सक्षम है। भावों के साथ-साथ घटनाओं तथा पदार्थों की सजीव अवतारणा इसमें सम्भव है।

दूसरी ओर अनेक संगीतज्ञ संगीत कला को ललित कलाओं में सर्वश्रेष्ठ मानते हैं। उनके अनुसार संगीत की अपनी विशेषता है। उसका विस्तृत प्रभाव क्षेत्र है। साहित्य की सार्थकता उसकी गेयता में है, पर संगीत शब्दों के अधीन नहीं है। विजय लक्ष्मी जैन ने अपनी पुस्तक संगीत दर्शन में लिखा है कि साहित्य का प्रभाव केवल मनुष्य पर पड़ता है सम्पूर्ण प्राणी जगत् पर नहीं। और, जड़ पर पड़ने का तो प्रश्न ही नहीं उठता। जबकि तानसेन तथा बैजू बावरा जैसे संगीतज्ञों ने संगीत की स्वर लहरियों से न केवल मनुष्य, बल्कि पशु-पक्षी, वृक्ष, पाषाण आदि को भी प्रभावित

किया था। गाय, भैंसों द्वारा अधिक दूध दिए जाने, वृक्षों, पौधों की अपेक्षाकृति अधिक बढ़त तथा चिकित्सा जगत् में इसके योगदानों को अनेक भारतीय एवं पाश्चात्य चिकित्सकों तथा वैज्ञानिकों ने स्वीकारा है। साहित्य के साथ भाषा की एक बड़ी समस्या है। जो उसे समझेगा वही उसका आनन्द ले पाएगा। जबकि, संगीत के साथ ऐसी कोई विशेष समस्या नहीं है। अरस्तू ने कहा भी है कि 'संगीत ध्वनियों के आरोह, अवरोह के माध्यम से झंकृत करता है' यह सर्वविदित है कि संगीत का प्रभाव मूर्ख, विद्वान, शिक्षित, अशिक्षित, पशु और मानव सभी पर पड़ता है। संगीत के पक्ष में अपना मत देते हुए प्लेटो ने कहा है कि 'संगीत के माध्यम से आत्मा लय सीख जाती है। संगीत चरित्र बनाता है। उसमें धर्म की प्रवृत्ति आ जाती है। वह कभी अन्याय कर ही नहीं सकता। क्योंकि वह स्वर लहरी में बँधा रहता है।'

काव्य के पक्ष में आचार्य शुक्ल के जो तर्क और विचार हैं, उसके समानान्तर संगीत के पक्ष में प्रीत का विचार उल्लेखनीय है–'भाव जो हम अनुभव करते हैं। संगीत उसे ही ध्वनि द्वारा प्रकट करता है', वाल्टर पैटर ने तो संगीत के पक्ष में यहाँ तक कहा है–'जितनी भी कलाएँ हैं वे सब संगीत की ओर उन्मुख हैं।'

लेकिन, मेरा आशय संगीत और साहित्य में से किसी एक को श्रेष्ठ और दूसरे को गौण साबित करना नहीं है। मैं पहले ही मिल्टन से अपनी सहमति व्यक्त कर चुका हूँ जो संगीत और साहित्य को सगी बहनें मानते हैं। मैं संगीत और साहित्य को उस रूप में देखता हूँ। जिसमें दोनों ही एक-दूसरे की सुन्दरता में अभिवृद्धि करती दिखती हैं। एक-दूसरे को पूर्णता प्रदान करती हैं। मेरा स्पष्ट मानना है कि संगीत हो या साहित्य दोनों ही क्षेत्रों में अनेक महान् कलाकार हुए हैं। लेकिन, समय की धूल ने उनकी यादों को धुंधला कर दिया है। जबकि वे साहित्यकार अमर हैं जिनके साहित्य में गेयता है, जिनके पद गेय हैं। बाल्मीक, सूर, तुलसी, कालिदास, मीरा, हरिदास, नानक, चैतन्य, त्यागराज से लेकर, बंकिम, रवीन्द्र, निराला, महादेवी और पन्त तथा बच्चन तक में इस तथ्य की सच्चाई देखी जा सकती है। रवीन्द्रनाथ टैगोर महान् कवि थे। उनकी काव्य कला में भला किसे संशय हो सकता है? फिर भी निश्चित रूप से आज वह इतने लोकप्रिय न होते, अगर रवीन्द्र संगीत के माध्यम से अपनी कविताओं और गीतों को संगीतात्मकता प्रदान न करते।

हजारों, लाखों की भीड़ में से ऐसे अमर और अविस्मरणीय संगीतज्ञों को एक ओर छाँट लेना इसीलिए सम्भव हो सका है क्योंकि इन्होंने श्रेष्ठ साहित्य पर कार्य किया है। नहीं तो संगीतज्ञ संगीत तक सीमित रहते हैं, और साहित्यकार साहित्य तक। लेकिन, वे अमर हो गए जिन्होंने संगीत और साहित्य को समान महत्त्व देते हुए स्वीकारा। आज हमें ऐसे ही कलाकारों की आवश्यकता है–जिनके दिल और दिमाग की खिड़कियाँ खुली हों, और जो संगीत एवं साहित्य को समान महत्त्व दे सकें। इससे इन दोनों ही कलाओं का उत्थान होगा।

संगीत और मोक्ष

भारत में षड्दर्शनों के समान ही संगीत शास्त्र भी ब्रह्म सम्बन्धी चिन्तन का विषय रहा है। मानव जीवन का चरम लक्ष्य परमात्मा का साक्षात्कार माना गया है, और इस लक्ष्य की प्राप्ति का सर्वोत्तम साधन संगीत है–एक ग्रन्थ के अनुसार–

'ज्ञानं कोटि गुणं ध्यानं, ध्यानं कोटि गुणं स्तोत्रं,
स्तोत्रं कोटि गुणं जप, जपं कोटि गुणं गानम्'।

अर्थात् पूजा से करोड़ गुना श्रेष्ठ ध्यान है, और ध्यान से कोटि गुणा श्रेष्ठ स्तोत्र। स्तोत्र से करोड़ गुना श्रेष्ठ ज़प है, और जप से करोड़ गुना श्रेष्ठ गान। यही कारण है कि भारतीय संगीत में आध्यात्मिक रंगों की प्रचुर मात्रा दिखती है। सामवेद आदि ग्रन्थ इसके प्रमाण हैं। नाट्य शास्त्र, विष्णु धर्मोत्तर पुराण, और संगीत रत्नाकर आदि भी इसी चिन्तन धारा के ग्रन्थ हैं। भरत और शारंगदेव दोनों ही संगीत शास्त्रज्ञों ने सामवेद के स्वरों को ही शुद्ध स्वर माना है। भरत की पद्धति से ही कालान्तर में उत्तर भारतीय तथा दक्षिण भारतीय संगीत पद्धतियों का जन्म हुआ। इस प्रकार पूरे भारत में प्रचलित संगीत पद्धतियों का मूल स्त्रोत सामवेद ही है।

भारत धर्म प्रधान देश है। भारतीय विचारधाराएँ आरम्भ से ही आदर्शों और नैतिक मूल्यों को परिपुष्ट करती रही हैं। इसके कण-कण में शिव, राम, कृष्ण, सरस्वती बुद्ध, महाबीर और नानक के सन्देश व्याप्त हैं। सत्य, अहिंसा, ब्रह्मचर्य, अस्तेय और अपरिग्रह के पंच महाव्रतों को इस महान् देश के निवासी सदियों से आत्मसात् करते आ रहे हैं। आज के इस बर्बर युग में भी पंचशील का नारा देने वाला यही देश है। ऐसी स्थिति में इसकी वाणी, इसका सन्देश और इसका संगीत न केवल मोक्ष मार्ग की ओर प्रेरित करने वाला, बल्कि विश्व कल्याणकारी भी है।

अनेक खोजों से यह प्रमाणित हो चुका है कि विश्व में सर्वप्रथम भारतीय संगीत का ही उदय हुआ। और भारतीय संगीत की जड़ें हिन्दू धर्म, संस्कृति और दर्शन में काफी गहराई तक समाई हुई है। संगीत दर्पण के अनुसार–

'द्रुहिणेत् यदन्विष्टं प्रयुक्तं भरते न च।
महादेवस्य पुरंतस्तन्मार्गस्य विभुकृदम।'

अर्थात् ब्रह्मा जी ने जिस संगीत को शोधकर निकाला, भरत मुनि ने महादेव जी के समक्ष जिसका प्रयोग किया, तथा जो मुक्तिदायक है, वहीं मार्गी (मोक्ष मार्ग की ओर प्रेरित करने वाला) संगीत कहलाता है। इस प्रकार हम देखते हैं कि सृष्टि के रचयिता

ब्रह्मा ने ही मानव जाति के कल्याण हेतु वेद और उसके 4 उप वेदों को शोधकर पंचम वेद के रूप में नाट्यवेद की रचना की। इसके लिए ब्रह्मा ने ऋगवेद से पाठ्य, सामवेद से गायन, यजुर्वेद से अभिनय और अथर्ववेद से रस का चयन किया था।

शिव प्रदोष स्तोत्र के अनुसार त्रिजगत् जननी गौरी को स्वर्ण सिंहासन पर बैठाकर शूल पाणि शंकर ने प्रदोष के समय नृत्य करने की इच्छा प्रकट की। इस अवसर पर समस्त देवतागण उन्हें घेरकर खड़े हो गए और उनकी स्तुति करने लगे। सरस्वती ने वीणा, इन्द्र ने वेणु, ब्रह्मा ने करताल तथा भगवान विष्णु ने मृदंग बजाकर माँ लक्ष्मी के गायन और शिव के नृत्य की संगति की। इस संगीतोत्सव को देखने के लिए गन्धर्व, यक्ष, पतग, उरग, सिद्ध, साध्य, विद्याधर, देवताओं एवं अप्सराएँ आदि सभी उपस्थित थे। एक अन्य ग्रन्थकार के अनुसार भगवान शंकर ने माँ पार्वती की शयन मुद्रा देखकर उनके अंगों, प्रत्यंगों के आधार पर रुद्रवीणा का निर्माण किया। तत्पश्चात् पूर्व, पश्चिम, उत्तर, दक्षिण और आकाशोन्मुख होकर क्रमशः भैरव, हिंडोल, मेघ, दीपक और श्री रागों की उत्पत्ति की। इसके बाद जगत् जननी माँ पार्वती के श्रीमुख से राग कौशिक की उत्पत्ति हुई। ये आदि राग कहलाए। भगवान शंकर के डमरू से ही पाणिनी के 14 सूत्रों का सूत्रपात हुआ। जिससे भारतीय संगीत का प्रादुर्भाव हुआ। ताण्डव और लास्य नृत्य के प्रणेता भी भगवान शंकर और माँ पार्वती मानी जाती हैं। वृतासुर के वध के बाद रौद्र रूप शंकर ने ताण्डव नृत्य किया। बाद में पार्वती ने उन्हें शांत करने के उद्देश्य से लास्य नृत्य किया। इसी समय पृथ्वी में गड्ढा खोदकर, उस पर वृतासुर का खाल मँढ़कर डमरू से प्रेरणा लेकर भगवान गणेश ने एक वाद्य की रचना की, जो मिट्टी से निर्मित होने के कारण मृदंग कहलाया।

विष्णु पुराण के अनुसार 'जिस प्रकार अग्नि के स्पर्श से स्वर्ण आदि धातुओं के मल का नाश हो जाता है, उसी प्रकार भक्तिपूर्वक किया हुआ भगवद् कीर्तन सभी पातकों के नाश का उत्तम साधन है।' विष्णु पुराण में ही लिखा है—'नाहं वसामि बैकुंठे, योगिनां हृदये न च, मद्भक्ता यत्र गायंति, तत्र तिष्ठामि नारदः' अर्थात् हे नारद, मैं न तो स्वर्ग में रहता हूँ और न तो योगियों के हृदय में। मैं तो वहाँ रहता हूँ जहाँ मेरे भक्त मेरा गायन करते हैं। भगवद् गीता में ईश्वर और मोक्ष प्राप्ति का सर्वाधिक सरल उपाय कीर्तन और भक्ति को बताया गया है। गरुण पुराण में आत्म ज्ञान तथा आत्मज्ञान से परम पद पाने के लिए गोविन्द के कीर्तन का निर्देश दिया गया है—

'यदिच्छसि पर ज्ञानं ज्ञानांच्च परम पदम्'
यदायत्नेन महता कुरु गोविन्द कीर्तनम्

यही नहीं—'विलज्जत उद्गायति नृत्यते च मद्भक्तियुक्तो भुवनं पुनाति' अर्थात् लज्जा छोड़कर उच्च स्वरों में गान और नृत्य करने वाला भक्त समस्त लोकों को पवित्र

करता है।

संगीत दर्पण के अनुसार–धर्मार्थकाममोक्षणार्मदमेवैक साधनम्। अर्थात् 'विश्व के 4 पुरुषार्थों धर्म, अर्थ, काम और मोक्ष की प्राप्ति कराने वाला एकमात्र साधन नाद है।' उल्लेखनीय है कि यही नाद संगीत और साहित्य का आधार तत्त्व है। अग्नि पुराण के अनुसार–'जो शंख, भेरी आदि वाद्यों की ध्वनि के साथ देवताओं को पंच गव्य से स्नान कराता है, वह अपने कुल का उद्धार करके स्वयं भी देवलोक को जाता है।' द्वारकामाहार्दक्यम् में लिखा है कि जो प्रसन्नचित्त से श्रद्धा भक्ति सम्पन्न होकर भावों सहित नृत्य करते हैं, वे जन्म-जन्मान्तरों के पापों से मुक्त हो जाते हैं।' नारद संहिता के अनुसार–'हे महामुने! देवताओं के स्वामी भगवान विष्णु सामगान द्वारा जितनी जल्दी प्रसन्न होते हैं, वैसे यज्ञ, दान आदि द्वारा भी नहीं होते।' 'सामगानाद्द्रुत विष्णुः प्रसीदत्यमराधपि, न तथा यज्ञ, दाना हे सत्यमेतन्महामुने। इतना ही नहीं–

'नान्याद्रे गीत प्रियं लोके देवनामपि दृश्यते
शुष्कस्नायुस्वराह्लादातत्यक्षं जग्राह रावणः'

अर्थात् 'लोक में गीत से बढ़कर प्रिय और कोई वस्तु नहीं। गला शुष्क होने पर भी स्वर के आह्लाद द्वारा रावण ने शिवजी को प्रसन्न कर लिया था।'

श्री भंडारकर ने अपनी पुस्तक 'वैष्णविज्म, शैविज्म एण्ड अदर माइनर रीलिजियस सिस्टम्स' में इसे स्वीकार किया है कि कीर्तन की सृष्टि चैतन्य महाप्रभु ने की। कीर्तन करते समय महाप्रभु भगवद् भक्ति में भाव-विभोर होकर मूर्च्छित हो जाया करते थे। अष्टछाप के कवि कीर्तनकार भी थे। जिनमें सूरदास उच्च कोटि के कवि एवं गायक थे। सूर, तुलसी और मीरा आदि के पास अन्तर दृष्टि थी, जिसके द्वारा उन्होंने परमात्मा के दर्शन किए और जनता को कराए। वे लोग जानते थे कि आध्यात्मिक विकास के लिए जितनी जरूरत धर्म की है, उतनी ही जीवन को सुसंस्कृत बनाने के लिए कला की।

विश्व संगीत का इतिहास गवाह है कि प्राचीन युग में किसी भी देश का संगीत चाहे वह लौकिक रहा हो या आध्यात्मिक, भक्ति-भाव से ओत-प्रोत था। धर्म ही उसका एक मात्र प्रेरक था। बेबिलोनिया में संगीत को एक आत्मिक चेतना का रूप माना जाता था। जापान के कागुरा नृत्य का स्त्रोत भी धर्म ही था। और, संगीत तथा साहित्य का धर्म से गहरा जुड़ाव होने के कारण ही उसका सम्बन्ध परमपिता परमेश्वर से भी जुड़ा रहा, अतः यह अपने उच्च आदर्शों तथा लक्ष्य से कभी विमुख नहीं हुआ।

भारत सदैव ही धर्म के क्षेत्र में अत्यन्त उदार रहा है। अन्ध विश्वास, रूढ़िवादिता और कट्टरपन्थियों का यहाँ सदैव विरोध हुआ है। यही कारण है कि न केवल भारत में पनपे अन्य धर्मों (जैसे सिख, बौद्ध और जैन आदि) बल्कि अनेक विदेशी धर्मों को भी यहाँ विकसित होने का समुचित अवसर मिला, जैसे इस्लाम और ईसाई। बौद्ध

और जैन धर्म भी संगीत से गहराई से जुड़े हैं। बौद्ध और जैन मन्दिरों में प्राचीन काल से अब तक स्तुतियों का गान ही होता रहा है। अनेक बौद्ध और जैन ग्रन्थ इस बात के प्रमाण हैं। बौद्ध ग्रन्थों में इसका स्पष्ट उल्लेख है कि गुत्तिल ने इन्द्र की स्तुति की थी। अश्वघोष द्वारा रचित अनेक स्तुतियाँ भी मिलती हैं। पंचशिख ने वीणा वादन के साथ इन्द्र की स्तुति की थी। बौद्ध धर्म की महायान शाखा पर संगीत का काफी प्रभाव है। बुद्ध, महावीर और अन्य तीर्थंकरों के सिद्धान्तों के प्रचार के लिए उन्हें संगीत बद्ध करके उनका गायन किया जाता था, और है। आज भी जैन मन्दिरों में जाने पर इसका साक्षात् प्रमाण मिलता है।

गुरुद्वारों में गूँजते गुरु वाणी, शबद से भला कौन अपरिचित होगा? गुरु नानक देव तथा अन्य गुरुओं ने इस क्षेत्र में बहुत कार्य किया। आज भी गुरुद्वारे शबद-कीर्तन से गुंजरित होते रहते हैं। सिन्धी धर्म के मन्दिरों में भी झूले लाल आदि को रिझाने के लिए भी संगीत का ही सहारा लिया जाता है। मुसलमान सूफियों ने भी अपने आराध्य की आराधना हेतु संगीत को ही माध्यम बनाया। इसीलिए उर्स आदि के अवसरों पर विभिन्न दरगाहों, मजारों पर कव्वालियों और सांगीतिक कार्यक्रमों का नियमित और भव्य आयोजन होता है। ध्यान से सुनने पर अजान के स्वरों में भी आपको गेयता और संगीतात्मकता मिलेगी। ईसाई और पारसी भी अपने इष्ट को रिझाने के लिए संगीत का ही सहारा लेते हैं। राष्ट्रपिता महात्मा गाँधी का यह विचार उल्लेखनीय है 'सामवेद की ऋचाएँ संगीत की खदान हैं। कुरान शरीफ की एक भी आयत बिना स्वर के नहीं कही जा सकती, और ईसाई धर्म में डेविड के 'साम' सुने तो ऐसा लगता है, जैसे हम सामवेद ही सुनने बैठे हैं।'

और...इस प्रकार हम देखते हैं कि धर्म चाहे कोई भी हो...उस सर्वशक्तिमान परमपिता परमेश्वर का नाम चाहे जो भी...किन्तु उस तक पहुँचने का सर्वाधिक सुगम और श्रेष्ठ रास्ता संगीत से होकर ही जाता है, चाहे वह संगीत की कोई भी विधा हो...संगीत की कोई भी शैली हो।

ध्वनि विज्ञान का चमत्कार : संगीत द्वारा रोगोपचार

आज जब हम इक्कीसवीं सदी के द्वार पर खड़े दस्तक दे रहे हैं...विज्ञान नित नई ऊँचाइयों का स्पर्श कर रहा है...चिकित्सा के क्षेत्र में हर क्षण नए और चमत्कारी खोज हो रहे हैं...ऐसे में यह कुछ लोगों को अविश्वसनीय प्रतीत हो, तो कोई आश्चर्य नहीं, किन्तु यह सत्य है कि अति प्राचीन काल से अब तक संगीत ने चिकित्सा के

क्षेत्र में बहुत बड़ा योगदान दिया है। और, आधुनिक युग के चिकित्सकों एवं वैज्ञानिकों ने भी इसके महत्त्व को स्वीकारते हुए इस दिशा में कार्य शुरू कर दिया है, जिसमें सफल भी हो रहे हैं।

संगीत को जो लोग मात्र समय गुजारने या मनोरंजन का साधारण-सा माध्यम मानते हैं, वे भ्रम के शिकार हैं। क्योंकि संगीत ध्वनि विज्ञान का सबसे उन्नत और परिष्कृत रूप है—जिसे संगीत, साहित्य और अध्यात्म से जुड़े लोग नाद नाम से सम्बोधित करते हैं। नाद को ब्रह्म और योग माना जाता है। इसीलिए, प्राचीन काल में संगीतज्ञों को नाद योगी कहने की प्रथा थी। नारद, भरत, हा हा, हू हू और हनुमान से लेकर स्वामी हरिदास, सूर, मीरा, तुलसी, रैदास और चैतन्य महाप्रभु तक ने अगर इसी नाद योग साधना के सहारे अपने आराध्य को ढूँढ़ा और पाया तो उसके पीछे इसी नाद योग, नाद ब्रह्म की साधना की सफलता और सार्थकता है। तानसेन और बैजूबावरा द्वारा संगीत से पत्थर पिघलाने, दीपक जलाने और वर्षा कराने की घटना न तो सांगीतिक चमत्कार की कपोल कल्पित कहानियाँ हैं, और न तो जादू-टोना। यह ध्वनि विज्ञान, नाद बह्म की करामात है।

नाद ब्रह्म का मानव जीवन में अत्यन्त महत्त्वपूर्ण स्थान है। आत्मोत्कर्ष हेतु किए जाने वाले अनेकानेक उपक्रमों में से सर्वाधिक महत्त्वपूर्ण स्थान प्राप्त है इसे। भारतीय मार्गी संगीत—जिसे आज हम शास्त्रीय संगीत कह सकते हैं—का स्वर्णिम इतिहास इसका गवाह है कि प्राचीन काल में वेद मन्त्रों के सस्वर उच्चारण का प्रयोग स्वर विद्या के रूप में होता था, जिससे शारीरिक एवं मानसिक व्याधियों को दूर करके इन्सान के उत्कर्ष का मार्ग प्रशस्त किया जाता था। नाद योग की साधना के द्वारा मानव सत्यम्, शिवम् और सुन्दरम् को सहज ही प्राप्त कर लेता था...और...आज भी कर लेता है।

इस तथ्य को अब किसी प्रमाण की जरूरत नहीं है कि मानव ने जब सभ्यता की ओर पहला कदम बढ़ाया, तब उसका प्रथम साक्षात्कार संगीत से ही हुआ था। जब न तो भाषा का आविष्कार हुआ था, और न तो लिपि का ही—तब इन्सान ने ध्वनि को आविष्कृत किया। उसी ध्वनि के उतार-चढ़ाव से वह अपने अभिप्राय, अपनी भावनाओं से दूसरों को अवगत कराता था। सर जेम्स जीन्स ने अपनी पुस्तक 'साइन्स एण्ड म्यूजिक' में लिखा है कि—'संगीत का विकास पशु-पक्षियों से लेकर मनुष्य तक में लगातार होता चला आया है। यही कारण है कि मानव संगीत का विकास भी मानव जाति के विकास के साथ ही हुआ। आदम काल में पशु-पक्षियों की तरह ही मानव जाति में भी संगीत की प्रेरणा प्रेम, ईर्ष्या, द्वन्द्व और विजय आदि के भावों के प्रदर्शन हेतु हुई थी।' मैक्समूलर आदि विद्वानों की भी यही धारणा थी कि संगीत की उत्पत्ति भाषा की उत्पत्ति के पूर्व हुई।

ध्वनि का यही समृद्ध रूप बाद में भाषा का सहारा पाकर और अधिक निखरा,

तब उसे संगीत कहा गया। उसके उतार-चढ़ाव की प्रक्रिया को आरोही-अवरोही की संज्ञा दी गई। ध्वनि के भिन्न-भिन्न स्तर को उसकी उच्चता के अनुसार अलग-अलग नाम दिए गए। जैसे—षड्ज (सा), ऋषभ (रे), गांधार (ग), मध्यम (म), पंचम (प), धैवत (ध) और निषाद (नि)। इन स्वरों को भी शुद्ध, कोमल और तीव्र आदि आधार पर अलग-अलग चरणों में बाँटकर इन्हें 12 स्वर बनाए गए। इन्हीं स्वरों पर सम्पूर्ण संगीत टिका है। इन 7 मूल स्वरों के अलग-अलग रूप, गुण और रस हैं। संगीत रत्नाकर में इसका उल्लेख है—'स री वीरेऽद्भुते रौद्रे धो वीभत्से-भयानके कार्यो ग नी तु करुणे हास्य श्रृंगारयोर्मपौ।' इसी को सिंह भूपाल ने अपनी सुधाकर टीका में इस प्रकार स्पष्ट किया है—'षड्जर्षभौवीराद्भुतेरौद्रेषु धैवतो वीभत्स भयानकयो, गान्धार निषादौ करुणे, मध्यपंचमो हास्य श्रृंगारयोरिति।' अर्थात् षड्ज (सा) और ऋषभ (रे) स्वर से वीर, अद्भुत और रौद्र रस, धैवत (ध) से वीभत्स और भयानक रस, गान्धार (ग) तथा निषाद (नि) से करुण रस और मध्यम (म) तथा पंचम (प) से हास्य एवं श्रृंगार रस की प्रभावोत्पत्ति होती है।

आयुर्वेद का सिद्धान्त है कि शरीर की प्रत्येक क्रिया, प्रतिक्रिया पर तन्त्रिका तन्त्र एवं मस्तिष्क का नियन्त्रण रहता है, अतः शरीर की क्रिया या प्रतिक्रिया में पैदा हुए व्यवधान—जिसे रोग की संज्ञा दी जाती है—भी तन्त्रिकाओं के स्पन्दन से ही जुड़े होते हैं। इसी स्पन्दन को विभिन्न स्वर लहरियाँ अपने-अपने गुणों के अनुसार प्रभावित करती हैं। ध्वनि के प्रभाव से शारीरिक क्रिया, प्रतिक्रिया पर जो बदलाव आता है, उसे ही संगीत चिकित्सा कहते हैं।

अब तो पाश्चात्य देशों के चिकित्सकों ने भी इस तथ्य को स्वीकार लिया है कि 80 प्रतिशत से अधिक इन्सानी बीमारियाँ मानसिक कारणों से होती हैं, भले ही वे बीमारियाँ शारीरिक मात्र दिखाई देती हों। चूँकि संगीत की स्वर लहरियों में मानवीय भावनाओं को आन्दोलित, और अधिक तरंगित या शिथिल कर देने की अपार क्षमता है, अतः जिन भावनाओं के कारण ये बीमारियाँ होती हैं, उसके विपरीत प्रभाव डालने वाले स्वरों या उन स्वरों से निर्मित रागों का गायन, वादन करके उन भावनाओं का शमन किया जा सकता है—यही है मूल मन्त्र संगीत चिकित्सा का।

आयुर्वेद में 'गान्धर्व वेद' की सहायता से स्वर चिकित्सा की प्रणाली काफी समय पूर्व प्रचलित थी। चरक ऋषि ने अपनी पुस्तक 'सिद्धि स्थान' के छठें अध्याय में संगीत के चिकित्सकीय प्रभाव का विस्तृत वर्णन किया है। आयुर्वेद के अनुसार दोष एवं धातु के असन्तुलन से ही बीमारियों के जन्म होते हैं। शरीर और मस्तिष्क में इनका सन्तुलन बनाए रखना ही चिकित्सकों का कार्य होता है। सांगीतिक स्वर लहरियाँ इसे सन्तुलित करने में चूँकि पूरी तरह सक्षम हैं, अतः संगीत द्वारा चिकित्सा भी सम्भव है।

यहीं हमें यह भी जान लेना चाहिए कि आखिर गान्धर्व वेद है क्या? गान्धर्व

वेद और कुछ नहीं ध्वनि का विज्ञान है। इसे सामवेद का उपवेद भी कहा जाता है। इसमें ध्वनि की आवृत्ति और शारीरिक, मस्तिष्क से सम्बन्धित गूढ़ अर्थ दिए गए हैं। इसके अनुसार स्वर मस्तिष्क को और मस्तिष्क पूरे शरीर को प्रभावित करता है। विभिन्न स्वर लहरियों के नाद और अनुनाद शरीर की हर कोशिका पर अलग-अलग प्रभाव डालते हैं। और, जहाँ भी असन्तुलन की स्थिति होती है, उसे सन्तुलित करने का प्रयास करते हैं। यह विज्ञान का एक श्रेष्ठ और विकसित रूप है, जिसका सम्बन्ध ध्वनि तरंगों तथा तन्त्रिका तन्त्र की तरंगो दोनों से है। अलग-अलग राग और कुछ नहीं, बस विशिष्ट प्रभावों को उत्पन्न करने वाले स्वरों के समूह मात्र हैं।

प्राचीन सांगीतिक ग्रन्थों के अध्ययन से ज्ञात होता है कि संगीतर्षि तुंबरू गान्धर्व वेद अर्थात् संगीत चिकित्सा के विद्वान थे। उन्हें प्रथम संगीत चिकित्सक कहा जाता है। उन्होंने अपनी पुस्तक 'संगीत स्वरामृत' में लिखा है कि ऊँची और असमान ध्वनि का वायु पर, गम्भीर और स्थिर ध्वनियों का पित्त पर और कोमल तथा मृदु ध्वनियों का कफ के गुणों पर प्रभाव पड़ता है। जो ध्वनि समूह तीनों गुणों से युक्त हो—वह त्रिदोष पर प्रभाव डाला है। और ऐसी ध्वनियाँ सन्निपात कहलाती हैं—'उच्चैस्तरो ध्वनि रूक्षो विज्ञेयौ वातजौ बुधेः, गम्भिरो धनशीलश्च ज्ञातव्यः पित्तजोध्वनिः। स्निग्धस्य सुकुमारस्य मधुरः कफजो ध्वनिः, त्रयाणां गुणसंयुक्तो विज्ञेयः सन्निपातजः।' चूँकि, कफ, पित्त और वायु के असन्तुलन से ही बीमारियाँ होती हैं, अतः अगर सांगीतिक ध्वनियों द्वारा इन्हें सन्तुलित कर लिया जाए तो बीमारियों की सम्भावनाएँ ही समाप्त हो जाएँगी।

अश्विनी कुमार के 'भेषज तन्त्र' में मन्त्रों द्वारा रोगोपचार का उल्लेख मिलता है। चरक संहिता, सश्रुत संहिता, वासवराजीव, और अग्नि पुराण आदि में भी भिन्न-भिन्न रोगों के लिए भिन्न-भिन्न कालों का वर्णन है। ज्योतिष शास्त्र में भी मनुष्य की स्थिति और स्वास्थ्य को प्रभावित करने वाले विभिन्न ग्रहों की शान्ति के लिए अलग-अलग मन्त्रों का उल्लेख प्राप्त होता है। होम्योपैथिक चिकित्सा पद्धति के अन्तर्गत मानसिक बोझिलता या हताशा की चिकित्सा संगीत द्वारा सम्भव है। इस तथ्य से सुप्रसिद्ध विद्वान दार्शनिक प्लेटो पूरी तरह परिचित और सहमत थे, और यही कारण था कि उन्होंने संगीत को ही विरेचन के लिए उपयुक्त माना था।

संगीत मकरंद के लेखक ने देवर्षि नारद के हवाले से लिखा है कि सम्पूर्ण जाति के राग के गायन से आयु, धर्म, यश, बुद्धि, धन, धान्य आदि की अभिवृद्धि होती है। सन्तानें सद्गुणी बनती हैं। षाणव रागों के गायन, वादन से शोक, सन्ताप दूर होते हैं, और रूप लावण्य की अभिवृद्धि होती है, जबकि औड़व जाति के रागों द्वारा शारीरिक, मानसिक व्याधियों का शमन होता है। संगीत मनीषियों ने गायन को योगाभ्यास एवं वक्ष तथा कण्ठ के निकटवर्ती अवयवों के महत्त्वपूर्ण व्यायाम के रूप में स्वीकारा है। उनके अनुसार गायन में आवाज नाभि केन्द्र से उठकर अनाहत चक्र से होती हुई ब्रह्म रन्ध्र तक पहुँचती है। इस बीच कण्ठ, तालु, फुफ्फुस, हृदय, अमाशय,

यकृत एवं आँतों से होकर एक गति चक्र बनाती हुई वह अपने उद्गम स्थान नाभि तक पुनः पहुँचती है। यह गति चक्र न केवल सूक्ष्म अंग, प्रत्यंग के व्यायाम के प्रयोजन को पूरा करता है, वरन् उसके प्राण चेतना का अतिरिक्त अनुदान भी देता है।

संगीत चिकित्सा की पद्धति भारत के अलावा दूसरे देशों में भी काफी समय पूर्व से प्रचलित है। मिस्त्र में प्राचीन काल में संगीत का उपयोग महिलाओं एवं मादा जानवरों की प्रजनन क्षमता बढ़ाने के लिए किए जाने का उल्लेख मिलता है। संगीतज्ञ टिमायियस के अनुसार एक बार अचेत सिकन्दर को होश में लाने के सभी उपाय जब व्यर्थ हो गए, तब 'लायर' नामक वाद्य यन्त्र बजाकर उसकी चेतना को वापस लाया गया। बाईबिल में भी संगीत चिकित्सा का वर्णन है। राजा साओल का स्वास्थ्य जब दिन-प्रतिदिन गिरने लगा, तब डेविड नामक संगीतज्ञ ने संगीत चिकित्सा से उसे स्वस्थ किया था।

पूर्वी जर्मनी के 'कार्लमारिया बोन बेवर संगीत कॉलेज' में एक अलग विभाग ही है—जिसमें बुखार तथा दूसरी पीड़ाजनक बीमारियों के निवारण हेतु संगीत ही प्रयुक्त होता है। वहाँ के हृदय और दन्त चिकित्सा विभाग में भी दर्द निवारण हेतु संगीत की स्वर लहरियों का प्रयोग होता है। एक प्रसूति विशेषज्ञ ने प्रसव पीड़ित महिलाओं पर भी इस प्रकार का सफल प्रयोग किया है। अतः अब वहाँ मोजार्ट की सांगीतिक धुनों को सुनवाने की व्यवस्था की गयी है। डर, तनाव, आतंक एवं मानसिक दुर्बलता के निवारण हेतु तो संगीत बहुत बड़ी दवा है। महान् संगीतज्ञ 'संगीत नायक' स्व. दरगाही मिश्र जी ने संगीत द्वारा कई रोगियों को स्वस्थ करने में सफलता पाई थी। संगीत मार्त्तंड ओमकारनाथ ठाकुर ने इटली के तत्कालीन शासक मुसोलिनी को अपने गायन द्वारा अनिद्रा की बीमारी से मुक्त कराया था। पेड़-पौधों के विकास एवं पशुओं से अधिक दूध आदि प्राप्त करने हेतु सांगीतिक ध्वनियों का प्रयोग बहुत पहले से विश्व के अनेक देशों में हो रहा है। पाश्चात्य देशों में प्रायः सभी मानसिक रोगियों के उपचार हेतु अब सांगीतिक ध्वनियों का प्रयोग किया जाने लगा है। सुरीले संगीत द्वारा उनके मानसिक उन्माद को घटाकर उनकी स्थिति में सुधार किया जाता है। दरअसल विक्षिप्त और असाध्य मानसिक रोगी समझकर, जिन व्यक्तियों को समाज से बहिष्कृत और निष्कासित कर दिया जाता है, वास्तव में वे रोगी, उनका दिलो-दिमाग बिलकुल बेकार नहीं हो जाता है। होता केवल यह है कि भावनाओं पर कोई गहरा आघात लगने के कारण वे मात्र अपना सन्तुलन खो बैठते हैं। अतः इन्हें असामाजिक मानने की नहीं, उनकी भावनाओं को जागृत और सन्तुलित करने की आवश्यकता होती है। और, ऐसे में संगीत महत्त्वपूर्ण भूमिका निभाता है।

संगीत में मात्र सुप्त और निष्क्रिय भावनाओं को जागृत करने की ही नहीं, बल्कि उन्हें सन्तुलित और परिष्कृत करने की भी पूर्ण क्षमता है। सांगीतिक लहरों के माध्यम से सुप्त एवं निष्क्रिय पड़ी माँसपेशियों को जागृत एवं उत्तेजित किया जा

सकता है। भावनाओं की कटुता मिटाकर उसमें माधुर्य रस का संचार किया जा सकता है। तनाव दूर किया जा सकता है। और यही कारण है कि मानसिक रोगों के उपचार की सम्पूर्ण प्रणाली को विधिवत विकसित करने में निरन्तर सफलता प्राप्त की जा रही है। क्योंकि भावनाओं से भरे मस्तिष्क तन्त्र पर संगीत का अत्यन्त अनुकूल प्रभाव पड़ता है।

अमेरिका के डॉ. एस. जे. लोडन संगीतज्ञों एवं संगीत प्रेमियों के स्वास्थ्य का परीक्षण करके इस निष्कर्ष पर पहुँचे हैं कि संगीत से जुड़े लोग औरों की अपेक्षा कम बीमार पड़ते हैं। न्यूयार्क के डॉ. एडवर्ड पोडोलॉस्की ने संगीत को सर्वोपयोगी व्यायाम के रूप में स्वीकारा है। जबकि, जापानी संगीतकार शिनीची सुजुकी के अनुसार संगीत मनुष्य में भाव संवेदना, अनुशासन, सहिष्णुता और कोमलतम् भावों को जागृत करता है। अमेरिका के सुप्रसिद्ध मनोवैज्ञानिक ऑस्टिन एम.डे. लारियर्स ने व्हाट इज थेरपी इन म्यूजिक थेरेपी' में स्वीकारा है कि संगीत अपनी विशिष्ट और सूक्ष्म आन्तरिक संरचना के माध्यम से उन महत्त्वपूर्ण तत्त्वों को उपस्थित करता है, जिन्हें मानसोपचार के लिए किसी भी आधुनिक चिकित्सा पद्धति में आवश्यक माना जाता है। केन्द्रीय इलेक्ट्रो रसायन अनुसन्धान संस्थान (कराईकुडी) के वैज्ञानिक डा. पी. वी. माथुर के अनुसार संगीत के 7 स्वरों की संरचना कल्पना नहीं, गणितीय सिद्धान्त के आधार पर हुई है। उन्होंने संगीत की 22 श्रुतियों पर प्रकाश डालते हुए कहा है कि प्रत्येक राग में इनमें से 14 की उपस्थिति नितान्त आवश्यक है। संगीत के जिन स्वरों को सरगम कहते हैं, उनमें एक प्रकार की क्रमबद्धता और लयबद्धता है।

संगीत में केवल भावों का शमन करने की ही नहीं, बल्कि उन्हें उत्तेजित करने की भी भरपूर शक्ति है। भेरी, दुंदुभी, नक्कारे और बिगुल जैसे वाद्यों का उपयोग सैनिकों को जोश दिलाने हेतु किया जाता था। मुस्लिम देशों में तब्लजंग नामक एक वाद्य होता था—जिसे युद्ध भूमि में ऊँट की पीठ पर बाँधकर बजाते थे।

इस आधार पर यह मानना सर्वथा उचित है कि संगीत का हमारे मन-मस्तिष्क पर आशा और अपेक्षा से कहीं अधिक प्रभाव पड़ता है। और चूँकि इन्सान की 80 प्रतिशत से अधिक बीमारियों के मूल में मानसिक कारण ही होते हैं। अतः संगीत द्वारा बीमारियों को नियन्त्रित करने में लगातार जो सफलता पाई जा रही है, वह मात्र संयोग नहीं नाद ब्रह्म, ध्वनि विज्ञान का चमत्कार है। न केवल स्वर और राग, बल्कि तालों में भी यह सामर्थ्य है कि वह रोगों को नियन्त्रित कर सके। लेकिन, चूँकि अधिकांश अनुसन्धान स्वरों और रागों पर ही केन्द्रित रहे हैं, अतः तालों के सम्बन्ध में कोई विशेष जानकारी नहीं उपलब्ध है। संगीत चिकित्सा में अपेक्षित सफलता प्राप्त करने के लिए एक अनिवार्य शर्त यह भी है कि रोगी की संगीत में रुचि हो, और इस चिकित्सा पद्धति पर उसकी आस्था हो।

चूँकि यह लेख भारतीय संगीत पर केन्द्रित है, अतः निम्न पँक्तियों में विभिन्न

स्त्रोतों से प्राप्त जानकारी के आधार पर यह लिखा जा रहा है कि किस राग और किस ताल के द्वारा किस बीमारी को नियन्त्रित किया जा सकता है? संगीत चिकित्सा के लिए एक राग को लगभग आधा-आधा घण्टा तक दिन में 3 बार सुनना पर्याप्त होता है। संक्रामक रोगों की अवस्था में इसे और अधिक सुनना चाहिए। बेहतर हो अगर ध्वन्यांकित संगीत को हेडफोन के माध्यम से सुना जाए। संगीत सुनते समय व्यक्ति को एकाग्र चित्त और तनाव रहित रहना चाहिए। रागों का गायन, वादन मधुर स्वरों में होना चाहिए, और आवाज धीमी होनी चाहिए।

धातु दोष सन्तुलक राग

1. रस-दोष = रागदीपक, शुद्ध सारंग
2. रक्त दोष = राग पूरिया, मालकौंस
3. मम्स दोष = राग हिंडोल
4. मेध दोष = राग कलावती, सिन्धु भैरवी, मेघ मल्हार
5. अस्थि दोष = राग भैरवी
6. मज्जा दोष = राग दरबारी कान्हड़ा, केदार
7. शुक दोष = राग आसावरी, ललित।

रोग	राग एवं ताल
1. कफ से उत्पन्न रोग, कब्ज, ज्वर।	राग भैरव और आसावरी।
2. सभी प्रकार के ज्वर, मौसमी बुखार, टाइफाइड आदि।	राग हिंडोल, मारवा और पूरिया। ताल तिलवाड़ा, झूमरा और एकताल विलम्बित लय में।
3. शारीरिक ऊर्जा बढ़ाने एवं मानसिक शान्ति हेतु। क्रोध शान्ति के लिए भी।	राग जयजयवंती, सोरठ और मल्हार के प्रकार।
4. क्षय रोग	बिलावल, तिलंग, रामकली, कलिंगड़ा एवं मुलतानी राग।
5. रक्त शुद्धि हेतु	आसावरी राग।
6. रक्त स्त्राव रोकने हेतु	राग आसावरी और मधुवंती।
7. रक्तचाप नियन्त्रण हेतु	राग पूर्वी, तोड़ी और मुलतानी। (आलाप एवं विलम्बित रचना)।
8. खून की कमी	राग पूरिया।
9. श्वांस की शिकायत, सर्दी, फेफड़ा में पानी, मस्तिष्क की निष्क्रियता दूर करने के लिए।	रागिनी भैरवी।

10. किसी भी प्रकार के दर्द से मुक्ति के लिए जैसे सिर, दाँत आदि।	राग पीलू, मालकौंस, तोड़ी, मुलतानी, परज और सोहनी। चारताल, सूलताल और धमार ताल का पखावज पर वादन।
11. मिर्गी, अनिद्रा, पागलपन, हिस्टीरिया।	चारताल, धमार और सूलताल का पखावज पर वादन।
12. पित्त की बीमारियों के लिए	राग सारंग।
13. आँख की बीमारियों के लिए	राग पटदीप, पटमंजरी, भीमपलासी और मुलतानी।
14. दिल की बीमारी से राहत के लिए	राग दरबारी कान्हड़ा।
15. सुस्ती और नपुंसकता आदि दूर करने के लिए।	राग बसन्त, अड़ाना, सोरठ और कामोद।
16. दमा	ताल दीपचंदी, पश्तो, कहरवा, रूपक और दादरा।
17. कैंसर	रागश्री, नायकी कान्हड़ा और सिन्धु भैरवी।
18. नर्वस ब्रेक डाउन	राग अहीर भै व और पूरिया।
19. आधा सिर का दर्द	राग दरबारी कान्हड़ा, जयजयवंती और सोहनी।
20. उच्च अम्लता	राग मारवा, दीपक और कलावती।
21. यकृत रोग	राग पूरिया और पूरिया धनाश्री।
22. मानसिक रोग	राग ललित और केदार।
23. अल्सर	राग मधुवंती और दीपक।
24. चर्म रोग	राग मेघ मल्हार, मुलतानी और मधुवंती।
25. भय	राग सोहनी और पूरिया।
26. जोड़ों के दर्द	राग यमन कल्याण, नटभैरव और हिण्डोल।
27. मधुमेह	राग जौनपुरी, जयजयवंती।
28. दृष्टिदोष	राग कौंसी कान्हड़ा और मुलतानी।
29. उच्चताप	राग मालकौंस और बसन्त बहार।

संगीत में इलेक्ट्रॉनिक वाद्यों का प्रयोग

आज इक्कीसवीं शदी में प्रवेश करके जब हम जब अपने चारों ओर दृष्टि घुमाते हैं, तो हमें कई प्रकार के यान्त्रिक चमत्कार के दर्शन होते हैं। पेजर, फैक्स, मोबाइल फोन और कम्प्यूटर आदि की कल्पनाएँ भी आज से 50-60 वर्ष पूर्व बड़ी बात थी। लेकिन, आज ये सब हमारे जीवन के अनिवार्य अंग बन चुके हैं। इसीलिए, इस युग को यान्त्रिक क्रान्ति का युग कहा जाता है। और, इस यान्त्रिक क्रान्ति से हमारा संगीत भी अप्रभावित/अस्पर्शित नहीं रहा। मेट्रोनोम, ताल माला, सुनाद माला, सारंगा, सुरपेटी, सिक्वेंसर, सिंथेसाइजर, ऑक्टोपैड और की-बोर्ड जैसे अनेक सांगीतिक यन्त्र इन दिनों संगीत के क्षेत्र में खूब प्रचलित हैं। बटन दबाइए और मनचाहे ताल का ठेका मनचाही लय में या मनचाहे ताल का नगमा मनचाही लय और राग में बजने लगेगा। इतना ही नहीं एक-की बोर्ड पर आप तबले का ताल भी बजा सकते हैं। और, गिटार, वायलिन, सितार, सरोद और बाँसुरी जैसे अनेक स्वर वाद्य भी। लेकिन, यहीं बस नहीं होता। उसी वाद्य पर रेल की आवाज, वर्षा की ध्वनि, हवा की सरसराहट, शेर की दहाड़ और आँधी-तूफान की आवाज भी निकाली जा सकती है, और यह सचमुच यान्त्रिक चमत्कार, यान्त्रिक क्रान्ति ही तो है।

गीत की पँक्ति में जब राधा के यमुना जल भरने का और कृष्ण द्वारा उनकी मटकी फोड़ने का वर्णन आता है। और उसी समय मंच पर यमुना से जल भरने और मटकी फूटने की आवाज उत्पन्न होती है, तो वह कृत्रिम और नाटकीय आवाज अनेक लोगों को रोमांचित कर जाती है। अब तो सुगम और फिल्म संगीत आदि के कार्यक्रमों में हम इन ध्वनियों के इतने अभ्यस्त हो गए हैं कि जब तक इस प्रकार की आवाज नहीं उत्पन्न होती है, हमें एक प्रकार का अधूरापन महसूस होता है।

यह सच है कि शास्त्रीय संगीत के दिग्गज कलाकारों द्वारा इन वाद्यों को बहुत अधिक महत्त्व नहीं मिला है, किन्तु मंच पर स्वर पेटी जैसे वाद्य तो उनके साथ भी दिख ही जाते हैं। शास्त्रीय संगीत के छात्रों के लिए तो ये वाद्य काफी उपयोगी साबित हो रहे हैं। अब रोज संगतिकारों की प्रतीक्षा, उनके पारिश्रमिक और नाज-नखरे सहन करने की जरूरत नहीं रह गई है। सुनादमाला बजाइए और उसके साथ तबले के किसी भी ताल का अभ्यास कर लीजिए। तालमाला का स्विच लगाकर उसके साथ गायन, वादन और नर्त्तन का अभ्यास किया जा सकता है। जब चाहें, और जितनी देर चाहें। ये इलेक्ट्रॉनिक वाद्य यन्त्र बहुत मँहगे भी नहीं होते। तालमाला आदि तीन-साढ़े तीन हजार रुपये में आसानी से मिल जाते हैं। यही कारण है कि घर में अभ्यास के लिए ऐसे वाद्यों की लोकप्रियता लगातार बढ़ रही है। साथ ही सुगम संगीत के कार्यक्रमों में सिंथेसाइजर और की-बोर्ड तथा ऑक्टोपैड जैसे इलेक्ट्रॉनिक वाद्य अनिवार्य बनते जा रहें हैं, जिनसे त ।ण कोई भी ध्वनि उत्पन्न की जा सकती है—कर्ण के वाणों की सनसनाहट भी और मृत घटोत्कच के धरती पर गिरने से धरती में हुई कंपकंपाहट भी।

लेकिन, इन सबके बाबजूद इस सच से इनकार नहीं किया जा सकता कि इन वाद्यों का प्रयोग मूल रूप से फिल्मी, लोक, सुगम और ध्वन्यांकित संगीत के लिए ही होता है। क्योंकि वहाँ रोचकता और नाटकीयता की जरूरत ज्यादा महसूस की जाती है। जबकि शास्त्रीय संगीत में इस बात पर अधिक बल दिया जाता है कि न केवल कलाकार बल्कि श्रोता भी स्वयं को हर ओर से काटकर इसकी गहराइयों में आकंठ डूब जाएँ। श्रेष्ठ गायक कलाकार 'काकु' के प्रयोग द्वारा भिन्न-भिन्न प्रकार के प्रभाव उत्पन्न कर सकते हैं। अतः उन्हें इस प्रकार के किसी यान्त्रिक वाद्य के सहारे की जरूरत नहीं पड़ती। गायक अगर बीच में ताबलिक से कुछ बजवाने की इच्छा रखता है, या अनुसंगति अथवा सवाल-जवाब की अपेक्षा रखता है, तो उसकी वह अपेक्षा इलेक्ट्रॉनिक तबले से नहीं पूरी हो पाएगी। इसी तरह ठुमरी आदि में एक अन्तरा की समाप्ति के बाद लग्गी-लड़ियों का जो मोहक प्रयोग गायक के बोल बनाव के समय होता है, वह भी इलेक्ट्रॉनिक तबला में अभी सम्भव नहीं है। क्योंकि इसमें जो है, वही है। उससे अधिक को अपेक्षा नहीं कर सकते आप। जिस तरह सहयोगी कलाकार मंच पर मुख्य कलाकार से सहयोग करते हैं...थोड़ा सा संकेत पाते ही लय अथवा ध्वनि का उतार-चढ़ाव दिखाते हैं। वह इलेक्ट्रॉनिक वाद्यों में अभी सम्भव नहीं है।

शास्त्रीय संगीत में सृजनात्मकता को बहुत महत्त्व दिया जाता है। जिसकी गुंजाइश इन इलेक्ट्रॉनिक वाद्यों में कम ही होती है। अतः कई श्रेष्ठ सुगम संगीतकार या फिल्मी गायक भी अक्सर सिंथेसाइजर और की-बोर्ड होते हुए भी वायलिन, गिटार, सितार और मैंडोलिन अथवा बाँसुरी जैसे वाद्यों की आवाज के लिए इन वाद्यों के कुशल वादकों को ही आमन्त्रित करते हैं। क्योंकि की-बोर्ड की यान्त्रिकी उन्हें सन्तुष्ट नहीं कर पाती है। रईस खाँ के सितार, बिसमिल्लाह खाँ की शहनाई, सामता प्रसाद के तबले और जरीन (दारूवाला) शर्मा के सरोद ने फिल्म संगीत में जो रंग भरा है, उसकी दूसरी मिसाल अब भला कहाँ मिल सकती है? उस ऊँचाई को छूने ही सामर्थ्य इन यान्त्रिक वाद्यों में कहाँ?

लेकिन, जब गहराइयों में जाने का अवकाश ही न हो, और कलाकार परम्पराओं से अलग हटकर कुछ करना चाहे तो इसके लिए ये वाद्य यन्त्र काफी सहायक साबित होते हैं। ए. आर. रहमान का लगभग सारा संगीत उनके की-बोर्ड पर आधारित होता है। और आज वे सर्वाधिक हिट हैं। कई नए और आर्थिक दृष्टि से कमजोर संगीतकार भी इन वाद्य यन्त्रों पर पूरी तरह आश्रित होते हैं। इलेक्ट्रॉनिक वाद्य यन्त्रों की यान्त्रिकता के पहलू को अगर छोड़ दिया जाए तो इससे कई प्रकार के लाभ और सुविधाएँ हैं। पचासों वादकों का कार्य एक की-बोर्ड कर सकता है। इससे अलग-अलग वादकों की प्रतीक्षा, और उनके पारिश्रमिक आदि सम्बन्धी कई समस्याओं से लोगों को सहज ही मुक्ति मिल जाती है। अतः अनेक नए संगीतकार इस ओर आकृष्ट हो रहे हैं।

यह इसका एक पहलू है। किन्तु इसका दूसरा पहलू यह है कि मध्यम श्रेणी के ऐसे अनेक संगीतकार जो विभिन्न कार्यक्रमों में संगति कलाकार की भूमिकाएँ निभाते थे, इससे बेरोजगारी और बेकारी की स्थिति में पहुँच गए हैं। यह इसका सामाजिक पहलू है।

यहीं, एक प्रश्न यह भी उठता है कि क्या बढ़ते समय के साथ जैसे-जैसे इनकी तकनीक और अधिक विकसित होती जाएगी, मूल वादकों का स्थान गौड़ होता जाएगा? वैसे तो यह प्रश्न भविष्य में पूछा जाने वाला है, और इसका सही उत्तर भी भविष्य ही देगा। लेकिन संगीत के इतिहास को देखते हुए ऐसा लगता नहीं है, क्योंकि भारतीय शास्त्रीय संगीत सदैव ही मौलिकता और सृजनात्मकता का पक्षधर रहा है। इसमें कृत्रिमता को कभी भी बहुत ज्यादा महत्त्व नहीं दिया गया और मौलिकता तो मूल वाद्यों में ही मिलेगी। इसलिए, इन इलेक्ट्रॉनिक वाद्यों की लोकप्रियता के बाबजूद मूल वाद्यों का अस्तित्व, उनका महत्त्व बरकरार रहेगा, इसमें कोई संशय नहीं।

संगीत के कलाकार और श्रोताओं के अन्तर्सम्बन्धों की चर्चा

ललित कलाओं में सर्वश्रेष्ठ और सर्वोपरि मानी जाने वाली कला संगीत के कलाकारों और श्रोताओं के सम्बन्ध आरम्भ से ही चर्चा और विवाद के विषय बने रहे हैं। इतना ही नहीं, संगीत के साधक और कलाकार भी शुरू से ही दो वर्गों में बँटे रहे हैं। एक वर्ग कला को मात्र कला के लिए मानते हुए इसकी साधना और प्रस्तुति स्वान्तः सुखाय करने का पक्षधर है, और श्रोताओं को कोई महत्त्व नहीं देता। जबकि दूसरे वर्ग के लोग कला को समाज के लिए मानते हुए स्वीकारते हैं, श्रोताओं की सक्रिय साझेदारी।

क्या कलाकार को केवल स्वान्तः सुखाय ही अपनी कला का प्रदर्शन करना चाहिए? और, क्यों नहीं दूसरों को भी उसके रसास्वादन कराने की इच्छा रखनी चाहिए? क्या कलाकार को केवल अपने मूड की ही चिन्ता करनी चाहिए? क्या उसे इतना आत्मकेन्द्रित होना चाहिए कि दूसरों के अस्तित्व को ही वह भूल जाए? क्या कलाकार के लिए उसके कद्रदानों, श्रोताओं और उनकी भावनाओं का कोई मूल्य नहीं होना चाहिए? क्या यह सच नहीं कि जिस प्रकार पुजारी के बिना मूर्ति के देवत्व का कोई अर्थ नहीं होता, ठीक उसी प्रकार कद्रदान के बिना कला और कलाकार का भी।

लेकिन, इसी सच का एक दूसरा पहलू भी है। संगीत के कलाकारों का कहना

है कि चूँकि श्रोताओं में कई वर्ग और मानसिकता के लोग होते हैं, अतः किसी एक कलाकार के लिए यह असम्भव की हद तक कठिन है कि वह एक साथ सभी को सन्तुष्ट और प्रसन्न कर सके। कलाकार कहते हैं कि जब हम सभागार में उपस्थित विद्वानों को प्रसन्न करने का, अपनी योग्यता और विद्वता का परिचय देने का प्रयास करते हैं, तो सभागार में उपस्थित जन साधारण-जिनकी संख्या अधिक होती है—और, जो संगीत की गूढ़ बारीकियों से अनभिज्ञ होते हैं—शिकायत करते हैं कि हमने उन्हें व्याकरण और तकनीक के नीरस जाल में जकड़ने का प्रयास किया, और कार्यक्रम को 'बोर' की संज्ञा दे देते हैं। दूसरी ओर जब हम जन साधारण—जनता जनार्दन को आकृष्ट और प्रभावित करने की कोशिश करते हैं तब हमारे लिए कहा जाता है कि व्यावसायिक दबावों से ग्रस्त हो हम सस्ते समझौतों पर उतर आए हैं। लोगों को सतही मनोरंजन परोसने की कोशिश कर रहे हैं। तब हमें कमर्शियल और बाजारू कहा जाता है।

बात सही भी है, श्रोताओं में कई तरह के लोग होते हैं। और वे अलग-अलग तराजू पर कलाकार की कला-कौशल परखते हैं। अपनी-अपनी कसौटियों पर उसे कसते हैं। कोई आलाप के माध्यम से स्वरों की गहराई में खोना चाहता है, तो कोई लय के बारीक काट-छाँट और नोंक-झोंक का चमत्कारिक आनन्द लेना चाहता है। कलाकार की आलोचना कभी भी, किसी के भी द्वारा हो सकती है। इसलिए भी कि उसने श्रोताओं के आग्रह पर भी कार्यक्रम का समापन भैरवी से नहीं किया, और इसलिए भी कि उसने रात्रि 10 बजे दरबारी कान्हड़ा की प्रस्तुति की। इसलिए भी कि तबला वादक अपनी प्रतिभा और योग्यता का परिचय न देकर मात्र सीधा ठेका बजाता रहा, और इसलिए भी कि उसने अपनी प्रतिभा दिखाने के लोभ और उतावलेपन में मुख्य कलाकार के मूड और रस की बिलकुल परवाह न की, और बार-बार रस भंग की स्थिति पैदा करता रहा।

तो क्या किया जाए? क्या श्रोताओं की बिलकुल परवाह न की जाए? क्या उन्हें उपेक्षित छोड़ दिया जाए? क्या उनकी भावनाओं और विचारधाराओं की अनदेखी कर दी जाए? किया जा सकता है यह भी। आज भी कुछ ऐसे कलाकार हैं, जो मंच पर आँखें बन्द करके स्वर साधना में जब लीन होते हैं, तो मात्र श्रोता ही नहीं खुद को भी भूल जाते हैं। लेकिन, इसके लिए यह आवश्यक है कि कलाकार की संगीत साधना में इतनी क्षमता हो कि वह सुरों की अतल गहराइयों में डूबकर अपने वजूद को भूल सके। और अगर वह ऐसा नहीं कर सकता तो फिर उसे बार-बार श्रोताओं की रुचि, उनकी प्रतिक्रिया के प्रति सचेत रहना ही होगा। आज भी हर प्रकार की महफिल में अपनी पकड़ बरकरार रखने वाले कुछ कलाकार मंच पर जाते ही अँधेरे में डूबे प्रेक्षागृह की बत्तियाँ जलवा देते हैं। ताकि कलाकार और श्रोता के बीच एक आत्मीय और सार्थक संवाद हो सके। कलाकार को श्रोताओं की प्रतिक्रिया

का तुरन्त पता चल सके। ऐसे कलाकार जब यह देखते हैं कि उनके द्वारा प्रस्तुत की जा रही संगीत से श्रोता आनन्द नहीं उठा पा रहे हैं, तो वे उसकी दिशा मोड़ देते हैं। और कुछ तो श्रोताओं से ही पूछ बैठते हैं कि आप क्या सुनना चाहते हैं? लेकिन, ऐसा वे ही कलाकार कर सकते हैं, जिसमें बहुमुखी प्रतिभा हो। वरना आज के अधिकांश कलाकार तो घर से पूरी तैयारी करके जाते हैं, और कई बार श्रोताओं की अतिरिक्त फरमाइश पर विचलित हो जाते हैं।

कई बार ऐसा होता है कि श्रोता अपने प्रिय कलाकारों से अपनी मनपसन्द कोई रचना, या राग सुनने की इच्छा प्रकट करता है। वह चाहता है कि इसे कलाकार अवश्य प्रस्तुत करे। यह चाहत उसका अधिकार भी है, एक तरह से। कई कलाकार इसे पूरा करते हैं, लेकिन कुछ कलाकार इस ओर बिलकुल ध्यान नहीं देते। यह ठीक नहीं है। सभागार में श्रोता के लिए ही जाता है कलाकार। अतः उसे श्रोताओं की उचित भावनाओं का आदर तो करना ही चाहिए। अगर श्रोता की फरमाइश उचित है तो उसे पूरा करना कलाकार का कर्त्तव्य है। किन्तु श्रोताओं को भी फरमाइश के स्तर का ध्यान रखना चाहिए, और इसका भी कि कलाकार अगर उसकी फरमाइश पूरी नहीं कर पा रहा है तो इसमें उसकी भी कोई विवशता हो सकती है। सम्भव है उस राग के गायन, वादन का वह समय न हो। यह भी सम्भव है कि उस समय उस राग के बंदिश विशेष की कलाकार ने तैयार न की हो। और यह भी हो सकता है कि आयोजकों द्वारा कलाकार को जो समय अपनी प्रस्तुति हेतु दिया गया हो, वह समाप्त हो गया हो। अतः श्रोताओं को भी कलाकार की विवशता समझते हुए इसे अन्यथा नहीं लेना चाहिए।

श्रोतागण कई बार जाने-अनजाने कलाकार की कला प्रस्तुति में व्यावधान पैदा करते हैं। कार्यक्रम के बीच में आवागमन अथवा वार्तालाप ही नहीं, कई बार प्रशंसा के लिए प्रयुक्त हुए शब्द या करतल ध्वनि भी कलाकारों की एकाग्रता भंग कर देती है। जिससे उनकी प्रस्तुति दुष्प्रभावित होती है, श्रोताओं में यह समझ अनिवार्य रूप से होनी चाहिए कि कब, किस तरह से कलाकार को प्रोत्साहित और प्रशंसित करे। पं. रविशंकर और किशोरी अमोनकर जैसे कई कलाकार इसीलिए, श्रोताओं से नाराज भी हो जाते हैं। विलायत खाँ और शिवकुमार शर्मा जैसे कई कलाकारों ने श्रोताओं को इसलिए टोका भी है कि वे बार-बार तालियाँ बजाकर उनकी एकाग्रता न भंग करें।

श्रोताओं को इस बात का भी ध्यान रखना चाहिए कि वह किस कलाकार को किस तुला और कसौटी पर परख रहा है? किसी 25-30 वर्षीय नवोदित कलाकार से यह अपेक्षा करना कि उसकी कला में वह परिपक्वता और प्रभावोत्पादकता हो, जो 50 वर्षों से मंच पर सक्रिय किसी कलाकार में पाई जाती है, उस कलाकार के प्रति अन्याय ही होगा। क्योंकि तब वह संगीत साधना के आरम्भिक दौर में होता है।

दूसरी ओर, कलाकारों को भी यह ध्यान रखना चाहिए कि आज की अति व्यस्तता के युग में जब कोई श्रोता समय निकालकर, कार्यक्रम में जाता है, तब उसे कलाकार से कई प्रकार की अपेक्षाएँ होती हैं। कई कलाकार, मंचीय लोभ से आकर्षित हो, बिना पूरी तैयारी के ही मंच पर आ जाते हैं। इससे उनका लाभ कम और नुकसान अधिक होता है। श्रोता कलाकारों की कड़ाई से परीक्षा लेते हैं। उन्हें कलाकारों की परेशानियों और समस्याओं से कुछ लेना-देना नहीं होता। वे तो बस मंच पर कलाकार की प्रस्तुति देखते हैं। इसलिए, कलाकारों को चाहिए कि मंच पर अपनी हर प्रस्तुति के दौरान वे किसी-न-किसी नएपन का परिचय अवश्य दें, अपनी योग्यता और प्रतिभा से श्रोताओं को पूरी तरह आकर्षित करने की क्षमता खुद में पाने के बाद ही वे मंच पर पदार्पण करें, क्योंकि, श्रोताओं द्वारा नकार दिए जाने के बाद उनकी सफलता संदिग्ध हो जाती है, और भविष्य प्रश्नों के कटघरे में घिर जाता है। आज जब संगीत को व्यावसायिक स्तर पर अपनाया जा रहा है तो श्रोताओं को अनदेखा करके, ठुकराकर चलने वाला कलाकार अधिक दूर तक नहीं जा पाएगा, यह कठोर सच है। श्रोता अगर जानकार और प्रबुद्ध है तो यह बहुत अच्छी बात है। क्योंकि अगर संस्कृत न जानने वाला कोई व्यक्ति बाल्मीकि रामायण और मेघदूत का आनन्द नहीं ले पा रहा है, तो इसमें संस्कृत भाषा का क्या दोष? केवल संगीत ही नहीं, उससे रसास्वादन का ढंग भी कला है।

यह ठीक है कि एक कलाकार अपनी प्रस्तुति से एक ही समय में सभी दर्शकों, श्रोताओं को पूरी तरह प्रभावित नहीं कर सकता है, किन्तु यह भी सच है कि अगर उसने संगीत की सच्ची साधना की है...वह योग्य और कुशल कलाकार है, तो यह उसके लिए असम्भव भी नहीं है। क्योंकि, संगीत वह कला है जिसका प्रभाव चेतन ही नहीं, जड़ पर भी पड़ता है। जिस संगीत के माध्यम से पेड़-पौधों और पशु-पक्षियों को प्रभावित किया जा सकता है, रोगों की चिकित्सा की जा सकती है, उससे कुछ घण्टों तक मनुष्य को नहीं आकृष्ट किया जा सकता है—यह कथन पूरी तरह सच नहीं लगता। यह ठीक है कि सामान्य श्रोता संगीत की गूढ़ बारीकियों को न समझ सके, लेकिन रस का आनन्द तो ले ही सकता है। भावनाओं के धरातल पर उसे अनुभव तो कर ही सकता है। स्वर गंगा में गोते तो लगा ही सकता है।

कलाकारों को भी यह ध्यान रखना चाहिए कि संगीत की आत्मा इसके व्याकरण की जंजीरों में जकड़कर न रह जाए। इसमें भाषाओं की सीमा के पार आत्मा की गहराइयों में समा जाने की अद्‌भुत क्षमता है। यह आत्मा की भाषा है...विश्व भाषा है...यूनिवर्सल लैंग्वेज है। इसलिए साधारण श्रोता यह भले ही न समझ पाए कि यह दरबारी है या भैरवी? सोहनी है या मालकौंश किन्तु उससे आनन्दित जरूर होता है। लेकिन, इस आनन्द की प्राप्ति के लिए सामान्य श्रोता को अपना यह पूर्वाग्रह तोड़ना होगा कि संगीत नीरस और उबाऊ है, तो कलाकार को यह याद रखना होगा

कि जन-मन को रंजकता और आह्लाद प्रदान करना संगीत का प्रधान उद्देश्य है।

संगीत में श्रोताओं की भागेदारी और महत्त्वपूर्ण भूमिकाएँ आधुनिक युग की बातें नहीं हैं। भरत नाट्य शास्त्र में भी रंगमंडप, रंगमंच और श्रोता, दर्शकों की चर्चा हुई है। इसलिए, आज श्रोता और कलाकार दोनों का ही यह सांस्कृतिक कर्त्तव्य है, कि इसमें विवादी स्वरों का समावेश करने की बजाए मधुर रसों का संचार करें। यही समय की माँग है, और हमारा सांस्कृतिक कर्त्तव्य भी।

संगीत और समाज के आपसी सम्बन्ध

संगीत और समाज के आपसी रिश्ते पूरी तरह स्पष्ट नहीं हैं, ठीक उसी तरह जिस तरह परिवार में पिता का स्थान स्पष्ट नहीं है। इसे इस प्रकार समझा जा सकता है, कि एक ओर तो परिवार में पिता का बहुत महत्त्वपूर्ण स्थान होता है, पुत्र का अस्तित्व उसी से होता है। पूरे परिवार का भरण-पोषण करते हुए पुत्र की शिक्षा-दीक्षा की व्यवस्था करके वह उसे हर प्रकार से एक योग्य नागरिक बनाता है, किन्तु बाद में वृद्धावस्था में जब वह अशक्त और असहाय हो जाता है। जब उसे पुत्र के सहारे की जरूरत होती है, तब पुत्र उसे कैसा और कितना सहारा देता है? संयुक्त परिवारों के विघटन के इस दौर में निराश्रित वृद्धों की क्या स्थिति है यह बताने की जरूरत नहीं है, आज।

ठीक यही स्थिति संगीत के साथ भी है। बच्चे के जन्म से लेकर मृत्यु तक हर पारम्परिक, सामाजिक, मांगलिक एवं धार्मिक उत्सवों में संगीत की अनिवार्यता महसूस की जाती है। इन उत्सवों में सांगीतिक विधाओं का किसी-न-किसी स्तर पर उपयोग होता ही है। किन्तु समाज इस कला और विधा को कितनी गम्भीरता से लेता है—यह सोच-विचार का एक अहम विषय है। भारत में तो संगीत के बिना जिन्दगी के किसी भी क्षण की, उसे रंगीन और रसमय बनाने की कल्पना तक नहीं की जा सकती है। बच्चे का जन्म होता है, तब भी मंगल गीत गाए जाते हैं। उसके जन्मोत्सव, मुंडन, विवाह आदि अवसरों पर भी सांगीतिक विधाओं की प्रस्तुति अवश्य होती है।

विद्यालयों के नीरस पाठ्यक्रमों को जब संगीत के माध्यम से बच्चों को याद कराया जाता है। तब वे अपेक्षाकृत जल्दी याद हो जाते हैं। यह संगीत का ही प्रभाव है। इसे चाहे मनोरंजन के रूप में अपनाया जाए या हॉबी के रूप में। लेकिन इस दिशा में यह कार्य तो करता ही है। यही कारण है कि आज विद्यालयों में संगीत शिक्षकों की नियुक्ति की जा रही है। विद्यालयों, महाविद्यालयों में आयोजित होने

वाले विभिन्न कार्यक्रमों और उत्सवों में भी सांगीतिक कार्यक्रमों की सक्रिय भागेदारी होती है। लेकिन, यह तो सिक्के का एक पहलू है। इसका दूसरा पहलू यह है कि इन विद्यालयों, महाविद्यालयों में संगीत को गम्भीरता से बिलकुल नहीं लिया जाता। संगीत शिक्षकों की नियुक्ति तक में सोच-विचार से काम नहीं लिया जाता। अधिकारियों की कोशिश यह होती है कि दैनिक वेतन या 10 महीनों के लिए ताकि गर्मी की छुट्टियों का वेतन न देना पड़े--किसी ऐसे अंशकालिक अध्यापक की नियुक्ति हो जाए–जो गाना के साथ-साथ गिटार, सिंथेसाइजर, मेंडोलिन और तबला भी सिखा दे। साथ ही नृत्य नाटिका और विभिन्न प्रदेशों के लोक नृत्य भी बच्चों से करवा दे। स्वाभाविक है कि ऐसी स्थिति में उन्हें सुयोग्य और अनुभवी अध्यापक तो मिलने से रहे। अतः उन्हें किसी नौसिखिया या छात्र स्तर के शिक्षक से ही काम चलाना पड़ता है। और, यही कारण है कि इन स्कूलों, कॉलेजों में संगीत की स्थिति बद से बदतर होती जा रही है। क्योंकि गणित का अध्यापक तो हिन्दी पढ़ा सकता है, किन्तु गायन का शिक्षक नृत्य नहीं। और, अगर सिखाएगा तो उसी तरह जैसे आजकल सिखाया जा रहा है।

राष्ट्रपिता महात्मा गाँधी ने संगीत की सम्प्रेषण शक्ति को अनुभव करके कहा था कि प्राथमिक विद्यालयों से ही संगीत शिक्षा की व्यवस्था होनी चाहिए। उनके कथन का उद्देश्य था कि बच्चों की नींव मजबूत हो। लेकिन, इसे जिस सतही रूप में स्वीकारा गया, उससे लाभ कम और नुकसान अधिक हो रहा है। इन विद्यालयों में सीखने वाले बच्चों में से जब कोई इसे गम्भीरता से लेते हुए किसी अच्छे गुरु के पास जाकर इसकी उच्चस्तरीय शिक्षा लेना चाहता है, तब उसे पता चलता है कि उसका कण्ठ स्वर दोष युक्त है। वाद्यों पर हाथों का रखाव और बोलों के निकास की पद्धति गलत है। नृत्य के हस्तकों और पर संचालनों में गलतियाँ हैं। और, यह सब सिर्फ इसलिए होता है कि एक ही व्यक्ति से संगीत की भिन्न-भिन्न विधाओं की शिक्षा दिलवाने की गलत कोशिश की जाती है। और, सांगीतिक विषयों में छात्रों की उपस्थिति भीड़ की शक्ल में होती है।

संगीत और समाज के रिश्तों की पड़ताल करने पर हमें कई प्रकार के विरोधाभास देखने को मिलते हैं। संगीत में रुचि लेना, सांगीतिक कार्यक्रमों में उपस्थित होना, और सतही ही सही, किन्तु संगीत पर चर्चा करना आधुनिक युग का फैशन है। यही कारण है कि व्यावसायिक रूप से सफल, बड़े-बड़े कलाकारों के कार्यक्रमों में आधुनिक युग के फैशनेबल लोगों की उपस्थिति भी हमें बड़ी संख्या में नजर आती है। सैकड़ों रुपए के टिकट लेकर अग्रिम पँक्तियों में बैठना अभिजात्य और सम्भ्रान्त होने की निशानी मानी जाती है। इसलिए ये एडवांस में ऊँचे दामों के टिकट खरीदकर वहाँ बैठते हैं। किन्तु इन्हें इससे बिलकुल मतलब नहीं होता कि कलाकार की प्रस्तुति का स्तर कैसा है? ये तो कलाकारों की फिल्मी पृष्ठभूमि, रंग-रूप, वेश-भूषा और

तरह-तरह के विज्ञापनों द्वारा स्थापित उनकी छवि देखकर जाते हैं, इसलिए उसकी निहायत साधारण सी हरकतें भी उन्हें लुभा लेती हैं।

किन्तु जब किसी संघर्षरत नवोदित प्रतिभा का कार्यक्रम होता है तो वह अपने कार्यक्रम में दर्शक रूप में 100 लोगों की उपस्थिति के लिए भी तरस जाता है। और, महानगरों में जब ऐसा ही कोई संघर्षरत कलाकार किराए पर मकान लेना चाहता है, तो उसे सिर्फ इसलिए एक या दो कमरा किराए पर नहीं मिलता है, कि उसकी संगीत साधना से मकान मालिक और पड़ोसियों को असुविधा होगी। जबकि ऐसा होता बिलकुल नहीं है। तेज आवाज में विदेशी संगीत का रिकार्ड बजाकर नाचने वालों को या तेज आवाज में टी.वी. के सैटेलाइट चैनल्स के कार्यक्रम देखने वालों को भला गाने, सितार या तबले की आवाज से क्या असुविधा होगी। किन्तु इन संघर्षरत कलाकारों के इन तर्कों को सुनने के लिए भी कोई तैयार नहीं है आज।

भारत में धर्म, पुनर्जन्म एवं मोक्ष आदि पर लोगों की गहरी आस्था है। और इस दिशा में संगीत की भूमिका को काफी महत्त्व दिया गया है। वैदिक ऋचाएँ एवं उपनिषद् के सारे सूत्र संगीतमय हैं। सामवेद तो पूरा का पूरा संगीतमय है। विष्णु पुराण के अनुसार नारद को अपना निवास बताते हुए विष्णु ने कहा है—मैं न तो बैकुण्ठ में वास करता हूँ, और न तो योगियों के हृदय में। मेरे भक्त जहाँ मेरा गायन करते हैं, मैं वहीं रहता हूँ। भगवद्गीता में श्रीकृष्ण ने ईश्वर और मोक्ष प्राप्ति का सर्वाधिक सरल उपाय कीर्तन और भक्ति को बताया है। गरुण पुराण में आत्म ज्ञान तथा आत्म ज्ञान से परम पद पाने के लिए गोविन्द के कीर्तन का निर्देश दिया गया है। लज्जा छोड़कर उच्च स्वरों में गायन और नर्त्तन करने वाले भक्त के विषय में कहा गया है कि वह समस्त लोकों को पवित्र करता है। अग्नि पुराण के अनुसार जो शंख, भेरी आदि वाद्यों की ध्वनि के साथ देवताओं को पंचगव्य से स्नान कराता है, वह अपने कुल का उद्धार करके स्वयं भी देवलोक को जाता है। याज्ञावल्क्य स्मृति में लिखा है कि जो वीणा वादन का तत्त्व और श्रुतियों की जाति तथा ताल जानते हैं, वे विना प्रयास के ही मोक्ष को प्राप्त करते हैं। इसी प्रकार एक अन्य ग्रन्थ में लिखा है कि जो प्रसन्न चित्त से श्रद्धा भक्ति सम्पन्न होकर भावों सहित नृत्य करते हैं, वे जन्म-जन्मान्तरों के पापों से मुक्त हो जाते हैं। नारद संहिता के अनुसार—देवताओं के स्वामी भगवान विष्णु सामगान द्वारा जितनी जल्दी प्रसन्न हो जाते हैं, वैसे यज्ञ, दान आदि द्वारा भी नहीं होते। इतना ही नहीं, संगीत को ईश्वर प्राप्ति का सर्वोच्च और सर्वश्रेष्ठ साधन मानते हुए लिखा गया है कि पूजा से करोड़ गुना श्रेष्ठ ध्यान, ध्यान से करोड़ गुना श्रेष्ठ स्तोत्र, स्तोत्र से करोड़ गुना श्रेष्ठ जप और जप से करोड़ गुना श्रेष्ठ गान हैं तथा गान से श्रेष्ठ कुछ भी नहीं है। यही कारण है कि सूर, तुलसी, हरिदास, रैदास, मीरा, नानक और चैतन्य आदि सन्तों ने ईश्वर की उपासना के माध्यम के रूप में संगीत को ही चुना।

दूसरी ओर, कृत्रिमता से कोसों दूर प्रकृति की गोद में पले-बढ़े ग्रामीणों को देखिए तो वहाँ भी संगीत है...संगीत की अलग-अलग विधाएँ और शैलियाँ हैं। होरी, कजरी, चैती, भांगड़ा, गिद्धा, किन्नर, बिहु, घूमर, बिरहा, कालबेलिया और तेरह ताली जैसी नृत्य संगीत की अनेक शैलियाँ हमारे ग्रामों की गोद और प्रकृति की छत्रछाया में पली-बढ़ी हैं। दिन भर खेतों, खलिहानों में हाड़ तोड़ मेहतन करने वाले कृषक भाई शाम को चौपाल में बैठकर लोक वाद्यों के सहारे जब लोकगीतों, नृत्यों की प्रस्तुति करते हैं, तो उनकी सारी थकान मिट जाती है, और फिर वे थकान, तनाव रहित होकर सोते हैं। इसीलिए लोक जीवन से सम्बन्धित अनेक संगीत, नृत्य शैलियाँ, राग, ताल, वाद्य यन्त्र एवं रचनाएँ इन घाटियों और पहाड़ियों में हमें मिलती हैं। भारत की कला और संस्कृति को समृद्ध करने में हमारी लोक कलाओं ने अत्यन्त महत्त्वपूर्ण भूमिकाएँ निभाई हैं।

स्वास्थ्य की दृष्टि से भी सांगीतिक कलाओं का बहुत महत्त्व है। गायन से कण्ठ एवं फेफड़े की अनेक बीमारियाँ दूर होती हैं। अलग-अलग वाद्य यन्त्रों द्वारा शरीर के भिन्न-भिन्न अंगों, उपांगों एवं प्रत्यंगों को स्वस्थ किया जा सकता है। और, नृत्य से तो सम्पूर्ण शरीर का व्यायाम होता है। इसके साथ ही देश-विदेश की अनेक संस्थाएँ संगीत द्वारा रोगोपचार की प्रक्रिया में जुटी हैं, और उन्हें निरन्तर सफलता मिल रही है। संगीत में सम्प्रेषण और मानसिक भावनाओं को प्रभावित करने की अद्भुत शक्ति होने के कारण यह अनेक जटिल और मानसिक रोगों के उपचार में सहायक सिद्ध हो रहा है। ज्ञातव्य है कि हमारी 80 प्रतिशत से अधिक बीमारियाँ मानसिक कारणों से होती हैं।

लेकिन, क्या यह चिन्तनीय विषय नहीं है कि जिस कला से मानव इतनी गहराई से जुड़ा है, उसे समाज में उचित सम्मान और स्थान नहीं मिल रहा है? लगभग 105 करोड़ की आबादी वाले इस देश में संगीत में रुचि लेने वालों की संख्या अगर 2 करोड़ भी है, तो क्या कारण है कि संचार माध्यमों द्वारा उन्हें उचित स्थान और महत्त्व नहीं मिलता? दूरदर्शन पर संगीत नृत्य के गम्भीर कार्यक्रम हमें देखने को नहीं मिलते? अखबारों में संगीत विषयक रचनाएँ पढ़ने हेतु तरस जाते हैं हम। ऐसा क्यों होता है? और, कब तक होता रहेगा? कब तक व्यावसायिक लाभ के लिए लोगों की भावनाओं का शोषण होता रहेगा?

सम्प्रेषण की अद्भुत क्षमता के कारण जो बात घण्टों के भाषण, प्रवचन से लोगों के दिलों में नहीं बैठती, जिसे समझाने में मोटे-मोटे ग्रन्थ असफल रहते हैं, उसे संगीत का जादू लोगों को कुछ ही मिनटों में समझा देता है। प्राचीन काल में युद्धरत सैनिकों को प्रोत्साहित करने हेतु भेरी, दुंदुभी, नक्कारे और तब्ल जंग जैसे वाद्य प्रयुक्त होते थे। आज भी सीमा पर युद्धरत सैनिकों को प्रोत्साहित करने हेतु देशभक्ति की भावनाओं से ओत-प्रोत गीतों को गाने के लिए गायक कलाकार जाते

हैं। समाज को आदर्श और उत्थान के मार्ग पर प्रेरित करने वाले महानायकों की चरित गाथा, उनके आदर्श विचारों को जब संगीत की स्वर लहरियों में पिरोकर प्रस्तुत किया जाता है, तब वह सीधे लोगों के दिलों की गहराई में उतर जाती है, किसी दुःखी व्यक्ति को मधुर और शृंगारिक रागिनी सुनाकर उसके दुःख को सहज ही दूर किया जा सकता है। इसी प्रकार जब किसी अत्यन्त प्रफुल्लित व्यक्ति को जब कोई दर्द भरी करुण रागिनी सुनाई जाती है, तो उसका भी मन बोझिल और दुःखी हो जाता है।

संगीत ही एक ऐसी कला, विधा है, जिसमें किसी मध्यस्थ की आवश्यकता नहीं पड़ती। जब भी अन्तर्राष्ट्रीय समारोह होते हैं, संगीत का प्रयोग अनिवार्य रूप से होता है। अन्तर्राष्ट्रीय साहित्य सम्मेलनों में तो दुभाषिए की सख्त जरूरत पड़ती है, किन्तु संगीत सम्मेलनों में नहीं। क्योंकि, यह भाषाओं की सीमा से परे अन्तर्राष्ट्रीय भाषा है...आत्मा की भाषा है...और, इसीलिए इसे एक मात्र ऐसे माध्यम के रूप में स्वीकारा गया है, जो सम्पूर्ण विश्व को एक सूत्र में बाँधता और पिरोता है। जिसका मूल उद्देश्य विश्व बन्धुत्व और वसुधैव कुटुम्बकम् होता है। राजनीति के विश्व मंचों एवं खेल के अन्तर्राष्ट्रीय मैदानों में एक-दूसरे से शत्रुवत् व्यवहार करने वाले देशों के कलाकार जब एक-दूसरे से मिलते हैं तो वे अपने अपने देशों की सारी कटुता भुलाकर ऐसे मिलते हैं जैसे दो सहोदर युगों बाद मिल रहे हैं।

इस प्रकार हम देखते हैं कि इसमें कोई सन्देह नहीं कि समाज और सामाजिक गुणों के विकास में संगीत भिन्न-भिन्न चरणों में अपनी अहम् और इन्द्रधनुषी भूमिकाओं का पूरी तरह निर्वाह करता है। किन्तु समाज को, समाज के लोगों को अभी यह प्रमाणित करना शेष है कि वे भी संगीत को गम्भीरता से लेते हैं। और, मात्र अपनी आवश्यकताओं के समय ही उसे याद नहीं करते। संगीत के विषय में प्लेटो का यह कथन पूरी तरह सच है कि–'संगीत के माध्यम से आत्मा लय सीख जाती है। संगीत चरित्र बनाता है। उसमें धर्म की प्रवृत्ति आ जाती है, और वह कभी भी अन्याय नहीं कर सकता। क्योंकि वह स्वर लहरी में बँधा रहता है।'

सप्तम् अध्याय निषाद्

51 कलाकारों के संक्षिप्त शब्द-चित्र

● पं. राम सहाय ● पं. भैरव सहाय ● पं. विष्णु नारायण भातखंडे ● पं. विष्णु दिगंबर पलुस्कर ● पं. दरगाही मिश्र ● पं. बिक्कू महाराज ● पं. कंठे महाराज ● उ. नत्थू खां ● उ. जहाँगीर खाँ ● उ. अमीर हुसैन खाँ ● उ. अहमद जान थिरकवा ● पं. गामा महाराज ● पं. अनोखेलाल ● उ. अल्लारखा ● उ. इनाम अली ● पं. ज्ञान प्रकाश घोष ● उ. करामतुल्ला खाँ ● पं. गुदई महाराज ● पं. निखिल घोष ● उ. हबीबुद्दीन खाँ ● उ., आफाक् हुसैन ● उ. अनवार हुसैन ● प्रो. लालजी श्रीवास्तव ● उ. लतीफ अहमद खाँ ● पं. बद्री महाराज ● उ. रमजान खाँ ● पं. किशन महाराज ● प्रो. रंगनाथ मिश्र ● पं. शीतल प्रसाद मिश्र ● पं. शारदा सहाय ● उ. जाकिर हुसैन ● पं. सुरेश भाई गायतोंडे ● पं. छोटे लाल मिश्र ● उ. फैयाज़ खाँ ● श्री स्वप्न चौधुरी ● पं. आनिंदो चैटर्जी ● श्री कुमार बोस ● श्री आनंद गोपाल बंदोपाध याय ● पं. लक्ष्मण सिंह सीन ● पं. रमाकांत ● पं. नयन घोष ● पं. मुकुंद भाले ● पं. सुरेश तलवलकर ● उ. शफात् अहमद खाँ ● श्री अकरम खाँ ● उ. इलमास हुसैन खाँ ● श्री गोविंद चक्रवर्ती ● श्री रफीउद्दीन सावरी ● श्री सुधीर पांडेय ● श्री सुभाष निर्वाण ● श्री रामकुमार मिश्र

1. पं. रामसहाय जी मिश्र

तबला वादन की कला में एक नए अध्याय का सूत्रपात करने वाले, तबला का नया इतिहास रचने वाले, तबला की मुख्य धारा को एक नई दिशा देने वाले और भरने वाले इसमें विभिन्न रंग तथा पहुँचाने वाले सफलता के शिखर तक—पं. रामसहाय जी के उल्लेख के बिना तबला का इतिहास अधूरा रहता है।

पं. रामसहाय के जन्म काल में विषय में विद्वानों में मतभेद है। फिर भी ऐतिहासिक साक्ष्यों से ज्ञात होता है कि सन् 1797 में इनका जन्म वाराणसी में हुआ। इनके पिता का नाम पं. प्रकाश महाराज था। इनके पूर्वज मूलतः जौनपुर जनपद के ग्राम गोपालापुरा के निवासी और उच्च कुलीन ब्राह्मण थे, जिनका कार्य था संगीत के माध्यम से पौराणिक आख्यानों का गायन। संगीत के संस्कार इन्हें यहीं से मिले। इनकी विशेष रुचि तबले में थी, अतः अपने पिता और चाचा का तबला ये घण्टों बजाते रहते थे। कठिन रियाज़ के फलस्वरूप रामसहाय नौ-दस वर्ष की उम्र में ही किसी कुशल तबला वादक के समान सिद्ध हस्त हो गए। अतः इनके तबला वादन की चर्चा यत्र-तत्र होने लगी।

एक संगीत सभा में इनका वादन लखनऊ घराने के उस्ताद मोदू खाँ ने सुना और इन्हें अपनी शागिर्दी में लेने की इच्छा इनके पिता से प्रकट की। पिता पुत्र की रुचि से परिचित थे। वह जानते थे कि उनका पुत्र स्वयं को पौराणिक आख्यानों के गायन तक ही सीमित रखने वाला नहीं है, अतः उन्होंने पुत्र को सहर्ष उस्ताद मोदू खाँ की शिष्यता में सौंप दिया। इस घटना का हिन्दू और मुसलमान दोनों ही समुदायों द्वारा व्यापक विरोध हुआ। लेकिन, गुरु और शिष्य दोनों ही इस निर्णय पर अटल रहे। शिक्षा का यह क्रम 12 वर्षों तक चला। बीच में एक समय ऐसा भी आया, जब मोदू खाँ 6 महीने के लिए लखनऊ से बाहर चले गए थे। उन दिनों शिक्षा के टूटते क्रम और गुरु बिछोह से रामसहाय बहुत दुःखी थे अतः मोदू खाँ की पत्नी ने उन्हें इन 6 महीनों में 500 पंजाबी गतों की शिक्षा दी। जिसे उन्होंने अपने पिता से सीखा था।

सादत अली खाँ (सन् 1814) के देहावसान के बाद जब अवध की गद्दी पर नवाब गाजीउद्दीन हैदर आसीन हुए, तब नवाब बनने के 5 वर्ष बाद लखनऊ में 7 दिनों का एक भव्य संगीत समारोह सन् 1819 में आयोजित हुआ, जिसमें अविभाजित भारत के सभी बड़े कलाकारों ने भाग लिया। इस समारोह में सातों दिन पं. राम सहाय का चमत्कारी तबला वादन हुआ। पं. रामसहाय का चमत्कारी वादन सुनने के बाद उपस्थित सभी तबलावादकों ने एक स्वर से उनकी महानता को स्वीकारते हुए उन्हें युग का सर्वश्रेष्ठ कलाकार माना और उनकी भुजा पूजी। अलग-अलग घराने के कलाकारों ने अपने-अपने घरानों की दुर्लभ बंदिशें उन्हें उपहार स्वरूप दी तो नवाब ने बहुमूल्य उपहारों से लाद दिया उन्हें।

यहीं, एक बहुत बड़ा सांगीतिक अन्याय भी हुआ। मुसलमान कलाकारों और बिरादरी की दवाब में आकर उस्ताद मोदू खाँ ने गुरु दक्षिणा में अपनी समस्त विद्या इनसे वापस माँग ली। उन्होंने पं. रामसहाय से वचन लिया कि वह न तो उनके द्वारा सिखाए गए बोलों का कभी वादन करेंगे और न तो किसी अन्य को सिखाएँगे। पं. रामसहाय के पास गुरु की आज्ञा के आगे सिर झुकाने के अलावा और कोई रास्ता नहीं था।

बनारस वापसी पर कुछ दिनों तक पं. रामसहाय अन्यमनस्क रहे। लेकिन, बाद में उनके सृजनशील मस्तिष्क ने करवटें लेना शुरू कर दिया। उन्होंने गम्भीरता से सोचा तो पाया कि उनके पास मोदू खाँ की शिक्षा के अलावा भी काफी कुछ है। आखिर उनसे सीखने के पूर्व भी तो वह तबला बजाते थे। उनके पास दूसरे घरानों के उस्तादों द्वारा प्रदत्त दुर्लभ बंदिशें भी तो हैं। और सबसे बड़ी चीज जो है वह है उनका सृजनशील मस्तिष्क। यहीं से उन्होंने तबला को एक नया रूप, नई शक्ल और नई दिशा देने का कार्य आरम्भ किया। फलस्वरूप नींव पड़ी बनारस बाज की।

तबले पर पांचों उँगलियों का प्रयोग, धा, ता और ना जैसे वर्णों के निकास हेतु चाँटी के साथ-साथ लव का भी प्रयोग, खुले और जोरदार अंग से वादन की विधि, अन्य घरानें के वादक जहाँ तबला का मूल ताशे और नक्कारे में देखते हैं, वहाँ पखावज की भूमिका की तलाश और स्याही की भूमिका को महत्त्व देना, परणों, छन्दों, पड़ार और देवी-देवताओं पर आधारित स्तुति तथा कवित्त परणों की प्रस्तुति और महत्त्वपूर्ण बोलों को पहले ताल देकर बोलना फिर बजाना—वे विशेषताएँ हैं, जिन्हें बनारस घराना ने आविष्कृत किया। इस तपस्वी कलाकार के पास कई दुर्लभ रचनाएँ थीं। जैसे सिद्धिपरण, गजपरण, कृष्णपरण, पावसपरण, रासलीला परण, हनुमानपरण कालीपरण, दुर्गापरण आदि। समापरण के सम पर समाप्त होते ही सामने रखा नारियल अपने आप 2 टुकड़ों में विभक्त हो जाता था। गजपरण के वादन से पागल हाथी को वश में किया जा सकता था, और सुलभ का टुकड़ा ऐसा था,

जिसकी लय दुनिया की किसी भी लय से नहीं मिलती थी। बनारस घराने के वादक अन्य घरानों की तरह पेशकार से एकल वादन का आरम्भ न करके उठान से करते हैं।

बनारस बाज की स्थापना करते समय पं. रामसहाय ने कहा था कि यह चतुर्मुखी तबला है, और इसका वादक किसी भी विधा की कुशल संगति में सक्षम होगा। साथ ही एकल वादन में भी दक्ष होगा। उनका यह कथन उनके जीवनकाल में ही सच साबित हो गया इन्होंने इस स्वनिर्मित बाज की शिक्षा 7 शिष्यों पं. रामशरण मिश्र, पं. प्रताप महाराज, पं. भगत जी, पं. बैजू जी और पं. यदुनन्दन जी को दी। अपने छोटे भाई पं. जानकी सहाय का नृत्य छुड़ाकर इन्होंने उन्हें भी तबला सिखाया। जीवन के अन्तिम दिनों में अपने भतीजे पं. भैरव सहाय को अपना अन्तिम शिष्य बनाया इन्होंने। पं. रामसहाय ने 'बनारस बाज' नामक तबला विषयक एक ग्रन्थ की भी रचना की थी, किन्तु घर में आग लग जाने से यह ग्रन्थ नष्ट हो गया। पं. रामसहाय जी आजीवन अविवाहित रहे। अतः उनकी परम्परा उनके शिष्यों और उनके अनुज पं. जानकी सहाय के पुत्रों द्वारा चली।

जब से तबले का इतिहास मिलता है, तब से हर 40-50-60 वर्षों के अन्तराल पर एक नए घराने की नींव पड़ने का गवाह संगीत का इतिहास है। किन्तु पं. रामसहाय ने बनारस बाज के नाम से तबले को जो बहुरंगी स्वरूप, विस्तार और पूर्णता दी, उसके बाद तबले के फिर किसी घराने के निर्माण की आवश्यकता नहीं पड़ी।

तबले के इस विशिष्ट बाज का जनक, इस महत्त्वपूर्ण घराने का प्रवर्त्तक, यह महान् नाद योगी मात्र 46 वर्ष की आयु में अपने अनुयायियों का भरा-पूरा परिवार छोड़कर नाद ब्रह्म में लीन हो गया।

2. पंडित भैरव सहाय

बनारस बाज के प्रवर्त्तक पं. रामसहायजी ने जब साधु वेश धारण कर लिया तब अपने अनुज गौरी सहाय के पुत्र भैरव सहाय को अपनी शिष्यता प्रदान करते हुए उन्होंने कहा था कि यह मेरा अंतिम शिष्य है। उग्र स्वभाव और तेजस्वी प्रकृति के पं. भैरव सहाय का जन्म वाराणसी में सन् 1815 में हुआ था। बाल्यावस्था से ही उनकी रुचि संगीत की ओर देख पं. रामसहाय ने इन्हें तबला की विधिवत् शिक्षा देनी आरम्भ की। काशी में नीची बाग स्थित आस भैरव का पूजन और तबला का अनथक रियाज वर्षों तक इनकी एक मात्र दिन चर्या थी। फलस्वरूप, मात्र 18 वर्ष की उम्र में इनके तबले में वह जादू पैदा हो गया कि बड़े-बड़े कलाकार दाँतों तले उँगली दबा लेते थे। 21 वर्ष की उम्र में इनके तबले का लोहा तत्कालीन बड़े कलाकार भी मानने लगे थे।

नेपाल नरेश राणा जंग बहादुर ने जब अपने यहाँ विशाल संगीत समारोह आयोजित किया, तो उसमें पं. भैरव सहाय को भी सादर आमन्त्रित किया। भैरव सहाय की ख्याति उनके वहाँ पहुँचने के पूर्व ही पहुँच चुकी थी। अतः तत्कालीन धुरंधर सरोद वादक उस्ताद नियामतुल्ला खाँ के साथ इन्हें संगति हेतु कहा गया। नियामतुल्ला खाँ का वादन मूलतः लय प्रधान था, अतः गत शुरू होते ही दोनों ही कलाकारों ने लय के एक से बढ़कर एक चमत्कारिक प्रयोग शुरू कर दिये। छन्दों की छटा देख उपस्थित श्रोता समुदाय और संगीत मर्मज्ञ चकित रह गए। भैरव सहाय के चमत्कारिक वादन से प्रभावित हो नियामतुल्ला खाँ ने कहा था—'भैरव सहाय तबलिया नहीं, फरिश्ते हैं। खुदा ने इनकी उँगलियों को भी आँखें दी हैं, इसलिए साथी कलाकारों की उपजें इन्हें पहले ही दिख जाती हैं।' नेपाल नरेश राणा जंग बहादुर ने पं. भैरव सहाय को काफी धन-सम्पत्ति के साथ-साथ एक तलवार और राइफल भी विशेष रूप से भेंट किया था।

इनके शिष्यों में पं. बलदेव सहाय ने काफी ख्याति प्राप्त की। सन् 1894 में बनारस बाज का यह विलक्षण कलाकार अपना नश्वर शरीर त्याग नाद ब्रह्म में लीन हो गया।

3. चतुर पण्डित विष्णु नारायण भातखण्डे

चतुर पण्डित स्व. विष्णुनारायण भातखण्डे का जन्म मुम्बई के बालकेश्वर नामक स्थान पर श्रीकृष्ण जन्माष्टमी के दिन 10 अगस्त, 1860 को नारायणराव पण्डित के यहाँ हुआ था। बालक विष्णु की बचपन से ही हिन्दुस्तानी संगीत में रुचि थी। एक बार उसने अपने विद्यालय में एक मधुर गीत गाया था, जिस पर उसे प्रथम पुरस्कार प्राप्त हुआ था। इससे उसका झुकाव संगीत की ओर और अधिक हो गया। सोने में सुगन्ध की तरह बालक विष्णु को उसका पड़ोस भी मिला। विष्णु के पड़ोस में रहने वाले अधिकतर गुसाईं, गुजराती और मारवाड़ी आदि थे, जो नित्य प्रति भजन, कीर्तन, नृत्य एवं नाटक आदि से अपने-अपने इष्ट देवों की आराधना किया करते थे।

इसी समय विष्णु ने बाँसुरी वादन भी आरम्भ किया और अपने मनमोहक गायन तथा बाँसुरी वादन से इन लोगों द्वारा आयोजित कार्यक्रमों का अभिन्न अंग बन गया। भक्तिपूर्ण संगीत समारोह रामनवमी, जन्माष्टमी, होली, दीपावली आदि प्रत्येक पर्व पर आयोजित किए जाते थे, और इनका प्रमुख कार्यकर्ता होता था—विष्णु। विष्णु के रूप में उन लोगों को एक ऐसा संगीत कलाकार मिल गया था जो अपने मधुर गायन और बाँसुरी वादन से किसी को भी आकर्षित करने की क्षमता रखता था। लेकिन, विष्णु की संगीत के प्रति दिनों-दिन बढ़ती रुचि देखकर उसके अभिभावक चिन्तित हो उठे, क्योंकि हिन्दुस्तानी संगीत उस समय संघर्ष के दौर में था। तथाकथित सभ्य एवं उच्च तथा अभिजात्यों द्वारा संगीत और संगीतज्ञों को हेय दृष्टि से देखा जाता था। बचपन की बात और थी। लेकिन, अब विष्णु बड़ा होने लगा था। उसे पारिवारिक जिम्मेदारियाँ समझने का प्रयास करना चाहिए। संगीत में ही ज्यादा समय दे देने के कारण पढ़ाई में भी बहुत अच्छे अंक नहीं मिल पा रहे थे। देखते ही देखते विष्णु 20 वर्ष का हो गया। सन् 1880 में उसने मैट्रिक की परीक्षा उत्तीर्ण कर महाविद्यालय में प्रवेश लिया।

महाविद्यालयीन शिक्षा के दौरान विष्णु की मुलाकात उस्ताद अली हुसैन खाँ

बीनकार के शिष्य सितार वादक गोपाल गिरि से हुई। श्री गिरि के माध्यम से ही इनका परिचय नेत्रहीन सितार वादक एवं बीनकार बल्लभदास दामुल जी से हुआ। धनाढ्य बल्लभदास स्वांतः सुखाय सितार बजाते थे। उनके वादन से प्रभावित होकर विष्णुजी ने उनसे सितार सीखने की इच्छा प्रकट की। बल्लभदास ने भी स्वीकृति दे दी। अब, विष्णु नित्य बल्लभदास के यहाँ जाते...बैठे रहते... और गुरु कभी सितार तो कभी वीणा की रियाज़ में खोए रहते। इसी तरह काफी दिन बीत गए। दूसरा कोई होता तो सितार सीखने का विचार ही त्याग देता। लेकिन, विष्णु जानते थे कि वल्लभदास उनकी परीक्षा ले रहे हैं। इस खाली समय में उन्होंने बड़ी बारीकी से उनके दोनों हाथों तथा उँगलियों का अध्ययन किया कि किस समय किस उँगली की क्या स्थिति रहती है? गोपाल गिरि भी उन्हें पर्याप्त सहायता और ज्ञान दे रहे थे। कुछ दिनों बाद बल्लभदास ने भी उन्हें सिखाना शुरू किया। विष्णु की प्रतिभा और योग्यता से वह अत्यन्त प्रसन्न थे। सुयोग्य गुरु, अदम्य इच्छा शक्ति, और अत्यन्त कठिन साधना का परिणाम यह हुआ कि जल्द ही मुम्बई महानगरी में विष्णु एक कुशल सितार वादक के रूप में पं. विष्णुनारायण भातखण्डे के नाम से पहचाने जाने लगे, और उनकी लोकप्रियता दिनों-दिन बढ़ने लगी।

इसी तरह के एक कार्यक्रम में विष्णु के पिता नारायणराव भातखण्डे भी उपस्थित थे। इस कार्यक्रम में विष्णुनारायण भातखण्डे का प्रदर्शन काफी सफल रहा। इनके पिता नारायणराव एक ओर बेटे की सांगीतिक निपुणता पर मुग्ध हो गए, तो दूसरी ओर उसके भविष्य के प्रति अत्यन्त चिन्तित भी। क्योंकि उस समय संगीतज्ञों की दशा अत्यन्त सोचनीय एवं दयनीय थी। लेकिन, विष्णु अपने भविष्य के प्रति सचेत थे। वह संगीत जगत् के लिए लीक से अलग हटकर कुछ नया करना चाहते थे। सन् 1885 में विष्णुनारायण ने बी.ए. और 1887 में एल.एल.बी. की परीक्षाएँ उत्तीर्ण की।

लेकिन, इसके पूर्व सन् 1884 में ही विष्णुनारायण पारसियों द्वारा संचालित गायन उत्तेजक मण्डली नामक संस्था के सदस्य हो गए थे। इस संस्था द्वारा आयोजित कार्यक्रमों के माध्यम से देश के अनेक महान् कलाकारों तानरस खाँ, इनायत हुसैन खाँ, नत्थन खाँ और अली हुसैन खाँ आदि से उनका परिचय हुआ। मात्र कुछ लोगों की मुट्ठियों में कैद संगीत कला के प्रचार-प्रसार की बात इनके मन में इन्हीं दिनों आई। अतः इन्होंने प्राचीन और दुर्लभ रचनाओं (बन्दिशों) के संग्रह का कार्य शुरू कर दिया। रावजी बुवा बेलगाँवकर नामक प्रसिद्ध ध्रुवपद गायक से इन्होंने लगभग 300 ध्रुवपद सीखे। उस्ताद अली हुसैन खाँ और उनके मामा उस्ताद विलायत हुसैन खाँ से इन्होंने अनेक ख्यालों का संग्रह किया। इसी बीच इन्होंने अनेक प्राचीन सांगीतिक ग्रन्थों का भी गहरा अध्ययन किया।

विष्णुनारायण भातखण्डे ने अनुभव किया कि संगीत के क्रियात्मक पक्ष के

अधिकांश कलाकार अशिक्षित होने के कारण संगीत के शास्त्रीय पक्ष से अनभिज्ञ हैं। ये लोग अपने पिता या उस्ताद से सीखते, रियाज़ करते, कार्यक्रम देते और अपने पुत्रों तथा शिष्यों को सिखलाते। इसी तरह परम्परागत रूप से संगीत कला एक से दूसरे तक पहुँच रही थी। स्वर लिपि और ताल लिपि की जानकारियाँ इन लोगों को नहीं थी। अतः भातखण्डे जी ने संगीत के शास्त्र पक्ष का अध्ययन, विवेचन और व्याख्या करना आरम्भ किया। भातखण्डे जी के साथियों द्वारा उनके इस कार्य को काफी सराहा और प्रोत्साहित किया गया। अब श्री भातखण्डे जी संगीतज्ञों के बीच संगीत सुधारक के रूप में प्रसिद्ध हो गए।

बाद में भातखण्डे जी ने कराची में वकालत आरम्भ किया। वह क्रिमिनल लॉ के विशेषज्ञ थे। इन्हीं दिनों धनाढ्य और सफलतम् कानून विशेषज्ञ स्व. एम.शांताराम द्वारा उनकी पुत्री श्रीमती दक्षिणा बाई सुकथान के नाम छोड़ी गई अगाध सम्पत्ति के ट्रस्टी के रूप में भातखण्डे जी की नियुक्ति हुई। लेकिन, इन समस्त व्यस्तताओं के बीच भी भातखण्डे जी ने संगीत सेवा का व्रत नहीं छोड़ा। वह सांगीतिक ग्रन्थों का नियमित अध्ययन करते रहे। प्राचीन ग्रन्थों का अध्ययन करते हुए श्री भातखण्डे ने पाया कि उनमें कुछ भ्रान्तियाँ हैं। उन्होंने अनुभव किया कि ये ग्रन्थ कई जगहों पर अपना आशय स्पष्ट नहीं कर पाए हैं तथा कई स्थानों पर इनमें विरोधाभास भी है। इसी समय श्री भातखण्डे के मन में यह इच्छा जागृत हुई कि वह इन अस्पष्ट तथ्यों को स्पष्ट करें, ताकि संगीत कला सुगमतापूर्वक जन-जन तक पहुँच सके।

सन् 1895 के आसपास गायन उत्तेजक मण्डली के सदस्य संगीतज्ञ श्री रावजी बुवा का निधन होने से उनका कार्यभार सम्भाला प्रसिद्ध सारंगी वादक उस्ताद नजीर खाँ ने। नजीर खाँ के पटु शिष्य श्री वादीलाल शिवराम से और उनके माध्यम से उस्ताद नत्थन खाँ के ज्येष्ठ पुत्र उस्ताद मोहम्मद खाँ से भातखण्डे जी की मित्रता इन्हीं दिनों हुई। एक दिन अचानक मोहम्मद खाँ ने भातखण्डे जी को सूचित किया कि उस्ताद मोहम्मद अली खाँ जयपुर वाले के पुत्र उस्ताद अश्शाक अली खाँ—जिनके पास दुर्लभ ख्यालों का भण्डार है—आजकल अत्यन्त गरीबी में दिन गुजार रहे हैं। और, कुछ पैसा कमाने के उद्देश्य से इन दिनों मुम्बई आए हुए हैं। अतः भातखण्डे जी उनकी आर्थिक सहायता करके उनसे प्राचीन बन्दिशें प्राप्त कर सकते हैं। इसके लिए अश्शाक अली और भातखण्डे जी दोनों ही सहमत हो गए। खाँ साहब गाते, और भातखण्डे जी उन्हें स्वर, मात्रा, लय, ताल आदि के साथ लिपिबद्ध करते। फिर उन रचनाओं को अपनी शैली में उस्ताद को सुनाते। अश्शाक अली प्राचीन बन्दिशों को इस नए रूप में देखकर अत्यन्त प्रसन्न होते। अन्त में भातखण्डे जी दोनों शैलियों में रचनाओं को ध्वन्यांकित कर लेते। इस प्रकार दो-तीन महीनों में ही उन्होंने लगभग 250 प्राचीन ख्यालों को सीखकर रिकॉर्ड कर लिया।

यह बात किसी तरह उस्ताद अश्शाक अली खाँ के वयोवृद्ध पिता उस्ताद

मोहम्मद अली खाँ तक जा पहुँची। अत्यन्त वृद्धावस्था के बावजूद वह श्री भातखण्डे के घर जा पहुँचे और क्रोधावेश में उन पर बरस पड़े–'तुमने पैसों के बल पर मेरे घराने की दुर्लभ बन्दिशों को प्राप्त कर लिया है, जिससे हम सबका महत्त्व खत्म हो गया है। मैं भूखों मर जाना पसन्द करता, लेकिन तुम्हें ये बन्दिशें कभी नहीं देता।' पुराने कलाकार अपनी बन्दिशों से कितना प्यार करते थे, उन्हें कितना महत्त्व देते थे। इसका प्रमाण है यह घटना। भातखण्डे जी की आँखों में आँसू आ गए मोहम्मद अली की पीड़ा देखकर। उन्होंने कहा–'हमसे भूल हुई है। कृपया हमें क्षमा कर दें। मैं आपको विश्वास दिलाता हूँ कि आपकी बन्दिशों का कभी भी दुरुपयोग नहीं होगा।' भातखण्डे जी ने उनके पैरों का स्पर्श कर कहा–'इसमें आपके पुत्र का कोई दोष नहीं है। जो भी भूल हुई है, मुझसे हुई है। लेकिन, मैं भी आपके पुत्र के ही समान हूँ, कृपया मुझे क्षमा करे दें।' भातखण्डे जी की बातों से वृद्ध कलाकार मोहम्मद अली खाँ का दिल पिघल उठा। श्री भातखण्डे ने संगीत कला के लिए क्या-क्या किया है, यह जानकर वह उनसे बहुत प्रभावित हुए। उन्होंने स्वयं भी भातखण्डे जी को कई अन्य बन्दिशों तथा लक्षण गीतों की शिक्षा दी। इन्हें भी भातखण्डे जी ने लिपिबद्ध कर लिया। भातखंडे जी ने अश्शाक अली खाँ और मोहम्मद अली खाँ को गुरु रूप में स्वीकारते हुए काफी धनराशि भेंट की।

कुछ वर्षों बाद उस्ताद नजीर खाँ, अंजनीबाई मालपेकर (मुम्बई) और अच्छन बाई (लखनऊ) के सहयोग से भातखण्डे जी ने लक्षण गीतों की रचना और उनकी स्वर लिपि का काम शुरू किया। इन्हीं दिनों उनकी पत्नी और पुत्री का देहावसान हुआ, जिससे वह अकेले पड़ गए। सन् 1904 में भातखण्डे जी को धाकलीबाई सुखतानकर के साथ दक्षिण भारत जाने का सुयोग प्राप्त हुआ। इस यात्रा के दौरान वह भिन्न-भिन्न स्थानों पर गए। वहाँ के संगीताचार्यों से मिले, एवं पुस्तकालयों में जाकर प्राचीन सांगीतिक ग्रन्थों का अध्ययन किया। इसी यात्रा में भातखण्डे जी को श्री दीक्षित्तर से मिलने का सुयोग प्राप्त हुआ, जिनसे इन्हें महत्त्वपूर्ण जानकारियाँ मिलीं। चतुर्दंडिप्रकाशिका नामक एक दुर्लभ ग्रन्थ भी मिला भातखण्डे जी को, और पुस्तकालयों में कई अन्य महत्त्वपूर्ण ग्रन्थों के अध्ययन का अवसर भी, जैसे स्वर मेल कलानिधि, संगीत सारामृत, राग लक्षणम् आदि। भातखण्डे जी ने इन पुस्तकों को पुनर्प्रकाशित कर अत्यन्त कम मूल्य पर जनता के लिए सुलभ कर दिया। वह प्रथम व्यक्ति थे जिन्होंने जन साधारण हेतु सांगीतिक पुस्तकों को प्रकाशित किया।

श्रीमती सुखतानकर के साथ पं. भातखण्डे ने भारतीय शास्त्रीय संगीत के अध्ययन हेतु भारत के भिन्न-भिन्न स्थानों का भ्रमण किया। प्राचीन और लुप्तप्राय दुर्लभ ग्रन्थों का अध्ययन किया, और मिले देश के प्रमुख संगीताचार्यों से। सन् 1909 में भातखण्डे जी ने 2 पुस्तकों 'लक्ष्य संगीत' तथा 'हिन्दुस्तानी संगीत पद्धति' के प्रथम भाग का प्रकाशन किया। सन् 1911 में भातखण्डे जी ने स्वरचित लक्षण गीतों

को 'लक्षण गीत' नाम से प्रकाशित किया। इस पुस्तक में विभिन्न रागों के लक्षण, जैसे आरोह, अवरोह, वादी, संवादी, विवादी और वर्जित स्वर तथा गायन समय आदि का वर्णन था। सन् 1914 में इन्होंने 'हिन्दुस्तानी संगीत पद्धति' के द्वितीय और तृतीय भागों का प्रकाशन किया। साथ ही संगीत रत्नाकर, संगीत दर्पण, राग बिवोध एवं संगीत पारिजात आदि ग्रन्थों का सम्पादन और प्रकाशन भी किया। तत्पश्चात् अभिनव राग मंजरी, हृदय कौतुक और हृदय प्रकाश जैसे अप्राप्य ग्रन्थों को ढूँढ़कर इन्होंने उनका पुनर्प्रकाशन कराया।

इन महत्त्वपूर्ण सांगीतिक कार्यों से पं. भातखण्डे की ख्याति बढ़ने लगी, और वह दिनों-दिन संगीतज्ञों के बीच अधिकाधिक लोकप्रिय होने लगे। उनके प्रशंसकों में महाराजा सयाजीराव गायकवाड़ (बड़ौदा), महाराज माधवराव सिंधिया (ग्वालियर) और नवाब हामिद अली खाँ (रामपुर) जैसे लोग थे, जो भातखण्डे जी के कार्यों में रुचि लेते थे। बड़ौदा नरेश की इच्छानुसार उनकी सहायता से बड़ौदा में एक संगीतालय की स्थापना हुई। शिक्षक के रूप में वहाँ उस्ताद मौला बख्श नियुक्त हुए, जो हिन्दुस्तानी और कर्णाटकीय दोनों संगीत पद्धतियों के जानकार थे। जल्द ही संगीतालय को ख्याति मिलने लगी, लेकिन उस्ताद मौला बख्श की मृत्यु से महाराज चिन्तित हो उठे। अतः उन्होंने भातखण्डे जी को बड़ौदा आमन्त्रित किया। सन् 1 15 में भातखण्डे जी बड़ौदा गए। वहाँ के राजा से उन्होंने विस्तृत बातचीत की। बड़ौदा नरेश हिन्दुस्तानी संगीत के शास्त्र अंग, शिक्षण पद्धति और बन्दिशों के लिपिकरण पर कुछ पुस्तकें चाहते थे। भातखण्डे जी ने उन्हें समझाया कि यह कठिन कार्य है, और इसमें कुछ समय लगेगा।

यहीं यह तय हुआ कि बड़ौदा नरेश की सहायता से एक संगीत सम्मेलन करके अखिल भारतीय स्तर के मंचीय कलाकारों तथा संगीत शास्त्र के विद्वानों को एक मंच पर आमन्त्रित करके हिन्दुस्तानी संगीत के विभिन्न पक्षों पर विस्तृत चर्चा की जाए। भातखण्डे जी ने इस अखिल भारतीय संगीत सम्मेलन के लिए बहुत दौड़-धूप की। बड़ौदा नरेश ने आर्थिक सहायता की। अन्ततः मार्च 1916 में यह संगीत सम्मेलन सम्पन्न हुआ। इसमें संगीत के शास्त्र और क्रियात्मक पक्ष के विभिन्न विषयों पर विस्तृत चर्चा हुई। पं. भातखण्डे ने अंग्रेजी में एक भाषण दिया—'ए शार्ट हिस्टोरिकल सर्वे ऑफ द म्यूजिक ऑफ अपर इण्डिया' जो पुस्तक रूप में बाद में प्रकाशित हुआ।

बीच में कुछ कारणों से बन्द हो जाने वाला बड़ौदा का संगीतालय भातखण्डे जी के निर्देशन में पुनः आरम्भ किया गया। बड़ौदा राज्य के एक जमींदार डॉ. हरि जी भाई जो वाद्य संगीत के अच्छे जानकार थे, को संगीतालय का प्राचार्य नियुक्त किया गया। इस संगीतालय ने बहुत ख्याति प्राप्त की। उस्ताद फैयाज खाँ, अता हुसैन खाँ और निसार हुसैन खाँ (बदायूँ वाले) भी इससे सम्बद्ध रहे। बाद में यह बड़ौदा की एम.एस. यूनिवर्सिटी का अंग बन गया। ग्वालियर नरेश के आमन्त्रण

पर भातखण्डे जी ग्वालियर भी गए। नरेश ने एक संगीत विद्यालय स्थापित करने हेतु भातखण्डे जी का सुझाव और निर्देश माँगा। भातखण्डे जी ने हर प्रकार से सहयोग दिया। फलतः 1918 में माधव संगीत महाविद्यालय (ग्वालियर) की स्थापना हुई।

रामपुर के नवाब हामिद अली साहब की सहायता से इन्होंने उस्ताद नजीर खाँ से कई प्राचीन ध्रुवपद और होरी सीखकर लिपिबद्ध किया। सन् 1918 में दिल्ली में नवाब रामपुर की अध्यक्षता में दूसरा अखिल भारतीय संगीत सम्मेलन दिसम्बर में सम्पन्न हुआ। नवम्बर 1919 में तीसरा संगीत सम्मेलन वाराणसी में आयोजित हुआ। भारत के लगभग सभी श्रेष्ठ संगीत शास्त्रज्ञों एवं कलाकारों ने इसमें भाग लिया। सांगीतिक कार्यक्रमों के साथ-साथ शास्त्र पक्ष पर भी विस्तृत वार्ता हुई। चतुर्थ अखिल भारतीय संगीत सम्मेलन राय उमानाथ बली की सहायता से भातखण्डे जी के निर्देशन में लखनऊ के कैसर बाग बारादरी में अत्यन्त सफलतापूर्वक सम्पन्न हुआ। बली परिवार संगीत का अत्यन्त प्रेमी था। राम उमानाथ बली के भतीजे राय राजेश्वर बली उस समय शिक्षामन्त्री थे। वह भी संगीत रसिक थे। राय उमानाथ बली भातखण्डे जी द्वारा संगीत क्षेत्र में किए गए कार्यों से बहुत अधिक प्रभावित थे। वह द्वितीय (दिल्ली) और तृतीय (बनारस) सम्मेलनों में भी गए थे तथा लखनऊ में एक संगीत विद्यालय की स्थापना हेतु इच्छुक थे।

पं. भातखण्डे, राय उमानाथ बली, राजा नवाब अली, अनेकानेक ताल्लुकेदारों एवं जमींदारों सहित तत्कालीन शिक्षामन्त्री राय राजेश्वर बली तथा उनके घनिष्ठ मित्र एवं उत्तर प्रदेश के तत्कालीन राज्यपाल सर विलियम मैरिस के अथक प्रयासों से यह सम्मेलन ऐतिहासिक सिद्ध हुआ। अनेक जटिल एवं गूढ़ विषयों पर चर्चा करके, विभिन्न शास्त्रज्ञों का मत जानकर अनेक जटिल प्रश्नों को यहाँ हल किया गया...अनेक शंकाओं के समाधान ढूँढ़े गए। इसी संगीत सम्मेलन में सर्व सम्मति से यह प्रस्ताव पारित किया गया कि लखनऊ में एक संगीत विद्यालय की स्थापना की जाए।

लखनऊ में कैसर बाग स्थित तोपवाली कोठी में सन् 1926 के जुलाई में संगीत की कक्षाएँ आरम्भ हुईं। इस संगीत महाविद्यालय की स्थापना में उत्तर प्रदेश के तत्कालीन राज्यपाल सर विलियम मैरिस का बड़ा योगदान था, अतः 16 सितम्बर, 1926 को कैसर बाग बारादरी में विलियम मैरिस की उपस्थिति में एक संगीत गोष्ठी आयोजित करके इसका नामकरण मैरिस कॉलेज ऑफ हिन्दुस्तानी म्यूजिक किया गया। भारत की आजादी के बाद पं. भातखण्डे के सुयोग्य शिष्य और यहाँ के प्राचार्य पद्मभूषण डॉ. एस.एन. रतनजानकर ने इसका नामकरण भातखण्डे हिन्दुस्तानी संगीत महाविद्यालय किया। आज यह भातखंडे संगीत संस्थान नाम से जाना जाता है। सन् 1928 के सितम्बर महीने में यह ओल्ड कौंसिल चेम्बर में आ गया।

संगीत के क्षे में भातखण्डे जी का योगदान अमूल्य है। संगीत की स्थिति सुधारने हेतु उन्होंने अपना सर्वस्व त्याग दिया। भारतीय शास्त्रीय संगीत का आज

जो विकसित रूप हमारे समक्ष है, वह पं. भातखण्डे के सत्प्रयासों के कारण ही। उनके महान् योगदानों के कारण संगीत जगत् उनका ऋणी है। भातखण्डे जी ने संगीत जगत् को अनेकानेक श्रेष्ठ ग्रन्थ, रागों के स्पष्ट स्वरूप, प्राचीन दुर्लभ बन्दिशें एवं एक अत्यन्त सुबोध और सरल स्वर लिपि तथा ताल लिपि दिया। चतुर पण्डित, मंजरीकार एवं विष्णु पण्डित आदि विभिन्न नामों से लिखे गए उनके महत्त्वपूर्ण, विचारोत्तेजक और शोधपूर्ण लेख वर्षों से संगीत जिज्ञासुओं का पथ आलोकित करते आ रहे हैं, और भविष्य में भी करते रहेंगे।

संगीत जगत् का दुर्भाग्य कि सन् 1933 की एक सुबह मुम्बई में भातखण्डे जी पर लकवा का आक्रमण हुआ, और वह बिस्तर पर पड़ गए। इसी स्थिति में 3 वर्ष व्यतीत हुए, और गणेश चतुर्थी दिनांक 19 सितम्बर, 1936 को संगीत का यह महान उद्धारक इस नश्वर संसार से चल बसा। आज उनका पार्थिव शरीर हमारे बीच नहीं है। किन्तु अपने अविस्मरणीय सांगीतिक योगदानों के कारण वह अमर हो गए हैं।

4. पं. विष्णु दिगम्बर पलुस्कर

भारतीय स्वाधीनता संग्राम की पहली लड़ाई असफल हो गई थी। अँग्रेजों का शिकंजा भारत पर कसता ही जा रहा था। वे केवल भारत की धरती अथवा धन-सम्पदा ही नहीं, बल्कि सांस्कृतिक धरोहर को भी नष्ट करके भारत को स्थाई रूप से मानसिक और सांस्कृतिक तौर पर कंगाल बनाने में जुटे थे। ऐसे ही समय में सन् 1872 में श्रावणी पूर्णिमा के दिन कुरुंदवाड़ (बेलगाँव) में विष्णु नामक एक तेजस्वी बालक का जन्म हुआ।

बालक विष्णु का घर हर समय भक्ति संगीत से गुंजरित रहता था, अतः संगीत की ओर उनका झुकाव होना स्वाभाविक ही था। लेकिन, यह झुकाव दिनों-दिन अधिक होता गया. ..संगीतामृत की प्यास बढ़ती ही गई, अतः उन्होंने संगीत की विधिवत एवं उच्चस्तरीय शिक्षा लेने का निश्चय किया। आज यह बात बिलकुल साधारण सी लगती है, लेकिन जिस समय विष्णु दिगम्बर जी ने यह निश्चय किया था—उस समय यह अत्यन्त साहसी कदम था। क्योंकि, उस समय समाज में संगीतज्ञों को कोई सम्मानजनक स्थान नहीं प्राप्त था। कई लोगों ने उन्हें समझाया भी लेकिन वह अपने निश्चय पर अडिग रहे, और संगीत की शिक्षा लेना आरम्भ कर दिया। बचपन में ही नेत्र ज्योति खो जाने से इन्हें स्वयं को संगीत पर केन्द्रित करने में और अधिक सहायता मिली।

शास्त्रीय संगीत की उच्चस्तरीय शिक्षा इन्होंने स्वनामधन्य गुरु बालकृष्ण बुवा इचलकरंजीकर से प्राप्त की। पं. बालकृष्ण बुवा ने अनेक विद्वानों से उच्चस्तरीय शिक्षा प्राप्त की थी। वह चारो अंग के पटु कलावन्त थे—और काफी दिनों से एक सुयोग्य शिष्य की खोज में थे। शिष्य रूप में विष्णु जैसा प्रतिभाशाली औरु लगनशील निष्ठावान शिष्य पाकर उनकी वर्षों की खोज पूरी हुई, और उन्होंने अपनी सम्पूर्ण विद्या मुक्त हस्त से उन्हें प्रदान कर दी।

बीस-बाईस वर्ष की उम्र तक विष्णु दिगम्बरजी एक कुशल कलाकार के रूप में स्थापित हो गए थे। उस समय संगीत और संगीतज्ञों को सोचनीय स्थिति देखकर

वह अत्यन्त व्यथित रहा करते थे। अन्ततः 24 वर्ष की उम्र में उन्होंने इस स्थिति को सुधारने का व्रत लेकर सांगीतिक यात्राएँ आरम्भ की। उन्होंने सम्पूर्ण अविभाजित भारत का भ्रमण करके जहाँ से जो भी अच्छी चीज मिली, उसे खुले दिल से स्वीकारा, और जहाँ योग्य सुपात्र मिले—उन्हें अपनी विद्या से लाभान्वित भी किया। काशी की पावन धरती पर संगीत नायक पं. दरगाही जी मिश्र और संगीताचार्य लक्ष्मीदास जी से उनकी गूढ़ और विचारोत्तेजक सांगीतिक वार्ता हुई।

गौर वर्णीय, गठीले शरीर और लम्बे कद के, देखने मात्र से सामने वाले को प्रभावित कर लेने की क्षमता रखने वाले विष्णु जी महाराष्ट्रीय होते हुए भी पूरे अधिकार के साथ हिन्दी में रचनाएँ करते थे। कई अन्य कलाकारों की तरह वह मात्र स्वर और लय में ही नहीं खोए रहते थे। उनमें सामाजिक चेतना और देशभक्ति की भावना भी कूट-कूटकर भरी थी। उस समय स्वाधीनता संग्राम सेनानियों की सभाओं में श्रीयुत् बंकिमचन्द्र चट्टोपाध्याय लिखित वन्दे मातरम् का सशक्त और ओजपूर्ण गायन करके उन्होंने अनेक सुप्त कापुरुषों के हृदय में देशभक्ति की ज्वाला प्रज्वलित की थी। काँग्रेस अधिवेशन तो वगैर उनके वन्दे मातरम् और रघुपति राघव राजाराम के गायन के पूर्ण ही नहीं होता था।

1922 में गया में आयोजित काँग्रेस अधिवेशन में भाग लेने के पश्चात् वापसी के समय उनकी जेब से किसी ने बटुआ निकाल लिया। उसमें उनका प्रथम श्रेणी का रेल टिकट, 500 रुपए तथा कुछ अन्य सामान भी थे। फलतः पलुस्कर जी लगभग एक सप्ताह गया में रुककर राम कथा का प्रवचन करते रहे, और प्राप्त धनराशि से नासिक वापस लौटे। लेकिन, इस घटना ने पं. पलुस्कर के सम्पूर्ण जीवन शैली को जैसे बदल दिया। उन्होंने कलात्मक वस्त्रों का त्याग करते हुए पास में एक पैसा भी न रखने का निश्चय किया। इसी वर्ष उन्होंने नासिक में राम नाम आधार नामक एक आश्रम की स्थापना की। लेकिन, इसके पूर्व संगीत से लोगों को जोड़ने हेतु वह कई संगीत विद्यालयों की स्थापना कर चुके थे। 5 मई, 1901 में लाहौर में उन्होंने गांधर्व महाविद्यालय की स्थापना की थी, किन्तु आर्थिक कारणों से उसे बन्द करना पड़ा। इसके बाद मुम्बई में गांधर्व महाविद्यालय की स्थापना की इन्होंने। बाद में पं. पलुस्कर और उनके शिष्यों के सामूहिक प्रयत्न से गांधर्व महाविद्यालय मण्डल की स्थापना की गई, जिससे मान्यता प्राप्त सैकड़ों सांगीतिक केन्द्र इस देश में सक्रिय हैं।

ख्याल गायन के पश्चात् शृंगारिक ठुमरी गाने का चलन आज भी है, और तब भी था। लेकिन, पलुस्कर जी ने एक नई शुरुआत की। वह अपने कार्यक्रम का समापन भजन से करते थे—जिससे उन्हें आत्मिक शान्ति मिलती थी। वह सब कुछ भूलकर प्रभु चरणों में लीन हो जाते थे। आँखों से अनवरत अश्रुधारा प्रवाहित होने लगती थी। ऐसे में उनके कुछ विरोधियों ने उन्हें मात्र 'भजनिक' कहकर उनके

सम्मान को ठेस पहुँचाया। रायगढ़ (म. प्र.) के राजा चक्रधर सिंह संगीत के बहुत बड़े विद्वान और कला पारखी थे। वह पलुस्कर जी को प्रतिदिन केवल एक भजन गाने के लिए हजार रुपए दिया करते थे। इससे कई दरबारी संगीतज्ञ उनसे जलते थे। लेकिन, एक दिन पलुस्कर जी ने राग सौराष्ट्र ट्रंक में भजन गाकर सबको अभिभूत करते हुए यह मानने को बाध्य कर दिया कि वह इस पारिश्रमिक के समुचित अधिकारी हैं। कई संगीतज्ञ तो इस राग को पहचान ही नहीं पाए। उनकी विशेषता थी कि वह एक ही भजन को–बगैर शब्दों की हत्या किए अनेक रागों और तालों में कुशलता पूर्वक गा सकते थे।

पं. पलुस्कर ने भारतीय संगीत को स्थायित्व प्रदान करने हेतु एक अत्यन्त सूक्ष्म, वैज्ञानिक स्वर और ताल लिपि पद्धति का आविष्कार किया। संगीत बालबोध, राग प्रवेश, संगीत बाल प्रकाश, स्वल्पालाप गायन, संगीत तत्त्व दर्शक, और भजनामृत लहरी जैसी अनेक उच्चस्तरीय सांगीतिक ग्रन्थों की उन्होंने रचना की थी। साथ ही भारतीय संगीताकाश को अन्तर्राष्ट्रीय स्तर के अनेक संगीत सितारे भी दिए–जैसे पं. ओमकारनाथ ठाकुर, पं. विनायक राव पटवर्धन, पं. नारायणराव व्यास और प्रो. बी. आर. देवधर आदि।

विष्णु दिगंबर जी अपने जीवन के अन्तिम दिनों में संसार से विरक्त होकर नासिक स्थित अपने आश्रम राम नाम आधार में ही रहने लगे थे। वहीं 21 अगस्त 1931 को संगीत जगत् का यह सूर्य अस्त हो गया। स्वर ईश्वर से जा मिला...लय ब्रह्म में लीन हो गया। उनके अविस्मरणीय सांगीतिक योगदानों को देखते हुए 59 वर्ष की आयु बहुत ही कम थी।

पं. पलुस्कर के सुयोग्य पुत्र पं. दत्तात्रेय (डी.वी. पलुस्कर) भी अपने पिता की ही तरह महान् कलाकार हुए। उन्होंने न केवल भारत बल्कि विदेशों में भी अपने सम्मोहक और प्रभावशाली गायन से भारतीय संगीत का नाम ऊँचा किया। लेकिन, संगीत जगत् का यह बहुत बड़ा दुर्भाग्य रहा कि डी. वी. पलुस्कर भी बहुत कम समय के लिए पृथ्वी पर आए थे। उनके शिष्य शरद साठे अच्छे गायक, संगीतकार हैं। विष्णु दिगम्बर जी की परम्परा में डॉ. प्रेमलता शर्मा, डॉ. एन. राजम, मधुप मुद्गल, शुभा मुद्गल, नारायणराव पटवर्धन, प्रो. विद्याधर व्यास और बलवंतराव भट्ट आदि के नाम विशेष उल्लेखनीय हैं।

यह सच है कि आज पलुस्कर जी का पार्थिव शरीर हमारे बीच नहीं है, लेकिन अपने अमूल्य और अविस्मरणीय सांगीतिक योगदानों के कारण संगीताकाश में वह अपना नाम अपने हाथों से स्वर्णिम और अमिट अक्षरों में लिख गए जो चिरकाल तक ध्रुवतारे के समान जगमगाता रहेगा।

5. संगीत नायक पं. दरगाही मिश्र

संगीत नायक पं. दरगाहीजी मिश्र का जन्म सन् 1840 में काशी के सुप्रसिद्ध तबला वादक, तबला सम्राट मस्तराम पं. रामशरणजी मिश्र के पुत्र रूप में हुआ था। पं. रामशरण मिश्र बनारस घराने के तबला प्रवर्त्तक पं. रामसहायजी के प्रमुख शिष्य थे। इन्हें जब बहुत दिनों तक पुत्र की प्राप्ति नहीं हुई, तब अपने गुरु की आज्ञा पर इन्होंने काशी से अजमेर तक की तीन बार पैदल यात्रा की, और ख्वाजा साहब की दरगाह पर पुत्र के लिए मन्नतें माँगी। फलस्वरूप, जिस पुत्र की प्राप्ति हुई—उसे दरगाह के आशीर्वाद से प्राप्त मानकर उसका नामकरण किया गया—दरगाही मिश्र।

यहीं, कुछ लेखक भूल कर बैठते हैं। वे समझ ही नहीं पाते कि क्यों एक उच्च कुलीन हिन्दू ब्राह्मण का नामकरण दरगाही मिश्र हुआ होगा। अतः वे अपनी ओर से इसमें संशोधन करके दुर्गा मिश्र लिखते रहे। आज विश्वविद्यालय स्तर तक की अनेक पुस्तकों में पं. दरगाही मिश्र की जगह दुर्गा मिश्र नामक एक कल्पित व्यक्ति बैठा हुआ है।

पण्डितजी ने तबला वादन की उच्चस्तरीय शिक्षा अपने पिता पं. रामशरण मिश्र से प्राप्त की, साथ ही उस समय के विख्यात गायक पं. शिवसहाय जी (शिवा-पशुपति में से एक) जो पं. प्रसिद्धू मनोहर के सुपुत्र थे—से गायन और सितार वादन की भी विधिवत् शिक्षा प्राप्त की।

थियेटर और संस्थागत संगीत शिक्षा के विकास में पण्डित दरगाही मिश्र जी की महत्त्वपूर्ण भूमिका थी। पण्डितजी ने काशी में थियेटर के लिए काफी काम किया था। वह इसके संगीत निर्देशक थे। पण्डितजी ने काशी संगीत समाज नामक संगीत शिक्षा का प्रथम विद्यालय काशी में आरम्भ किया। वह इसके संस्थापक प्राचार्य थे। यहाँ इनके अधीन काम करने वालों में खलीफा पं. विक्कू महाराज तथा गायनाचार्य पं. बड़े रामदास जी प्रमुख थे। इसी विद्यालय में इन्होंने चतुर पण्डित भातखण्डे जी को सितार पर श्रुतियों का क्रियात्मक प्रयोग करके दिखाया था। इन्हीं के सुझाव

पर भातखण्डे जी ने संगीत शिक्षा के विद्यालयीन स्वरूप हेतु व्यापक स्तर पर प्रयास शुरू किया था।

मिश्रजी के विषय में संगीतज्ञों के बीच एक कहानी बहुत प्रचलित है। दरगाही जी पं. शिवसहाय जी से गाना सीखने के लिए वर्षों तक कबीर चौरा से रामापुरा तक जाते रहे। दिल से गुरु की सेवा करते। उस समय उनकी दिनचर्या थी—सुबह 4 बजे से दोपहर 1 बजे तक और शाम 4 बजे से रात के 10-11 बजे तक उनकी सेवा करना। लगभग 12 वर्षों तक यह क्रम चला, और इन 12 वर्षों में गुरु ने उन्हें कुछ भी नहीं सिखाया। 12 वर्ष की अवधि कम नहीं होती...एक युग बीत जाता है। शिव सहाय जी जब दूसरे शिष्यों को सिखाते, तब दरगाही जी कभी हुक्का भरते...कभी पान लगाते...कभी साजों की सफाई करते...झाड़ू लगाते...लेकिन इन सारे कार्यों के बीच भी उनका मन, उनके कान उस ओर ही लगे रहते जहाँ शिवसहाय जी दूसरे शिष्यों को सिखाते थे।

एक दिन अचानक पं. शिवसहाय जी ने दरगाही जी से कहा—'बेटा, शरण भैया से कहना कि किसी दिन समय मिले तो मुझसे मिल लें।' दरगाही जी ने गुरु का सन्देश पिता तक पहुँचा दिया। रामशरण जी दो-तीन दिन बाद पं. शिवसहाय जी के यहाँ जिस समय पहुँचे, वह शिष्यों को गाना सिखा रहे थे। रामशरण जी को देखते ही शिवसहाय जी सहित सभी उठकर खड़े हो गए। शिवसहाय जी ने रामशरण जी का स्वागत करते हुए सादर आसन दिया। कुछ देर तक अन्य विषयों पर बातें होती रहीं, फिर शिवसहाय जी ने दरगाही जी की ओर संकेत करते हुए रामशरण जी से पूछा—'भैया...इसे इतने दिन हो गए यहाँ गाना सीखते हुए, कभी आपने इसका गाना सुना या नहीं?' 'मैं क्यों सुनूँ गाना?' रामशरण जी बोले—'मैंने तो इसे तुम्हें सौंप दिया है। अब तुम्हीं जानो इस विषय में। मैं तो अपनी जिम्मेदारी से मुक्त हो गया।'

'फिर भी आप इसके पिता हैं।' शिवसहाय जी बोले।

'कैसा पिता? मैंने तो बस जन्म ही दिया है इसे। लेकिन, ज्ञान तो इसे तुम दे रहे हो। इसके वास्तविक पिता तुम्हीं हो।' रामशरण जी के इस उत्तर से शिवसहाय जी बहुत प्रसन्न हुए और बोले—'आज मैं आपको इसका गाना सुनाना चाहता हूँ।'

'मैं गाने के विषय में तो कुछ जानता नहीं, लेकिन तुम कह रहे हो तो सुन लूँगा।' रामशरण जी ने जवाब दिया। दूसरी ओर, दरगाही जी का चेहरा पीला पड़ गया...हाथ-पैर काँपने लगे। उन्होंने आज तक कुछ सीखा ही नहीं था, फिर इतने लोगों के बीच गायेंगे क्या? उनकी दशा देखकर शिवसहाय जी धीमें-धीमें मुस्कुराते रहे, और तानपूरा थमा दिया उन्हें मिलाने के लिए। दरगाही जी समझ नहीं पा रहे थे कि आखिर उनके गुरु चाहते क्या हैं? उन्होंने अपने गुरु की ओर देखा। गुरुजी ने स्वरोच्चारण करते हुए तानपूरा मिलाने का संकेत किया, और आश्चर्य! एक-एक

बार में चारों तार स्वतः मिल गए। कम या अधिक करने की कोई आवश्यकता नहीं थी। अब गुरुजी ने कहा–'बेटा...मैं जो गाऊँगा उसे ध्यान से सुनना। और, फिर खुद गाना। एक बार मैं गाऊँगा, और एक बार तुम।' डरते-डरते दरगाही जी ने स्वीकृति में सिर हिला दिया। और कोई उपाय भी तो नहीं था। गाना शुरू हो गया।

प्रत्यक्षदर्शियों के अनुसार पं. शिवसहाय जी एवं पं. दरगाही जी के गायन में कोई अन्तर नहीं था। जिस तरह शिवसहाय जी गाते, तुरन्त उसी तरह, उतनी ही शुद्धता और परिपक्वता से दरगाही जी भी। सभी आश्चर्य में डूबे इस कार्यक्रम को,...संगीतानुभव को देख रहे थे। अगर आश्चर्य नहीं था तो पं. रामशरण जी और पं. शिवसहाय जी को। दोनों की ही आँखों में खुशियों के आँसू झिलमिला रहे थे। लगभग डेढ़ घण्टे बाद जब गाना समाप्त हुआ, तब दरगाही जी ने पं. शिवसहाय जी का पैर पकड़कर रोते हुए पूछा–'गुरुवर्य! यह कैसे हुआ? मैंने तो आज जिन्दगी में पहली बार गाना गया है।'

'बेटे, तुम में सीखने की अदम्य लालसा और ग्रहण करने की अद्‌भुत शक्ति है।' शिवसहाय जी ने उन्हें उठाते हुए कहा–'12 वर्षों तक मैं तुम्हारी परीक्षा लेता रहा। आज तुम अपनी परीक्षा में उत्तीर्ण हुए, और मैंने संकल्प द्वारा अपनी सारी विद्या तुम्हें सौंप दी। तुम्हारी शिक्षा पूरी हुई। अब मुझमें और तुममें कोई अन्तर नहीं रहा। अब तुम मुक्त...'

'नहीं-नहीं गुरुवर्य। मैं मुक्त होना नहीं चाहता। मैं आपको छोड़कर कहीं नहीं जाऊँगा।' दरगाही जी लिपट गए गुरु की चरणों से।

'बेटे मेरी बात तो सुनो।' शिवसहाय जी बोले–'अभी तुम्हें कुछ दिनों तक यहाँ रहकर तकनीक और रागों, तालों की जानकारी प्राप्त करनी होगी। उसके बाद एक बार भारत भ्रमण करके तुम्हें नेपाल भी जाना होगा। ताकि, अपनी कला का प्रदर्शन करने के साथ-साथ तुम कुछ अनुभव भी प्राप्त कर सको। यह मेरी आज्ञा है।' और गुरु की आज्ञा के सामने शिष्य नतमस्तक हो गया।

अपनी सांगीतिक यात्रा पूरी करके जब पं. दरगाही मिश्र जी काशी लौटे, तो उनके पास कई राजाओं के राज्याश्रय के प्रस्ताव थे, और थी संगीत नायक जैसी उपाधि, जो विरले कलाकारों को ही मिलती थी। यह सम्मान मात्र उन कलाकारों को मिलता था, जिन्हें संगीत की सभी विधाओं की पूर्ण जानकारी होती थी, तथा जो उत्तम कलाकार होने के साथ-साथ श्रेष्ठ वाग्गेयकार भी होते थे।

पण्डित दरगाही जी के शिष्यों की शाखाएँ दूर-दूर तक फैली हुई हैं। इनके तीनों पुत्र पं. विक्रमादित्य मिश्र उर्फ खलीफा विक्कू महाराज, पं. गोवर्धन मिश्र उर्फ गोहरी महाराज तथा पं. सरयू प्रसाद मिश्र क्रमशः तबला, गायन एवं सारंगी के विद्वान हुए। इनके अलावा पौत्रों तबला शिरोमणि पं. गामा महाराज, एवं स्वर सम्राट पं. श्रीचन्द्र मिश्र, सहित शिष्यों पं. सियाजी महाराज, पं. बड़े रामदास जी, विद्याधरी देवी,

जद्दन बाई, मुंशीरामजी, वंशी जी, कोका जी, कसेरू जी, ओमियो भट्टाचार्य, सन्तू बाबू एवं नन्द किशोर मिश्र उर्फ नप्पू महाराज आदि के नाम विशेष उल्लेखनीय हैं। इनकी प्रशिष्य परम्परा में सिद्धेश्वरी देवी, कमलेश्वरी देवी, काशी देवी, पं. सामता प्रसाद उर्फ गुदई महाराज, मन्नू जी मृदंगाचार्य, पं. भोलानाथ पाठक, एवं गिरिजा देवी आदि प्रमुख हैं।

पं. दरगाही मिश्र जी पुत्रों और शिष्यों का भरा-पूरा परिवार छोड़कर सन् 1926 में अपने नश्वर शरीर को त्याग चिर निद्रा में स्वर लीन हो गए।

6. 'खलीफा' पं. विक्कू महाराज जी

संगीत का इतिहास तब तक पूर्ण नहीं होता, जब तक उसमें तबले का अध्याय न जोड़ा जाए, और तबले के इतिहास को तब तक पूर्णता नहीं प्राप्त होती, जब तक उसमें बनारस घराने का उल्लेख न किया जाए। ठीक इसी तरह बनारस घराने का इतिहास तब तक अधूरा रहता है, जब तक उसमें पं. विक्रमादित्य मिश्र उर्फ खलीफा विक्कू महाराज जी का नामोल्लेख न किया जाए। लेकिन, दुर्भाग्यवश इस महान कलाकार के विषय में विभिन्न पुस्तकों में अनेक भ्रमपूर्ण बातें पकाशित कर दी गई हैं। महाराज जी का जन्म सन् 1863 में वाराणसी के रामापुरा मोहल्ले में भारत विख्यात संगीतज्ञ परिवार में हुआ था। पितामह मस्तराम की उपाधि से सम्मानित तबला सम्राट पं. रामशरण जी मिश्र एवं पिता संगीत नायक की उपाधि से विभूषित पं. दरगाही जी मिश्र की छत्रछाया में बालक विक्कू ने अपनी संगीत साधना आरम्भ की। पिता और पितामह के रूप में घर में दो-दो महान् कलाकारों की उपस्थिति के बावजूद इन्होंने अपने पिता के निर्देश पर गुरु घराने के वंशज पं. बलदेव सहाय जी की शिष्यता 5 वर्ष की उम्र में ग्रहण की, और गंडा बन्धन की क्रिया के बाद अपने गुरु की आज्ञा पर पिता से सीखना आरम्भ किया। इन्होंने अपने पिता से तबला के साथ साथ गायन और सितार की भी शिक्षा प्राप्त की थी।

महाराज जी का तबला वादन सर्वांगीण था। इनका रेला वादन सुनकर ऐसा लगता था जैसे कई भँवरे गुंजार कर रहे हों। इन्हें कितने गत और फर्द याद थे—इसके वह स्वयं में एक उदाहरण थे। छन्द शास्त्र के ज्ञाता महाराज जी को तबले की विभिन्न वादन शैलियों में दक्षता प्राप्त थी। वादन में शुद्धता, कर्णप्रियता, मोहकता और विभिन्न रसों की निष्पत्ति आरम्भ से ही इनके घर और घराने की विशेषता रही है। इन्हीं विशिष्टताओं के कारण इन्हें मात्र 23 वर्ष की उम्र में खलीफा की उपाधि से सम्मानित किया गया था। ज्ञातव्य है कि वह एक मात्र हिन्दू कलाकार थे, जिन्हें यह उपाधि प्राप्त थी।

शिक्षा प्रदान करने के विषय में अत्यन्त उदार होने के कारण महाराज जी

ने तीन सौ से अधिक लोगों को तबला वादन की उच्चस्तरीय शिक्षा दी। जमीरा (भोजपुर, बिहार) के राजा स्व. शत्रुंजय प्रसाद सिंह उर्फ लल्लन बाबू, मुजफ्फरपुर के वासुदेव जी एवं पुन्नीलाल जी, बनारस के रघुनाथ जी, गणेशजी तथा मकबूल खाँ, मृदंगाचार्य मन्नू जी तथा भोलानाथ पाठक जैसे योग्य कलाकारों ने इनके श्री चरणों में बैठकर ही शिक्षा का प्रसाद पाया था।

काशी के प्रसिद्ध तबला वादक पं. बाचा मिश्र का जब निधन हुआ, तो उनके ज्येष्ठ पुत्र गुदई की उम्र मात्र 6 वर्ष की थी। सहदय विक्कू महाराज जी उस अनाथ और अबोध बालक को अपने घर उठा लाए, और वर्षों बाद उच्चस्तरीय शिक्षा देकर सामता प्रसाद उर्फ गुदई महाराज के नाम से संगीत जगत् को सौंपा। महाराज जी के योग्य सुपुत्र तबला शिरोमणि गामा महाराज भी संगीत जगत् में एक महान् तबला वादक के रूप में प्रतिष्ठित हुए, किन्तु युवावस्था में ही पक्षाघात की बीमारी से ग्रस्त हो जाने के कारण वह संगीत संसार की बहुत अधिक सेवा नहीं कर पाए।

जीवन के उत्तरार्द्ध में पं. विक्कू महाराज भी लकवा की बीमारी से ग्रसित हुए, और 1945 के मार्च महीने में होलिका दहन से एक दिन पूर्व अपने पार्थिव शरीर को त्याग वह संगीत की लय में विलय हो गए।

7. पं. कंठे महाराज

ताल वाद्य शिरोमणि पं. कंठे महाराज का नाम संगीत के क्षेत्र में बहुत ही आदर और सम्मान के साथ लिया जाता है। इनका जन्म सन् 1880 के लगभग वाराणसी के कबीर चौरा नामक मोहल्ले में हुआ था। इनके पिता का नाम पं. दिलीप महाराज था। कंठे महाराज ने तबले की शिक्षा पं. बलदेव सहाय से प्राप्त की थी, जो इनकी बुआ के पुत्र थे, और जिन्हें ये भैया कहकर ही सम्बोधित करते थे।

पं. कंठे महाराज एक ओर लय और ताल के अप्रतिम विद्वान थे, तो दूसरी ओर उनके वादन की मिठास और दाएँ के समान ही बाएँ की सघन भूमिका भी उन्हें अन्य ताबलिकों से अलग एक विशेष स्थान प्रदान करती थी। पं. कंठे महाराज की वादन शैली शुद्ध बनारसी थी। वह स्वतन्त्र वादन और संगति दोनों में ही दक्ष थे। इनके द्वारा प्रस्तुत छन्दों, परणों की प्रशंसाएँ आज भी सुनने को मिलती हैं।

असाधारण और उत्कृष्ट वादन के लिए भारत के राष्ट्रपति द्वारा सम्मानित हो चुके पं. कंठे महाराज ने अपनी कला, विद्या से दूसरों को भी लाभान्वित किया। अपने गुरु पुत्र पुत्र पं. भगवती सहाय के असामयिक निधन के पश्चात् इन्होंने उनके पुत्र शारदा सहाय को तबला वादन की उच्चस्तरीय शिक्षा देकर एक उत्कृष्ट कलाकार के रूप में संगीत जगत् में स्थापित किया। अपने छोटे भाई पं. हरि महाराज के निधन के बाद उनके पुत्र किशन महाराज को भी इन्होंने न केवल पुत्रवत् स्नेह और संरक्षण दिया, बल्कि तबला वादक का उच्चस्तरीय प्रशिक्षण भी। किशन महाराज के पुत्र पूरण महाराज को भी इन्होंने तबला का समुचित ज्ञान प्रदान किया। महाराज जी के शिष्यों में स्व. आशुतोष भट्टाचार्य, स्व. विश्वनाथ बोस, स्व. अर्जुन पाण्डेय, श्री कृष्णकुमार गांगुली उर्फ नाटू बाबू, स्व. बद्री महाराज, श्री कपिलदेव सिंह व पं. शीतल प्रसाद मिश्र के नाम विशेष उल्लेखनीय हैं।

अपने चमत्कारिक तबला वादन द्वारा लोगों को मन्त्रमुग्ध करने वाला यह विलक्षण कलाकार जीवनपर्यंत संगीत के क्षेत्र में सक्रिय और क्रियाशील रहा। 1 अगस्त, 1969 को महाराज जी अपने शरीर को त्याग लय सागर में विलीन हो गए।

8. उस्ताद नत्थू खाँ

दिल्ली घराने के महान् तबला वादक उस्ताद नत्थू खाँ का स्मरण उनके चमत्कारिक तबला वादन हेतु अत्यन्त आदर और सम्मान के साथ किया जाता है। इनके चमत्कारिक तबला वादन ने न केवल सामान्य संगीत श्रोताओं बल्कि संगीत के सुयोग्य कलाकारों को भी अपनी ओर आकृष्ट किया, और उन्होंने इनकी शिष्यता सहर्ष स्वीकार की।

सन् 1875 में नत्थू खाँ का जन्म प्रतिष्ठित संगीतज्ञ परिवार में हुआ था। पिता उस्ताद बोली बख्श और पितामह उस्ताद काले खाँ धुरंधर कलाकार थे, और इन्हीं से नत्थू खाँ ने तबला वादन की उच्चस्तरीय शिक्षा प्राप्त की। किनार के बाज में जो आकर्षण और सम्मोहन इन्होंने पैदा किया, वह इनके बाद सुनने में नहीं आया। इसीलिए नत्थू खाँ ने अपने समय में इस बाज का प्रतिनिधित्व करते हुए खलीफा जैसी सम्मानित उपाधि भी प्राप्त की।

इस यशस्वी कलाकार के जीवन का उत्तरार्द्ध कलकत्ता में व्यतीत हुआ। वहाँ उन्होंने काफी अर्थ और यश प्राप्त किया, 'हिज मास्टर्स वॉयस' ग्रामोफोन कंपनी ने इनके चमत्कारिक तबलावादन की स्मृति सुरक्षित रखने हेतु इनके स्वतंत्र तबला वादन का एक रिकार्ड भी तैयार किया था। किन्तु आज वह अप्राप्य है।

उस्ताद नत्थू खाँ ने अपनी विद्या अपने शिष्यों में बाँटने में संकोच नहीं किया। उन्होंने अनेक लोगों को तबला वादन की उच्चस्तरीय शिक्षा दी। इनमें उस्ताद हबीबुद्दीन खाँ, हरेन्द्र किशोर रॉय चौधरी और केशवचन्द्र बनर्जी जैसे लोगों के नाम विशेष उल्लेखनीय है।

65 वर्ष की उम्र में सन् 1940 में उस्ताद नत्थू खाँ ने जीवन की अन्तिम साँस ली।

9. उस्ताद जहाँगीर खाँ

उस्ताद जहाँगीर खाँ का जन्म संगीत की नगरी वाराणसी (उ. प्र.) में सन् 1964 के लगभग एक संगीतज्ञ परिवार में हुआ था। अतः तबला वादन की प्रारम्भिक शिक्षा इन्होंने अपने पिता अहमद खाँ से प्राप्त की। लेकिन, इनका जिज्ञासु और गुणग्राही मन जब इससे सन्तुष्ट नहीं हुआ, तब ज्ञानोपार्जन हेतु निकल पड़े, और जहाँ...जिसमें जो भी अच्छाई पाई उसे आत्मसात् किया। इस क्रम में इन्होंने मुबारक अली खाँ (पटना), छन्नू खाँ (बरेली), फिरोजशाह (दिल्ली) और खलीफा आबिद हुसैन (लखनऊ) जैसे कलाकारों से शिक्षा प्राप्त कर अपने वादन में एक नया रंग भरा...उसे नए रूप में निखारा...यही कारण था कि इनका वादन घरानों की सीमाओं से मुक्त था।

सरल स्वभाव और मृदुभाषी जहाँगीर खाँ आत्म प्रशंसा और छल, प्रपंच से दूर रहते थे। यही कारण था कि अपनी विद्वता और महानता को बार-बार प्रमाणित करने के बावजूद इन्हें अभावग्रस्त जीवन जीना पड़ा। विद्या की देवी सरस्वती की आराधना में ये इतने तल्लीन रहे कि धन की देवी लक्ष्मी की ओर ध्यान देने का समय ही नहीं निकाल पाए।

अप्रतिम तबला वादन हेतु जहाँगीर खाँ को सन् 1959 में राष्ट्रपति सम्मान प्राप्त हुआ था। केन्द्रीय संगीत नाटक अकादमी (दिल्ली) ने इन्हें रत्न सदस्यता प्रदान की, और इन्दिरा कला संगीत विश्वविद्यालय (खैरागढ़, छत्तीसगढ़) ने इन्हें डॉक्टर ऑफ म्यूजिक की उपाधि प्रदान की। 1955 में अभिनव कला समाज (इन्दौर) ने इन्हें तबला नवाज़ की उपाधि से विभूषित किया। संगीत समाज (मुम्बई) ने भी इन्हें सम्मानित किया।

जहाँगीर खाँ शिक्षा प्राप्त करने के मामले में जितने गुणग्राही थे, उतने ही उदार शिक्षा प्रदान करने के मामले में थे। चूँकि इनकी विद्या की धरोहर को सम्भालने वाला इनके परिवार में कोई नहीं हुआ, अतः उसे इन्होंने अपने सैकड़ों शिष्यों में उदारतापूर्वक बाँट दिया। स्व. नारायण राव इन्दौरकर, महादेवराव इन्दौरकर, स्व. चतुरलाल, नियाजू खाँ, धूलजी खाँ, मेहबूब खाँ, अब्दुल हफीज, गजानन ताड़े, शरद एन. माधव खरगांवकर, रवि दाते, दिनकर, मजूमदार एवं दीपक गरुण जैसे विख्यात कलाकारों को बनाने वाले संगीत शिल्पी उस्ताद जहाँगीर खाँ ही थे।

सन् 1911 में जहाँगीर खाँ के तबला वादन से प्रभावित होकर इन्दौर नरेश तुकोजी राव होलकर ने इन्हें राजकीय कलाकार के रूप में इन्दौर बुला लिया, जहाँ ये जीवनपर्यंत रहे। इन्दौर में ही सन् 1964 में इन्होंने अपनी जन्म शताब्दी मनाई। यहीं 11 मई, 1976 को इन्होंने अपना नश्वर शरीर त्यागा।

10. उस्ताद अमीर हुसैन खाँ

मेरठ जनपद के वनखेड़ा नामक ग्राम में सन् 1899 में प्रख्यात सारंगी वादक अहमद बख्श के पुत्र रूप में जन्में अमीर खाँ ने संगीत की शिक्षा घर में ही पाई। इन्होंने प्रारम्भिक शिक्षा हैदराबाद में अपने पिता से प्राप्त की, जिन्हें हैदराबाद का राज्याश्रय प्राप्त था। उस्ताद मुनीर खाँ अमीर खाँ के मामा थे, अतः अमीर खाँ की तबले की ओर बढ़ती रुचि से प्रभावित होकर उन्होंने इन्हें अपना शिष्य बना लिया।

चूँकि, मुनीर खाँ मुम्बई में रहते थे, अतः किशोरवयी अमीर खाँ ने शिक्षा का क्रम सुचारु रूप से जारी रखने हेतु मुम्बई में ही रहने का निर्णय लिया और 1914 में वह मुम्बई आ गए। सन् 1924 में प्रख्यात पखावज वादक और कला पारखी रायगढ़ नरेश चक्रधर सिंह के दरबार में अपना तबला वादन प्रस्तुत करके अमीर खाँ ने अपनी प्रतिभा का परिचय दिया, और काफी मान-सम्मान पाया। यहीं से इनकी लोकप्रियता बढ़ी।

अमीर खाँ की कर्मभूमि मुख्यतः मुम्बई ही रही। महाराष्ट्र में जो तबला आज बज रहा है, उसकी नींव डालने और जमीन तैयार करने में उस्ताद ने महत्त्वपूर्ण भूमिका निभाई। लेकिन, दुर्भाग्यवश संगीत जगत् इस अप्रतिम विद्वान और इनकी कला का सही मूल्यांकन नहीं कर पाया। खाँ साहब एकल और संगति दोनों में ही निपुण थे। किन्तु जीवन के उत्तरार्द्ध में उन्होंने संगति का क्षेत्र छोड़कर मात्र स्वतन्त्र वादन जारी रखा।

दिल्ली और फर्रुखाबाद घराने के इस सिद्ध हस्त विद्वान कलाकार का 1961 में अखिल भारतीय गान्धर्व महाविद्यालय मण्डल ने सम्मान किया था। इनके स्वतन्त्र वादन का लांग प्ले रिकार्ड भी है। खाँ साहब जितने विद्वान कलाकार थे, उतने ही योग्य शिक्षक भी। इनके कई शिष्यों ने संगीत जगत् में अच्छी ख्याति प्राप्त की। इनमें से कुछ नाम इस प्रकार हैं—पद्मभूषण निखिल ज्योति घोष, अरविन्द मुलगांवकर, पंढ़रीनाथ नागेशकर, गुलाम रसूल, शरीफ अहमद, धीना मुमताज, बाबा साहेब मिरजकर, इकबाल हुसैन, श्रीपद् नागेशकर, पांडुरंग सोलंकी, आनन्द बोड्स और डॉ. आबान ई. मिस्त्री। 5 अगस्त, 1969 को मुम्बई में यह विद्वान कलाकार चिर निद्रा में लीन हो गया। इनके सुयोग्य पुत्र फकीर हुसैन भी योग्य तावलिक थे।

11. उस्ताद अहमदजान थिरकवा खाँ

उस्ताद थिरकवा खाँ के नाम से प्रसिद्ध हुए उस्ताद अहमदजान उन सौभाग्यशाली और विरले कलाकारों में से थे, जिन्हें उनके जीवनकाल में ही अप्रतिम लोकप्रियता और प्रसिद्धि प्राप्त हो गई थी। अपने जीवनकाल में ही उन्होंने वह सब कुछ पा लिया था, जिसका सपना आँखों में बसाए होता है कोई भी कलाकार।

उत्तर प्रदेश के मुरादाबाद नामक स्थान पर पारम्परिक संगीतज्ञों के एक परिवार में सन् 1891 के लगभग जन्में अहमदजान को संगीत के संस्कार घर में ही मिले। पिता हुसैन बख्श, चाचा शेर खाँ, नाना कलन्दर बख्श, मामा फैयाज खाँ व बसवा खाँ गुणी कलाकार थे, और अहमदजान ने इन सबसे सीखा। लेकिन, संगीत शिक्षा प्राप्त करने की उनकी प्यास तब बुझी, जब उन्होंने उस्ताद मुनीर खाँ की शागिर्दी कबूल की।

तबले पर अपनी थिरकती उँगलियों के कारण 'थिरकवा' नाम से प्रसिद्धि के शिखर को स्पर्श करने वाले अहमदजान को प्रारम्भिक लोकप्रियता तब मिली, जब उन्होंने बाल गन्धर्व की प्रसिद्ध 'महाराष्ट्र नाटक कम्पनी' में तबला वादन शुरू किया। उस्ताद को रामपुर सहित अनेक राजाओं का राज्याश्रय प्राप्त था। बाद में वह लखनऊ स्थित भातखण्डे हिन्दुस्तानी संगीत महाविद्यालय में सहायक प्राध्यापक (विभागाध्यक्ष भी) पद पर आसीन हुए।

थिरकवा खाँ साहब चारों पट के तबलिए थे। स्वतन्त्र वादन और संगति दोनों में ही वह दक्ष थे। दिल्ली और फर्रुखाबाद बाज उन्हें विशेष प्रिय था, और इन दोनों ही वादन शैलियों में उन्हें पूर्ण दक्षता प्राप्त थी। पारम्परिक विशेषताओं का पूरी तरह पालन करते हुए भी वादन को शुरू से अन्त तक रोचक और सरस बनाए रखना उनकी विशेषता थी। थिरकवा साहब उस पीढ़ी के कलाकार थे, जहाँ से तबला वादकों को समुचित और वास्तविक सम्मान मिलना शुरू हुआ। उन्हें कई उपाधियाँ और मान-सम्मान मिले। 1953-54 में उन्हें राष्ट्रपति सम्मान मिला था। वह प्रथम ताबलिक थे जिन्हें पद्मभूषण का अलंकरण प्राप्त हुआ था। इनके जीवन पर एक वृत्तचित्र

भी बना है।

जीवन के अन्तिम दिनों में भी संगीत के क्षेत्र में सक्रिय रहने वाले थिरकवा साहब के वादन के कई रिकार्ड आकाशवाणी के पास सुरक्षित हैं। उनके एकल तबला वादन का ध्वन्यांकन अनेक कम्पनियों ने किया है। बड़े मुख के तबले पर उस्ताद की थिरकती उँगलियों का जादू किसी को भी रस मग्न कर सकता था। इनके ढेरों शिष्यों में से कुछ प्रमुख नाम इस प्रकार हैं—पद्मभूषण निखिल घोष, लालजी गोखले, स्व. प्रेम वल्लभ, सूर्यकान्त गोखले, रामकुमार शर्मा, एम.वी. भिण्डे, नारायणराव जोशी, मोहनलाल जोशी, प्रो. सुधीर कुमार वर्मा, अहमद मियाँ, सरवत हुसैन आदि। इनके वंशज राशिद मुस्तफा अच्छा तबला बजा रहे हैं।

भातखण्डे महाविद्यालय से अवकाश ग्रहण करने के बाद उस्ताद ने अपना अस्थाई निवास मुम्बई को बना लिया था। लेकिन 1975 के दिसम्बर महीने में मुहर्रम के अवसर पर वह लखनऊ आए हुए थे। 13 जनवरी, 1976 को पुनः मुम्बई जाने हेतु वह घर से निकले। सबको दुआएँ देकर सवारी पर बैठे। और, सबसे खुदा हाफिज कहकर इस नश्वर संसार से विदा हो गए। लोग किंकर्त्तव्यविमूढ़ से देखते रह गए। उन्हें बाद में पता चला कि उन पर कितना बड़ा वज्रपात हुआ है।

12. स्व. गामा महाराजजी

तबला शिरोमणि स्व. गामा महाराज जी का जन्म भारत के एक ऐसे प्रतिष्ठित संगीतज्ञ परिवार में हुआ था, जिसमें संगीत की पावन धारा पिछले लगभग सौ वर्षों से भी अधिक समय से प्रवाहित हो रही थी। तबला, सितार, सारंगी और गायन का स्वर, शब्द और बोलों का, रागों और तालों का अद्‌भुत संगम था इस परिवार में। प्रपितामह तबला सम्राट स्व. रामशरण जी मिश्र 'मस्तराम', पितामह स्व. दरगाही मिश्र 'संगीत नायक', एवं पिता पं. बिक्कू महाराज 'खलीफा' अपने-अपने समय के महान् कलाकार थे। यह वह विख्यात परिवार था, जहाँ जन्म के साथ ही बालक के कानों में संगीतमय ध्वनियाँ गूँजने लगती थीं।

पण्डितजी का जन्म सन् 1905 में 'खलीफा' की सम्मानित उपाधि से विभूषित पं. विक्कू महाराज उर्फ विक्रमादित्य मिश्र के पुत्र रूप में हुआ था। घर में धार्मिक विचारधारों की प्रधानता के कारण नामकरण हुआ—रामायण। परम्परागत रूप से इन्होंने 5 वर्ष की उम्र में अपने पिता पं. विक्कू महाराज जी की विधिवत् शिष्यता स्वीकार की, और मात्र 13 वर्ष की उम्र में अपने वादन को इतना क्षमतावान और प्रभावशाली बना लिया कि बड़े-बड़े कलाकार भी दाँतों तले उँगली दबा लेते थे।

यह वह समय था, जब भारत में गामा पहलवान का डंका बज रहा था। कोई भी पहलवान उनके आगे टिक नहीं पा रहा था। सभी प्रसिद्ध पहलवान या तो उनसे पराजित हो चुके थे, या उनसे कुश्ती लड़ने से इनकार कर चुके थे। तबला के क्षेत्र में यही स्थिति थी पं. रामायण प्रसाद मिश्र की। अतः विद्वानों ने कहना शुरू किया कि 'आप अपनी कला के गामा हैं।' और इस प्रकार वह पं. गामा महाराज के नाम से प्रसिद्ध हो गए। कोई भी संगीत सम्मेलन इनकी उपस्थिति के बिना पूर्ण नहीं होता था।

जब इनकी उम्र मात्र 13 वर्ष की थी, इनके पिता लकवा ग्रस्त हो गए। किन्तु उस समय तक इन्हें एक अच्छे एवं कुशल कलाकार के रूप में संगीत जगत् स्वीकार चुका था। बनारस, दरभंगा, रामपुर, रायगढ़, रायपुर, मैमनसिंह, मुक्तागाछी और नेपाल

आदि अनेक राजाओं का आश्रय प्राप्त था इन्हें। इन्होंने अपने समय के लगभग सभी दिग्गज कलाकारों की संगति करके मान-सम्मान प्राप्त किया था। जैसे फैय्याज खाँ, अब्दुल करीम खाँ, इनायत खाँ, हाफिज अली खाँ, अलाउद्दीन खाँ, विद्याधरी देवी, सिद्धेश्वरी देवी, जद्दन बाई, अच्छन महाराज, शम्भू महाराज, डी.वी. पलुस्कर, विनायक बुआ पटवर्धन, बड़े गुलाम अली खाँ और अमीर खाँ, आदि। वह चतुर्मुखी वादक थे, अतः गायन, तन्त्र एवं सुषिर वाद्य, नृत्य तथा एकल वादन सभी में इन्हें समान निपुणता प्राप्त थी। अहमदजान थिरकवा और वाजिद हुसैन से इनकी अच्छी मित्रता थी, तो हबीबुद्दीन खाँ, अनोखेलाल, करामत हुसैन, किशन महाराज और सामता प्रसाद जैसे कई कलाकारों का आदर-भाव भी प्राप्त था इन्हें।

लगभग 30-32 वर्ष की उम्र में महाराज जी लकवाग्रस्त हो गए। फलतः सांगीतिक मंचों से इनकी दूरी के कारण संगीत जगत् इन्हें बहुत जल्द भूल भी बैठा। इनके जीवनकाल में ही प्रकाशित कई पुस्तकों में इन्हें 'स्वर्गीय' और 'थे' लिखा गया। यद्यपि कई वर्षों बाद वह रोग मुक्त हुए, लेकिन तब तक इनकी उँगलियाँ काफी शिथिल पड़ गई थीं। अतः इन्होंने अपने सांगीतिक संन्यास और मौन को तोड़ा नहीं। हाँ! शिक्षा का दायित्व जरूर सम्भाल लिया।

वादन में शुद्धता, कर्णप्रियता, बोलों की प्रकृति के अनुसार उनका वादन, कठिन और विकट लयकारियों का अत्यन्त सहज प्रयोग और भिन्न-भिन्न घरानों के दुर्लभ बोलों का विपुल भण्डार इनकी विशेषता थी। इनके साथी कलाकारों का कथन था कि इनका तबला बजता नहीं है, गाता है। महाराज जी का रेला सुनकर ऐसा लगता था जैसे किसी पर्वत शिखर से कल-कल करता पानी का रेला चला आ रहा हो। रौ को बाँधकर जब वह बाएँ को क्रमशः उठाते और दबाते थे तो उसमें वेगवती नदी का शोर सुनाई देता था। इसी प्रकार जब वह टुकड़े और परणों को बजाते थे तो तिहाई का अन्तिम अंश सम पर इस प्रकार आता था जैसे कोई विशाल पर्वत खण्ड धरती पर आ गिरा हो। संगति में भी महाराज जी अनु संगति और सह संगति के साथ-साथ भराव की संगति नामक संगति के एक अन्य प्रकार के भी पक्षधर थे। तन्त्र वादन एवं गायन की अनेक दुर्लभ बंदिशें भी इन्हें कण्ठस्थ थीं। अवकाश के समय में ठुमरी, भजन, कवित्त और गज़ल आदि लिखने का भी इन्हें शौक था। संगीत समाज आरा ने इन्हें तबला शिरोमणि की उपाधि से सम्मानित किया था।

महाराज जी के सभी पुत्र प्रो. रंगनाथ मिश्र, पं. सुरेन्द्र मोहन मिश्र, विजय शंकर मिश्र, अजेय शंकर मिश्र, उदय शंकर मिश्र एवं अभय शंकर मिश्र देश के प्रतिष्ठित कलाकार हैं।

16 जनवरी, 1974 की ब्रह्म वेला में संक्षिप्त बीमारी के बाद यह नाद योगी नाद ब्रह्म में लीन हो गया।

13. पं अनोखेलाल मिश्र

'नाधिंधिंना के जादूगर' नाम से संगीत जगत् में विख्यात पं. अनोखेलाल मिश्र का जन्म 1914 में ताजपुर (वाराणसी) में हुआ था। इनके पिता पं. बुद्धू प्रसाद मिश्र एक अच्छे सारंगी वादक थे। संगीत और संघर्ष का चोली-दामन का रिश्ता होता है, और ये दोनों अनोखेलाल जी को जैसे विरासत में मिले थे। 6 महीने की उम्र में माँ की गोद तथा 2½ वर्ष की उम्र में पिता की साया से वंचित हो चुके इस अबोध बालक की जिम्मेदारी उसकी दादी जानकी देवी ने अपने वृद्ध कन्धों पर उठा लिया, और तबला वादन की शिक्षा के लिए बनारस घराने के प्रतिष्ठित ताबलिक पं. भैरव प्रसाद मिश्र की चरणों में सौंप दिया। निःसन्तान भैरव प्रसाद मिश्र और पिताहीन अनोखेलाल मिश्र जल्द ही एक-दूसरे से वैसे जुड़ गए जैसे पुत्र और पिता।

उन दिनों अनोखेलाल जी 18-18 घण्टा प्रतिदिन रियाज़ करते थे। पड़ोसियों को असुविधा न हो इसलिए ढाई फीट लम्बे, डेढ़ फीट चौड़े तथा तीन इंच मोटे पीढ़े पर वे रात्रि के समय रियाज़ करते थे। बाद में उन्होंने एक ऐसा तबला बनवाया जिसमें चमड़े की पूड़ी की जगह काठ की पूड़ी थी। उनकी दृष्टि में कोई भी रचना साधारण या असाधारण नहीं होती है। यह तो कलाकार के ऊपर निर्भर करता है कि कैसे वह किसी साधारण-सी रचना को असाधारण बना देता है। अपने अद्भुत वादन से उन्होंने बार-बार इस कथन को प्रमाणित भी किया था। नाधिंधिंना और धेरधेर किटितक जैसे सर्व साधारण द्वारा बजाए जाने वाले बोलों को उन्होंने जो लोकप्रियता और ऊँचाई प्रदान की वह किसी से छिपी नहीं है।

1953 में प्रयाग संगीत समिति की तरफ से इलाहाबाद में एक 8 दिवसीय संगीत सम्मेलन हुआ था, जिसमें लगभग सभी अच्छे कलाकार आए हुए थे। उस्ताद विलायत खाँ के साथ पं. अनोखेलाल और उस्ताद हबीबुद्दीन खाँ संगति के लिए बैठे। लगभग डेढ़ घण्टे बाद जब लय बढ़ी तो खाँ साहब रुक गए। जब लोगों ने उनसे बजाने के लिए कहा तो वह बोले–'अब मेरे बजाने की जगह खत्म हो गई है। यह इनकी जगह है, ये ही बजाएँगे।' विलायत खाँ और अनोखेलाल तैयारी की चरम

सीमा पर थे। सब कुछ भूलकर दोनों काफी देर तक उसी लय में टिके रहे। पंण्डितजी की पीठ का फोड़ा फूट गया था, अतः उनका सफेद कुर्त्ता रक्त से भीग गया था। खाँ साहब की भी उँगली कट गई थी और रक्त की बूँदें टपक रही थीं। किन्तु दोनों ध्यानस्थ योगी की तरह संगीत समाधि की अवस्था में पहुँच गए थे। इन दोनों कलाकारों का यह विकट रूप देकर श्रोताओं में बैठे पं. ओंकार नाथ ठाकुर और पं. विनायक राव पटवर्धन सीधे मंच पर पहुँचे और तबले तथा सितार पर हाथ रखते हुए बोले कि—'अब तुम लोग बन्द करो, नहीं तो कलेजा फट जाएगा।' विलायत खाँ पण्डितजी को 'रबड़ भैया' कहते थे। क्योंकि वह नाधिंधिंना की लय जितनी चाहते थे, बढ़ाते जाते थे। वादन करते समय वह स्वयं में थकान का नहीं, अतिरिक्त ऊर्जा का अनुभव करते थे। एक बार खाँ साहब ने एकताल में झाला शुरू कर दिया था, किन्तु पण्डितजी वहाँ भी उन पर हावी रहे। बावजूद इसके इन दोनों कलाकारों में अत्यन्त आत्मीयता थी।

उस्ताद विलायत खाँ के साथ ही कोलकाता के एक कार्यक्रम में पण्डितजी और उस्ताद करामतुल्ला खाँ संगति के लिए बैठे। जब द्रुतलय आरम्भ हुआ तो करामतुल्ला खाँ बोले—'यह आपकी जगह है।' और अपना बजाना बन्द करके उनकी प्रशंसा करने लगे। इस पर श्रोताओं ने पण्डितजी का जयघोष करते हुए 'मैदान मार लिया' की आवाज लगाई। तब पण्डितजी अपना तबला रोकते हुए बोले—'हम लोग अपना-अपना बजा रहे हैं। कोई किसी को मार नहीं रहा है।' पण्डितजी के विषय में करामतुल्ला खाँ का कहना था—'ऐसी तैयारी और ऐसी उँगलियाँ हमने नहीं देखी।' इसी प्रकार एक बार हबीबुद्दीन खाँ ने कहा था—'निगाह काम कर रहा है, पर हाथ काम नहीं कर रहा है।'

एक बार कोलकाता में पण्डितजी और उस्ताद हबीबुद्दीन खाँ की जुगलबन्दी रखी गई। खाँ साहब अच्छा बजा रहे थे और पण्डितजी उनकी प्रशंसा करते हुए उन्हें और अधिक बजाने को प्रोत्साहित कर रहे थे। इस पर जब आयोजक ने मंच पर आकर इनके कान में इनसे भी बजाने के लिए कहा तो पण्डितजी दो-टूक स्वर में बोले—'आप केवल प्रोग्राम ही कराते हैं या संगीत की समझ भी रखते हैं? सुनिए, खाँ साहब कितना अच्छा बजा रहे हैं।'

उस्ताद मसीत खाँ ने एक बार पण्डितजी की प्रशंसा में कहा था—'संगत और स्वतन्त्र वादन—दोनों में जो महारत तुम्हें हासिल है, वह अन्य किसी भी तबला वादक में मैंने नहीं देखा।' इसी प्रकार उस्ताद अहमदजान थिरकवा ने एक बार उनका तबला वादन सुनकर कहा था—'अनोखेलाल तुम्हारा जवाब नहीं है।' जबकि, उस्ताद अल्लारखा के शब्दों में—'धिरधिर को पब्लिक में पब्लिश करने वाले वे ही थे। उनके ढंग से धिरधिर बजाना मेरे वश की बात नहीं थी। इसलिए मैंने तिरिकट को ही धिरधिर की तरह बजाया, जिसकी वह अकसर तारीफ करते थे।'

1939 में आयोजित अखिल बंगाल संगीत सम्मेलन में पं. शम्भू महाराज के नृत्य की सुन्दर संगति करने पर जजों के पैनल द्वारा उन्हें सर्वश्रेष्ठ तबला वादक घोषित किया गया था। 1950 में कोलकाता में आयोजित अखिल भारतीय संगीत सम्मेलन में इन्हें संगत रत्न की उपाधि से विभूषित किया गया था, तो 1952 में काठमाण्डू में तत्कालीन् नेपाल नरेश द्वारा उन्हें तबला सम्राट एवं अप्रतिम साधक का सम्मान मिला था। इसी वर्ष काबुल में अफगानिस्तान के शासक जहीर शाह ने इन्हें मौसिकी तबला-नवाज़ से नवाजा था। 1954 में सुर सिंगार संसद (मुम्बई) ने इन्हें संगीत रत्न एवं 1955 में मद्रास म्यूजिक अकादमी ने पालघाट मणि अय्यर के मृदंगम् के साथ उनकी जुगलबंदी के पश्चात् उन्हें सर्वश्रेष्ठ कलाकार का सम्मान प्रदान किया था।

उल्लेखनीय है कि पण्डितजी को भले ही नाधिंधिंना का जादूगर कहा गया, किन्तु वस्तुतः वह चतुर्मुखी ताबलिक थे। एक बार उस्ताद नसीर मोईनुद्दीन डागर और अमीनुद्दीन डागर के ध्रुवपद गायन में पखावज वादक के न आने से उत्पन्न संकट की स्थिति में उन्होंने ध्रुवपद गायन के साथ खुले अंग का तबला वादन करके लोगों को चकित कर दिया था। पं. ओंकार नाथ ठाकुर के वह सर्वाधिक प्रिय ताबलिक थे। पहला बड़ा मंचीय कार्यक्रम उन्होंने आफताब-ए-मौसिकी उस्ताद फैयाज खाँ के साथ दिया था, जिससे खाँ साहब उनके प्रशंसक बन गए थे।

मुम्बई आकाशवाणी केन्द्र में उन्हें एक बार स्वतन्त्र वादन के लिए एक घण्टे का समय मिला था। जब वह बजाने के लिए बैठे तो डायरेक्टर और प्रोड्यूसर सहित अनेक कलाकार भी स्टूडियो में आकर बैठ गए। कार्यक्रम का जीवन्त प्रसारण हो रहा था, और पण्डितजी एक घण्टे की जगह एक घण्टा 40 मिनट बजा गए। सब लोग तबला वादन से ऐसे सम्मोहित हुए कि कार्यक्रम समाप्त होने पर भी उन्हें प्रसारण बन्द करने का ध्यान नहीं रहा। इस पर लोगों ने कहा—'अरे ये अनोखेलाल जी तो सचमुच अनोखे हैं। इन्होंने अपनी उँगलियों के जादू से सबको सम्मोहित कर लिया है।'

पं. अनोखेलाल मिश्र जितने बड़े कलाकार थे उतने ही अच्छे इन्सान भी। एक बार जब वह लाहौर में थे, उन्हें सूचना मिली कि पंजाब घराने के खलीफा उस्ताद कादिर बख़्श का तबला वादन होने वाला है। पण्डितजी भी उस्ताद को सुनने के लिए जा पहुँचे। पण्डितजी को देखते ही उपस्थित संगीतज्ञों ने इनसे अनुरोध किया कि पहले थोड़ी देर आप तबला बजाएँ, फिर उस्ताद बजाएँगे। पण्डितजी ने मना भी किया कि—'आज के दिन तो उस्ताद को बजाना है।' लेकिन, जब स्वयं उस्ताद कादिर बख़्श ने इनसे बजाने का अनुरोध किया तो पण्डितजी मना नहीं कर पाए। उस दिन पण्डितजी का आसाधारण तबला वादन सुनकर लोगों के मुँह से अनायास निकल पड़ा कि 'ऐसा तबला तो आज तक सुना ही नहीं।' इनका वादन समाप्त

होते ही लोग उठकर यह कहते हुए अपने घर की ओर चल दिए कि–'अब इसके बाद कौन क्या बजाएगा।' लोगों के इस व्यवहार से पण्डितजी को बहुत दुःख हुआ। उस्ताद का तबला वादन सुनने की उनकी इच्छा भी अधूरी रह गई थी। खाँ साहब का भावुक और संवेदनशील मन भी इस अपमान से जैसे तड़प उठा था। किन्तु पण्डितजी ने हार नहीं मानी। उन्होंने अपने सम्पर्कों का उपयोग करके लाहौर के धनी संगीत रसिकों की सहायता से उस्ताद कादिर बख्श के स्वतन्त्र तबला वादन का कार्यक्रम पुनः आयोजित करवाया। उनका तबला वादन सुनकर उनकी खूब प्रशंसा भी की और एक सौ एक रुपए नजर भी किया। खाँ साहब ने भी गद्‌गद् होकर पण्डितजी को गले से लगा लिया।

इसी प्रकार छोटी मोतीबाई ने एक बार कोलकाता स्थित अपने निवास पर तीन कार्यक्रम रखा। उस्ताद करामतुल्ला खाँ का एकल तबला वादन, पं. गोपाल मिश्र का स्वतन्त्र सारंगी वादन और पं. अनोखेलाल मिश्र का एकल तबला। कोलकाता के लगभग सभी बड़े कलाकार वहाँ श्रोता के रूप में उपस्थित थे। अनोखेलाल जी ने लगभग साढ़े तीन घण्टे तक तबला बजाया और लोग वाह-वाह करते हुए झूमते रहे। इन्हें काफी ईनाम भी मिले। उसी सभा में एक दुर्बल, फटेहाल फिरोज खाँ भी उपस्थित थे। पण्डितजी से उनका परिचय कराते हुए लोगों ने बताया कि खाँ साहब दिल्ली बाज के अच्छे कलाकार हैं। पण्डितजी ने जब उनका वादन सुनने की इच्छा प्रकट की तो खाँ साहब ससंकोच बोले–'पण्डितजी तुम इतना तैयार, जोरदार और सुन्दर तबला बजा चुके हो कि उसके बाद मेरे बजाने के लिए तो कुछ बचा ही नहीं है।' लेकिन, पण्डितजी ने आग्रह करके उनसे थोड़ी देर तबला बजवाया, और उस कार्यक्रम से प्राप्त सारा पारितोषिक उन्हें भेंट कर दिया। यह न तो खाँ साहब समझ पाए और न तो वहाँ उपस्थित दूसरे संगीतज्ञ ही–कि-खाँ साहब की किस विशेषता पर रीझकर पण्डितजी ने अपना सारा पुरस्कार उन्हें दे दिया।

गैंगरीन रोग से पीड़ित पण्डितजी ने मात्र 44 वर्ष की उम्र में 10 मार्च 1958 को इस संसार को अलविदा कह दिया। वह एक धूमकेतु की भाँति आए, अपनी तेजस्विता से सबको चकाचौंध किए और अपनी छटा दिखाकर चल दिए। उनके दोनों पुत्रों पं. रामजी मिश्र और काशीनाथ मिश्र सहित अनेक शिष्य भी उनकी परम्परा का विकास कर रहें हैं। पंडितजी के महत्त्वपूर्ण शिष्यों में स्व. महापुरुष मिश्र, स्व. नागेश्वर मिश्र उर्फ पाँचू महाराज, श्री ईश्वर लाल मिश्र, प्रो. छोटेलाल मिश्र, रामसुमेर मिश्र, काशीनाथ मिश्र, रमेश जी, छक्कनलाल मिश्र, सत्यनारायण सिंह काशीनाथ खांडेकर, करवीर, गनेस राय, चन्द्रनाथ शास्त्री, विश्वनाथ मिश्र, नवनीत पटेल, देवेन्द्र कुमार, सच्चिदानन्द मिश्र, राधाकांत नंदी, सीताराम बाबा, रणजीत गुप्ता, काली प्रसाद मिश्र, दाऊ मिश्र, खगेनदास, कुलबुल, सुन्दरलाल, लक्ष्मीकान्त पाण्डेय एवं संजय बनर्जी आदि प्रमुख हैं। पं. छोटेलाल मिश्र के सुझाव पर उनके शिष्य डॉ. प्रेमनारायण सिंह

ने काशी हिन्दू विश्वविद्यालय के संगीत विभाग से पं. अनोखेलाल मिश्र के व्यक्तित्व एवं कृतित्व पर शोध कार्य किया है। यह शोध कार्य 'नाधिंधिंना के जादूगर पं. अनोखेलाल मिश्र व्यक्तित्व एवं कृतित्व' नाम से पुस्तक रूप में भी उपलब्ध है। प्रसिद्ध ताबलिक और लेखक रामनरेश राय इसी परंपरा से संबद्ध हैं।

14. उस्ताद अल्लारखा खाँ

वर्तमान युग के महान तबला वादक और पंजाब घराने के प्रतिनिधि कलाकार उस्ताद अल्लारखा का जन्म 1915 में पंजाब के रतनगढ़ जनपद के गुरदासपुर में एक किसान परिवार में हुआ था। इनके पिता हाशिम अली का संगीत से कोई सम्बन्ध न था, किन्तु मामा शौक के रूप में गाना, बजाना किया करते थे। और, वही इनकी प्रेरणा के स्त्रोत बने।

15-16 वर्ष की उम्र में खाँ साहब पठानकोट की एक नाटक कम्पनी से सम्बद्ध हो गए, और वहीं तबला वादक लाल मोहम्मद से इनका परिचय हुआ। खाँ साहब ने उनसे तबला वादन की शिक्षा प्राप्त की। किन्तु इससे इनकी संगीत शिक्षा की प्यास बुझी नहीं, बल्कि और बढ़ गई। अतः कुछ वर्षों बाद वह लाहौर जाकर उस्ताद कादिर बख्श के शिष्य बन गए। जहाँ इन्होंने पंजाब घराने की वादन शैली का विधिवत प्रशिक्षण प्राप्त किया।

उस्ताद अल्लारखा सन् 1936 से 1942 तक दिल्ली और मुम्बई के आकाशवाणी केन्द्रों में तबला वादक पद पर कार्यरत रहे। बाद में वह फिल्मी दुनिया से जुड़ गए और ए. आर. कुरेशी नाम से माँ-बाप, मदारी, जग्गा, सबक और आलम-आरा जैसी कई फिल्मों में संगीत निर्देशन भी किया। लेकिन, इसके बाद इन्होंने स्वयं को सांगीतिक मंचों तक सीमित कर लिया। इनके चमत्कारिक एकल और संगति वादन के अनेक कैसेट्स और डिस्क काफी लोकप्रिय हैं। भारत सरकार ने 1977 में इन्हें पद्मश्री के अलंकरण से सम्मानित किया था। इन्हें कई अन्य उपाधियाँ और मान-सम्मान भी मिले थे।

चमत्कारिक तैयारी, विशिष्ट रचनाएँ, लय के कठिन काट-छाँट और विषम प्रकृति के तालों में पूरी दक्षता से वादन उस्ताद अल्लारखा की विशेषतायें थीं। तन्त्र वाद्य और नृत्य की संगति एवं स्वतन्त्र वादन में इनकी क्षमता विशेष रूप से दिखलाई देती थी।

इनके पुत्र और शिष्य जाकिर हुसैन ने तबला वादन में बेमिसाल लोकप्रियता प्राप्त की है। दूसरे पुत्र फजल कुरेशी भी अच्छा तबला बजा रहे हैं। उस्ताद अल्लारखा

के कई अन्य शिष्य भी काफी अच्छा तबला बजा रहे हैं। इनमें महिला तबला वादिका अनुराधा पाल उल्लेखनीय हैं।

पंजाब घराने के तबले की वादन शैली को समयानुकूल मोड़ देकर उसे निखारने और लोकप्रिय बनाने में उस्ताद अल्लारखा की विशेष भूमिका रही है। इन्होंने खुले अंग के वादन शैली में चाँटी के बोलों का समावेश करके उसे एक नया रंग दिया और वह रूप भी कि वह तन्त्र और सुषिर वाद्यों की संगति में भी खरा उतर सके। हृदय गति रुक जाने के कारण 3 फरवरी 2000 को इनका निधन हुआ।

15. उस्ताद इनाम अली खाँ

दिल्ली घराने के खलीफा उस्ताद इनाम अली खाँ का जन्म प्रतिष्ठित संगीतज्ञों के परिवार में 12 नवम्बर, 1928 को हुआ था। तबला वादन की शिक्षा इन्होंने अपने पिता उस्ताद गामी खाँ साहब और चाचा उ. मुन्नू खाँ से प्राप्त की। बचपन से ही तेज-तर्रार ताबलिक के रूप में चर्चित इनाम अली खाँ के आकाशवाणी कार्यक्रमों का सिलसिला 10 वर्ष की अल्पायु से ही आरम्भ हो गया था। दिल्ली बाज के इस सच्चे प्रतिनिधि के वादन में दिल्ली बाज की सम्पूर्ण विशेषताएँ परिलक्षित होती थीं।

अनेक अमेरिकी और यूरोपीय देशों की सफल संगीत यात्रा कर चुके खाँ साहब दिल्ली के भारतीय कला केन्द्र एवं दिल्ली विश्वविद्यालय के संगीत संकाय से भी वर्षों तक जुड़े रहे। इनके प्रमुख शिष्यों में उस्ताद फैयाज खाँ एवं उस्ताद लतीफ अहमद ने अन्तर्राष्ट्रीय स्तर की लोकप्रियता अर्जित की है। इनके सुपुत्र श्री गुलाम हैदर दिल्ली विश्वविद्यालय के संगीत विभाग में तबला वादक के रूप में कार्यरत हैं।

दिल्ली घराने के इस प्रतिष्ठित ताबलिक का निधन 28.1.1988 को मुम्बई में हुआ।

16. पं. ज्ञानप्रकाश घोष

बहुमुखी प्रतिभा सम्पन्न पं. ज्ञान प्रकाश घोष जैसे कला साधक सचमुच कभी-कभी ही पैदा होते हैं। वह वास्तव में अथाह ज्ञान के प्रकाश थे। इस यशस्वी कलाकार की अनुपम रचनाओं और प्रतिभाशाली शिष्यों से संगीत जगत् प्रकाशमान है। ज्ञान बाबू को सिर्फ हस्तसिद्ध तबला वादक लिखना उनकी कला को कम करके आँकना होगा। वह बहुत अच्छे तबला वादक तो थे ही, बहुत अच्छे हारमोनियम वादक भी थे और कण्ठ सिद्ध गायक भी। वह बहुत अच्छे रचनाकार भी थें, और संरचनाकार भी। साथ ही बहुत बड़े और उदार गुरु भी। इसीलिए वह ज्ञान के प्रकाश भी थे और ज्ञान के सागर भी। लेकिन, ऐसा सागर जिसमें खारापन नहीं सिर्फ मिठास ही थी।

ज्ञान बाबू ने तबला वादन की शिक्षा यूँ तो फर्रुखाबाद घराने के प्रतिष्ठित कलाकार उस्ताद मसीत खाँ साहब से प्राप्त की थी। किन्तु विलक्षण प्रतिभा के धनी इस श्रेष्ठ कलाकार ने अपने सम्पर्क में आए लगभग सभी गुणी कलाकारों की संगत का लाभ उठाया, और उनकी विद्या को आत्मसात् किया। फलस्वरूप ज्ञान बाबू के पास विभिन्न घरानों की अनुपम बन्दिशों का एक बहुत बड़ा संग्रह तैयार हो गया था। ज्ञान बाबू कण्ठ सिद्ध गायक भी थे, जिसकी शिक्षा देकर उन्होंने पं. अजय चक्रवर्ती जैसे अन्तर्राष्ट्रीय ख्याति के कई कलाकारों को तैयार किया। इन्होंने कई फिल्मों में संगीत निर्देशन भी किया था, और अनेक ठुमरियों का हिन्दी से बंगला में अनुवाद भी।

पं. घोष ने अनवद्ध वाद्यों का एक वाद्यवृंद बनाकर एक अनूठा प्रयोग किया था, जिसमें तबला, पखावज, खोल, नाल, नक्कारा, मृदंगम् और कंजीरा जैसे उत्तर तथा दक्षिण भारतीय संगीत के अनेक ताल वाद्य शामिल थे। ड्रम्स ऑफ इण्डिया नाम से इसका रिकॉर्ड दो भागों में उपलब्ध है। तबला वादन के क्षेत्र में पद्मभूषण पं. निखिल घोष, पं. शंकर घोष, श्यामल बोस एवं पं. आनिंदो चटर्जी जैसे उच्चस्तरीय कलाकारों को तैयार करने वाले ज्ञान बाबू को कई मान-सम्मान मिले थे। भारत सरकार ने भी उन्हें पद्मभूषण के अलंकरण से अलंकृत किया था। इनका निधन 19 नवंबर 1998 को हुआ।

17. उस्ताद करामतुल्ला खाँ

अपनी सधी हुई उँगलियों पर पूर्ण नियन्त्रण रखने के कारण फर्रुखाबाद घराने के विद्वान तबला वादक उस्ताद करामतुल्ला खाँ का नाम संगीतज्ञों के बीच आज भी आदर से लिया जाता है।

सन् 1918 में रामपुर (उ. प्र.) में व्यावसायिक और प्रतिष्ठित संगीतज्ञ परिवार में जन्में करामतुल्ला खाँ ने तबले की विधिवत शिक्षा अपने विद्वान पिता उस्ताद मसीत खाँ से प्राप्त की थी। जो फर्रुखाबाद घराने के प्रवर्त्तक उस्ताद हाजी विलायत अली खाँ के सुयोग्य शिष्य उस्ताद नन्हें खाँ की शिष्य परम्परा से थे।

युवा होने पर करामतुल्ला खाँ कलकत्ता आ गए, और जीवनपर्यंत कलकत्ता के आकाशवाणी केन्द्र में कार्यरत रहे। कुछ लोगों का कथन है कि करामतुल्ला खाँ ने उस्ताद नत्थू खाँ से भी तबला वादन की शिक्षा प्राप्त की थी।

करामतुल्ला खाँ के वादन की मुख्य विशेषता साफ-सुथरी संगति थी। इनकी गिनती उन गिने-चुने तबला वादकों में होती थी, जिनकी कुशल संगति से लोगों के कार्यक्रम के आकर्षण बढ़ जाते थे। करामतुल्ला खाँ की संगति से कभी भी उनके साथी कलाकारों को कोई परेशानी नहीं हुई। जब, जहाँ जैसा बजाना उचित होता था करामत साहब वैसा ही बजाते थे। अपनी प्रतिभा दिखाने के लोभ में कभी भी मुख्य कलाकार पर हावी होने की कोशिश उन्होंने नहीं की। और, क्या मज़ाल कि इनकी इच्छा के विरुद्ध इनकी उँगली एक भी हरकत कर जाए।

लम्बी बीमारी के बाद 3 दिसम्बर, 1977 को कलकत्ता में इनका निधन हुआ। इनके प्रमुख शिष्यों में इनके सुयोग्य पुत्र और आज के बहुचर्चित तबला वादक साबिर हुसैन खाँ प्रमुख हैं। नरेन्द्र घोष, शंख चटर्जी, अमर डे, कमलेश चक्रवर्ती और स्व. कन्हाई दत्त जैसे कलाकारों ने भी खाँ साहब से सीखकर तबला वादन में दक्षता और संगीत जगत् में लोकप्रियता प्राप्त की।

18. पं. सामता प्रसाद उर्फ गुदई महाराज जी

पं. सामता प्रसाद का जन्म 19 जुलाई, 1920 को वाराणसी के कबीर चौरा नामक मुहल्ले में व्यावसायिक संगीतज्ञों के एक प्रतिष्ठित परिवार में हुआ था। इनके पिता पं. बाचा मिश्र अपने समय के प्रसिद्ध तबला वादक थे, अतः गुदई महाराज की आरम्भिक शिक्षा इन्हीं के द्वारा हुई। किन्तु जब ये मात्र 6 वर्ष के थे, तभी पिता का निधन हो जाने के कारण इनकी शेष शिक्षा का दायित्व बनारस घराने के प्रकाण्ड विद्वान पं. विक्रमादित्य मिश्र उर्फ खलीफा विक्कू महाराज जी ने अपने ऊपर ले लिया—जो रिश्ते में इनके मौसेरे भाई भी थे।

पं. विक्कू महाराज की गहन देख-रेख में 15-16 वर्षों तक 12-14 घण्टे प्रतिदिन के अभ्यास से इनके तबला वादन में अद्भुत और अनोखे कस बल का समावेश हो गया। उलटा बायाँ (स्याही का भाग अपनी ओर) का वादन और चमत्कृत करती तैयारी ने इन्हें अभूतपूर्व लोकप्रियता दिलवाई। गुणी तबला वादकों के साथ-साथ जन साधारण को सम्मोहित करने की कला में भी वह प्रवीण थे, इसलिए वादन में शुद्धता के प्रति वह बहुत अधिक सचेत नहीं रह पाते थे। तन्त्र वाद्यों एवं नृत्य की संगति के साथ-साथ एकल वादन में भी वह दक्ष थे।

1942 में इलाहाबाद विश्वविद्यालय द्वारा आयोजित अखिल भारतीय संगीत सम्मेलन में इन्हें पहला बड़ा अवसर मिला, जहाँ इन्हें उस्ताद अलाउद्दीन खाँ के साथ संगति का सुयोग प्राप्त हुआ। इस कार्यक्रम की सफलता ने इन्हें फिर कभी पीछे मुड़कर देखने का अवसर नहीं दिया। दिल्ली के विज्ञान भवन में इनका अद्भुत तबला वादन सुनकर रूस के तत्कालीन राष्ट्रपति इतने प्रसन्न हुए कि उन्होंने मई दिवश के अवसर पर रूस में इन्हें आमन्त्रित किया, जहाँ विश्व के अनेक नेताओं ने इनके चमत्कारी वादन का रसास्वादन किया। यहाँ से पं. सामता प्रसाद अन्तर्राष्ट्रीय संगीताकाश में छाते चले गए। शायद ही कोई ऐसा महत्त्वपूर्ण कलाकार हो, जिसने इनके साथ कार्यक्रम देने का लोभ न किया हो।

परतप्पू जी उर्फ पं. प्रताप महाराज के वंशज गुदई महाराज के तबला वादन

का लाभ फिल्मी दुनिया ने भी खूब उठाया। झनक झनक पायल बाजे, मेरी सूरत तेरी आँखें, बसन्त बहार, किनारा, मेहबूबा, शोले, सुरेर प्यासी, असमाप्त, जलसाघर और नवाब वाजिद अली शाह जैसी अनेक फिल्मों को अपने तबला वादन की रंगीन छटा प्रदान की इन्होंने।

इन्हें अपने जीवन में अनेक मान-सम्मान और उपाधियाँ मिलीं। इनमें कुछ प्रमुख हैं तबला का जादूगर, ताल मार्त्तंड, ताल शिरोमणि, तबला विजार्ड, ताल विलास, तबला सम्राट, संगीत नाटक अकादमी पुरस्कार, हाफिज अली खाँ सम्मान, पद्मश्री और पद्मभूषण आदि। गुदई महाराज के शिष्यों में इनके पुत्र द्वय कुमार लाल मिश्र और कैलाश नाथ मिश्र सहित डॉ. ए.के. भट्टाचार्या, जे. मेसी, पार्थसारथी मुखर्जी, सुखमय बनर्जी और स्व. सत्यनारायण वशिष्ठ के नाम विशेष उल्लेखनीय हैं।

जीवन के अन्तिम क्षणों तक सांगीतिक मंचों पर सक्रिय कर्मयोगी सामता प्रसाद 21 मई, 1994 को एक तबला कार्यशाला में भाग लेने पुणे गए हुए थे। यहीं उन्हें दिल का जान लेवा दौरा पड़ा और 31 मई को वह चिर निद्रा में लीन हो गए।

19. पं. निखिल ज्योति घोष

संगीत को सिर्फ कला ही नहीं विद्या के रूप में भी देखने वालों में एक महत्वपूर्ण नाम है पद्मभूषण पं. निखिल ज्योति घोष का। यही कारण है कि पं. घोष की ख्याति एक सिद्ध हस्त ताबलिक, मौलिक विचारों से परिपूर्ण लेखक, विचारक एवं गुरू के रूप में भी है। पूर्वी बंगाल के बरिसाल नामक ग्राम में 28 दिसंबर 1918 को जन्में निखिल घोष के पिता अक्षय कुमार घोष एक अच्छे सितार वादक थे तो पितामह हर कुमार घोष ध्रुवपद गायक। इनके बड़े भाई पं. पन्नालाल घोष को ही बाँसुरी जैसे वाद्य पर पहली बार शास्त्रीय संगीत प्र.ुत करने और बाँसुरी को शास्त्रीय संगीत की प्रस्तुति के उपयुक्त बनाने का श्रेय है। अतः इस सांगीतिक वातावरण का प्रभाव तो इन पर पड़ना ही था और वह पड़ा भी। भले ही संगीत जगत् पं. घोष को एक तबला वादक के रूप में जानता है किंतु वह बहुत अच्छे गायक, सितार वादक और संगीत निर्देशक भी थे। इन्होंने तबला वादन की शिक्षा उस्ताद अहमदजान थिरकवा, उ. अमीर हुसैन खाँ और गुरू ज्ञान प्रकाश घोष से प्राप्त की थी। अपने पिता से इन्होंने सितार सीखा और पितामह हरकुमार घोष, श्री विपिन चटर्जी एवं किराना घराना के उस्ताद फिरोज निजामी से इन्होंने गायन की शिक्षा प्राप्त की थी।

संगीत जगत् में 'निखिल बाबू' और 'दादा' के आत्मीय संबोधनों से विख्यात पं. घोष तबला वादन के क्षेत्र में एकल और संगति दोनों के ही लिए रही हैं। इन्होंने उ. फैयाज खाँ उ. हाफिज अली खाँ, उ. अलाउद्दीन खाँ, उ. बड़े गुलाग अली खाँ, उ. अमीर खाँ और पं. पन्नालाल घोष जैसे वरिष्ठ संगीतज्ञों के साथ-साथ अपने समकालीन कलाकारों पं. रविशंकर, उ. अली अकबर खाँ और उ. विलायत खाँ से लेकर पं. निखिल बैनर्जी, उ. सलामत अली और उ. नजामत अली, उ. अमजद अली खाँ, उ. रईस खाँ, पं. जसराज एवं पं. शिवकुमार शर्मा जैसे कलाकारों के साथ भी खूब बजाया है। चूँकि उन्हें संगीत की तीन पीढ़ियों की संगति करने का अवसर मिला अतः वह संगीत और संगति के बदलते मापदण्डों के भी साक्षी रहे. साथ ही

वह एकल वादन के क्षेत्र में भी अपना विशिष्ट स्थान रखते थे। उनके वादन में दिल्ली, अजराड़ा, फर्रुखाबाद, लखनऊ और पंजाब बाज की विशेषताओं को अलग-अलग मुखरित होते हुए सहज ही देखा जा सकता था। एच. एम. वी. और यूनेस्को द्वारा निर्मित उनके एकल तबला वादन की ध्वनि मुद्रिकाओं में उनकी इन वादन विशेपताओं को सहज ही देखा जा सकता था।

पं. निखिल घोष ने परिणिता, गोपीनाथ, शमशेर और समाज जैसी हिंदी फिल्मों के साथ-साथ कई ध्वन्यांकन कंपनियों के प्राईवेट अलबम्स के लिए भी संगीत तैयार किया था। इनकी संगीत संरचनाओं को लता मंगेशकर आशा भोंसले, गीता दत्त, हेमंत कुमार, मन्ना डे, संध्या मुखर्जी, लक्ष्मी शंकर और निर्मला अरुण जैसे विख्यात गायक-गायिकाओं ने अपना भावपूर्ण कंठ स्वर प्रदान किया था। पं. घोष अपने सामाजिक दायित्वों के प्रति भी काफी सचेत रहते थे। अतः भारत विभाजन के बाद पूर्वी बंगाल के विस्थापितों एवं शरणार्थियों की सहायता के लिए उन्होंने शास्त्रीय संगीत और फिल्म संगीत क्षेत्र के अपने मित्रों की सहायता से एक संगीत समारोह भी आयोजित किया था जिससे प्राप्त धनराशि को शरणार्थियों एवं विस्थापितों के लिए खर्च किया गया था।

पंडित घोष एकल तबला वादक के रूप में विदेशों में आमंत्रित किए जाने वाले प्रथम ताबलिक थे। 1958 में एलिडबरा और एडिनबरा में उन्होंने एकल तबला वादन प्रस्तुत किया था। इसके बाद ब्रेतसाल्वा, हेलेन्सकी, रोम, एथेन्स एवं यूनेस्को में भी उन्होंने मुक्त तबला वादन प्रस्तुत कर अपनी विस्तृत वादन क्षमता का परिचय दिया। 1974 में इन्होंने अपने दोनों होनहार पुत्रों नयन एवं ध्रुव के साथ मिलकर 'त्रय' (तीन) नामक एक संस्था का गठन करके अनेक अंतरराष्ट्रीय मंचों पर अपनी शानदार प्रस्तुतियाँ दी। नयन सितार एवं तबला के सुविख्यात कलाकार हैं तो ध्रुव सारंगी के। इन तीनों कलाकारों ने पाश्चात्य देशों में वादन भी किया, भारतीय संगीत पर व्याख्यान भी दिया और ध्वनि मुद्रिकायें भी तैयार करायी। फलस्वरूप यूरोप, ब्रिटेन, अमेरिका, कनाडा और आस्ट्रेलिया आदि जैसे अनेक दूसरे देशों में भी भारतीय संगीत की भी लोकप्रियता बढ़ी। इनकी पुत्री तूलिका अच्छी गायिका है।

निखिल बाबू ने संगीत शिक्षा के क्षेत्र में भी एक क्रान्तिकारी शुरुआत की थी। उन्होंने टीचर्स ट्रेनिंग प्रोग्राम भी आरम्भ किया था। नयी प्रतिभाओं को तराशने के लिए उन्होंने 1956 में संगीत महाभारती नामक एक संस्था भी स्थापित की थी जो आज भी पूरे जोर-शोर से गतिशील है। इन्होंने एक अत्यन्त सूक्ष्म और वैज्ञानिक संगीत लिपि की भी रचना की थी। 1968 में इनकी पुस्तक फंडामेंटल्स ऑफ राग एंड ताल विद् ए न्यू सिस्टम ऑफ नोटेशन प्रकाशित हुई। इसके बाद इन्होंने अपनी दूसरी पुस्तक इन्साइक्लोपीडिया ऑफ म्यूजिक, डांस एण्ड ड्रामा इन इंडिया पर कार्य आरम्भ किया, किंतु उनके देहावसान के कारण उनका यह काम अधूरा रह गया।

किंतु उनके पुत्रों, शिष्यों एवं अनुयायियों ने इस दिशा में प्रयास जारी रखा और अब यह पुस्तक अपने अंतिम चरण में है।

पं. घोष के शिष्यों में कुछ प्रमुख नाम इस प्रकार हैं स्व. गोविंदराव पारस्तवार, कार्त्तिकचंद्र घोष, एकनाथ पिंपले, पुरुषोत्तम पराडकर, दत्ता यान्डे, करोड़ीमल भट्ट, गुरूदास कामथ, जैट वेग्नेर (जर्मनी), कैथ मेनिंग (ऑस्ट्रेलिया), भद्राक्ष मुंशी, अनीस प्रधान, असलम हुसैन खाँ, राशिद मुस्तफा, शिव एवं रवि नईमपल्ली तथा आशीष घोष आदि। इनकी महत्वपूर्ण संगीत सेवाओं का सम्मान करते हुए इन्हें कई मान-सम्मान मिले, जिनमें उस्ताद हाफिज़ अली खाँ सम्मान, स्वर साधना रत्न सम्मान एवं भारत सरकार द्वारा प्रदत्त पद्मभूषण अलंकरण प्रमुख है। 3 मार्च 1995 को लय एवं स्वर का यह अनन्य साधक नाद ब्रह्म में लीन हो गया।

20. स्व. उस्ताद हबीबुद्दीन खाँ

अजराड़ा घराने को एक नई दिशा और नया पहचान देने वाले उस्ताद हबीबुद्दीन खाँ का जन्म मेरठ (उत्तर प्रदेश) में सन् 1899 में हुआ था। पिता शम्मू खाँ, पितामह फस्सू खाँ और प्रपितामह काले खाँ तबले के विद्वान थे, अतः हबीबुद्दीन खाँ ने अपनी प्रारम्भिक शिक्षा पिता के चरणों में बैठकर ही प्राप्त की।

हबीबुद्दीन खाँ में सृजन की बलवती भावना थी, अतः वह अपने बाज को और अधिक विस्तार देना चाहते थे...उसे अधिक क्षमतावान् बनाना चाहते थे, और यह अजराड़ा की सीमाओं में रहते हुए सम्भव न था। क्योंकि बाएँ की सघन भूमिका ने जहाँ अजराड़े को एक नई पहचान दी है, वहीं उसे सीमाओं में बाँध भी दिया है। हबीबुद्दीन खाँ समझ गए थे कि अगर उन्हें चतुर्मुखी वादक बनना है तो उन्हें इन सीमाओं के बाहर निकलना ही पड़ेगा...और वह निकले।

हबीबुद्दीन खाँ ने आगे की शिक्षा दिल्ली घराने के उस्ताद नत्थू खाँ और लखनऊ घराने के उस्ताद अली रज़ा खाँ से प्राप्त की। अजराड़ा, दिल्ली और लखनऊ तीनों वादन शैलियों को सीखकर हबीबुद्दीन खाँ ने व्यावसायिक स्तर पर स्वयं को पूरी तरह सुरक्षित कर लिया। अजराड़ा घराने के वह एक मात्र कलाकार थे जो नृत्य की संगति में भी पूरी तरह निपुण थे।

वह समय हबीबुद्दीन खाँ के चरमोत्कर्ष का था, जब लखनऊ के अखिल भारतीय संगीत सम्मेलन में उन्हें संगति सम्राट की उपाधि से विभूषित किया गया। उत्तर प्रदेश संगीत नाटक अकादमी ने भी सन् 1970 में उन्हें सम्मानित किया। तत्कालीन प्रधानमन्त्री जवाहर लाल नेहरू ने उन्हें स्वर्ण पदक प्रदान किया। सन् 1940 से 1960 तक हबीबुद्दीन खाँ के नाम का डंका बजता था।

इन्हीं दिनों हबीबुद्दीन खाँ में एक ओर तो अभिमान की भावना आ गई, और दूसरी ओर वह नशे की गिरफ्त में फँसते चले गए। नतीजा यह हुआ कि एक ओर मंच से इनकी दूरी बढ़ती गई तो दूसरी ओर इनका स्वास्थ्य भी गिरता चला गया। 1966 में वह पक्षाघात (लकवा) के भी शिकार हो गए। इस विद्वान कलाकार के अन्तिम दिन अत्यन्त कष्टमय बीते। परिवार के सदस्य रोटी-रोटी को मोहताज हो गए। आर्थिक विपन्नता और लकवा जैसी बीमारी से जूझते हुए हबीबुद्दीन खाँ ने 1 जुलाई, 1972 को इस संसार से विदा लिया।

हबीबुद्दीन खाँ का परिवार आज भी कष्टमय जीवन ही व्यतीत कर रहा है। उनकी पत्नी ने भी दिल्ली के मिण्टो रोड स्थित झुग्गी-झोपड़ी में कैंसर से लड़ते हुए चिकित्सा सुविधा के अभाव में दम तोड़ा। इनके ज्येष्ठ पुत्र मंजू खाँ अच्छा तबला बजाते हैं, लेकिन उन्हें अच्छे अवसर नहीं मिल पाते हैं। छोटे पुत्र को संगीत से लगाव नहीं है, और वह दूसरे छोटे-मोटे कार्य करते हैं। हबीबुद्दीन खाँ के शिष्यों में स्व. रमज़ान खाँ, मनमोहन सिंह, प्रो. सुधीर कुमार सक्सेना और स्व. लोकमन का नाम विशेष उल्लेखनीय है।

21. उस्ताद आफाक़ हुसैन खाँ

उस्ताद आफाक़ हुसैन खाँ का जन्म लखनऊ के प्रतिष्ठित संगीतज्ञ परिवार में 12 जुलाई, 1930 को हुआ था। वह लखनऊ घराने के खलीफा उस्ताद आबिद हुसैन के पौत्र और उस्ताद वाजिद हुसैन के पुत्र थे। इन्हें तबला वादन की शिक्षा भी इन्हीं दोनों महान कलाकारों से प्राप्त हुई थी।

आफाक़ साहब ने अपने सांगीतिक जीवन की शुरूआत 1945 से की और भारत के लगभग सभी अच्छे कलाकारों की अच्छी संगति की। वह लखनऊ घराने का शुद्ध तबला बजाते थे। इनके वादन में इनके घरानें की विशेषताएँ स्पष्ट रूप से दृष्टिगत होती थीं। इन्होंने 1962 में अफगानिस्तान की सांगीतिक यात्रा की थी। 1985 में भारत सरकार की ओर से पेरिस में आयोजित कार्यक्रम में भाग लिया था, और 1988 में स्टार यूनिवर्सिटी के निमन्त्रण पर पुनः फ्रांस गए थे। खाँ साहब की युवावस्था कोलकाता में बीती। 1972 में आकाशवाणी के विभागीय कलाकार के रूप में वह लखनऊ लौटे। एक वर्ष बाद उत्तर प्रदेश संगीत नाटक अकादमी द्वारा संचालित कथक केन्द्र में वह नियुक्त हो गए। 1977 में वह लखनऊ के दूरदर्शन केन्द्र से जुड़ गए। जहाँ मृत्युपर्यन्त रहे। उत्तर प्रदेश संगीत नाटक अकादमी ने इन्हें 1988 में अकादमी सम्मान से सम्मानित किया था।

अन्तर्मुखी प्रकृति के मृदु और अल्पभाषी आफाक़ साहब एक उदार गुरु भी थे। इसीलिए इनके शिष्यों की बड़ी संख्या है। इनमें कुछ प्रमुख नाम हैं—पी.बी. नन्दश्री (श्रीलंका), भोपाल राय चौधरी, प्रबीर कुमार मित्र, तिमिर राय चौधरी विवेकानन्द भट्टाचार्य, पवन बरदोलाई, अरुन तालुकदार, पंकज चौधरी, डॉ. जिम किपेन (इंग्लैण्ड) एवं जेराल्ड खुर्जियान (फ्रांस) आदि। डा. जिम किपेन द्वारा अंग्रेजी में लिखित पुस्तक 'द तबला ऑफ लखनऊ' संगीत विशेषकर तबला के विद्यार्थियों के लिए एक उपयोगी पुस्तक है।

आफाक़ साहब का निधन 14 फरवरी, 1990 को लखनऊ में हुआ। इनके दोनों पुत्र उस्ताद इल्मास हुसैन और इलियास हुसैन इनके पद चिन्हों पर अग्रसर हैं।

22. उस्ताद अनवार हुसैन खाँ

उस्ताद अनवार हुसैन खाँ का जन्म 4 अप्रैल, 1929 को मुरादाबाद (उ. प्र.) के एक ऐसे परिवार में हुआ था जो संगीत के लिए समर्पित है। इनके पिता उ. खादिम हुसैन खाँ एक विख्यात सारंगी वादक थे। अनवार हुसैन ने 10 वर्ष की उम्र से अपने बड़े चाचा उ. बुल्ला खाँ से तालीम लेनी आरम्भ की, और जल्द ही संगीत के क्षेत्र में अपना एक विशेष स्थान बना लिया। इन्होंने बाद में उ. अहमदजान थिरकवा के शिष्य उ. गुलाम अहमद खाँ की देख-रेख में अपनी वादन कला को निखारा।

उ. अनवार हुसैन मात्र 14 वर्ष की उम्र में आकाशवाणी से एक ताबलिक के रूप में जुड़ गए थे, और 1988 तक जुड़े रहे। 1988 में ही एक विभागीय कलाकार के रूप में इन्होंने आकाशवाणी से अवकाश ग्रहण किया। एकल तबला वादक और संगतिकार दोनों ही रूपों में प्रसिद्ध रहे उ. अनवार हुसैन को अनेक लब्ध प्रतिष्ठित कलाकारों के साथ विभिन्न प्रतिष्ठित मंचों पर संगति करने के अवसर मिले थे। इन्होंने कुछ दूसरे देशों की भी संगीत यात्राएँ की थीं।

उ. अनवार हुसैन यूं तो फर्रुखाबाद घराने के कलाकार थे। किन्तु इन्हें दिल्ली और अजराड़ा घराने की वादन शैली भी पसन्द थी। अतः इन घरानों के बोलों का भी वह अपने वादन में समावेश कर लिया करते थे। इनके दोनों पुत्र उ. अबरार हुसैन और उ. असगर हुसैन क्रमशः सरोद और वायलिन के प्रतिष्ठित कलाकार हैं। 7 अप्रैल, 1992 को खाँ साहब लय में विलय हो गए।

23. प्रो. लालजी श्रीवास्तव

प्रो. लालजी श्रीवास्तव के नाम से संगीत जगत् में लोकप्रिय इस कला साधक का वास्तविक नाम उदयभानु किशोर था। इनका जन्म 18 नवम्बर, 1923 को संगीत और साहित्य की नगरी इलाहाबाद में हुआ था। इनके पिता का नाम राज किशोर श्रीवास्तव था।

बचपन से ही संगीत में रुचि रखने वाले लालजी श्रीवास्तव ने तबला वादन की शिक्षा फर्रुखाबाद घराने के उस्ताद युसूफ खाँ, बनारस घराने के पं. श्यामलाल मिश्र उर्फ छम्मा महाराज और कथक नृत्य के जयपुर घराने के पण्डित रामगोपाल जैसे विद्वानों से प्राप्त की।

लालजी श्रीवास्तव ने 1944 में प्रयाग संगीत समिति, इलाहाबाद द्वारा आयोजित एक संगीत सम्मेलन में भाग लिया। उनकी कला से प्रभावित होकर समिति के अधिकारियों ने उन्हें समिति में अध्यापक के रूप में नियुक्त कर लिया। 1972 तक प्रयाग संगीत समिति में अध्यापक के रूप में कार्य करने के बाद इन्होंने वहाँ के निदेशक की भी जिम्मेदारी सम्भाली।

फैयाज खाँ, ओंकारनाथ ठाकुर, विनायक राव पटवर्धन, नारायणराव व्यास, भीमसेन जोशी, कुमार गंधर्व, गिरिजा देवी, विलायत खाँ, इमरत खाँ, निखिल बनर्जी, मुश्ताक अली खाँ, अलाउद्दीन खाँ, वी.जी. जोग, रोशन कुमारी, हरि प्रसाद चौरसिया, अब्दुल हलीम जाफर, अमजद अली खाँ, राधिका मोहन मोइत्रा और एन. राजम् जैसे विभिन्न विधाओं के कलाकारों के साथ अपने वादन की छटा दिखा चुके लालजी श्रीवास्तव ने संगीत जगत् को अनेक कलाकार भी दिए हैं। इनके प्रमुख शिष्यों में प्रो. गिरीशचन्द्र श्रीवास्तव, स्व. प्रभुदत्त बाजपेयी, अनुपम राय, पंकज श्रीवास्तव, अनूप कुमार बनर्जी, भुवन प्रकाश श्रीवास्तव, बुलाकी लाल यादव, श्रीराम सिंह, कैलाशनाथ पाठक, सुनीता श्रीवास्तव, ध्रुवनारायण वर्मा, डॉ. नीरज कुमार, केदारनाथ, आशीष चटर्जी एवं उमेश भारद्वाज के नाम उल्लेखनीय हैं। इनके छोटे भाई श्री चन्द्रभानु किशोर एवं पुत्र द्वय विपिन किशोर एवं अजय किशोर भी संगीत के क्षेत्र में सक्रिय हैं।

संगीताचार्य, श्रेष्ठ गुरु, स्वर साधना रत्न और उत्तर प्रदेश संगीत नाटक अकादमी सम्मानों से सम्मानित प्रो. लालजी श्रीवास्तव का निधन 16 नवम्बर, 2002 को इलाहाबाद में हुआ।

24. उस्ताद लतीफ अहमद खाँ

दिल्ली घराने के प्रसिद्ध ताबलिक **उस्ताद लतीफ अहमद खाँ** का जन्म 1942 में दिल्ली में संगीतज्ञों के परिवार में हुआ था। इनके पिता मोहम्मद बख्श खाँ प्रसिद्ध सारंगी वादक थे, जिनका निधन 1952 में हुआ था।

परिजनों के बीच 'अल्लाहवाला' नाम से सम्बोधित किए जाने वाले लतीफ अहमद ने तबला वादन की विधिवत् शिक्षा 1953 से दिल्ली घराने के खलीफा उस्ताद गामी खाँ से लेनी आरम्भ की। 1958 में उस्ताद गामी खाँ के निधनोपरान्त इन्होंने उनके छोटे भाई उ. मुन्नू खाँ और पुत्र उ. इनाम अली खाँ से सीखने का क्रम जारी रखा।

बचपन में ही सांगीतिक मंचों पर पदार्पण कर चुके लतीफ अहमद को 1958 में मुम्बई में आयोजित एक कार्यक्रम में उनके एकल तबला वादन ने जैसे रातों-रात हीरो बना दिया। उ. इनाम अली खाँ, उ. अल्लारखा, पं. सामता प्रसाद, उ. अमीर खाँ और उ. अब्दुल हलीम जाफर जैसे सम्मानित कलाकारों की उपस्थिति में अपने स्वतन्त्र तबला वादन से लतीफ अहमद ने खूब वाहवाही लूटी। इसके बाद ही 1959 में 17 वर्षीय लतीफ अहमद ने पं. रविशंकर के सितार वादन के साथ सुन्दर संगति करके इस क्षेत्र में भी अपनी योग्यता का परिचय दिया। फिर तो उस्ताद अल्ताफ हुसैन खाँ, उ. विलायत हुसैन खाँ, उ. चाँद खाँ तथा उ. उमराव बुंदू खाँ जैसे कितने ही दिग्गजों के साथ इन्होंने संगति की। उ. लतीफ अहमद उस श्रेणी के कलाकार थे जो हर विधा-गायन, वादन एवं नर्त्तन की सफल संगति करते थे।

लतीफ अहमद उस स्तर के कलाकार थे कि आकाशवाणी ने बिना किसी ऑडिशन के उन्हें प्रथम श्रेणी के कलाकार की मान्यता दी थी। 1974 में आकाशवाणी संगीत सम्मेलन में इन्होंने एकल तबला वादन प्रस्तुत किया था। आकाशवाणी एवं दूरदर्शन से उनके स्वतन्त्र और संगति वादन के कार्यक्रम प्रायः प्रसारित होते रहते थे। आकाशवाणी संगीत सम्मेलन में उनका अन्तिम कार्यक्रम पटना में सम्पन्न एकल वादन का ही था।

लतीफ अहमद ने अपनी पहली विदेश यात्रा 1967 में लंदन की, की थी।

इसके बाद अमेरिका, यूरोप, अफ्रीका, ईरान और तुर्की आदि अनेक देशों की यात्रा की उन्होंने। सूझ-बूझ के धनी इस प्रतिभा सम्पन्न कलाकार ने ज़ाज़ कलाकार डॉन चेरी के साथ भी वादन किया था। द ड्रम ऑफ इण्डिया नामक एक संगीत दल भी बनाया था उन्होंने, जिसने श्रीलंका में भारतीय गणतन्त्र दिवश के अवसर पर अपनी प्रस्तुति देने के साथ-साथ कई अन्य देशों में भी अपना कार्यक्रम प्रस्तुत किया था। लतीफ अहमदने 5¼ (साव पाँच मात्रे) की एक नवीन ताल की भी रचना की थी, जिसका नाम लतीफ ताल रखा था।

बावर्ची, प्रेम रोग और भाई हो तो ऐसा आदि जैसी कुछ फिल्मों में तबला वादन कर चुके तलीफ अहमद ने कुछ दिनों तक दिल्ली स्थित भारतीय कला केन्द्र में अध्यापन कार्य भी किया था। लेकिन, 1964 में वहाँ त्यागपत्र देकर वह पूरी तरह से मंचीय कार्यक्रमों में व्यस्त हो गए थे। इनके स्वतन्त्र और संगति वादन की ध्वनि मुद्रिकाएँ भारत सहित इंग्लैण्ड और फ्रांस आदि देशों में भी उपलब्ध है। स्विट्जरलैण्ड में निर्मित एक ध्वनि मुद्रिका में इन्होंने लतीफ ताल का भी वादन किया है। डार्टिंग्टन कॉलेज ऑफ आर्ट्स (लंदन) से भी वह अतिथि अध्यापक के रूप में जुड़े थे।

दिल्ली बाज के इस जाज्वल्यमान सितारे का निधन सिर्फ 48 वर्ष की आयु में 29 अगस्त, 1989 में हो गया। इनके दो युवा पुत्र अकबर लतीफ और बाबर लतीफ भी होनहार तबला वादक हैं।

25. पं. बद्री महाराज

पं. बद्री महाराज का जन्म वाराणसी के पारम्परिक संगीतज्ञों के परिवार में 9 अक्टूबर, 1926 को हुआ था। बचपन में ही पिता पं. छुनई मिश्र का साया सिर से उठ जाने के बाद इन्होंने बनारस घराने के वाद्य शिरोमणि पं. कंठे महाराज की शिष्यता स्वीकार की, और उन्हीं के मार्गदर्शन में अपनी कला में निखार पैदा किया।

पं. बद्री महाराज 1942 में मुम्बई जा पहुँचे और अपने सरस तथा कर्णप्रिय वादन के कारण फिल्मों के संगीत पक्ष से जुड़ गए। महल, मुकद्दर, एक रात, बाजार, रात की रानी और घुंघरू जैसी फिल्मों में सुन्दर तबला वादन करने वाले पं. बद्री महाराज को मुम्बई की माया नगरी बहुत दिनों तक नहीं बाँध पाई और 1953 में मुम्बई को अलविदा कह वह पुनः बनारस लौट आए। 1955 में उन्होंने बनारस स्थित काशी हिन्दू विश्वविद्यालय के संगीत विभाग में तबला वादक की नौकरी स्वीकार ली।

पं. बद्री महाराज ने अनेकों भारतीय-अभारतीय शि.ष्यों को तबला वादन की शिक्षा दी है। इन्होंने कुछ दूसरे देशों की भी संगीत यात्रा की थी। 1985 में ऋषिकेश के शिवानंद आश्रम से 'तबला पारंगत' की उपाधि से विभूषित पं. बद्री महाराज के दो शिष्य पं. शीतल प्रसाद मिश्र और श्री रविनाथ मिश्र आज संगीत के राष्ट्रीय-अन्तर्राष्ट्रीय मंचों पर सक्रिय हैं। लखनऊ स्थित भातखण्डे संगीत संस्थान में कार्यरत श्री रविनाथ मिश्र पं. बद्री महाराज के सुपुत्र हैं। रविनाथ मिश्र के सुपुत्र मनीष एवं सुपुत्री द्वय मनीषा औरं मंजूषा सभी संगीत के क्षेत्र में सक्रिय हैं।

18 जनवरी, 1988 को वाराणसी में हृदयाघात से पं. बद्री महाराज का आकस्मिक एवं असामयिक निधन हो गया।

26. उस्ताद रमज़ान खाँ

अजराड़ा घराने के सुप्रसिद्ध ताबलिक उ. रमज़ान खाँ का जन्म मेरठ (उ. प्र.) में संगीत को समर्पित परिवार में सन् 1941 के अगस्त महीने में हुआ था। इन्होंने तबला वादन की शिक्षा अपने पिता उ. अज़ीज़ुद्दीन खाँ से प्राप्त की। बाद में उ. बब्बू खाँ एवं अपने चाचा उ. हबीबुद्दीन खाँ से भी इन्होंने तालीम हासिल की।

आकाशवाणी के दिल्ली केन्द्र में अनेक वर्षों तक कार्यरत रहे खाँ साहब ने अनेक चोटी के कलाकारों के साथ संगति की। सुर सिंगार संसद (मुम्बई) द्वारा तालमणि की उपाधि से सम्मानित खाँ साहब को भारत के प्रतिष्ठित मंचों पर वादन करने के साथ-साथ जर्मनी, इंग्लैण्ड, फ्रांस और अफगानिस्तान जैसे देशों में भी तबला वादन के अवसर मिले थे। ख़ाँ साहब का निधन बीसवीं शदी के नवें दशक में हुआ। इनके शिष्यों में इनके दो पुत्रों गुलाम साबिर और मोहम्मद कामिल सहित शकील अहमद (भांजे), नौशाद अहमद (भांजे) एवं एस. आर. चिश्ती के नाम प्रमुख हैं।

27. पं. किशन महाराज

बनारस बाज के प्रतिनिधि कलाकार पं. किशन महाराज का जन्म प्रख्यात तबला वादक पं. हरि महाराज के पुत्र रूप में 3 सितम्बर, 1923 को कृष्ण जन्माष्टमी के दिन हुआ था। अतः इनका नामकरण किशन हुआ। दैवयोग से हरि महाराज का निधन बहुत जल्द हो गया, अतः इनके बड़े चाचा ताल वाद्य शिरोमणि पं. कंठे महाराज ने इन्हें न केवल पुत्रवत् स्नेह दिया, बल्कि तबला वादन का उच्चस्तरीय ज्ञान भी।

किशन महाराज ने अपना पहला सार्वजनिक प्रदर्शन बनारस के प्रसिद्ध संकट मोचन मन्दिर में प्रख्यात नर्त्तक पं. चतुर्भुज मिश्र उर्फ चौबे महाराज के नृत्य की संगति रूप में किया था। इन्होंने अनेक फिल्मों में भी सफल वादन किया है।

किशन महाराज की रुचि बचपन से ही कठिन लयकारियों और विषम प्रकृति के तालों की ओर रही है। बोलों का शुद्ध और सार्थक निकास इनकी विशेषता है। महाराज जी ने हर विधा के शीर्षस्थ कलाकारों की सफल संगति की है, और इनका एकल वादन भी श्रवणीय होता है। इन्हें उच्चस्तरीय तबला वादन हेतु कई मान-सम्मान प्राप्त हो चुके हैं, जिनमें से कुछ प्रमुख हैं—प्रयाग संगीत समिति (इलाहाबाद) द्वारा 1969 में प्रदत्त संगति सम्राट, सुर सिंगार संसद (मुम्बई) द्वारा प्रदत्त ताल विलास, उत्तर प्रदेश संगीत नाटक अकादमी सम्मान, केन्द्रीय संगीत नाटक अकादमी सम्मान और रत्न सदस्यता तथा भारत के राष्ट्रपति द्वारा 1973 में प्रदत्त पद्मश्री का और फिर पद्मविभूषण का अलंकरण आदि।

महाराज जी एक श्रेष्ठ कलाकार होने के साथ-साथ अच्छे सामाजिक कार्यकर्ता भी हैं। वह अच्छे लेखक, चित्रकार, वक्ता और कार्यक्रम संयोजक भी हैं। और, इन सबके साथ-साथ वह अच्छे गुरु भी हैं। अपनी तमाम व्यवस्तताओं के बावजूद महाराज जी अपनी विद्या को अपने शिष्यों में उदारतापूर्वक बाँटते रहे हैं। उनके सुपुत्र पूरण महाराज योग्य कलाकार हैं। शिष्यों में नन्दन मेहता, कुमार बोस, अनिल पालित, स्वपन सिन्हा जगदीश मिश्र, महेन्द्र सिंह, शशिकांत बेल्लारे, तेज बहादुर निगम, सुखविंदर सिंह नामधारी और संदीप दास आदि के नाम विशेष उल्लेखनीय हैं।

28. पं. रंगनाथ मिश्र

3 जनवरी, 1932 को बनारस के प्रतिष्ठित संगीतज्ञ परिवार में जन्में पं. रंगनाथ मिश्र ने तबला वादन की शिक्षा अपने पितामह पं. विक्रमादित्य मिश्र उर्फ खलीफा बिक्कू महाराज जी एवं पिता तबला शिरोमणि पं. गामा महाराज जी से प्राप्त की है। काशी हिन्दू विश्वविद्यालय से स्नातक एवं हिन्दी साहित्य सम्मेलन (प्रयाग) से साहित्य रत्न रंगनाथ जी को प्रयाग संगीत समिति (इलाहाबाद) द्वारा संचालित प्रवीण की परीक्षा (मास्टर ऑफ म्यूजिक) में सर्वोच्च स्थान प्राप्त करने पर स्वर्णपदक से सम्मानित किया गया था।

देश की विभिन्न सांगीतिक, सांस्कृतिक संस्थाओं, महाविद्यालयों, विश्वविद्यालयों, आकाशवाणी एवं उत्तर प्रदेश संगीत नाटक अकादमी से पण्डित मिश्र परीक्षक एवं चयन समिति के सदस्य आदि के रूप में जुड़े रहे हैं। वह लखनऊ स्थित भातखण्डे हिन्दुस्तानी संगीत महाविद्यालय में 1966 से 1990 तक तबला एवं पखावज के विभागाध्यक्ष पद पर कार्यरत रहे। क्रियात्मक एवं शास्त्र दोनों में समान दखल रखने वाले प्रो. मिश्र की शिष्या डा. सावित्री श्रीवास्तव ने इन्हीं के निर्देशन में इन्दिरा कला संगीत विश्वविद्यालय (खैरागढ़) से तबला विषय पर अपना शोध-कार्य पूरा किया है।

पण्डित मिश्र को कई मान-सम्मान मिल चुके हैं। 11 वर्ष की उम्र में इनके एकल तबला वादन से प्रभावित होकर राजा अमावा ने इन्हें पदक प्रदान किया था। 1954 में सम्पन्न अन्तर्विश्वविद्यालय युवा समारोह में इन्हें राष्ट्रीय स्तर पर प्रथम स्थान प्राप्त करने के फलस्वरूप स्वर्ण पदक से सम्मानित किया गया था। 1959 में इटावा संगीत सम्मेलन में इन्हें सम्मान पत्र देकर सम्मानित किया गया था। 1964 में पटना में सम्पन्न अखिल भारतीय संगीत सम्मेलन में बिहार के तत्कालीन शिक्षामन्त्री ने इन्हें स्वर्ण पदक से सम्मानित किया था। 1979 में मणिपुरी नर्त्तन केन्द्र ने इन्हें तबला सम्राट की उपाधि से विभूषित किया। 1994 में स्वाभी हरिदास शास्त्रीय संगीत एवं कला प्रवर्धन समिति (लखनऊ) ने इन्हें तबला शिरोमणि की उपाधि से सम्मानित किया। 1990 में उत्तर प्रदेश के तत्कालीन मुख्यमन्त्री मुलायम सिंह यादव के कर

कमलों से इन्हें 'डॉ. राय राजेश्वर बली ललित कला सम्मान' मिला था। 1998 में उत्तर प्रदेश के तत्कालीन राज्यपाल श्री सूरजभान ने आकाशवाणी लखनऊ द्वारा चयनित 10 कलाकारों को सम्मानित किया था। इस अवसर पर प्रो. रंगनाथ मिश्र को सम्मानित करते समय उनके उद्‌गार थे–

'पण्डितजी को सम्मानित करके मैं स्वयं को गौरवान्वित अनुभव कर रहा हूँ।' पण्डितजी को उत्तर प्रदेश संगीत नाटक अकादमी सम्मान से भी सम्मानित किया जा चुका है।

आकाशवाणी एवं दूरदर्शन के सर्वोच्च श्रेणी के कलाकार प्रो. मिश्र की जीवनी विभिन्न विश्वविद्यालयों के पाठ्‌यक्रमों में है। एक सिद्धहस्त तबला वादक होने के साथ-साथ वह एक सिद्धहस्त लेखक भी हैं, संगीत चिन्तक भी हैं, और सुहृदय कवि भी। इनके द्वारा लिखित एवं निर्देशित अनेक रचनाएँ अन्तर्राष्ट्रीय ख्याति के गायकों द्वारा प्रस्तुत की गई हैं। इनके दोनों पुत्रों राजेन्द्र नाथ मिश्र और शिवेन्द्र नाथ मिश्र सहित अनेक शिष्य संगीत के क्षेत्र में सक्रिय हैं। वर्तमान में पंडितजी तबला तरंगिनी नामक एक महत्त्वपूर्ण ग्रन्थ के लेखन में व्यस्त हैं।

29. पं. शीतल प्रसाद मिश्र

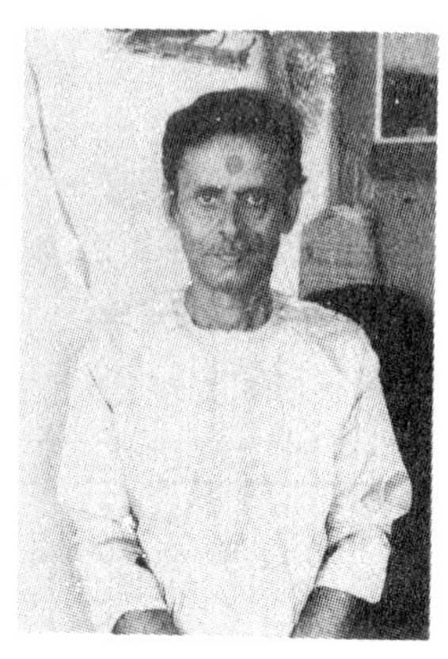

पं. शीतल प्रसाद मिश्र का जन्म बिहार के मधुबनी नामक स्थान में 21 जनवरी 1947 को हुआ था। इन्होंने तबला वादन की शिक्षा अपने बहनोई पं. बद्री महाराज तत्पश्चात् पं. कण्ठे महाराज जी से प्राप्त की। आकाशवाणी, दूरदर्शन और रंगमंच पर समान रूप से लोकप्रिय शीतलजी गायन, वादन एवं नर्त्तन तीनों विद्याओं की संगति में दक्ष हैं साथ इनका मुक्त तबला वादन भी श्रवणीय होता है। अनेक राष्ट्रीय-अंतर्राष्ट्रीय मंचों पर इन्होंने देश के शीर्षस्थ कलाकारों के कार्यक्रम में चार-चाँद लगाया है।

अनेक देशों की संगीत यात्रा कर चुके मिश्रजी वर्तमान में लखनऊ (उ.प्र.) स्थित भातखंडे संगीत संस्थान में तबला प्रमुख पद पर कार्यरत हैं। सरल स्वभाव के स्वाभिमानी ताबलिक शीतलजी के वादन में मिठास, बोलों के निकास में सुस्पष्टता, दाहिने-बायें का सुंदर संतुलन और ताल-लय की विविधता तथा वादन की शुद्धता सहज ही आकर्षित करती है। तबला के साथ-साथ पखावज और मृदंगम् वादन में भी हस्तसिद्ध हैं मिश्रजी।

सुर सिंगार संसद (मुंबई) ने इन्हें तबला और पखावज वादन के लिए अलग-अलग तालमणि की उपाधि प्रदान की है। उत्तर प्रदेश संगीत नाटक अकादमी द्वारा आयोजित व्यावसायिक वर्ग तबला-प्रतियोगिता में भी इन्हें प्रथम एवं विशिष्ट स्थान प्राप्त हुआ था। सन् 1978 में 15 घंटा 18 मिनट अविराम एकल तबला वादन का कीर्त्तिमान स्थापित करने वाले मिश्रजी को स्वामी हरिदास संगीत संस्था (लखनऊ) ने तबला पारंगत की उपाधि प्रदान की है। आगरा में सम्पन्न पं. विष्णु दिगम्बर संगीत सम्मेलन में इन्हें संगीत कला रत्न की उपाधि से विभूषित किया गया। उत्तर प्रदेश संगीत नाटक अकादमी ने इन्हें अकादमी पुरस्कार से सम्मानित किया है।

इनके दोनों पुत्र भरतकुमार मिश्र और अनुज कुमार मिश्र तथा पुत्री ज्योत्सना मिश्रा सहित प्रदीप कुमार द्विवेदी, कृष्णनन्द, सुधांशु पांडेय, उदय नाटू, मुकेश, उदयशंकर मिश्र, विभा मिश्रा और कुसुमजी जैसे शिष्य भी संगीत के क्षेत्र में सक्रिय हैं। कुसुमजी ने 'ताल कुसुम' नामक तबला विषयक एक पुस्तक का भी लेखन किया है।

30. पं. शारदा सहाय

बनारस घराने के प्रतिष्ठापक पं. राम सहाय जी के वंशज पं. शारदा सहाय का जन्म 1935 में बनारस में हुआ। वह इस परम्परा की चौथी पीढ़ी के सदस्य हैं। इनके पितामह पं. बलदेव सहाय मिश्र और पिता पं. भगवती सहाय अपने-अपने समय के धुरंधर कलाकार थे। इन्होंने बचपन से ही अपने पिता से शिक्षा लेनी आरम्भ कर दी थी, लेकिन जब वह 11 वर्ष के थे तभी पिता का आकस्मिक निधन हो जाने से इन्होंने वाद्य शिरोमणि पं. कंठे महाराज की शिष्यता स्वीकार कर ली जो इनके पितामह, पं. बलदेव सहाय के वरिष्ठ शिष्य थे।

पं. शारदा सहाय ने बहुत कम उम्र में ही अपने मंचीय जीवन का शुभारम्भ कर दिया था। लेकिन जब मात्र 16 वर्ष की उम्र में इन्होंने कोलकाता के एक संगीत समारोह में उस्ताद अली अकबर खाँ के सरोद वादन की सराहनीय संगति की तो सभी ने इनकी प्रतिभा का लोहा मान लिया। उक्त संगीत समारोह से इन्हें राष्ट्रव्यापी लोकप्रियता मिली और वह आगे ही बढ़ते चले गए। इन्होंने वाराणसी में पण्डित रामसहाय संगीत विद्यालय की स्थापना की है, जिसके वह निदेशक हैं। यह संस्था अभी भी चल रही है।

पं. शारदा सहाय ने 1970 में अपनी पहली विदेश यात्रा की। उसके बाद से वह लगातार देश-विदेश के दौरों पर रहते हैं। विभिन्न देशों के कई विश्वविद्यालयों में इन्होंने तबला वादन का प्रशिक्षण भी दिया है। इन दिनों इनका अधिकांश समय लंदन और भारत में व्यतीत होता है। शुद्धता और सरसता इनके वादन के विशेष गुण हैं। शुद्ध बनारस बाज बजाते हुए भी संगीत के गूढ़ तत्त्वों से अनभिज्ञ श्रोताओं को आनन्दित करने में वह सफल रहते हैं। **'द आर्ट ऑफ बनारस बाज'** नाम से प्रसारित इनके एकल तबला वादन के एक सी.डी. में इसकी झलक देखी जा सकती है।

इन्होंने अपने दो भतीजों को पुत्रवत् स्नेह और उच्चस्तरीय शिक्षा देकर सुयोग्य ताबलिक के रूप में स्थापित किया है। इनमें से संजूसहाय लंदन में सक्रिय हैं, और दीपकसहाय भारत (वाराणसी) में कार्यरत हैं। इनके एक अन्य शिष्य श्यामकुमार मिश्र भी सुयोग्य ताबलिक हैं। उत्तर प्रदेश संगीत नाटक अकादमी ने इन्हें 1987 में अकादमी सम्मान से सम्मानित किया है।

31. उस्ताद ज़ाकिर हुसैन

करोड़ों दिलों की धड़कन बन चुके अंतर्राष्ट्रीय ख्याति के ताबलिक उस्ताद जाकिर हुसैन का नाम आज किसी परिचय का मोहताज नहीं है। इन्होंने अपने वादन कौशल और सृजनात्मक क्षमता का परिचय देकर तबला को एक नयी लोकप्रियता दी है। यही कारण है कि आज की पीढ़ी के अनेक कलाकार इनके साथ गायन, वादन एवं नर्त्तन करने को इच्छुक रहते हैं। क्योंकि, वह गायन, वादन एवं नर्त्तन तीनों विधाओं की संगति में दक्ष हैं। फिर भी वादन एवं नर्त्तन की संगति के लिए उनकी विशेष ख्याति हैं।

पंजाब घराने के प्रतिनिधि ताबलिक उस्ताद अल्लारखा के पुत्र रूप में 1 मार्च 1951 को मुंबई में जन्में जाकिर हुसैन ने इस कला की शिक्षा अपने पिता से प्राप्त की। बचपन से ही पं. रविशंकर, उ. अली अकबर और उ. विलायत खाँ की संगति करनेवाले जाकिर हुसैन को प्रतिष्ठित मंचों तक पहुँचने में तो कोई कठिनाई नहीं हुई, लेकिन राष्ट्रीय अन्तर्राष्ट्रीय मंचों पर अपना विशिष्ट स्थान बनाये रखने के लिए उन्होंने कठिन परिश्रम किया है। पं. शिवकुमार शर्मा और पं. हरिप्रसाद चौरसिया जैसे कलाकारों की संगति करते हुए इन्होंने अपनी वादन कला को एक नया रंग, नयी दिशा दी है। इनकी अनेक ध्वनि मुद्रिकायें बाजार में उपलब्ध हैं। चमत्कृत करती तैयारी, सूझ-बूझ, साथी कलाकारों की रचनाओं की अनुकृति तुरंत तैयार करने की क्षमता, दायें-बायें की सघन भूमिका, ध्वनि को नियंत्रित करने की क्षमता और मिलनसार तथा हंसमुख स्वभाव के कारण जाकिर हुसैन आज करोड़ों दिलों की धड़कन बने हुए हैं। भारतीय संगीत के साथ-साथ पाश्चात्य संगीत में भी इनकी अच्छी पकड़ है। अतः उत्तर भारतीय और दक्षिण भारतीय कलाकारों के साथ-साथ पाश्चात्य संगीत के कई कलाकारों के साथ भी वादन करके इन्होंने अपनी सृजनात्मक कला कौशल का परिचय दिया है।

जाकिर हुसैन को भी अपने पिता उ. अल्लारखा की तरह संगीत निर्देशन का भी शौक है जिसका परिचय इन्होंने साज नामक फिल्म में न केवल संगीत निर्देशन अपितु अभिनय करके भी दिया है। पद्मश्री एवं पद्मभूषण जैसे अलंकरणों से अलंकृत

जाकिर हुसैन की सबसे बड़ी विशेषता यह है कि उनके दीवानों में वैसे लोगों की भी बड़ी संख्या है जिनका संगीत से प्रत्यक्षतः कोई लेना-देना नहीं है। साथ ही, संगीत के शिखर पर बैठे कलाकार भी इनकी प्रशंसा करते नहीं थकते। यही है किसी कलाकार की असली पहचान।

32. श्री सुरेश भाई गायतोंडे

'भाई गायतोंडे' के नाम से संगीत प्रेमियों के बीच लोकप्रिय सुरेश बी. गायतोंडे का जन्म 6 मई, 1932 को रत्नगिरी जनपद के अन्तर्गत कनकावली नामक ग्राम (महाराष्ट्र) में हुआ था। इनके पिता—जो पेशे से डॉक्टर थे—शौकिया तौर पर हारमोनियम और तबला जैसे वाद्य भी बजाते थे। उन्हीं को देख-सुनकर बालक सुरेश की अभिरुचि संगीत के प्रति उत्पन्न हुई, अतः उसके प्रथम गुरु उसके पिता ही बने।

1942 में दस वर्षीय सुरेश अपने पिता के साथ कोल्हापुर रियासत में चले गए जो तब संगीत का एक प्रमुख गढ़ हुआ करता था। अतः सुरेश भाई को वहाँ पं. सुधाकर दिगराजकर, पं. रमाकान्त बेदागकर, पं. महमूलाल सनगोनकर और उ. बालभाई रुकादिकर जैसे श्रेष्ठ गायकों-वादकों का सान्निध्य मिला, जिसका लाभ उठाते हुए इन्होंने अपनी कला को निखारा। इसके बाद भाई गायतोंडे पं. जगन्नाथ बुवा पुरोहित 'गुणीदास' के सम्पर्क में आए, जो गायन और तबला वादन दोनों ही विधाओं में दक्ष थे। 1952 से 1968 तक पं. गुणीदास के सम्पर्क में रहने के बाद भाई गायतोंडे की कला में अद्‌भुत निखार आ गया। 1968 में पं. गुणीदास का निधन हो गया। इसके बाद भाई गायतोंडे ने उ. अहमदजान थिरकवा, से तीन वर्षों तक और पं. विनायकराव धनग्रेकर से 10 वर्षों तक शिक्षा प्राप्त की। बाद में अपने ज्येष्ठ गुरु भाई पं. लालजी गोखले से भी इन्होंने बहुत कुछ सीखा। बोलों के स्पष्ट निकास, सही वजन और महत्त्वपूर्ण रचनाओं का महत्त्वपूर्ण भण्डार इनकी विशेषता है। स्वतन्त्र वादन के लिए यह विशेष रूप से प्रसिद्ध हैं।

सिंगापुर, अमेरिका और इंग्लैण्ड जैसे देशों की अनेक यात्राएँ कर चुके हँसमुख और मृदुभाषी पं. सुरेश भाई गायतोंडे को ताल विलास, स्वर साधना रत्न, कोंकण कलाभूषण और केन्द्रीय संगीत नाटक अकादमी सम्मान सहित कई अन्य मान-सम्मान भी मिल चुके हैं।

33. पं. छोटेलाल मिश्र

पं. छोटेलाल मिश्र संगीत जगत् के उस महत्त्वपूर्ण हस्ताक्षर का नाम है, जिनके व्यक्तित्व में कई विशेषताएँ समाहित हैं। हस्तसिद्ध ताबलिक, मौलिक विचारों से परिपूर्ण लेखक एवं उदार गुरु के रूप में विख्यात छोटेलाल मिश्र का जन्म 12 अप्रैल, 1940 को वाराणसी में हुआ था। इनके पिता तबले के महान् कलाकार पं. अनोखेलाल मिश्र के घनिष्ट मित्र थे। उनकी इच्छा थी कि उनका पुत्र भी तबला वादक बने। जब उन्होंने अपनी इच्छा अनोखेलालजी को बताई तो वह बहुत प्रसन्न हुए और 6 वर्षीय छोटेलाल को अपने घर ले आए। छोटेलाल मिश्र ने पं. अनोखेलाल मिश्र से 12 वर्षों तक तबला सीखा, और उनकी मृत्यु के बाद संगीत की अथक साधना करके संगीत जगत् में अपना एक पृथक और विशिष्ट स्थान बनाने में सफल रहे।

पं. छोटेलाल मिश्र ने 18 वर्ष की उम्र में मुम्बई में स्वतन्त्र वादन द्वारा अपने सार्वजनिक मंचीय कार्यक्रमों का शुभारम्भ किया था, और उसके बाद से वह निरन्तर आगे बढ़ते रहे। वह आकाशवाणी और दूरदर्शन के प्रथम श्रेणी के सम्मानित कलाकार हैं। उनकी महत्त्वपूर्ण संगीत सेवाओं को देखते हुए एशिया इण्टरनेशनल ने 1994 में हू'जहू में उनका नाम प्रकाशित किया था। 'राग रंग' और 'अखिल भारतीय कला मंच' द्वारा सम्मानित तथा 'संगीत श्री' की उपाधि से विभूषित पं. मिश्र ने देश के लगभग सभी शीर्षस्थ कलाकारों की भावपूर्ण संगति करके प्रशंसा प्राप्त की है।

भारत सरकार के मानव संसाधन विकास मन्त्रालय से सीनियर फैलोशिप प्राप्त कर चुके, काशी हिन्दू विश्वविद्यालय के तबला विभाग के प्रमुख छोटेलाल मिश्र की पुस्तक 'ताल प्रसून' तबलार्थियों के लिए काफी उपयोगी सिद्ध हुई है।

1978 में अमेरिका के पेंसिलवेनिया विश्वविद्यालय में अतिथि प्राध्यापक के रूप में तबला वादन की उच्चस्तरीय शिक्षा प्रदान कर चुके पण्डितजी ने दुनिया के अनेक देशों को अपने सुमधुर तबला वादन से गुंजरित किया है, इनमें कुछ महत्त्वपूर्ण नाम इस प्रकार हैं—डेनमार्क, स्वीडन, नार्वे, अमेरिका, कनाडा, लंदन, पेरिस, जापान,

ब्रिटेन, हॉलैण्ड एवं स्वीट्जरलैण्ड आदि। श्री मिश्र ने इन देशों में अपने व्याख्यान-सह-प्रदर्शन कार्यक्रमों द्वारा संगीत के महत्त्वपूर्ण पक्षों पर प्रकाश डाला। इनके अनेक शिष्य विभिन्न संस्थाओं में महत्त्वपूर्ण सांगीतिक पदों पर कार्यरत हैं। इनमें श्री रामकुमार मिश्र, कुमार ऋषितोष एवं डॉ. प्रेम नारायण सिंह के नाम प्रमुख हैं। डॉ. प्रेम नारायण सिंह ने प्रो. छोटे लाल मिश्र के निर्देशन में पं. अनोखेलाल पर शोधकार्य किया है जो पुस्तक रूप में प्रकाशित है। इनके सुमधुर तबला वादन के अनेक रिकॉर्ड उपलब्ध हैं।

34. उस्ताद फैयाज खाँ

सुविख्यात ताबलिक उस्ताद फैयाज खाँ का जन्म सीकर (राजस्थान) में संगीतज्ञों के एक परिवार में 1933 को हुआ। इनके पिता नजीर खाँ राजस्थान के करौली दरबार में तबला और सारंगी वादक के रूप में कार्यरत थे। अतः इनकी संगीत शिक्षा का आरम्भ पिता द्वारा ही हुआ। इसके बाद पिता के सुझाव पर फैयाज खाँ ने उस्ताद हिदायत खाँ की शिष्यता स्वीकार कर उनसे तबले का विधिवत् प्रशिक्षण लिया। बाद में दिल्ली घराने के खलीफा उस्ताद इनामअली खाँ से भी इन्होंने सीखा। दक्षिण भारत के प्रसिद्ध मृदंगम् वादक रामनाद ईश्वरन् के सान्निध्य में इन्होंने दक्षिण भारतीय ताल पद्धति और उसके गणितीय पक्ष का भी प्रशिक्षण लिया।

फैयाज खाँ ने 1955 में जयपुर आकाशवाणी में विभागीय तबला वादक का कार्य भार सम्भालकर संगीत के सार्वजनिक जीवन की शुरूआत की। कुछ वर्षों उपरान्त स्थानान्तरण होने पर वह दिल्ली आ गए और तब से दिल्ली में ही हैं। आकाशवाणी, दूरदर्शन और मंच के माध्यम से देश के लगभग सभी शीर्षस्थ कलाकारों की संगति कर चुके खाँ साहब 1993 में आकाशवाणी से सेवानिवृत्त होने के बाद गांधर्व महाविद्यालय (दिल्ली) में तबला अध्यापक के रूप में कार्यरत हैं।

दुनिया के कई देशों की संगीत यात्रा कर चुके खाँ साहब ने अतिथि अध्यापक के रूप में 1985 में वाशिंगटन विश्वविद्यालय में तबला अध्यापन का कार्य किया था। 1992 से प्रति वर्ष कुछ महीने के लिए तबले का प्रशिक्षण देने के लिए वह हॉलैण्ड के रोटर्डम कन्जरवेटरी (Rotterdum conservatory, Holland) में तबले का प्रशिक्षण देने जाते हैं।

विभिन्न व्यावसायिक कम्पनियों द्वारा जारी कैसेट्स और सी. डी. के लिए इन्होंने विभिन्न कलाकारों की संगति की है। इनके एक जर्मन शिष्य डेनियल फूज द्वारा निर्मित एवं प्रसारित एक काम्पैक्ट डिस्क में इनके स्वतन्त्र तबला वादन का भी ध्वन्यांकन हुआ है। गायन एवं स्वर वाद्यों की संगति के लिए विशेष रूप से प्रसिद्ध खाँ साहब को साहित्य कला परिषद् (दिल्ली) सहित अनेक सांगीतिक, सांस्कृतिक संस्थाएँ सम्मानित कर चुकी हैं। इनके कई शिष्य तबला वादन के क्षेत्र में सक्रिय हैं।

35. श्री स्वपन चौधुरी

संगीत के राष्ट्रीय-अन्तर्राष्ट्रीय मंचों पर सक्रिय आधुनिक युग के यशस्वी ताबलिक श्री सपन चौधुरी का जन्म 1947 में कोलकाता के एक संगीत रसिक परिवार में हुआ था। इन्होंने तबला वादन की शिक्षा लखनऊ घराने के पं. सन्तोष कृष्ण विश्वास से प्राप्त की। इन्होंने अपने सांगीतिक कार्यक्रमों का शुभारम्भ 8 वर्ष की नन्हीं-सी उम्र में तानसेन संगीत प्रतियोगिता से की, जिसमें इन्हें प्रथम स्थान प्राप्त हुआ। इसके बाद तो ऐसे कार्यक्रमों का सिलसिला चल पड़ा। इन्होंने आकाशवाणी द्वारा आयोजित संगीत प्रतियोगिता सहित अनेक प्रतियोगिताओं में प्रथम स्थान प्राप्त किया।

श्री चौधुरी स्वतन्त्र वादन और संगति कला दोनों में दक्ष हैं। स्व. उस्ताद अमीर खाँ, उस्ताद अली अकबर खाँ और स्व. निखिल बनर्जी जैसे अपने-अपने क्षेत्र के महान् कलाकारों के प्रिय ताबलिक रहे श्री चौधुरी अपनी सांगीतिक सूझ-बूझ के लिए विशेष रूप से विख्यात हैं। विश्व के अनेक देशों की सफल सांगीतिक यात्रा कर चुके स्वपन जी वर्तमान में अली अकबर कॉलेज ऑफ म्यूजिक, सैन रैफियल, कैलिफोर्निया में डायरेक्टर ऑफ द डिपार्टमेंट ऑफ परकशन (निदेशक, अवनद्ध वाद्य विभाग) एवं अली अकबर स्कूल ऑफ म्यूजिक, बाज़ल (Basel) स्विट्ज़रलैण्ड में तबला प्राध्यापक पद को सुशोभित कर रहे हैं।

36. श्री आनिन्दो चटर्जी

देश के लब्ध प्रतिष्ठित ताबलिक श्री आनिन्दो चटर्जी आधुनिक युग के प्रथम पँक्ति के कलाकार हैं। इन्होंने तबला वादन की शिक्षा यशस्वी संगीत मनीषी पद्मभूषण पं. ज्ञानप्रकाश घोष से प्राप्त की है। बोलों का सुस्पष्ट निकास, अच्छी तैयारी, दाएँ-बाएँ का सुन्दर सन्तुलन और सूझ-बूझ युक्त संगति इनकी विशेषता है। देश के लगभग सभी शीर्षस्थ कलाकारों की संगति कर चुके आनिन्दो चटर्जी ने दुनिया के अनेक देशों की संगीत यात्रा की है। स्व. निखिल बनर्जी के आप प्रिय ताबलिक थे। आकाशवाणी, दूरदर्शन एवं मंच तीनों माध्यमों में समान रूप से सक्रिय श्री आनिन्दो चटर्जी के तबला वादन का ध्वन्यांकन अनेक व्यावसायिक कम्पनियों ने भी किया है। इन्हें संगीत नाटक अकादमी (दिल्ली) ने अकादमी सम्मान से विभूषित किया है।

37. श्री कुमार बोस

बनारस घराने के तेज-तर्रार और प्रखर ताबलिक कुमार बोस नई पीढ़ी के प्रथम श्रेणी के कलाकार हैं। 3 जनवरी 1952 को कोलकाता के सुप्रतिष्ठित संगीतज्ञ परिवार में जन्में कुमार बोस ने तबला वादन की आरम्भिक शिक्षा अपने पिता पं. विश्वनाथ बोस से प्राप्त की, जो बनारस घराने के प्रकाण्ड तबला वादक वाद्य शिरोमणि पं. कंठे महाराज के प्रमुख शिष्य थे। पिता के निधनोपरान्त इन्होंने पद्मविभूषण पं. किशन महाराज के मार्ग-दर्शन में अपनी शिक्षा पूरी करते हुए संगीत जगत् में अपनी विशेष पहचान बनाई।

कुमार जी यूँ तो गायन, वादन और नर्त्तन तीनों क्षेत्रों के दिग्गज कलाकारों की संगति करते हुए स्वतन्त्र वादन के क्षेत्र में भी अपना विशेष स्थान रखते हैं। किन्तु तन्त्र वाद्यों की संगति और एकल वादन के लिए इनकी विशेष ख्याति है। पं. रविशंकर जैसे महान् सितार वादक के प्रिय ताबलिक कुमार ने उनके साथ दुनिया के अनेक देशों की यात्रा की है। पाश्चात्य संगीत के मूर्धन्य कलाकार जुबीन मेहता सहित पश्चिमी संगीत के कई कलाकारों के साथ भी वह कई प्रस्तुतियाँ दे चुके हैं।

38. श्री आनन्द गोपाल बन्दोपाध्याय

श्री आनन्द गोपाल बन्दोपाध्याय का जन्म 1 जनवरी, 1943 को बंगाल के विष्णुपुर घराने के एक प्रतिष्ठित संगीतज्ञ परिवार में हुआ था। अतः संगीत के संस्कार तो इन्हें घर में ही मिले। लेकिन, इसमें निपुणता हासिल की इन्होंने बनारस जाकर। बनारस के प्रसिद्ध ठुमरी गायक पं. महादेव प्रसाद मिश्र ने इन्हें तबला वादन की उच्चस्तरीय शिक्षा दी। पं. महादेव प्रसाद मिश्र के विषय में यह जानकारी बहुत कम लोगों के पास है कि वह तबले के भी अच्छे विद्वान थे। तबला वादन की विधिबत शिक्षा उन्होंने पं. भैरव प्रसाद मिश्र से प्राप्त की थी। प्रसंगवश यह बता देना भी उचित होगा कि पं. अनोखेलाल मिश्र ने भी पं. भैरव प्रसाद मिश्र से ही सीखा था।

श्री बन्दोपाध्याय ने संगीत के कार्यक्रमों का शुभारम्भ 18 वर्ष की उम्र में आकाशवाणी द्वारा आयोजित अखिल भारतीय संगीत प्रतियोगिता से की थी, जिसमें इन्हें प्रथम स्थान प्राप्त हुआ था। इसके बाद कार्यक्रमों का जो सिलसिला आरम्भ हुआ वह अब तक अनवरत जारी है। इनकी संयत, सन्तुलित और विवेकपूर्ण संगति की सभी प्रशंसा करते हैं। दिल्ली विश्वविद्यालय के संगीत विभाग में कार्य कर चुके आनन्द जी, विगत अनेक वर्षों से कोलकाता के संगीत रिसर्च अकादमी में कार्यरत हैं।

श्री बन्दोपाध्याय ने भारत सरकार के सांस्कृतिक प्रतिनिधि मण्डल में शामिल होकर दुबई सहित अनेकों यूरोपीय और अफ्रीकी देशों की तो सांगीतिक यात्राएँ की ही, अनेक गैर सरकारी संगीत समारोहों में भाग लेने हेतु कई दूसरे देशों की भी यात्राएँ कीं।

39. प्रो. लक्ष्मण सिंह सीन

तबले के पंजाब घराने के वयोवृद्ध प्रतिनिधि प्रो. लक्ष्मण सिंह सीन का जन्म 3 सितम्बर, 1927 को सियालकोट जिला (अब पाकिस्तान) के जाँघ नामक ग्राम के एक राजपूत परिवार में हुआ था। इनके पिता ठाकुर मंगत सिंह सीन एवं माता ईश्वरी देवी लोक संगीत के समर्पित लेकिन अव्यावसायिक कलाकार थे। अतः बालक लक्ष्मण को संगीत के सुरीले संस्कार अपने घर में, अपने रक्त में ही मिले। मंगत सिंह की दिली इच्छा थी कि उनका एक पुत्र शास्त्रीय संगीतज्ञ बने, और इस पावन कार्य हेतु उन्होंने अपने प्रिय पुत्र लक्ष्मण को ही चुना। ठाकुर साहब का मानना था कि संगीत एक गंधर्व विद्या है। इसे सीखने का सौभाग्य उन बिरले लोगों को ही मिलता है, जिन्होंने पूर्व जन्म में कोई पुण्यकार्य किया हो। उनके लिए संगीत का अर्थ हवा और समय को बाँधना था।

किशोरवयी लक्ष्मण संगीत सीखने के क्रम में सर्वप्रथम एक नाटक कम्पनी से जुड़े, जहाँ इन्होंने गायन, हारमोनियम, तबला एवं नृत्य की शिक्षा प्राप्त की। इसके बाद जम्मू के दुर्गा संगीत अकादमी से कंठ संगीत की एवं राजपुरोहित पं. जगदीश दत्त जी से तबला वादन की उच्चस्तरीय शिक्षा प्राप्त की। बाद में पंजाब घराने के खलीफा मियाँ कादिर बख्श के मार्गदर्शन में इन्होंने तबला वादन की बारीकियों का गहन अध्ययन, चिन्तन एवं मनन किया। पं. सीन ने मास्टर जियालाल बसन्त से सितार वादन की भी विधिवत् शिक्षा प्राप्त की है।

भारत विभाजन के पूर्व पं. लक्ष्मण सिंह सीन जम्मू के महारानी महिला महाविद्यालय में तबला अध्यापक के रूप में नियुक्त हुए। लेकिन सीखने का क्रम तब भी जारी रहा, और संगीताचार्य बी. आर. जसवाल के कंठ संगीत की तथा बी. आर. वर्मा से सितार की शिक्षा ये लेते रहे। 1948 में ये विभागीय कलाकार के रूप में आकाशवाणी से जुड़े, यह जुड़ाव 1962 तक रहा। इसी वर्ष ये हंसराज महिला महाविद्यालय से प्रवक्ता के रूप में जुड़े।

पं. ओंकारनाथ ठाकुर, उ. बड़े गुलाम अली खाँ एवं पं. रविशंकर सहित अनेक

शीर्षस्थ कलाकारों की संगति कर चुके पं. सीन को आकाशवाणी द्वारा आयोजित संगीत प्रतियोगिता में सर्वोच्च स्थान प्राप्त करने पर तत्कालीन उप राष्ट्रपति सर्वपल्ली डॉ. राधाकृष्णन् ने सम्मानित किया था। प्राचीन कला केन्द्र चंडीगढ़ द्वारा इन्हें 'स्वर ताल मार्त्तण्ड' की उपाधि प्रदान की गई है। रंगभूमि (पठानकोट) द्वारा इन्हें 'सिद्ध हस्त शिवांग पदवी समलंकरण' का सम्मान मिला है। किन्तु प्रो. सीन के लिए सबसे बड़ा सम्मान स्वयं इनके उस्ताद मियाँ कादिर बख्श द्वारा इन्हें प्रदत्त 'उस्ताद' की उपाधि है।

प्रो. सीन ने अपनी कला को अपने पुत्रों और शिष्यों में समान उदारता के साथ वितरित किया है। इनके प्रमुख शिष्यों में पवन कुमार वर्मा, किन्नर कुमार सीन, कालाराम, तिलकराज, त्रिलोक सीन, तलवीर सीन, सुनीता कुमारी, करीम आलम मलिक, श्रुतिपाल एवं हरिवंश वर्मा आदि प्रमुख हैं। इनके युवा पुत्र मनु कुमार सीन देश के प्रसिद्ध सितार वादक हैं।

40. पं. रमाकान्त

पंजाब के एक प्रतिष्ठित संगीतज्ञ परिवार में 6 सितम्बर, 1942 को जन्में पं. रमाकान्त को संगीत के संस्कार विरासत में मिले। इनके पिता पं. कुंजलालजी एक ख्याति प्राप्त गायक थे। रमाकान्तजी की प्रारम्भिक शिक्षा उन्हीं के द्वारा हुई। रमाकान्तजी बचपन में ही अपने सुलझे हुए तबला वादन के कारण चर्चित होने लगे थे। इसी समय इन्होंने जालन्धर के हरवल्लभ संगीत प्रतियोगिता में प्रथम स्थान प्राप्त किया। बाद में इन्होंने पिता के परामर्श पर उनके मित्र और पंजाब घराने के प्रसिद्ध ताबलिक उस्ताद बहादुर सिंह की शिष्यता ग्रहण की। पंजाब घराने के ताबलिक पं. रमाकान्त 1964 से आकाशवाणी पर कार्यक्रम दे रहे हैं।

इन्होंने देश-विदेश के प्रतिष्ठित मंचों पर परवीन सुलताना, गोपाल कृष्ण, रामनारायण, अमजद अली खाँ, लक्ष्मीशंकर, डॉ. एल. सुब्रमण्यम, विनायक राव पटवर्धन,, नारायणराव व्यास, नारायणराव पटवर्धन, भीमसेन जोशी, जसराज, मुनव्वर अली खाँ, बृजनारायण, वसवराज राजगुरु, साबरी खाँ, एल.के. पण्डित और सरदार सोहन सिंह जैसे प्रतिष्ठित कलाकारों की भावपूर्ण संगति की है।

स्वतन्त्र वादन और संगति दोनों में सिद्धहस्त पं. रमाकान्त ने 1978 में पहली बार अपनी सांगीतिक विदेश यात्रा नार्वे की की, जहाँ इन्होंने उ. अमजद अली खाँ और विदुषी लक्ष्मीशंकर की संगति की। फिर तो यह सिलसिला चल निकला और इन्होंने इंग्लैण्ड, डेनमार्क, स्वीडन तथा फिनलैण्ड आदि की भी यात्रा की। जालन्धर (पंजाब) के कन्या महाविद्यालय में कार्यरत रहे पं. रमाकान्त ने 1982 में नार्वे में सम्पन्न वर्ल्ड म्यूजिक फेस्टिवल में पाकिस्तान के सारंगी वादक नज़म अली के साथ संगति करके वाह-वाही लूटी थी। 1986 में इन्होंने इंडो-सोवियत सोसायटी के आमन्त्रण पर सोवियत संघ की संगीत यात्रा की, जहाँ इनके कई सफल कार्यक्रम सम्पन्न हुए।

अपनी तमाम व्यस्तताओं के बावजूद पं. रमाकान्त नई पीढ़ी के कलाकारों को प्रशिक्षित करते रहे। इनकी बड़ी बेटी लक्ष्मीप्रभा ने गायन और सितार विषय में एम.ए. किया है और इन दिनों जालन्धर में संगीत की शिक्षा प्रदान कर रही हैं।

इनकी छोटी बेटी अमृतप्रभा ने अंग्रेजी साहित्य और गायन विषय में एम.ए. करने के साथ-साथ तबला वादन की भी शिक्षा प्राप्त की है। अमृत ने हरबल्लभ संगीत सम्मेलन में दूसरा तथा विश्वविद्यालय में प्रथम स्थान प्राप्त किया। अन्तर-विश्वविद्यालय युवा महोत्सव में भी इन्होंने प्रथम पुरस्कार प्राप्त किया। अमृतप्रभा ने 1997 में नार्वे में सम्पन्न ज़ाज़ फेस्टिवल में और सन् 2000 में इंग्लैण्ड के म्यूजिक एक्सचेंज में अपनी कला का प्रदर्शन किया है।

पं. रमाकान्त के अन्य शिष्यों में उनके भतीजे जयशंकर (नार्वे) देवेन्दर सिंह सोहल और कुलवंत सिंह नामधारी (इंग्लैण्ड), तरसेम सिंह एवं कुलदीपक शर्मा प्रमुख हैं। पण्डितजी को भरत नाट्य संगीत कला मन्दिर ने 'तबला उस्ताद' की उपाधि प्रदान की है, तो पंजाब सारंग परिषद् ने इन्हें 'ताल रत्न' की उपाधि से विभूषित किया है।

41. पं. नयन ज्योति घोष

1956 में भारत के एक प्रतिष्ठित संगीतज्ञ परिवार में जन्में **पं. नयन ज्योति घोष** को संगीत विरासत में मिला। इनके पिता पं. निखिल ज्योति घोष और बड़े चाचा पं. पन्नालाल घोष संगीत जगत् के महत्त्वपूर्ण हस्ताक्षर थे। चाचा ने अगर लोक संगीत, सुगम संगीत और फिल्म संगीत के प्रमुख वाद्य बाँसुरी को शास्त्रीय संगीत में प्रतिष्ठित किया था तो पिता पं. निखिल घोष ने तबला वादन की कला को एक नया आयाम दिया था। नयन ने तबला वादन की कला अपने पिता से प्राप्त की तो सितार वादन की पं. बुद्धदेव दासगुप्ता से। आकाशवाणी, दूरदर्शन और संगीत के राष्ट्रीय-अन्तर्राष्ट्रीय मंचों पर वह दोनों ही वादन विधाओं की प्रस्तुतियाँ देते रहे हैं।

सम्पूर्ण यूरोप, इंग्लैण्ड, अमेरिका, कनाडा, ऑस्ट्रेलिया और न्यूजीलैण्ड आदि देशों की कई सफल संगीत यात्राएँ कर चुके नयन ने रोम के इण्टरनेशनल स्ट्रिंग फेस्टिवल, फिनलैण्ड के द हेलेंस्की इण्टरनेशनल म्यूजिक फेस्टिवल, चेकोस्लोवाकिया के द ब्रेटिसाल्वा इण्टरनेशनल म्यूजिक फेस्टिवल, ग्रीस के द एथेंस ईस्ट-वेस्ट म्यूजिक फेसटिवल, जर्मनी के द वर्ल्ड म्यूजिक कान्फ्रेंस और न्यूयार्क में सम्पन्न द फेस्टिवल ऑफ इण्डिया में भी अपनी शानदार प्रस्तुतियाँ दी हैं। उनके प्रशंसकों में विश्वविख्यात वायलिन वादक सर लार्ड यहूदी मेन्युहीन का नाम भी शुमार है।

परम्परा और प्रयोग दोनों में समान आस्था रखने वाले नयन घोष ने एक ओर अगर भारतीय संगीत के शीर्षस्थ कलाकारों पं. रविशंकर, पं. निखिल बनर्जी, उस्ताद विलायत खाँ, पं. बुद्धदेव दास गुप्ता, उस्ताद अमजद अली खाँ, पं. शिवकुमार शर्मा और उ. जाकिर हुसैन आदि के साथ अपनी प्रस्तुतियाँ दी है तो दूसरी ओर पाश्चात्य संगीत के श्रेष्ठ कलाकारों लुईस आर्मस्ट्रांग, ड्यूक एलिंग्टन, डेव ब्रूबेक किड जार्डन, यासुके यामास्टा एवं काजुमी बेंटेनवा आदि के साथ भी। जापान के डॉयनामिक एशियन फैंटेसी ऑरकेस्ट्रा में भी वह एक महत्त्वपूर्ण वादक के रूप में भाग ले चुके हैं। लॉस एंजिल्स के एक महत्त्वपूर्ण कार्यक्रम में कैलिफोर्निया के तत्कालीन गवर्नर ग्रे डेविस

से 1998 में एचीवमेण्ट अवार्ड प्राप्त कर चुके नयन अपनी समस्त व्यस्तताओं के बावजूद मुम्बई में अपने पिता पं. निखिल घोष द्वारा स्थापित संगीत महाभारती में नई पीढ़ी के सुयोग्य कलाकारों को तराशने का महत्त्वपूर्ण कार्य कर रहें हैं।

42. पं. मुकुन्द भाले

पं. मुकुंद भाले का जन्म ग्वालियर के संगीत प्रेमी परिवार में 18 नवंबर 1953 ई. को हुआ। अपने पूज्य पिता श्री एन. आर. भाले की प्रेरणा से मुकुंद को तबला वादन में रुचि जागृत हुई। पं. यशवंत राव शिरगांवकर (ग्वालियर) के मार्गदर्शन में मुकुन्द भाले की तबले की तालीम सात वर्ष की आयु से प्रारंभ हुई। पं. यशवंत राव शिरगांवकर जी ने अनेक गुणीजनों से तालीम प्राप्त की थी। प्रमुख रूप से उनकी तालीम पं. यशवंत राव केरकर (मुंबई) के सान्निध्य में हुई थी जो स्वयं फर्रूखाबाद घराने के खलीफा उस्ताद अमीर हुसैन खाँ के शागिर्द थे।

दीर्घ काल तक चलने वाली इस तालीम ने मुकुन्द को न केवल बाल कलाकार के रूप में स्थापित किया अपितु अनेक प्रतियोगिताओं में पुरस्कार और विद्वतजनों के आशीर्वाद भी प्राप्त हुए। इसी दौरान जीवाजी विश्वविद्यालय से बी.म्यूज. (विद्) की उपाधि मुकुन्द जी ने प्रथम श्रेणी एवं सर्वोच्च अंकों सहित प्राप्त की।

1972 ई. में श्री मुकुन्द भाले ने इन्दिरा कला संगीत विश्वविद्यालय, खैरागढ़ में बी.ए. ऑनर्स (तबला) के छात्र के रूप में प्रवेश लिया जहाँ उन्हें लखनऊ घराने के ख्यातिनाम कलाकार उ. जहाँगीर खाँ (इन्दौर) के प्रमुख शिष्यों में से एक पं. गजानन ताड़े का सान्निध्य तथा मार्ग दर्शन प्राप्त हुआ। पं. ताड़े के निर्देशन में मुकुन्द ने बी.ए. ऑनर्स की उपाधि प्रथम श्रेणी एवं प्रावीण्य सूची में प्रथम स्थान के साथ प्राप्त की। तत्पश्चात उन्होंने एम.ए. (तबला) की उपाधि भी प्रथम श्रेणी एवं सर्वोच्च अंकों सहित प्राप्त की जिसके लिए विश्वविद्यालय द्वारा उन्हें स्वर्ण पदक द्वारा अलंकृत किया गया।

राष्ट्रीय छात्रवृत्ति, UGC फेलोशिप, मानव संसाधन विकास मंत्रालय, नई दिल्ली की वरिष्ठ अध्येता वृत्ति प्राप्त मुकुन्द जी ने देश विदेश के अनेकों प्रतिष्ठित संगीत समारोहों में अपनी कला का प्रदर्शन किया। अपनी छः विदेश यात्राओं के दौरान उन्होंने यूगोस्लाविय., बल्गारिया, पोलैण्ड, रशिया, फ्रांस, इटली, स्विटजरलैण्ड और इंग्लैण्ड के साथ ही अमेरिका तथा कनाडा में एकल तबला वादन का तथा संगति

का सफल प्रदर्शन किया। देश में तानसेन समारोह, मैहर समारोह, उ. अमीर खाँ समारोह, गंगा महोत्सव, लखनऊ महोत्सव, रायगढ़ का चक्रधर समारोह आदि अनेक प्रतिष्ठित समारोहों सहित अनेकों स्थानों पर देश के मूर्धन्य गायक एवं वादकों के साथ तबला संगति कर यश अर्जित किया। इनमें से कुछ नाम इस प्रकार हैं—पं. कुमार गंधर्व, पं. हरिप्रसाद चौरसिया, उस्ताद हलीम जाफर खाँ, पं. विश्वमोहन भट्ट, पं. ओमप्रकाश चौरसिया, उस्ताद फरीदुद्दीन डागर, श्रीमति मालिनी राजुरकर, श्रीमति पद्मा तलवळकर, पं. यशवंत बुआ जोशी, पं. बालासाहेब पूछवाले पं. शरद चंद्र आरोळकर, पं. बुद्धदेव दास गुप्ता, डॉ. एन. राजम, पं. वसंत रानडे, पं. रूप कुमार सोनी, डॉ. श्रीमति अनिता सेन, पं. बुधादित्य मुखर्जी, पं. प्रभाकर कारेकर एवं सुश्री आरती अंकलीकर आदि।

एक कुशल वादक तथा गायन-वादन के मनोनुकूल संगति में निष्णात मुकुन्द भाले सन् 1982 से शिक्षण क्षेत्र में कार्य कर रहे हैं। इन्दिरा कला संगीत विश्वविद्यालय, खैरागढ़ में पहले व्याख्याता तथा सन् 1992 से रीडर (प्रवाचक) के रूप में लगातार कार्य करते हुए अनेक शिष्यों (छात्रों) को तैयार कर चुके हैं। इनके सतत् प्रयासों के फलस्वरूप विश्वविद्यालय में अवनद्ध वाद्यों के एक स्वतंत्र विभाग का गठन हो सका तथा इस विभाग के सन् 1994 में गठन के बाद से पं. मुकुन्द भाले ही इस विभाग के अध्यक्ष के रूप में कार्य कर रहे हैं। शिक्षण क्षेत्र में अनेक परिसंवादों में भाग लेकर अपने शोध परक लेखों एवं विचारों से श्री भाले ने अपना एक सम्मानजनक स्थान बनाया। इसके अतिरिक्त अनेकों उपलब्धियाँ—यथा—प्रचलित पाठ्यक्रमों में आवश्यक सुधार, अवनद्ध वाद्यों पर केन्द्रित एम. फिल. तथा डी.म्यूज़ जैसे पाठ्यक्रम पहली बार तैयार करने, विषय विशेषज्ञ के रूप में अनेक विश्वविद्यालयों के बोर्ड ऑफ स्टडीज के सदस्य, विभिन्न संस्थाओं के चयन समिति के विषय विशेषज्ञ के रूप में कार्य आदि अनेक उपलब्धियाँ उनके खाते में दर्ज हैं।

पं. मुकुन्द भाले ने मानव संसाधन विकास मंत्रालय, नई दिल्ली की वरिष्ठ अध्येता वृत्ति सीनीयर फेलोशिप के अंतर्गत लखनऊ एवं फर्रूखाबाद घरानों की रचनाओं का विश्लेषण तथा पिछले पचास वर्षों में एकल तबला वादन में आये परिवर्तन इस विषय पर एक मौलिक एवं शोध पूर्ण कार्य किया है।

संगीत पत्रिकाओं में आपके शोध पूर्ण लेख छपते रहते हैं जिनमें से 'रेला कायदा पेशकार' इस लेख पर उन्हें पुरस्कार भी प्राप्त हुआ संगीत मासिक पत्रिका हाथरस (उ. प्र.) द्वारा।

43. पं. सुरेश तलवलकर

महाराष्ट्र के प्रसिद्ध कीर्तनकार पं. धोली बुवा के परिवार में 20 जुलाई, 1940 को जन्में पं. सुरेश तलवलकर के पिताश्री पं. दत्तात्रेय तलवलकर एक अच्छे पखावजी थे, अतः स्वर और लय का खेल सुरेश बचपन से ही अपने पिता जो आपके प्रथम गुरु भी थे—के मार्गदर्शन में खेलने लगे थे। इसके पश्चात् सुरेशजी ने पं. पंढ़रीनाथ नागेशकर एवं पं. विनायकराव धनग्रेकर जैसे श्रेष्ठ तबला वादकों से भी वादन कला की विधिवत् शिक्षा प्राप्त की। तत्पश्चात् दक्षिण भारतीय संगीत के लब्ध प्रतिष्ठित मृदंगम् वादक पं. रामनाथ ईश्वरन् की शिष्यता स्वीकार करके इन्होंने दक्षिण भारतीय ताल पद्धति की बारीकियों एवं रहस्य को समझा।

लय और ताल के प्रकाण्ड विद्वान सुरेशजी ने पखावज और तबले के वर्णों का मणिकांचन प्रयोग करके अपनी एक रोमांचक वादन शैली निर्मित की है। देश के अनेक प्रतिष्ठित कलाकारों की संगति कर चुके, अपने एकल वादन के लिए विशेष रूप से चर्चित और प्रशंसित सुरेशजी ने अपने एकल वादन के क्षेत्र में भी अभिनव प्रयोग किया है, जिसे भरपूर सराहना मिली है। इसके अन्तर्गत सुरेशजी सारंगी अथवा हारमोनियम पर लहरे के स्थान पर गायन का प्रयोग करते हैं। सुरेशजी के टुकड़े और परणें जब सम के साथ-साथ विभिन्न स्थानों से शुरू होने वाले मुखड़े पर समाप्त होते हैं तो मुख से बरबस वाहवाही निकल पड़ती है।

अपनी मौलिक प्रतिभा का परिचय देते हुए सुरेशजी ने 'जोड़ ताल' और 'ताल माला' जैसे महत्त्वपूर्ण प्रयोग भी किए हैं, जिसे काफी सराहा गया है। इनके स्वतन्त्र वादन के कई रिकॉर्ड निकल चुके हैं। पं. तलवलकर की ख्याति एक सिद्ध गुरु के रूप में भी है। इन्होंने श्री विजय घाटे, राजप्रसाद धर्माधिकारी, जयन्त नायक, जावेद खान, शांतिलाल साह, शिवनारायण, सुनील दैथनकर और सुप्रीत देशपाण्डे जैसे नई पीढ़ी के सुयोग्य कलाकारों को प्रशिक्षित कर अपनी कला का विस्तार किया है।

44. उस्ताद शफात अहमद खाँ

दिल्ली घराने के बहुचर्चित ताबलिक **उस्ताद शफात अहमद खाँ** का जन्म संगीतज्ञों के बहु प्रतिष्ठित परिवार में मई, 1954 को दिल्ली में हुआ था। इनके पितामह उस्ताद नजर मोहम्मद खाँ और मातामह (नाना) उस्ताद चाँद खाँ गायन क्षेत्र के दिग्गज कलाकार थे। किन्तु इन्होंने तबले को अपनाया, और इसलिए अपने पिता उस्ताद छम्मा खाँ की शिष्यता इन्होंने स्वीकार की, जो दिल्ली घराने के सुप्रसिद्ध ताबलिक थे।

शफात अहमद चतुर्मुखी तबला वादक हैं। पं. रविशंकर उ. अमजद अली खाँ, पं. देबू चौधरी, पं. राजन-साजन मिश्र, पं. शिवकुमार शर्मा, पं. हरि प्रसाद चौरसिया, पं. बिरजू महाराज और इन जैसे अनेक कलाकारों की संगति कर चुके शफात अहमद दक्षिण भारतीय ताल वाद्यों एवं पाश्चात्य ताल वाद्यों के साथ युगल एवं त्रिकल वादन भी प्रस्तुत कर चुके हैं। ये भारत के लगभग सभी प्रतिष्ठित मंचों के साथ-साथ इंग्लैण्ड, अमेरिका, यूरोप, जापान और ऑस्ट्रेलिया आदि देशों की अनेक संगीत यात्राएँ कर चुके हैं। लिंनकाल्न सेंटर, कार्नेगी हॉल, ओपेरा हाउस (सिडनी) एवं संतूरी हॉल (टोक्यो) को भी इन्होंने अपने सुमधुर तबला वादन से गुंजरित किया है। इनके अनेक सी.डी. और रिकॉर्ड भारत सहित दूसरे देशों में भी उपलब्ध हैं।

आकाशवाणी, दूरदर्शन एवं मंच—तीनों माध्यमों में समान लोकप्रियता रखने वाले उ. शफात अहमद खाँ को संस्कृति सम्मान एवं पद्मश्री अलंकरण जैसे कई मान-सम्मान भी मिल चुके हैं। इनके शिष्य गुलजार अहमद एवं शिष्य दीपक मेहता भी अच्छा तबला बजा रहे हैं।

45. श्री अकरम खाँ

अजराड़ा घराने के सुविख्यात ताबलिक मोहम्मद अकरम खाँ का जन्म 1965 में मेरठ में संगीतज्ञों के एक सुविख्यात परिवार में हुआ। इनके पितामह मोहम्मद शफी खाँ और पिता श्री हशमत खाँ तबले के उस्ताद हैं, अतः अकरम खाँ की तालीम उन्हीं से हुई। बाद में अजराड़ा घराने के उस्ताद नियाजू खाँ से भी अकरम ने मार्ग दर्शन प्राप्त किया। मेरठ विश्वविद्यालय से स्नातक अकरम खाँ ने प्राचीन कला केन्द्र (चंडीगढ़) से तबला विशारद और प्रयाग संगीत समिति (इलाहाबाद) से तबला प्रवीण की परीक्षाएँ भी उत्तीर्ण की हैं।

संगीतज्ञों के परिवार में जन्में अकरम खाँ ने बहुत ही कम उम्र से मंचों पर प्रस्तुति देना आरम्भ कर दिया था। 1987 में इन्होंने अपनी पहली विदेश यात्रा जापान की उ. विलायत खाँ के साथ की। तबसे अब तक दुनिया के अनेक देशों में अपना तबला वादन प्रस्तुत कर चुके अकरम खाँ गायन एवं तन्त्र वाद्य के अनेक शीर्षस्थ कलाकारों की सफल संगति कर चुके हैं।

46. श्री इलमास हुसैन खाँ

तबले के लखनऊ घराने के युवा प्रतिनिधि उस्ताद इलमास हुसैन खाँ का जन्म 12 अगस्त, 1959 को लखनऊ के घरानेदार संगीतज्ञ परिवार में हुआ। इलमास हुसैन लखनऊ घराने के खलीफा उस्ताद आबिद हुसैन के प्रपौत्र, उस्ताद वाजिद हुसैन के पौत्र और उस्ताद आफाक़ हुसैन के पुत्र हैं। अतः तबला वादन की कला इन्हें विरासत में मिली है। इन्होंने अपने पितामह उ. वाजिद हुसैन खाँ और पिता उ. आफाक़ हुसैन की देख-रेख में 7 वर्ष की उम्र से संगीत साधना आरम्भ कर दी। प्रयाग संगीत समिति इलाहाबाद द्वारा संचालित संगीत प्रभाकर और संगीत प्रवीण की परीक्षाएँ उत्तीर्ण करने के साथ-साथ इन्होंने सुर सिंगार संसद (मुम्बई) द्वारा आयोजित संगीत समारोह में भाग लेकर 'ताल मणि' की उपाधि भी 1984 में प्राप्त की। 1986 में इन्हें 'राष्ट्रीय युवा' का सम्मान मिला।

लखनऊ के दूरदर्शन केन्द्र में विभागीय कलाकार के रूप में कार्यरत इलमास हुसैन ने 1973 से संगीत का सार्वजनिक प्रदर्शन देना आरम्भ किया। 1985 में भारतीय सांस्कृतिक मण्डल के सदस्य के रूप में इन्होंने मिस्र, अदन और कुवैत की यात्रा की। 1989 में फ्रांस के स्टार यूनिवर्सिटी के निमन्त्रण पर इन्होंने फ्रांस की यात्रा की। तब से अब तक ये विभिन्न देशों की संगीत यात्राएँ कर चुके हैं। इनके छोटे भाई इलियास हुसैन भी अच्छा तबला बजा रहे हैं। इलमास हुसैन को उत्तर प्रदेश संगीत नाटक अकादमी ने अकादमी सम्मान देकर सम्मानित किया है।

47. श्री गोविन्द चक्रवर्ती

बहुमुखी प्रतिभा सम्पन्न कलाकार गोविन्द चक्रवर्ती का जन्म बनारस (उत्तर प्रदेश) के एक संगीत रसिक परिवार में 16 अगस्त, 1953 को हुआ था। काशी हिन्दू विश्व-विद्यालय से बी. कॉम. एवं प्रयाग संगीत समिति (इलाहाबाद) से तबला प्रवीण की परीक्षाएँ उत्तीर्ण कर चुके गोविन्दजी ने तबला वादन की विधिवत् शिक्षा गुरु-शिष्य परम्परा के अन्तर्गत पं. आशुतोष भट्टाचार्य से प्राप्त की है, जो बनारस घराने के पं. कंठे महाराज के यशस्वी शिष्य थे।

बचपन से मेधावी रहे गोविन्दजी ने छात्र जीवन में अनेक संगीत प्रतियोगिताओं में प्रथम स्थान प्राप्त किया है। इन्हें संगीत की उच्च शिक्षा के लिए भारत सरकार के शिक्षा एवं संस्कृति मन्त्रालय से छात्रवृत्ति भी मिली और सुर सिंगार संसद (मुम्बई) द्वारा प्रभावी तबला वादन के लिए तालमणि की उपाधि भी।

स्वतन्त्र वादन के साथ-साथ गायन, वादन एवं नर्तन विधाओं के शीर्षस्थ कलाकारों की संगति गोविन्दजी ने आकाशवाणी, दूरदर्शन एवं मंच के लिए की है। इनमें कुछ प्रमुख नाम इस प्रकार हैं—गिरिजा देवी, सुलोचना वृहस्पति, सरयू कालेकर, शोभा गुर्टू, अश्विनी भिंड़े देशपाण्डे, माणिक वर्मा, आरती अंकलेकर, दीपाली नाग, स्व. उस्ताद मुनव्वर अली खाँ, स्व. पं. अमरनाथ, पं. राजन-साजन मिश्र, प्रो. अरुण भादुड़ी और प्रो. ए.टी. कानन आदि गायन में, स्व. प्रो. वी.जी. जोग, स्व उ. मुश्ताक़ अली खाँ, पं. हरिप्रसाद चौरसिया, पं. रामनारायण, पं. बुद्धदेव दासगुप्ता, डॉ. एन. राजम, प्रो. देबु चौधरी, पं. उमाशंकर मिश्र, पं. बुद्धादित्य मुखर्जी, उ. शाहिद परवेज, पं. विश्वमोहन भट्ट एवं पं. भजन सोपोरी आदि तन्त्र एवं सुषिर वाद्यों में तथा पं. बिरजू महाराज, स्व. पं. दुर्गालाल, विदुषी कुमुदिनी लखिया, विदुषी दमयंती जोशी, विदुषी रोहिणी भाटे, विदुषी उर्मिला नगर, विदुषी गीतांजलि लाल एवं विदुषी शोवना नारायण आदि कथक नृत्य में।

गोविन्दजी ने अपनी प्रथम विदेश यात्रा 1979 में की, और तबसे अब तक इण्डोनेशिया, थाईलैण्ड, सिंगापुर, गुयाना, त्रिनिदाद, टुबैगो, अमेरिका, अफगानिस्तान,

नार्वे, फिनलैण्ड, स्वीडन, ऑस्ट्रिया, ग्रीस, साईप्रस, इटली, इंग्लैण्ड, इराक, मोरक्को, युगोस्लाविया, सोवियत संघ, कनाडा, सीरिया, लेबनान, बहरीन, ओमॉन, टर्की, फ्रांस, बांग्लादेश, म्यांमार, क्रोशिया, कोरिया, स्कॉटलैण्ड एवं जर्मनी आदि की कई-कई यात्राएँ कर चुके हैं। श्री चक्रवर्ती द्वारा संरचित ताल रचनाएँ देश-विदेश में खूब सराही गई हैं। इन्होंने विभिन्न देशों में तबले की कार्यशालाएँ भी आयोजित की हैं। इनमें नार्वे, सूरीनाम, त्रिनिदाद, टोरण्टो जैसे कई देश हैं। भारतीय सांस्कृतिक सम्बन्ध परिषद के निमंत्रण पर श्री गोविन्द चक्रवर्ती ने 1981-82 में इण्डियन कल्चरल सेण्टर (जार्ज टाउन, गुयाना) एवं 1988 से 1991 तक इण्डियन कल्चरल सेण्टर (सूरीनाम) में तबला प्राध्यापक का दायित्त्व भी सफलतापूर्वक सम्भाला है। वर्तमान में वह कथक केन्द्र (दिल्ली) में तबला अध्यापक पद पर कार्यरत हैं। इनकी पत्नी कल्याणी चक्रवर्ती सुविख्यात कथक नृत्यांगना हैं।

48. श्री रफीउद्दीन साबरी

14 जुलाई, 1967 को प्रतिष्ठित संगीतज्ञों के परिवार में जन्में उस्ताद रफीउद्दीन साबरी ने तबला वादन की शिक्षा दिल्ली घराने के प्रतिष्ठित ताबलिक उ. अब्दुल वहीद खान एवं उस्ताद नजीर अहमद खाँ से प्राप्त की है। इनके पिता उ. साहगीर अहमद खाँ एक प्रतिष्ठित गायक थे। इनके पितामह उ. अब्बू खाँ, एवं प्रपितामह उ. करम बख्श खाँ भी सम्मानित कलाकार थे। रफीउद्दीन के दादा अजीम बख्श एवं चाचा उ. नसीर अहमद बाबा भी प्रसिद्ध कलाकार थे।

रफीउद्दीन को अपने पहले ही प्रयास में तब सफलता मिली जब 1984 में इन्होंने आकाशवाणी द्वारा आयोजित अखिल भारतीय संगीत प्रतियोगिता में प्रथम स्थान प्राप्त किया, और 19 वर्ष की उम्र में ही आकाशवाणी के प्रथम श्रेणी के कलाकार बन गए। यह एक बड़ी सफलता थी रफीउद्दीन के लिए।

भारत के विभिन्न प्रतिष्ठित मंचों के साथ-साथ अनेक अमेरिकी, अरब, यूरोपीय और एशियाई देशों में अपनी थिरकती उँगलियों का जादू दिखा चुके रफीउद्दीन के वादन का ध्वन्यांकन विभिन्न व्यावसायिक कम्पनियों ने भी किया है। अनेक भारतीय और अभारतीय शहरों में इनके कैसेट्स और सी. डीज लोकप्रिय हैं।

उ. अमजद अली खाँ, पं. शिवकुमार शर्मा, पं. हरिप्रसाद चौरसिया, पं. विश्व मोहन भट्ट, डॉ. एन. राजम्, पं. जसराज, उ. सुलतान खाँ, उ. सुजात हुसैन, उ. गुलाम अली, ए. हरिहरन और रेमो फर्नांडिस जैसे विभिन्न विधाओं के कलाकारों की कुशल संगति करके रफीउद्दीन ने अपनी बहुमुखी प्रतिभा का परिचय दिया है। पाश्चात्य देश के कई कलाकारों के साथ इनके फ्यूजन कार्यक्रम भी खूब लोकप्रिय हुए हैं। देश-विदेश के विभिन्न प्रतिष्ठित मंचों के साथ-साथ विभिन्न सेटेलाइट्स चैनल्स के विभिन्न कार्यक्रमों सहित उनके शीर्षक संगीत में भी इनके तबले का कमाल सुना जा सकता है। इनमें कुछ प्रमुख नाम इस प्रकार हैं—द वर्ल्ड दिस वीक, इण्डिया क्विज़, वाईल्ड कलेक्शन, ए फ्यू रूपी मोर, टु नाइट, इलेक्शन-विश्लेषण, स्टार न्यूज, ए बिजनेस ऑफ इंडिया एन.डी.टी.वी. इंडिया आदि।

इतनी व्यस्तताओं के बावजूद रफीउद्दीन संगीत सेवा के लिए भी समय निकाल ही लेते हैं। वह इस समय 40 तबलार्थियों को तबले की शिक्षा भी दे रहे हैं, और साज़-ओ-आवाज म्यूजिक सोसायटी (पंजीकृत) के माध्यम से संगीत के अनसुलझे विवादास्पद मुद्दों को सुलझाने का प्रयास भी। रफीउद्दीन साबरी इसके अध्यक्ष हैं।

49. श्री सुधीर पाण्डेय

बिहार के एक समर्पित और प्रतिष्ठित संगीत परिवार में 10 अप्रैल, 1967 रामनवमी के दिन जन्में सुधीर पाण्डेय ने तबला वादन की उच्चस्तरीय शिक्षा अपने पिता पं. अर्जुन पाण्डेय एवं दादा गुरु पं. भगवत सिंहजी से प्राप्त की। सुधीर के दोनों ही गुरुओं ने इन्हें अजराड़ा, दिल्ली और बनारस घराने की वादन शैली में सिद्धहस्त बनाया।

स्व. विलायत खाँ, स्व. निखिल बनर्जी, स्व. वी.जी. जोग और स्व. भोलानाथजी पाठक (पं. हरिप्रसाद चौरसिया के गुरु) सहित उ. अमजद अली खाँ, उ. रईस खाँ, मेंहदी हसन, विदुषी गिरिजा देवी, पं. जसराज, डॉ. एल. सुब्रमण्यम्, पं. भजन सोपोरी, पं. रामनारायण, स्व. श्रीकान्त बाकरे, पं. राजन-साजन मिश्र, डॉ. अश्विनी भिण्डे देशपाण्डे, पं. रोनू मजूमदार और उस्ताद शुजात हुसैन जैसे अनेक प्रतिष्ठित कलाकारों के साथ कुशल संगति कर चुके सुधीर पाण्डेय की एकल वादक के रूप में भी प्रसिद्धि है। उ. विलायत खाँ, उस्ताद अमजद अली खाँ, पं. भजन सोपोरी, विदुषी कंकना बनर्जी एवं विदुषी सुमित्रा गुहा आदि कलाकारों के साथ सुधीर के कई ऑडियो-वीडियो कैसेट और कांपैक्ट डिस्क काफी लोकप्रिय हुए हैं। मैक्स मूलर भवन (दिल्ली) द्वारा आयोजित संगीत के एक फ्यूजन कार्यक्रम में इन्होंने फ्रांस के सैक्सोफोन वादक माईकल रिजलर एवं वैलेन्डीन क्लॉस्टर के साथ भी संगति की है।

अपने उच्चस्तरीय वादन के लिए कई स्वर्ण पदक प्राप्त कर चुके सुधीर को मानव संसाधन विकास मन्त्रालय का (कनिष्ठ वर्ग) फैलोशिप भी मिल चुका है। सुरसिंगार संसद (मुम्बई) ने इन्हें 'तालमणि' की तो सुरमन्दिर (पटना) ने 'ताल रत्न' की उपाधि से सम्मानित किया है।

आकाशवाणी, दूरदर्शन एवं मंच पर समान रूप से लोकप्रिय सुधीर को भारतीय स्वतन्त्रता की 50वीं वर्षगाँठ पर संयुक्त राष्ट्र संघ (जिनेवा) में बजाने का भी सुअवसर मिल चुका है। जह 100 से अधिक देशों के राष्ट्राध्यक्ष उपस्थित थे। इसके अलावा जर्मनी, हॉलैण्ड, बेल्जियम, स्विट्जरलैण्ड, ऑस्ट्रिया, सरविया, फ्रांस, लंदन, कई खाड़ी

देशों, भूटान, वियतनाम, कोरिया, जापान एवं कई अन्य देशों में भी अपनी सफल प्रस्तुतियाँ दे चुके हैं।

आकाशवाणी और दूरदर्शन के प्रथम श्रेणी के मान्यता प्राप्त कलाकार सुधीर को आकाशवाणी एवं दूरदर्शन के अनेक राष्ट्रीय कार्यक्रमों एवं संगीत सम्मेलनों में अपनी प्रस्तुतियाँ देने के अवसर मिल चुके हैं। संस्कृत साहित्य में प्रतिष्ठा (ऑनर्स) और अजराड़ा, दिल्ली तथा बनारस शैली के ताबलिक सुधीर पाण्डेय की पत्नी अमृत प्रभा पंजाब घराने की तबला वादिका एवं गायिका हैं।

50. श्री सुभाष निर्वाण

दिल्ली घराने के बहुचर्चित ताबलिक श्री सुभाष निर्वाण का जन्म 1953 में दिल्ली के एक ऐसे परिवार में हुआ जो संगीत को समर्पित था। अतः इन्होंने तबला वादन की शिक्षा अपने पिता मोतीलाल निर्वाण एवं चाचा चमनलाल से 7 वर्ष की आयु से लेनी आरम्भ की। इसके बाद इन्होंने अपने पितामह गोपालदास निर्वाण से भी सीखा। सुभाष निर्वाण उन गिने-चुने कलाकारों में से हैं जो गायन, वादन और नर्तन तीनों विधाओं की संगति के लिए जाने जाते हैं। इन्होंने हर क्षेत्र के शीर्षस्थ कलाकारों की संगति की है। भारतीय संगीत के साथ-साथ यूरोपियन ज़ाज़ संगीत की भी संगति कर चुके सुभाष निर्वाण भारत के लगभग सभी प्रतिष्ठित मंचों के साथ-साथ सोवियत संघ, जापान, फ्रांस, ग्रेट ब्रिटेन, पश्चिम जर्मनी, स्विट्ज़रलैण्ड, इटली, नीदरलैण्ड, बेल्जियम, पाकिस्तान, बांग्लादेश, इण्डोनिशया, थाईलैण्ड, सिंगापुर और अनेक अफ्रीकी देशों में भी अपनी सफल प्रस्तुतियाँ दे चुके हैं। 4 बार इंग्लैण्ड के सांस्कृतिक समारोह में वादन कर चुके सुभाष 15 जुलाई, 1985 को लंदन के क्वीन एलिजाबेथ हॉल में सम्पन्न इण्टरनेशनल बी.बी.सी. म्यूजिक एण्ड डांस फेस्टिवल में भी वादन प्रस्तुत कर चुके हैं। 1986 में सोवियत संघ में सम्पन्न भारत महोत्सव में भी वह शिरकत कर चुके हैं। वर्तमान समय में सुभाष निर्वाण दिल्ली विश्वविद्यालय के संगीत संकाय में कार्यरत हैं।

51. श्री रामकुमार मिश्र

बहुचर्चित तबला वादक **श्री रामकुमार मिश्र** का जन्म 16 जून, 1965 को वाराणसी के प्रतिष्ठित संगीतज्ञों के परिवार में हुआ। इनकी माता श्रीमती मनोरमा मिश्र नाधिंधिंना के जादूगर पं. अनोखेलाल मिश्र की सुपुत्री हैं, तो पिता पं. छन्नूलाल मिश्र अन्तर्राष्ट्रीय ख्याति के गायक।

रामकुमार की संगीत शिक्षा का शुभारम्भ 3 वर्ष की उम्र में उनकी माँ द्वारा ही हुआ। तत्पश्चात् पं. अनोखेलाल मिश्र के यशस्वी शिष्य प्रो. छोटेलाल मिश्र से इन्होंने शिक्षा प्राप्त की। उस्ताद अल्लारखा के तबला वादन से प्रभावित रामकुमार ने भले ही उनसे विधिवत् शिक्षा नहीं ली है, किन्तु उनके तबला वादन से प्रेरणा अवश्य ली है। इसे वह खुले दिल से स्वीकार करते हैं।

एकल तबला वादन के साथ-साथ अनेक शीर्षस्थ गायकों एवं वादकों की प्रतिष्ठित मंचों पर सफल संगति कर चुके राम कुमार मिश्र अपने वादन में बनारस के साथ-साथ दूसरे घरानों के बोलों का भी समावेश कर घरानों की दूरियों को पाटने का प्रयास करते हैं।

अपने पिता पं. छन्नूलाल मिश्र सहित पं. बाला साहेब पूछवाले, पं. शिवकुमार शर्मा, पं. जसराज, पं. विश्वमोहन भट्ट, पं. बुद्धदेव दास गुप्ता, पं. बुधादित्य मुखर्जी, उस्ताद शाहिद परवेज, पं. रोनू मजूमदार और पं. तरुण भट्टाचार्य आदि अनेक कलाकारों के प्रिय ताबलिक रामकुमार पूरे यूरोप, लंदन, स्विट्जरलैण्ड, इटली, सम्पूर्ण अमेरिका, ऑस्ट्रेलिया, विभिन्न अरब देशों, सिंगापुर, ग्रीस एव जापान आदि देशों की कई-कई यात्राएँ कर चुके हैं।

इस प्रतिभावान युवा ताबलिक की कला का सम्मान करते हुए सुर सिंगार संसद (मुम्बई) ने 'तालमणि' की उपाधि प्रदान की तो बिहार के राज्यपाल श्री विनोद चन्द्र ने 'तबला शिरोमणि' की। नटराज कला संस्थान (मेलबॉर्न) ने इन्हें 'लय भास्कर' की उपाधि से विभूषित किया है। विभिन्न कलाकारों के साथ राम कुमार मिश्र के सुन्दर तबला वादन की दर्जनों ध्वनि मुद्रिकाएँ बाजार में उपलब्ध हैं।

घराना : एक अध्ययन

विचारों की आधुनिकता एवं संचार माध्यमों की क्रान्ति के कारण आज घरानों की शुद्धता उनका अस्तित्व खतरे में है। लेकिन, घरानों के अस्तित्व पर जो खतरा हम आज इक्कीसवीं सदीं में अनुभव कर रहें हैं, उसकी नींव 19वीं सदी में ही पड़ चुकी थी। भारत में अँग्रेजों का पैर जमने के बाद संगीत ने एक बार फिर करवट बदला...उसमें कई बदलाव आये। कुछ संगीतज्ञों ने संगीत के प्रचार-प्रसार हेतु अँग्रेजों से सहयोग लिया कुछ संगीतप्रेमी अंग्रेजों ने भी इस दिशा में अच्छा कार्य किया। जैसे भातखंडे जी ने उत्तर प्रदेश के तत्कालीन गवर्नर सर विलियम मैरिस की सहायता से लखनऊ में मैरिस कॉलेज ऑफ हिन्दुस्तानी म्यूजिक की स्थापना की। आज यह भातखंडे संगीत संस्थान के नाम से गतिशील है। लेकिन, ये प्रयास बहुत कम थे।

भारत में अंग्रेजी शासन स्थापित हो जाने से सारे राज्य रियासतों में बदल गये, और राजाओं-नवाबों की हैसियत अँग्रेजों के निर्देश पर कार्य करने वाले केयर टेकर मात्र की होकर रह गयी। इसका प्रभाव सबसे पहले और सबसे अधिक संगीतज्ञों पर पड़ा। राजाओं, नवाबों के यहाँ से धनाभाव में सबसे पहले उन्हीं की छुट्टी हुई, और सांगीतिक पतन का एक और दौर आरंभ हुआ।

प्रो. बी. आर. देवघर के अनुसार, ''बाला साहेब मिरजकर के यहाँ कोई समारोह होता तो मिरज के छोटे-से-छोटे अधिकारी, अध्यापक को भी निमन्त्रण मिलता था। परन्तु पलुस्कर जी के गुरु पं. बालकृष्ण वुवा इचलकरंजीकर को गायक होने के कारण निमन्त्रण नहीं मिलता था। रियासतों और देवस्थानों में गायकों को नौकरी तो मिलती थी, परन्तु बहुसंख्यक गायकों को पेशेवर गायिकाओं को सिखाकर ही जीविका चलाली पड़ती थी।'' इस काल मे संगीत शिक्षा के लिए संगीतार्थियों को गुरु-शिष्य परंपरा का ही अनुसरण करना पड़ता था। संगीत को लोकप्रियता और संगीतज्ञों को सामाजिक प्रतिष्ठा दिलाने के उद्देश्य से ही पं. पलुस्कर ने सन् 1901 में गान्धर्व महाविद्यालय (लाहौर) की स्थापना की थी, जिससे संगीत की संस्थागत शिक्षा प्रणाली का आरम्भ हुआ। लेकिन, यहीं से घरानों का वर्चस्व भी कमजोर पड़ने लगा। जनसाधारण के

लिए संगीत सुलभ हो जाने से सांगीतिक समाजवाद का उदय हुआ।

लेकिन, आर्थिक कठिनाइयों, सामाजिक अप्रतिष्ठा और घरानों के कमजोर पड़ने के बावजूद छोटी-छोटी रियासतों में रहने वाले कलाकारों ने संगीत के विकास में महत्वपूर्ण योगदान दिया। ग्वालियर घराने के गायक पद्मभूषण कृष्णराव पण्डित ने घरानों पर अपना पक्ष रखते हुए लिखा है, ''बहुत वर्षों की परम्परा, उच्चकोटि के गुरु और कई पीढ़ियों की गुरु-शिष्य परम्परा सब मिलकर घराना बनता है। जिस प्रकार एक परिवार के सदस्य अपनी मर्यादाओं, सीमाओं व नियमों का पालन करते हैं। अपनी वेशभूषा, रहन-सहन, बोल-चाल व सम्यता के सांस्कृतिक स्तर का निर्धारण करते हैं, उसी प्रकार संगीत में भी विशिष्ट नियमों का, कला के मूल सिद्धान्तों का तथा सौन्दर्य केन्द्रों का निर्धारण कलाकार अपने घराने की सीमाओं व मर्यादा के अनुसार करते हैं अर्थात् अपने घरानें के मूल संस्थापक के आदर्शों को ही अपना आदर्श मानते हैं। लेकिन, इसका अर्थ यह नहीं है कि एक घराने के विभिन्न कलाकारों में कलागत अन्तर नहीं है। भारतीय संगीत के वैशिष्ट्य के अनुसार संगीत शास्त्र के नियमों तथा गुरुमुख से प्राप्त संगीत शैली के मूल सिद्धान्तों का पालन करते हुए भी कलाकारों को अपनी प्रतिभा तथा विशिष्ट कलात्मक गुणों का प्रदर्शन करने का पूर्ण अवसर प्राप्त होता है। उसका संगीत कलाकार की विशिष्ट संस्कृति तथा वैयक्तिक स्वभाव के साथ एक रूप होकर उभरता है। एक ही घराने के भिन्न-भिन्न कलाकारों में रुचि, मानसिक विचारशीलता तथा कला कौशल के भिन्न-भिन्न स्तर होने के कारण आधार भूत रूप में घरानागत विशेषताएं होते हुए भी कलाकार का अपनत्व उसकी प्रस्तुति में सम्मिलित रहता है, जो कि रहना भी चाहिए। अन्यथा उसकी संगीत प्रस्तुति खोखली व निर्जीव प्रतीत होगी।

श्री बी. एच. देशपाण्डे की पुस्तक घरानेदार गायकी के अनुसार परंपरा और पृथकात्मकता के सम्मिश्रण में घराने जड़ पकड़ते व बढ़ते हैं। घराना प्रणाली के कमजोर पड़ते जाने के कारणों को रेखांकित करते हुए श्री देशपाण्डे ने लिखा है, ''शास्त्रीय संगीत के मूल सिद्धान्तों तथा उसकी मर्यादा का पालन घरानेदार गायक अत्यन्त दृढ़ता से करते थे। तत्कालीन परिवेश में हिन्दू या मुसलमान दोनों ही जातियों के संगीतज्ञों ने मुस्लिम संस्कृति से प्रभावित भारतीय संगीत के सैद्धान्तिक स्वरूप को स्थिर रखने में दृढ़ विचारशीलता का परिचय दिया। परन्तु परिवर्तन एक ऐसी स्वभाविक प्रक्रिया है, जो संस्कृति एवं उसके विशिष्ट कलात्मक अंगों को नितनूतनता प्रदान करती है। कलाकारों के न चाहते हुए भी वैयक्तिक प्रभाव से यह अंतर आता ही है। घरानों की शिक्षण परम्परा में ऐसा अनुभव होता है कि घरानों से सम्बद्ध कलाकारों एवं गुरुओं ने परिवर्तन की प्रक्रिया को अवरुद्ध करने की चेष्टा की। फलस्वरूप, घरानेदार संगीत का प्रमुख लक्ष्य केवल अनुकरण मात्र ही रह गया यहाँ तक कि शिष्य-गुरु की विशेषताओं के साथ-साथ उसके अंग स्वभाव, शारीरिक प्रक्रियाओं

एवं मानसिक विचारधाराओं का भी अनुकरण एवं अनुसरण करके गुरु की प्रतिकृति बनने की चेष्टा करने लगे। इस प्रयास से यद्यपि संगीत का संरक्षण तो हुआ, परन्तु परिवर्तन की प्राकृतिक प्रक्रिया में उत्पन्न अवरोध ही कालान्तर में संगीतज्ञों के नैतिक पतन एवं घरानों के क्षीण होने का कारण बना।''

इसे चाहे मानव स्वभाव की विशेषता कहें चाहे कमजोरी, किन्तु यह सच है कि वह शुरू से ही समाज को नयी दिशा देने वाले महामानवों के प्रति श्रद्धा और सम्मान का भाव रखता आया है। यह आदर भाव देवी-देवताओं, साधु-संन्यासियों, राजाओं-नवाबों के साथ-साथ समाज सुधारकों, कवियों, लेखकों और संगीतज्ञों के प्रति भी रहा है। संघर्षों, झंझावातों और चुनौतियों का मुकाबला करके जिसने भी समाज को एक नयी दिशा दी कुछ सोचने की बुद्धि और करने की शक्ति दी वही इतिहास के पृष्ठों में स्वर्णाक्षरों में अंकित हो गया...अमर हो गया। इसी तरह गायन, वादन और नर्त्तन कलाओं में भी नये आयाम जोड़ने वाले, इनकी परम्परागत विशेषताओं का पालन करते हुए भी उसमें नये तत्वों, नयी विशेषताओं का समावेश करने वालों के प्रति संगीत का इतिहास नत मस्तक है। क्योंकि, इससे संगीत में नये आयाम जुड़े। इस तरह भारतीय सांगीतिक कलाएं दिनोदिन अधिकाधिक समृद्ध होती गयीं। लेकिन, गुणों के बटवृक्ष के साये में ही अवगुणों के पौधे भी पनपते है। फूलों में काँटे भी होते हैं। और, अँधेरा और कहीं हो या न हो-चिराग तले तो होता ही है। अतः बुराइयों का प्रवेश घरानों में भी हुआ। बावजूद इसके ये कलाकार ऐसी कुसाग्र बुद्धि, अप्रतिम कौशल तथा तीव्र स्मरण शक्ति से सम्पन्न थे—जो गुण आधुनिक युग के अत्याधुनिक शिक्षा प्रणाली से प्रशिक्षित संगीतार्थियों में कदाचित ही देखने को मिलते हैं, उन कलाकारों के पास विद्या का जो अपार भण्डार था, रचनाओं की जो विविधता और विपुलता थी...दीर्घ साधना का जो तेज था...कला के प्रति समर्पण की जो एक निष्ठ भावना थी, तथा अपने घराने की विशेषताओं को अक्षुण रखने की जो जिद थी—वह सचमुच अप्रतिम और वंदनीय थी। घरानेदार कलाकारों की संकीर्ण मनोवृतियों की चर्चा करते समय हमें यह भी स्मरण रखना चाहिए कि अगर ये सारे कलाकार सचमुच ही इतने स्वार्थी होते तो क्या यह कला आज जीवित होती? अनेक घरानेदार कलाकारों ने अपनी विद्या अपने शिष्यों को निःस्वार्थ भाव से उदारता पूर्वक प्रदान की है।

घरानों के साथ ही एक अन्य शब्द भी अभिन्न रूप से जुड़ा है—बाज-बाज शब्द वस्तुतः वाद्य का अपभ्रंश है। किन्तु आधुनिक युग में इसका प्रयोग वादनशैली के अर्थ में होता है। घरानों के निर्माण में बाज की केन्द्रीय भूमिका होती है। क्योंकि, वादनशैली में पृथकता आने के बाद ही नये घरानों का जन्म होता है। जैसे दिल्ली बाज में किनार के बोलों की प्रधानता थी। लेकिन, अजराड़ा गाँव के दो भाइयों कल्लू और मीरू खाँ ने दिल्ली घराने से सीखने के बाद बायें को विशेष महत्व देकर उसे

दिल्ली से अलग करते हुए आड़ी लय के कायदों पर भी बिशेष बल दिया। इन विशेषताओं से अलंकृत होने के बाद यह बाज दिल्ली की अपेक्षा अधिक कठिन और गम्भीर हो गया। चूँकि उ. कल्लू और मीरू खाँ ने ये सारे प्रयोग अजराड़ा में किये थे। अतः इस नवनिर्मित वादनशैली का नामकरण अजराड़ा बाज हुआ।

बाज के सन्दर्भ में पं. मुकुन्द भाले का दृष्टिकोण भी उल्लेखनीय है, 'तबले के विभिन्न घरानों का विकास दरअसल तबले की बनावट से जुड़ा है। तबले की बनावट में जैसे-जैसे परिवर्तन होता गया, वैसे-वैसे तबले की नादात्मकता और उससे उत्पन्न ध्वनियों में अन्तर आता गया। इन सारी बदली हुई खूबियों को सम्मलित करने के प्रयास से ही नये घरानों का जन्म हुआ। निश्चय ही इन खूबियों का दृष्टा एक अत्यन्त जहीन, प्रतिभावान और विलक्षण वुद्धि का व्यक्ति होता है। दिल्ली के वादन में बायें का काम अजराड़ा की अपेक्षा बहुत कम है। जाहिर है कि दिल्ली घराने की प्रारम्भिक रचनाओं के निर्माण के समय बायां छोटा और दायां बड़ा होता था। इसलिए बायें का नाद कम रखना उचित ही था। लेकिन, बायें का आकार जैसे-जैसे बढ़ता गया। उसकी नादात्मकता को पहचान कर नवीनता लाने का प्रयास किया गया। फलस्वरूप अजराड़ा घराना विकसित हुआ। इसी प्रकार लखनऊ के प्रारम्भिक थपिया बाज के साधकों ने जब दिल्ली की बन्द शैली को सुना तो उससे प्रभावित होकर अपनी आवश्यकता के अनुरूप थाप के स्थान पर लव का प्रयोग किया। इसके बाद लव प्रधान वादनशैली में चौट प्रधान शैली का सम्मिक्षण करने की कल्पना जैसे ही साधकों के मन में आई, वैसे ही खुले और बन्द के सम्मिक्षण से फर्रूखाबाद घराने की वादनशैली स्थापित हुई। वादनशैली में परिवर्तन होते ही वर्णों के निकास में परिवर्तन हुआ...भिन्न-भिन्न प्रकार के वर्ण समूहों का संयोजन हुआ। वर्णों के निकास और शब्द समूहों का विशेष रूप से प्रयोग करना ही घराने की पहचान है।''

इस प्रकार हम देखते हैं कि घरानों के निर्माण में केन्द्रीय भूमिका बाज की होती है। किन्तु एक प्रश्न अभी भी शेष है। बाज के निर्माण में केन्द्रीय भूमिका किसकी होती है? वर्णों की या वर्णों के वादन विधि की? इसे इस प्रकार समझा जा सकता है कि अगर हम दिल्ली घराने की कोई रचना लखनऊ अथवा बनारस बाज के अनुरूप बजायेंगे—तब भी वह दिल्ली बाज ही कहलाएगा अथवा लखनऊ और बनारसी? वस्तुतः जब नयी वादन विधि विकसित होती है तो उसी के अनुरूप नये प्रकार के बोल भी निर्मित होते हैं। जैसे दिल्ली के तबले ने जब लखनऊ पहुँचकर नया रूप धारण किया तो उसी के अनुरूप नये बोलों का निर्माण भी वहाँ हुआ। फिर, जब वह तबला बनारस पहुँचकर और खुला तो उसमें और जोरदार बोलों से निर्मित टुकड़े, परणों, स्तुति परणों का भी प्रचलन बढ़ा। अर्थात यह नहीं सम्भव है कि कलाकार वादन तो खुले और जोरदार अंग से करना चाहें और बजाते रहें तिट, तिरकिट और धेनगिन जैसे मुलायम बोल। इसलिए हर घराने का अपना अलग महत्व,

अलग पहचान है।

घरानों के सन्दर्भ में विचार करने पर हम पाते हैं कि धारा, वाद और शैली आदि–जो घराना के समानार्थी हैं–दूसरी कलाओं यथा साहित्य, कविता और चित्रकला आदि में भी व्यवहृत होते हैं, और इन्हीं में निहित हैं कलाओं की जीवंतता का राज। क्योंकि इन्होंने ही विभिन्न कलाओं को एकरसता से बचाये रखा है...विविधता का विस्तार किया है। अतः इनमें कलाकारों की सृजनात्मक, कलात्मक प्रतिभा दिखती है। और, ये ही इस ओर भी संकेत करते हैं कि कलाओं की मुक्त निर्झरणी को अलग-अलग धाराओं और दिशाओं में मोड़ने के प्रयास कतई गलत नही है जिस तरह स्थूल रूप से एक जैसे होते हुए भी दो इन्सान बिलकुल एक जैसे नहीं होते हैं। जिस तरह हर किसी के रक्त का रंग एक जैसा होते हुए भी एक नहीं होता, उसी तरह तबले के मूल स्वरूप को एक जैसा रखते हुए भी भिन्न-भिन्न आचार्यों ने उसकी विशेषता को, वादन आरम्भ करने की शैली, किसी विशेष प्रकार के बोलों की प्रचुरता, बोलों के निकास आदि के आधार पर तबला वादन की भिन्न-ीिन्न शैलियों का निर्माण किया जो बाज अथवा वादनशैली कहलाये। जैसे बनारस का तबला उठान से आरम्भ होता है, जबकि शेष घरानों के वादक वादन का आरम्भ पेशकार से करते हैं दिल्ली में छोटे-छोटे मुखड़ों, टुकड़ों, गतों और कायदों को प्रधानता मिली तो बनारस में खुले अंग के बोलों को। यही है अलग-अलग घरानों के निर्माण का आधार।

भारत में मुसलमानों के आगमन के पश्चात संगीत में अनेक महत्वपूर्ण परिवर्तन हुए। इस काल में संगीतकार दो वर्गों में बँट गये। एक वर्ग ने मन्दिरों में रहकर अपनी कला को बचाये रखने का प्रयत्न किया तो दूसरे वर्ग ने समय की नब्ज को पहचान कर समय की रफ्तार के साथ चलने में ही बुद्धिमानी समझी और राजाओं, नवाबों से जुड़ गये। संगीत की जो धारा जहाँ के राज्याश्रय में पली-बढ़ी उसे वहाँ। नाम मिला जैसे दिल्ली, पंजाब, लखनऊ, बनारस, ग्वालियर और जयपुर आदि। इस तरह घरानों के नामकरण हुए।

इस प्रकार गुरुकुल और सम्प्रदाय परम्परा भिन्न-भिन्न घरानों में परिवर्तित हो गसे। इस सन्दर्भ में यह भी उल्लेखनीय है कि केवल राजे-रजवाड़ों के यहाँ संगीतकारों के रहने के कारण ही उन स्थानों के नाम पर घराने नहीं बने। अगर ऐसा होता तो अनेक अन्य घरानों का भी आज अस्तित्व होता। दरअसल घरानों के निर्माण के लिए जहाँ यह आवश्यक था कि उस कला में कोई नयी विशेषता जुड़े, वहीं यह भी कि वह परम्परा कम-से-कम तीन पीढ़ियों तक अबाध रूप से चलती रहे, तभी उसे नये घराने के रूप में मान्यता मिलती थी। तीन पीढ़ी तक अबाध रूप से न चल पाने के कारण ही उस्ताद चूड़ियाँवाले इमामबख्श द्वारा स्थापित भटोला घराना, उ. अमीर हुसैन खाँ द्वारा स्थापित मुंबई घराना और उ. अहमदजान थिरकवा द्वारा स्थापित मुरादाबाद घराने को संगीत समाज की स्वीकृति नहीं मिल पायी।

पीढ़ी-दर-पीढ़ी चलती आई कला परम्परा के लिए प्राचीन काल में सम्प्रदाय शब्द प्रचलित था। आज भी दक्षिण भारतीय संगीत में यह शब्द इसी अर्थ में प्रचलित है सम्प्रदाय संस्कृत भाषा का शब्द है। प्रदाय शब्द के पूर्व सम उपसर्ग लगाकर इसकी रचना की गयी है। सम् शब्द सम्यक्ता का प्रतीक है, और प्रदाय का अर्थ है प्रदान करना अतः सम्प्रदाय का अर्थ हुआ–किसी वस्तु को विधिवत व विशिष्टता पूर्वक प्रदान करना। शारंगदेव ने संगीत रत्नाकर में सुसम्प्रदाय शब्द का प्रयोग किया है–सुसम्प्रदारू गतिज्ञे गोर्यते गायनाग्रणीः अर्थात् उत्तम गुरु परम्परा द्वारा प्रशिक्षित।

घरानों के सम्बन्ध में आचार्य वृहस्पति ने अपनी पुस्तक 'खुसरो तानसेन तथा अन्य कलाकार' में गुजरात की परिवार नामक एक संगीत व्यवसायी जाति का उल्लेख किया है। तेरहवीं-चौदहवीं शताब्दी में गुजरात में सक्रिय यह जाति सामाजिक प्रतिष्ठा की दृष्टि से कम स्तर की मानी जाती थी। इस जाति के पुरुष तो गायन, वादन में निपुण होते ही थे, महिलाएँ भी संगीत-नृत्य निपुण होती थीं।

संगीत शिक्षा परम्परा में प्रयुक्त सम्प्रदाय, परिवार और घराना शब्द पूरी तरह तो नहीं-लेकिन-लगभग समानार्थी अवश्य हैः परिवार का अर्थ है एक दूसरे के रक्त से सम्बन्धित लोगों का समूह आज संगीतज्ञों के संदर्भ में प्रचलित खानदान और घराना शब्द परिवार के फारसी और उर्दू पर्यायवाची हैं, जिससे स्पष्ट है कि मुगल काल के पूर्व भी भारत में पेशेवर संगीतजीवी जातियों में खानदान अथवा घराना के अर्थ में परिवार शब्द प्रचलित था। घराना शब्द की व्युत्पत्ति घर से हुई है। घर शब्द मूलतः संस्कृत के गृह शब्द से अपभ्रंश होकर बना है। घराना शब्द पेशेवर गायकों, वादकों और नर्त्तकों की वंश परम्परा का सूचक है, जो आगे चलकर संगीतज्ञों की कला अभिव्यक्ति की विशिष्ट शैली के अर्थ में भी प्रयुक्त होने लगा। ध्रुवपद गायकी में घराना के अर्थ में वाणी शब्द का प्रयोग होता है।

मुगल काल में संगीत के प्रायः सभी विद्यालय बन्द हो गये, और संगीत की वे विधाएँ–जिन्हें मुक्त हस्त से विशिष्टतापूर्वक प्रदान किये जाने की प्रथा थी गुरुओं, उस्तादों की मुट्ठियों में कैद होकर रह गयी। अब वे अपनी इच्छा से, अपनी शर्त्तों पर सिखाते थे। फलतः संगीत का विस्तृत आकाश भी चन्द घरों में सिमटकर रह गया। इस काल में संगीत शिक्षा मूलतः तीन श्रेणियों में विभक्त हो गयी। पहला खासुलखास-शिक्षा की वह विशिष्ट श्रेणी थी जिसके अन्तर्गत पुत्र और दामाद जैसे आत्मीय ही शिक्षा के अधिकारी माने जाते थे। दूसरी श्रेणी की शिक्षा तालीम-ए-खास कहलाती थी। इसके अन्तर्गत अन्य पारिवारिक सदस्य तथा सामान्य से कहीं अधिक शुल्क देने वाले शिष्य आते थे। तीसरी श्रेणी की शिक्षा व्यवस्था तालीम-ए-आम थी। जो सामान्य लोगों के लिए सामान्य श्रेणी की शिक्षा व्यवस्था थी।

घरानों के उदय से संगीत छोटे-छोटे दायरों में अवश्य बँटा, किन्तु इसके अनुयायियों ने कला रक्षण का सफल दायित्व भी निभाया है। यद्यपि आज घरानों

की शुद्धता और कट्टरता शिथिल होती जा रही है तथापि घरानेदार कलाकारों ने न केवल हमारी सांगीतिक संस्कृति की रक्षा की है, अपितु उसे समृद्ध भी किया है। हम जब परम्परा की बातें करते हैं तो उसका आशय सिर्फ वंश परम्परा ही नहीं शिष्य परम्परा भी होता है। संगीत की अनेक धाराएँ इसका प्रमाण हैं कि नये घरानों का निर्माण प्रायः शिष्यों द्वारा ही होता है संस्कृत में एक श्लोक भी है–'वंशो द्विविधा जन्मना विद्यायाचः' अर्थात् वंश दो प्रकार से चलते हैं–जन्म और विद्या से। जैसे एक घर में जन्म लेने वाले सभी व्यक्तियों का एक परिवार या घराना होता है। वैसे ही एक गुरु से विद्या पाने वाले सभी शिष्यों का भी एक घराना होता है। इन कलाकारों ने अपनी कला शैली के साथ अपना नहीं–उस स्थान विशेष का–जहाँ उन्होंने यह रचानात्मक कार्य किया था–नाम जोड़कर अपनी कर्मभूमि के प्रति अपनी कृतज्ञता प्रकट की।

घरानों के पक्ष-विपक्ष में कई प्रकार की बातें कही जाती हैं। कुछ युवा कलाकारों का आरोप है कि घरानों ने संकीर्णता को बढ़वा दिया है। प्रायः एक घराने के कलाकार दूसरे घराने के कलाकारों को सुनते भी नहीं थे और उनकी आलोचना भी करते थे। कुछ युवा कलाकारों का एक क्रान्तिकारी सुझाव यह भी है कि समस्त घरानों की विशेषताओं का एक साथ समावेश करके अगर संगीत प्रस्तुत किया जाये तो वह अधिक प्रभावी होगा। पहला आरोप जो कलाकारों की मानसिकता पर है, उसके लिए घराना नहीं कलाकार दोषी है। और यह मानवीय दुर्बलता तो किसी में भी हो सकती है चाहे वह घराना से सम्बन्धित हो या न हो। दूसरा विचार जो समस्त घरानों की विशेषताओं का एक साथ समावेश करने का है। वैचारिक दृष्टि से तो अच्छा है, किन्तु प्रायोगिक दृष्टि से नहीं। अगर यह सम्भव होता तो अब तक हो गया होता। हमें यह नहीं भूलना चाहिए कि हर इन्सान की अपनी सीमा होती है, स्वभाव होता है पसन्द-नापसन्द होती है इसलिए इन्सान वही गाता-बजाता है जो उसकी रूची के अनुकूल होता है। इसलिए एक ही घराने के दो कलाकारों का वादन भी उस घराने की सीमा के अन्दर होते हुए भी भिन्नता लिए होता है। इसे ही कलाकार का मिजाज कहते हैं। संगीत की कल्पना अगर हम चावल जैसे अनाज के रूप में करें तो भिन्न-भिन्न घराने उसी चावल से बने भिन्न-भिन्न व्यंजन जैसे हैं। कहीं सादा है, कहीं नमकीन है, तो कहीं मीठा। अगर इन सारी विशेषताओं को एक साथ मिला दिया जाये तो क्या बनेगा? आज हम 4 तबला बादकों को एक ही समारोह में सुनते और आनन्दित होते हैं तो सिर्फ इसलिए कि वे भिन्न-भिन्न घरानों में बँटे होने के कारण हमें भिन्न-भिन्न भावों और रसों की अनुभूति कराते हुए एक रसता से बचाते हैं। यही घरानों की सबसे बड़ी विशेषता है। अलग-अलग घरानों में बँटकर कलाओं ने अलग-अलग आयाम स्थापित किये हैं। पूरब में खुले और गम्भीर बोलों का बाहुल्य है तो पश्चिम में मधुर और कर्णप्रिय बोलों की प्रचुरता। एक में सागर की गहरायी है तो दूसरे में पहाड़ी

नदी की शोख चंचलता। और दोनों ही मानव मन को आकर्षित करते हैं।

लेकिन, आधुनिक युग में घरानों का कितना औचित्य और महत्व रह गया है? साथ ही, प्रश्न केवल औचित्य तथा महत्व का ही नहीं इसका भी है—कि क्या हम चाहकर भी घरानों की विशेषताओं को आज बचाकर रख सकते हैं? अगर इसका उत्तर ईमानदारी से दिया जाये तो वह है नहीं क्योंकि, संचार माध्यमों की आधुनिक क्रान्ति ने सारी दूरियों को मिटा दिया है। इसने कलाकारों को लोगों के घरों तक पहुँचा दिया है और जिसे जो चीज अच्छी लगती है, उसे जाने-अनजाने में वह अपना ही लेता है। रेडियो ने भी विभिन्न घरानों के बीच एक सेतु तैयार किया है। घरानों की दीवारों को तोड़ने में शिक्षा संस्थाओं की भी सक्रिय भूमिका रही है। जब एक संगीतार्थी कई अध्यापकों से सीखता है, तो सबके थोड़े-थोड़े गुण-प्रभाव उसमें आ जाते हैं फलस्वरूप उसमें किसी घराने की शैलीगत विशिष्टता नहीं पायी जाती। इस विशिष्टता को पाने के लिए ही कुछ युवा संगीतार्थी किसी पारम्परिक गुरु विशेष से भी प्रशिक्षण प्राप्त करते हैं।

लेकिन, वक्त का तकाजा है कि हम घरानों की जर्जर गिरती दीवारों पर चिन्तित होना छोड़ें और संगीत के वर्तमान स्वरूप को स्वीकारें। भले ही नये कलाकार किसी एक घराने कि शैलीगत विशिष्टता का पारम्परिक रूप में प्रदर्शन नहीं करते। लेकिन व्यक्तिगत रचनात्मक प्रतिभा का परिचय तो देते ही हैं। और, यही है कला की जीवन्तता का राज। अगर कलाकार की कला में हमे नवीनता का, सृजनात्मक प्रतिभा का अनुभव होने लगे तो और क्या चाहिए हमें? कला की ये पुरातन धाराएं इसी तरह चलती आई हैं...और...इसी तरह चलती रहेंगी।